これだけはおさえよう!

日本史

100テーマ書き込み問題集

今西 晶子　著

駿台文庫

はじめに

入試で日本史を受験することになったんだけど，何から始めればいい？と思ったあなたのために，この問題集をつくりました。ここでは，この問題集の構成や使い方を紹介します。

この問題集は，日本史で学習する内容を**100のテーマ**に分け，まとめと演習で理解・確認ができるようにつくられています。100のテーマは大きく**20の章**に分けられ，それぞれに「古代Ⅰ」といった時期区分がつけられています。なかには「古代から中世へ」のような，時代の過渡期に関する章もあります。各章の最初のページに，**その章を学習する際のポイント**を書きましたので，これから勉強する章がどのような内容なのか，どこに気をつけて進めればよいのか，ここでつかみましょう。

100のテーマは，左のページの**重要事項のまとめ**と右のページの**重要事項を確認するための空欄補充問題**で構成されています。左のページには，歴史の流れをつかむうえで欠かせない内容をまとめてあります。おさえておきたい用語や年号は**赤の太字**，少々細かいけれど赤字の次におさえておきたいものは**黒の太字**にしました。さらに右のページでは，赤の太字を中心に空欄を設けてあります。あてはまる語句が正確に書けるかどうか，試してみてください。なお，スペースの関係で，左のページには載せられなかったけれど，右のページの文章には書かれている内容もあります。**おさえるべき内容は左と右の両ページで完成する**と考えてください。

右のページの下には，**そのテーマに関連する入試問題**を２問入れてあります。記述形式だけでなく，選択形式(正誤判別・年代整序など)の問題も選びました。この問題集でしっかり勉強すれば難関大の問題でも解けるんだ，という手応えを実感してください。

空欄補充問題と入試問題の解答は，**別冊の解答・解説**に載せてあります。**まちがえやすい漢字は大きくしてあります**ので，何回か書いて正しい漢字を覚えましょう。また，**地図やグラフなどの資料**も載せてあります。「右のページの問題を解く→解答・解説で答え合わせ→左のページで再確認(資料がある場合は，ここで一緒に確認する)」がお勧めです。

そして，各章の最後のページには，おまけとして**いろいろなアドバイス**を入れました。**この問題集の特徴の一つ**です。勉強法や教科書の使い方，問題を解く時の注意点など，いつも予備学校で話していることから選びました。論述問題の考え方では，東京大学の問題も取り上げました。右のページの入試問題同様，この問題集でしっかり基礎を固めれば東大の問題だって解けるようになる，ということを伝えたかったからです。ぜひ参考にしてください。

最後に，本書を完成させるためにお力添えいただいた方々，刊行を楽しみに応援してくださった方々に心より感謝申し上げます。この問題集が日本史を学ぶ皆さんのお役に立ちますように。

著者　今西晶子

目　次

付 録

第1章

原始・古代Ⅰ

遺跡の出土品は「この○○という石器は○○時代に○○のために使われた」のように，時代ごとにおさえましょう。中国の歴史書も「何世紀の何という歴史書の内容か」に注意を。氏姓制度は難しいけれど，できればこのまま覚えて。

❶ ❷❸❹❺❻ 旧石器文化と縄文文化

01 旧石器文化の時代

地質年代	更新世　・氷河時代～寒冷な氷期と比較的温暖な間氷期のくり返し ・大陸と陸続き→マンモス・オオツノジカなど大型動物の渡来
使用道具	打製石器のみ→旧石器時代〔特徴：打製石器／土器なし→先土器文化〕 握槌[楕円形石器]／ナイフ形石器[石刃]・尖頭器／細石器(北方地域と共通)
遺　跡	岩宿遺跡(群馬)～相沢忠洋が関東ローム層から石器発見(1946 年) →明治大学が学術調査(1949 年) →日本における旧石器文化の存在が明らかに 野尻湖湖底遺跡(長野)～ナウマンゾウの化石が出土　＊ナウマン～ドイツ人の地質学者 ※化石人骨～浜北人(静岡)，港川人・山下町洞人(沖縄) ＊人類の進化：猿人→原人→旧人→新人

02 縄文文化の成立

地質年代	完新世　・温暖化により海面上昇(縄文海進)→日本列島の形成 ・動きの速い中小動物の増加→軽い石鏃をつけた弓矢を使用した狩猟
使用道具	打製石器に加えて磨製石器も使用→新石器時代〔特徴：磨製石器・土器の使用〕 石皿・すり石(木の実のすりつぶし)石錘(網のおもり)磨製石斧(伐採・加工) ＊石鏃(矢の先端)・石匙(動物の皮はぎ)～当初は打製／のち磨製に
	骨角器～釣針・銛(漁労の発達)　木器～丸木舟(高度な航海技術も)
	縄文土器～厚手・黒褐色／火炎土器(中期)・注口土器(後期)など　＊褐色＝茶色 ※草創期・早期・前期・中期・後期・晩期に区分⇐放射性炭素年代測定法など

03 縄文時代の生活

住居	竪穴住居～住居の中央に炉／同規模の住居が広場を中心に環状 or 馬蹄形に並ぶ
交易	石器などの原材料の産地を特定→遠方地域との交易の存在が明らかに 黒曜石(→石鏃)～北海道十勝岳・長野県和田峠・大分県姫島・熊本県阿蘇山など サヌカイト[讃岐石]～二上山　ひすい[硬玉]～新潟県姫川流域
習俗	アニミズム[精霊崇拝]～全ての自然物・自然現象に霊威が存在→畏怖・崇拝 土偶(多くが女性像)　石棒(男性器を表現)　抜歯(成人の際の通過儀礼か) 屈葬(共同墓地に同じように埋葬→身分の差なし)
遺跡	三内丸山遺跡(青森)～前・中期の大規模集落跡／大型建物の存在／クリ林の管理 亀ヶ岡遺跡(青森)～晩期の精巧・多様な土器が出土(→亀ヶ岡式土器～晩期・東日本) 大湯遺跡(秋田)～環状列石[ストーン＝サークル] ※大森貝塚(東京)～明治初期にモース(アメリカ人動物学者)が発見・調査 加曽利貝塚(千葉)～国内最大規模　＊貝塚～太平洋側に多い／人骨も出土

問題文を読んで，文章中の空欄に当てはまる語句を記入しなさい。

01 旧石器文化の時代

日本列島で人類の生活がみられるようになるのは，約 260 万年前から約 1 万年前まで続いた(1　　　)世のことであった。これは**氷河時代**ともよばれ，寒冷な**氷期**にはアジア大陸と地続きになることがあり，マンモスや(2　　　　)ゾウ，オオツノジカなどの**大型動物**が渡来し，人類もそれらを追って移動してきたと考えられている。

沖縄県の(3　　　)人など化石人骨はいずれも新人段階で，ナイフ形石器や(4　　　　)のような石を打ち欠いただけの(5　　　)石器を棒の先端につけた**石槍**(いしやり)などを用いて狩猟が行われた。(1　　)世末期には，北方地域から伝わった(6　　　　)も使われた。第二次世界大戦後まもなく，群馬県(7　　　)で(8　　　　)が(1　　)世末期の地層である関東ローム層から石器を発見したことをきっかけに，日本列島における旧石器時代の存在が明らかになった。

02 縄文文化の成立

およそ 1 万年余り前の(9　　　)世になると気候が温暖化し，**大型動物**が絶滅して動きの速い**ニホンシカ**や**イノシシ**などの**中小動物**が多くなった。これらを捕らえるために弓矢が使われるようになり，先端に軽い(10　　　)をつけた矢が用いられた。また，**針葉樹林**に代わって東日本では**落葉広葉樹林**，西日本では**照葉樹林[常緑広葉樹林]**が広がり，**クリ**やクルミなど木の実が豊富に採取できるようになった。それらは厚手で黒褐色の縄文土器に保存され，すりつぶす際には(11　　　)石器の石皿とすり石が使われた。網のおもりである(12　　　)や骨角器の釣針の出土，人々が廃棄した物のほか人骨も出土する(13　　　)の発見などから，**縄文海進**により入江が増えたこの時代には**漁労**がさかんであったこともうかがえる。

(5　　)石器に加えて(11　　)石器の使用や土器の製作が始まる時代を新石器時代という。しかし，この時代になると大陸では農耕・牧畜を行う**食料生産段階**に入るのに対し，日本の縄文文化は依然狩猟・漁労・採取を中心とする**食料採取段階**であった。

03 縄文時代の生活

人々は地面を掘り下げた面を床(ゆか)とする(14　　　)住居をつくり，定住生活を営んだ。住居は台地上に**広場**を中心として**環状**につくられることが多かった。(10　　)の製作に適した(15　　)石や装身具に用いられたひすい**[硬玉]**などは産出地が限られるため，出土状況から遠方地域との交易が行われていたことも推測される。(15　　)石の産地では長野県(16　　　　)が有名。

厳しい自然の中で暮らしていた人々は，あらゆる自然物や自然現象に霊威の存在を認めた。このような信仰を(17　　　　　)[精霊崇拝]という。女性をかたどった(18　　　)は，病気や災いを転嫁したのか壊された状態で見つかることが多い。死者を(19　　　)したのは，その霊が災いを及ぼさないように願ったもの，また(20　　　)の風習は通過儀礼と考えられている。

入試問題にチャレンジ

①旧石器時代には，石器を用いた狩猟が行われた。長野県の[ア：　　]湖では，[イ：　　　]象の化石骨と打製石器が同じ土層から発見されている。(京都大)

②正誤判別：縄文海進があったため東京湾岸には貝塚が見つかっていない。(早稲田大)

弥生文化

01 弥生文化の成立

弥生時代(紀元前4世紀ごろ～紀元3世紀半ばごろ)　＊開始時期には諸説あり

水稲農耕　・伝来経路：中国南部の**長江**流域→山東半島→朝鮮半島南部→九州北部か
・北海道(⇒**続縄文文化**)と南西諸島(⇒**貝塚文化**)を除く地域に伝播
→**食料採取段階**から**食料生産段階**へ　＊品種～**ジャポニカ種**(短粒米)

金属器　・**青銅器**と**鉄器**がほぼ同時期に伝来(弥生時代は石器・青銅器・鉄器を併用)
→日本列島は**石器時代**から**鉄器時代**へ(**青銅器時代**が存在せず)

弥生土器　・在来の土器製作技術＋外来の農耕文化＝新しい土器の製作(薄手・赤褐色)
→貯蔵用の**壺**，煮炊き用の**甕**，盛り付け用の**高杯**

02 水稲農耕と金属器の伝来

水稲耕作	前期～**湿田**に**直播**　＊湿田＝地下水位が高い／排水施設が必要／生産性は低い ・耕作：**木製農具**(**木鋤**・**木鍬**など)／**田下駄**の使用 一部では**田植え**も開始　＊道具の加工～**磨製石器**から**鉄製工具**へ ・収穫：**石包丁**(大陸系磨製石器のひとつ)で**穂首刈り**　(鉇など) ・消費：**木臼**と**竪杵**で**脱穀**→**甕**・**甑**で蒸す→**高杯**に盛り付け ・貯蔵：**高床倉庫**・**貯蔵穴**で保管
	中期～開墾進行→共同作業の必要性→**首長**の登場→**小国**［**クニ**］の形成へ
	後期～**乾田**も増加　＊乾田＝地下水位が低い／灌漑施設が必要／生産性は高い ・耕作：**鉄製の刃先**をつけた鋤・鍬などの農具も使用 ・収穫：**鉄鎌**で**根刈り**　＊灌漑～農地に外から人工的に水を取り込むこと
金属器	**青銅器**(銅と錫の合金／鋳造＝溶かして型に流し込む)→**祭祀用** 近畿－**銅鐸**／瀬戸内海沿岸－**平形銅剣**／九州北部－**銅矛**・**銅戈** ＊**神庭荒神谷遺跡**(島根)～**銅剣**358本・銅矛16本・銅鐸6個が出土
	鉄器(農具・工具・武器など／鋳造＋鍛造＝叩いて形を整える)→**実用** ＊出土品は少数(腐食 or 再利用)　└▶叩く＝"鍛える"

03 弥生時代の生活

住居	**竪穴住居**～住居の規模に大小の差　＊防御機能をもつ集落(**環濠集落**・**高地性集落**) ＊**紡錘車**(糸に撚りをかける道具)の出土→**機織り**により衣服を製作
習俗	**農耕儀礼**の開始＋青銅製の**副葬品**の出土→**呪術的**な首長の登場 埋める：**甕棺墓**・**支石墓**(九州北部)　**箱式石棺墓**　＊一般的には**土壙墓** 盛り土：**方形周溝墓**　**墳丘墓**(四隅突出型墳丘墓など)　＊**屈葬**から**伸展葬**へ
遺跡	**板付遺跡**(福岡)・**菜畑遺跡**(佐賀)～縄文時代晩期＝弥生時代早期の水田跡 **砂沢遺跡**(青森)～前期の水田跡／中期の水田跡は垂柳遺跡(多数の足跡も発見) **登呂遺跡**(静岡)～広大な水田跡／矢板を打ち込んだ畦の発見 **唐古・鍵遺跡**(奈良／多数の木製農具出土)・**吉野ヶ里遺跡**(佐賀)～大環濠集落

問題文を読んで，文章中の空欄に当てはまる語句を記入しなさい。

01 弥生文化の成立

今から約 6500 年前，中国大陸南部の**長江**下流域で始まった水稲農耕は，1 万年余りにおよんだ縄文時代晩期に朝鮮半島経由で九州北部に伝来したと考えられる。福岡県（[1]　　）遺跡や佐賀県（[2]　　）遺跡では当時の水田跡が見つかっている。大陸からは青銅や鉄を原料とする金属器も伝わった。土器の製法も変化し，縄文土器とは異なり薄手で赤褐色の土器片が見つかった現在の東京都文京区の地名にちなみ，この時代の文化を弥生文化という。この文化が広まった日本列島の大半は**食料採取段階**から**食料生産段階**へ移行したが，北海道では（[3]　　）文化，南西諸島では（[4]　　）文化とよばれる**食料採取段階**が続いた。

02 水稲農耕と金属器の伝来

前期には，河川近くの地下水位が高い場所に（[5]　　）田が営まれた。籾（もみ）は直播されたが，一部の地域では田植えも行われた。人々は**木鋤**や**木鍬**などの**木製農具**で田を耕し，ぬかるみに足をとられないように（[6]　　）を履（は）いた。農具の加工には**磨製石器**が用いられたが，やがて**鉄製工具**が使われるようになった。収穫では（[7]　　）による（[8]　　）刈りが行われ，木臼と（[9]　　）で**脱穀**された米は煮炊き用の土器である（[10]　　）と甑を用いて蒸し，（[11]　　）に盛り付けられた。米は壺に入れられ，収穫物は（[12]　　）倉庫や**貯蔵穴**におさめられた。

中・後期になると，**鉄製の刃先**を持つ農具が普及し，地下水位の低い地でも（[13]　　）田を営むことが可能となった。収穫でも，鉄鎌による根刈りが行われるようになった。

金属器の青銅器と鉄器は，ほぼ同時期に日本へ伝来した。青銅器は，近畿地方から（[14]　　），瀬戸内海沿岸から（[15]　　），九州北部から銅矛・（[16]　　）が多く出土しているが，いずれも儀礼などで祭器として用いられた。鉄器は，農具や工具，武器などの実用品であった。

03 弥生時代の生活

縄文時代には，集落に統率者は存在しても身分の上下や貧富の差はみられなかったと考えられているが，弥生時代には食料の蓄積が可能となったこともあり，貧富の差が生まれた。余剰（よじょう）生産物や水利をめぐる争いもおこり，戦いが行われるようになったことは，周囲に濠（ほり）をめぐらせた（[17]　　）集落や山上に築かれた（[18]　　）集落の存在からうかがえる。農耕にともなう共同作業を通じて複数の集落を統率する**首長**が現れ，農耕祭祀を司（つかさど）るようになったことは，九州北部で見つかる甕棺墓や（[19]　　）墓に青銅製の祭器を**副葬品**とするものがあることと関連していると考えられる。盛り土を行う墓が現れたのもこの時代の特徴で，各地の方形周溝墓や岡山県**楯築（たてつき）墳丘墓**などがそれにあたる。なお，死者は（[20]　　）葬された。

入試問題にチャレンジ

①正誤判別：前期の乾田だけでなく中後期には湿田の開発も進められた。（青山学院大）

②弥生時代は集団抗争が激化した時代であり，何重もの濠をめぐらせた佐賀県吉野ヶ里遺跡は[　　]集落の代表である。（京都大）

❶❷❸❹❺❻

中国史書にみえる日本列島

01 小国の分立

〈紀元前１世紀〉『漢書』地理志（班固による漢［前漢］の歴史書）

①倭国～百余国に分立／楽浪郡へ定期的に遣使　＊朝貢～皇帝に貢ぎ物を献上すること

②楽浪郡～紀元前108年に漢の武帝が朝鮮半島においた４郡のひとつ

・朝鮮半島北部／現在のピョンヤン［平壌］付近

・４郡＝楽浪郡・真番郡・臨屯郡・玄菟郡

〈１～２世紀〉『後漢書』東夷伝（范曄による後漢の歴史書）

①建武中元２［西暦57］年：倭の奴国の王が後漢に遣使／後漢の光武帝が印綬を下賜

金印～1784年に志賀島（福岡市）で発見／「漢委奴国王」の５字／綬（印につけた紐）

②永初１［西暦107］年：倭国王の帥升らが後漢の安帝に生口（奴隷）160人を献上

③**２世紀後半**［「桓霊の間」＝桓帝・霊帝の頃＝147～189年］：「倭国大乱」

└→弥生時代後期～鉄器の普及（→武器としての使用）／環濠集落・高地性集落の存在

02 邪馬台国と倭人の社会

〈３世紀前半〉「魏志」倭人伝（**陳寿**による歴史書『三国志』の『**魏書**』**東夷伝倭人条**）

①諸国の王が卑弥呼を共同の王として擁立
└→邪馬台国の女王
［・内乱収束
・**約30国**の小国連合成立］

②景初３［239］年：卑弥呼が**魏**の明帝に遣使　＊中国**三国時代**＝魏・呉・蜀

・使者の大夫**難升米**～帯方郡を通じて魏の都洛陽へ　＊帯方郡～公孫氏が楽浪郡の南半分に設置（朝鮮半島南部）

・明帝～「親魏倭王」の称号と**金印紫綬**・**銅鏡**などを下賜

＊史料中の「景初２年」は「景初３年」の誤り

③卑弥呼～呪術的支配者［**シャーマン**・巫女］
「鬼道［＝呪術］を事とし，能く衆を惑はす」
［・神の意志を聞く能力を持つ者
・**弟**が卑弥呼を補佐］

④**邪馬台国連合**

政治～租税・刑罰の制度　一大率（諸国の監察）・大倭（市場の監督）などの役人

身分～大人（支配者層）・下戸（被支配者層）・**奴婢**（隷属民）

諸国～**伊都国**（一大率が常駐）　＊狗奴国（邪馬台国連合と対立）

⑤卑弥呼の没後：大きな冢（墳丘）に埋葬→男の王が立つ→国中が服従せず

→壱与［壹与］（卑弥呼の**宗女**＝同族の女性）が王に→国中が治まる

⑥位置論争：九州説～邪馬台国連合は九州北部を中心とする小規模な政治連合

（佐賀県吉野ヶ里遺跡などが関連？）

└→墳丘墓（卑弥呼の墓？）・物見櫓（史料中の「楼観」？）

近畿説～邪馬台国連合は近畿中央部から九州北部を含む広域な政治連合

（近畿で出土する三角縁神獣鏡や奈良県**纒向遺跡**などが関連？）

└→３世紀前半の大型建物跡

＊同笵鏡～同じ型でつくった鏡

問題文を読んで，文章中の空欄に当てはまる語句を記入しなさい。

01 小国の分立

弥生時代の日本列島では，遺跡や遺物から戦いの時代に入ったことが知られている。「クニ」とよばれる政治的なまとまりが現れ，互いに分立していた様子が中国の歴史書からもうかがえる。当時中国では，日本列島の人々を**倭人**，その国を**倭**[**倭国**]とよんでいた。

紀元前1世紀の倭国について記載しているのは，**漢**[**前漢**]の歴史書(1　　　　　　)である。それによると，倭人の社会は百余国に分かれ，朝鮮半島の(2　　　)郡に定期的に使者を送っていたという。なお，(2　　)郡は紀元前108年に**漢**の**武帝**が朝鮮半島においた4郡のひとつで，現在のピョンヤン[平壌]付近にあったとされる。

1世紀から2世紀にかけての倭国については，(3　　　　　　)に記述がみられる。57年，倭の(4　　)国の王は使者を派遣し，**後漢**の(5　　　)帝から印綬をうけたという。博多湾に面した(6　　　　)では，「(7　　　　　　)」の5字をもつ金印が江戸時代後期に出土しており，この印に相当すると考えられている。また，107年に倭国王(8　　　)らが(9　　　) 160人を**安帝**に献上したこと，2世紀後半には「倭国大乱」となったことも記されている。

02 邪馬台国と倭人の社会

3世紀前半に中国では**後漢**が滅び，**魏**・呉・蜀が並び立つ**三国時代**となった。その歴史書である『三国志』の(10　　　　　　)によると，倭国内での争乱がつづく中で国々が共同して(11　　　　)国の(12　　　　)を女王として立てると争乱が鎮(しず)まり，**30余り**の小国からなる連合が成立したという。(12　　)は，239年に**魏**の明帝に大夫**難升米**を使者として派遣した。**難升米**は朝鮮半島の(13　　　)郡を経由して**魏**の都洛陽へ行き，明帝から「(14　　　　　　)」の称号と**金印紫綬**，多くの**銅鏡**などを与えられた。(12　　)は呪術に基づく政治を行い，その様子は(10　　)に「(15　　　)を事とし，能く衆を惑はす。」と記されている。また，夫はなく，**弟**が補佐していたという。

(10　　)には，いわゆる(11　　)国連合の社会に関する記述も多い。租税や刑罰の制度が整い，(16　　　)とよばれた支配者層には，諸国を監察する(17　　　　)や市を監督する大倭などの役職があり，被支配者層の(18　　　)を統治していた。(11　　)国連合は(19　　　)国と対立したが，(12　　)が亡くなり男の王が立つと国中が服従せず，(12　　)の一族の女性(20　　　)が王になると，国中の混乱はおさまった。その所在地には諸説あるが，九州説をとると(11　　)国連合は九州北部を中心とする小規模な政治連合と推測され，日本列島内の統一はまだ進んでいなかったこととなる。近畿説をとると西日本全体を支配する広域な政治連合となり，のちヤマト政権へ発展したとも考えられる。3世紀前半の倭国の様相が大きく変わってくるのである。

入試問題にチャレンジ

①『後漢書』東夷伝には，［ア：　　］帝が倭の奴国の王に印綬を授けたという記事や，後漢の皇帝に奴隷を160人献上した倭の国王［イ：　　］の記事がみられる。(慶應大)

②正誤判別：一大率は狗奴国に常駐し，諸国を検察した。(青山学院大)

ヤマト政権と古墳文化

01 古墳の出現と広がり

古墳時代：前期(3世紀半ば～4世紀)・中期(4世紀末～5世紀末)	
分　布	西日本中心～4世紀半ばまでに東北地方中部にも 規模の大きな古墳の分布地域～**奈良盆地**(前期)・**河内平野**(中期)
形　状	前方後円墳・**前方後方墳**など　＊大規模なものには前方後円墳が多い ・墳丘上に埴輪～当初は円筒埴輪／次第に形象埴輪が増加 ・表面に**葺石**　＊周囲に**濠**・陪冢(付随する小古墳)をもつ古墳も
埋葬施設	竪穴式石室(後円部に穴を掘る→木棺・石棺をおさめる) ＊粘土槨(石室をつくらず／木棺を粘土でおおう)
副葬品	前期：**呪術的**(**銅鏡**・石製装飾品など／鉄製武器も)⇒被葬者～**司祭者**的性格 ＊三角縁神獣鏡～**魏**から卑弥呼に与えられた鏡？日本でつくられた鏡？ 中期：**軍事的**(**鉄製の武器・武具・馬具**などが増加)⇒被葬者～**武人**的性格 ＊**騎馬**の技術～4世紀末の高句麗との戦い後に取り入れられた
古　墳	前期：箸墓古墳(奈良)～出現期の古墳として最大規模／三輪山の麓／**纒向遺跡** 中期：大仙陵古墳(大阪府堺市)～第1位の規模／**百舌鳥古墳群**／伝仁徳天皇陵 誉田御廟山古墳(大阪府羽曳野市)～第2位／**古市古墳群**／伝応神天皇陵 ＊大規模な前方後円墳～群馬県・岡山県(第4位の**造山古墳**)・宮崎県などにも

02 倭の五王の時代

〈4世紀〉倭の女王(壱与？)が**晋**へ遣使(266年)→以後約150年中国史書に倭国の記述なし

↓ 中国～北方からの侵入をうけ**晋**は南へ→南朝と北朝が分立する南北朝時代へ

朝鮮半島～中国の支配から独立して国家の形成へ

・高句麗：中国東北部から南下／楽浪郡滅ぼす　→子の**長寿王**が都の**丸都**に建立

⇒倭国と対立～高句麗好太王碑(「辛卯の年」＝391年以降倭国と交戦)

・百済：半島南部西側の**馬韓**諸国から台頭　＊好太王～広開土王とも

⇒倭国と連携～石上神宮七支刀(奈良／百済王から倭王に贈られた鉄剣)

・新羅：半島南部東側の**辰韓**諸国から台頭

→**鉄資源**確保のため

・加耶[**伽耶**・**加羅**／もと**弁韓**]：半島南端の小国連合⇒倭国と密接な関係

〈5世紀〉『宋書』倭国伝(沈約による中国南朝の宋の歴史書)　＊冊封～皇帝が称号を与え臣従させること

①倭の五王(讃・珍・済・興・武)が宋の皇帝に朝貢／冊封

②倭王武の上表文～478年に宋の順帝に遣使／「安東大将軍倭王」に冊封

・目的：朝鮮半島南部での優位確保(→鉄資源の確保を容易にするため)

・倭王武＝雄略天皇←……『日本書紀』が伝える雄略天皇の本名が「幼武」

↓　＝獲加多支鹵大王←……稲荷山古墳(埼玉)出土鉄剣の銘文と

当時の政権は関東～九州中部を統一　江田船山古墳(熊本)出土鉄刀の銘文にある名

問題文を読んで，文章中の空欄に当てはまる語句を記入しなさい。

01 古墳の出現と広がり

弥生時代後期に現れた墳丘墓は，3世紀半ば頃から後期にかけて，より大きな規模を持つ古墳となっていった。出現期の古墳には(1　　　　　)や**前方後方墳**が多く，最も大きなものは奈良県桜井市の(2　　　)古墳である。この頃，これらの古墳を墳墓とする大和地方の首長たちを中心に広域な政治連合が形成されていた。古墳が各地でみられるようになるのは，このヤマト政権の支配に組み込まれた首長たちが同形式の墳墓をつくったためであろう。

4世紀後半までが古墳時代前期とされるが，この頃の(1　)では木棺・石棺を(3　　　)式石室に納めたものや木棺を粘土でおおった(4　　　　)がつくられたものが多い。墳丘の上には(5　　　)が並べられ，表面には**葺石**が敷かれた。副葬品には三角縁神獣鏡のような**銅鏡**や勾玉（まがたま）のような玉類など**呪術的**なものが多く，被葬者の**司祭者**的な性格がうかがえる。

4世紀末から5世紀末までが古墳時代中期である。この時期も，石棺を(3　)式石室に納めたものが多いが，副葬品には**鉄製の武器・武具**や**馬具**のような**軍事的**なものが増え，被葬者の**武人**的性格が強まったことを示している。また，古墳の規模も巨大化し，墳丘の長さが486mにおよぶ大阪府堺市の(6　　　　)古墳が最大で，大阪府羽曳野市の誉田御廟山古墳がそれにつづく。それぞれ**記紀**にみられる(7　　　)天皇陵と応神天皇陵に比定される。

02 倭の五王の時代

4世紀になると，中国では南北朝時代に入った。そのため周辺諸国に対する影響力が弱まり，朝鮮半島では(8　　　　)が中国東北部から南下して楽浪郡などを滅ぼし，南部では**馬韓**諸国から(9　　　)，**辰韓**諸国から(10　　　)が台頭して国家を形成した。半島の南端では小国連合の状態が続き，倭国は鉄資源などを確保するため(11　　　)とよばれたこの地と密接な関わりを持った。

(8　)の南下が進むと，(9　)は倭国と結んだ。奈良県の(12　　　)神宮に伝わる七支刀は(9　)王から倭王に贈られたものである。また，(8　)の(13　　　)碑には，「(14　　　)の年」以降倭国が(8　)と交戦したことが記されている。

(15　　　　　　)には，5世紀に讃・珍・済・興・(16　)の倭の五王が中国南朝の宋の皇帝に相次いで朝貢していた様子が記されている。なかでも倭王(16　)は「(17　　　)大将軍」の称号を得ることで，中国の皇帝の権威を借りて朝鮮半島諸国に対する優位を得るとともに，半島南部における立場を有利にして鉄資源などの確保を容易にしようとしたと考えられる。なお，(16　)は**記紀**にみられる(18　　　)天皇に比定され，埼玉県(19　　　)古墳で出土した鉄剣や熊本県(20　　　　　)古墳で出土した鉄刀の銘文にある「獲加多支鹵大王」に相当することから，当時の王権は関東から九州中部までを支配していたと推測される。

入試問題にチャレンジ

①正誤判別：箸墓古墳は纒向遺跡に近接し，出現期の前方後円墳としては最大規模である。(関西学院大)

②高句麗との戦いに際し，中国南朝の宋から倭王武は[　　　　　]の称号を得た。(慶應大)

❶❷❸❹**5**❻

古墳時代の社会

01 古墳文化の変化

古墳時代：後期(6～7世紀)	
分　布	前期：自然地形利用(丘陵など)→中期：平野部にも→後期：山間部・島にも
形　状	小規模な円墳が一カ所に数十基から数百基密集する群集墳 ・ヤマト政権の支配下に組み込まれた有力農民層の墳墓 ・巨大な古墳は大王のみ→大王の権力が大幅に伸長(諸豪族が服属)
埋葬施設	横穴式石室(外部から羨道を掘る→奥の玄室に石棺をおさめる) ・追葬が可能→**家族墓**(家族の合葬)　＊竪穴式石室～個人墓・首長墓 ・**横穴墓**(山の斜面に掘った横穴を羨道とする)　例：**吉見百穴**(埼玉)
副 葬 品	武器・馬具・装飾品のほか**土器**(土師器・須恵器)など日用品も　＊来世観の変化 ・装飾古墳～玄室に壁画／九州地方・茨城県・福島県など 　例：竹原古墳(福岡)　高松塚古墳(奈良) ・**石人**・**石馬**～九州北部／埴輪に代わる石造物　例：岩戸山古墳(福岡)
古　墳	新沢千塚古墳群(奈良)・岩橋千塚古墳群(和歌山)～群集墳(いずれも約600基)

※終末期(7世紀)　〈中央〉八角墳(天皇・皇子など)　＊権威の象徴：古墳から**氏寺**へ

〈地方〉大型の方墳・円墳(国造となった豪族など)　＊火葬の実施

02 古墳時代の社会

住居　**竪穴住居**／**平地住居**・**高床住居**など掘立柱建物(地面に穴を開ける→柱を立てる)

・煮炊き：**炉**から，つくりつけの**かまど**へ　＊豪族居館～民衆の集落から離れた場所へ

・屋根：切妻造・寄棟造・入母屋造　←家形埴輪

衣服　男性：衣と袴／女性：衣と裳　←人物埴輪

土器　土師器～従来の弥生土器の製法継承／赤褐色・素焼き

須恵器～5世紀に朝鮮半島より伝来／灰色・硬質　＊陶邑窯跡群(大阪)

儀礼　春：豊作を祈る祈年の祭

秋：収穫を感謝する新嘗の祭　＊大嘗祭～天皇が即位して最初に行う新嘗の祭

風習　禊・祓～穢れをはらい，身を清めること

太占の法～鹿の骨を焼く→ひびの割れ方で吉凶を占う

盟神探湯～熱湯に手を入れる→火傷の有無で真偽を判別　＊神判

祭祀　**自然神**信仰：自然物 or 神が宿るとされたものを信仰(山・巨岩・巨木など)

例：**宗像大社沖津宮**(福岡)～沖ノ島祭祀遺跡(巨石群・**“海の正倉院”**)

大神神社(奈良)～三輪山が神体(本殿がない)

↓ ヤマト政権の支配進行・神話の形成(⇒支配の正当化に必要)

祖先神[**氏神**]信仰　例：伊勢神宮(三重／天照大神)　＊**社**の建立

問題文を読んで，文章中の空欄に当てはまる語句を記入しなさい。

01 古墳文化の変化

古墳時代の後期である6世紀には，古墳の構造に大きな変化があらわれた。近畿の中央部では大規模な前方後円墳が営まれていたが，地方ではみられなくなった。一方，小規模な円墳が十数基から数百基のまとまりをもって築かれた(1　　　)墳がみられるようになる。これは，ヤマト政権が各地の首長だけでなく，新たに台頭してきた有力農民にも古墳の築造を認め，彼らを直接支配下に組み込もうとしたことを示している。奈良県の新沢千塚古墳群が(1　)墳の例である。

埋葬施設も(2　　　)式石室から(3　　　)式石室に変化した。(3　)式石室は，(4　　　)とよばれる通路を通じて墓室にあたる(5　　　)に死者をおさめるもので，個人墓であった(2　)式石室と異なり，追葬が可能な**家族墓**となったことがうかがえる。副葬品には，弥生系の(6　　　)や渡来系の(7　　　)のような**土器**などの日用品が増え，地域によっては壁画が描かれた(8　　　)古墳もみられるようになった。来世観が変化し，(5　)が死後の生活の場と考えられるようになったことのあらわれといえる。白鳳文化に登場する奈良県の(9　　　)古墳は，1972年に男女群像などの壁画が見つかった(8　)古墳である。

6世紀末から7世紀初頭になると，各地の首長による前方後円墳の造営はみられなくなり，大型の方墳や円墳に代わった。それも7世紀末にはつくられなくなり，大王とその一族など一部の支配者のみが古墳を営むようになり，やがて消滅していった。

02 古墳時代の社会

古墳時代になると，支配者と被支配者の生活の場は明確に分けられるようになった。各地の首長である豪族の居館は集落から離れた場所におかれ，周囲に濠(ほり)や柵(さく)をめぐらせた。多くの人々の住む集落では，従来の**竪穴住居**のほかに**平地住居**もつくられるようになった。**平地住居**や**高床住居・倉庫**は地面に穴を開けて柱を立てた(10　　　)建物の形で建てられた。

農耕儀礼では，豊作を祈る春の(11　　　)の祭や収穫を感謝する秋の(12　　　)の祭が行われた。のち，即位した天皇が最初に行う(12　)の祭を(13　　　)祭と称するようになる。

人々の間では呪術的な風習がみられた。穢れをはらい身を清める禊(読み方：14　　　)や祓(読み方：15　　　)，鹿の骨を焼いて吉凶を占う(16　　　)の法，熱湯に手を入れさせ，手がただれるかどうかで真偽を判断する(17　　　)などがそれにあたる。

福岡県の**宗像大社沖津宮**は玄界灘の(18　　　)を神としてまつり，4世紀から9世紀にかけて祭祀が行われた巨石群が残る。奈良県の(19　　　)神社は三輪山を神体とし，周囲に祭祀跡も見つかっている。やがてヤマト政権の統一が進むと，支配を正当づけるため神話が作られ，一族の祖先神が信仰の対象となった。三重県の(20　　　)がその例である。

入試問題にチャレンジ

①横穴式石室は［　　］とよばれる通路で玄室と墳丘外部がつながっている。(同志社大)

②正誤判別：5世紀になると，日本列島では朝鮮半島からその製作技術が伝わった土師器とよばれる硬質で灰色の土器が作られるようになった。(中央大)

❶❷❸❹❺❻ ヤマト政権の支配体制

01 大陸文化の流入

〈5 世紀〉諸技術の伝来

①渡来人　←『古事記』『日本書紀』による

・阿知使主(文筆)　…………………>子孫～東漢氏

・王仁(文筆～『論語』『千字文』)　…………………>子孫～西文氏

・弓月君(養蚕・機織りの技術)　…………………>子孫～秦氏

＊東漢氏・西文氏～史部としてヤマト政権の記録・出納・外交文書作成などを担当

②品部～ヤマト政権に組織された渡来系の技術者集団／伴造が統率／“○○部”の名称

例：韓鍛冶部(鉄器の生産技術)　陶作部(須恵器の生産技術)　錦織部(機織りの技術)

鞍作部(馬の鞍を作る技術)　＊伴造―**伴**―品部

〈6 世紀〉学問の伝来

①儒教の伝来：継体天皇時代／百済から五経博士が伝える(513 年)

＊五経～儒教の経典である『易経』『尚書[書経]』『詩経』『春秋』『礼記』のこと

②仏教の伝来：欽明天皇時代／百済の聖明王から仏像・経論などが伝わる⇒仏教の**公伝**

・『上宮聖徳法王帝説』**『元興寺縁起』**→伝来を 538 年(**戊午年**)とする

・『日本書紀』　→伝来を 552 年(**壬申年**)とする

＊渡来人～それ以前から信仰　例：司馬達等が自宅で仏像を礼拝⇒仏教の**私伝**

③医博士・易博士・暦博士の渡来：医学・易学(占い)・暦学(天文)の伝来

02 ヤマト政権の支配

①氏姓制度　氏　血縁関係などに基づく集団(代表：氏上／構成員：**氏人**)

姓　大王が氏ごとに授与／政権内での地位を示す称号／固定・世襲

・臣～中央・地方の地名を氏の名とする有力豪族に与えられた姓

例：中央の葛城氏・平群氏・蘇我氏など／地方の**吉備氏**・**出雲氏**など

・連～職務にちなんだ名称を氏の名とする有力豪族に与えられた姓

例：大伴氏(軍事)　物部氏(軍事・祭祀)　中臣氏(祭祀)

・君～地方の有力豪族に与えられた姓　例：筑紫氏・**毛野氏**など

・直～地方の中小豪族に与えられた姓　＊その他の姓：造・首・史・村主

②中央：大王のもとで大臣・大連を中心に運営　＊大臣・大連～姓ではない

└►姓は氏の集団に与えるもの

・大臣～臣の姓を与えられた氏のうち，最も有力な氏の氏上を任命

・大連～連の姓を与えられた氏のうち，最も有力な氏の氏上を任命

③地方：地方豪族を国造に任命・支配を保障　＊その他の地方官：**県主**・**稲置**

④経済基盤　〈大王家〉直轄地＝屯倉（耕作民が田部）／直轄民＝名代・子代(物品を貢納)

〈諸豪族〉私有地＝田荘／私有民＝部曲　＊奴(隷属民)

総称

＊部～被支配者層　例：耕作→田部／鉄器→韓鍛冶部／○○宮 or ○○皇子に貢納＝○○部

問題文を読んで，文章中の空欄に当てはまる語句を記入しなさい。

01 大陸文化の流入

大陸と交流する中で，主に朝鮮半島からの渡来人によりさまざまな技術が伝えられた。ヤマト政権は，鉄器の生産技術を持つ人々を(1　　　)部，灰色で硬質な土器である(2　　　)の生産技術を持つ人々を陶作部，機織りの技術を持つ人々を(3　　　)部といった集団に組織して品部と総称し，(4　　　)に統率させた。

記紀によると，東漢氏の祖先とされる(5　　　)と西文氏の祖先とされる(6　　　)が文筆を伝えたという。5世紀には日本列島でも漢字の音を利用して日本語を表記するようになったことは，「獲加多支鹵大王(ワカタケル)」の文字が刻まれた鉄剣や鉄刀の存在，和歌山県の**隅田八幡神社**(すだはちまん)に伝わる**人物画像鏡**などからうかがえる。政権では文筆を得意とする渡来人を(7　　　)とし，記録や出納，外交文書の作成などにあたらせた。なお，渡来人の(8　　　)は養蚕や機織りの技術を伝え，その子孫は秦氏を名乗ったという。

6世紀になると，継体天皇の時代に(9　　　)から渡来した(10　　　)博士により儒教が伝来したほか，**医博士・易博士・暦博士**も渡来し，さまざまな学術がもたらされた。さらに(11　　　)天皇の時代には，(9　　　)の聖明王から仏教も公式に伝えられた。その年代は，『上宮聖徳法王帝説』によると(12　　　)年，『日本書紀』によると552年のこととされている。

02 ヤマト政権の支配

5世紀から6世紀にかけて，ヤマト政権は氏姓制度とよばれる支配体制を築いていった。豪族は，血縁的な結びつきをもととする集団である氏を構成し，氏を代表する氏上が**氏神**(うじがみ)をまつり，**氏人**たちを統率した。これに対して大王は，政権内での地位を示す姓を与えた。姓は氏ごとに与えられ，世襲された。葛城氏・平群氏・蘇我氏など大和地方の地名を氏の名とする有力豪族には(13　　　)，大伴氏・物部氏・中臣氏など職務にちなんだ名称を氏の名とする有力豪族には(14　　　)の姓が与えられた。有力な地方豪族のうち**吉備氏・出雲氏**には(13　　　)の姓を与えたが，筑紫氏・毛野氏などには(15　　　)，中小の地方豪族には直の姓が与えられた。

中央では，(13　　　)の姓を与えられた氏のうち特に有力な氏の氏上が大臣，(14　　　)の姓を与えられた氏のうち特に有力な氏の氏上が大連に任じられ，大王のもとで政務にあたった。地方では，(15　　　)や直などの姓を与えられた氏から(16　　　)が任じられ，その地方の支配を保障される一方で，領域内に設けられた大王の直轄地である(17　　　)や直轄民である名代・子代の管理を委ねられた。また，豪族は私有地の(18　　　)や私有民の(19　　　)を所有し，経済基盤とした。氏ごとに姓を与えられた支配者層に対し，被支配者層は部とよばれた。名代・子代，品部，(19　　　)のほか，(17　　　)の耕作民である(20　　　)がそれにあたる。

入試問題にチャレンジ

①仏教は厩戸王の伝記を中心とした『[ア：　　　　　　　　　]』によると538年に伝来したとされ，儒教は[イ：　　　]博士とよばれる学者により伝えられた。(北海道大)

②ヤマト政権は地方豪族を[ア 大臣　イ 大連　ウ 伴造　エ 国造]に任じた。(学習院大)

日本史の学習法(前編)

皆さんは，受験に向けて日本史の勉強を本格的に始めることになりました。でも，どうやって進めればいいの？と，入り口で困ってしまっている人がいるかもしれません。そこで，ここでは日本史の勉強の進め方について，私がお勧めしている方法を紹介します。

日本史の勉強は，どう進めればいいの？

高校でも塾でも予備校でも，日本史の授業があるなら，それを軸にして予習と復習を進めていきましょう。例えば「火曜日と木曜日に授業がある」なら，「授業前日の月曜日と水曜日に予習をする」と効果的。

予習では，翌日の授業で習う部分を教科書で探して(進め方にもよりますが，基本的には，前の授業で学習した部分の次にあたるところ)，そこをさらっと読むだけで十分です。

とはいえ，教科書の文章は難しい。何も習っていない状態では，１ページ読むのもたいへんかもしれません。それなら，この予習はカットしてよいです。その分，授業に集中して，復習に多くの時間をつぎ込みましょう。また，何日も前に予習をしてもダメ。うっすらとでも，教科書で読んだ内容が頭に残っている状態で授業をうけた方がよいからです。

翌日，日本史の授業をうけます。予習した時に意味がわからず，“もやもや”していたところもクリアーになるでしょう。まだ“もやもや”が残っていたら，先生に質問したり，用語集で調べたりしてみてください。用語の読み方も，ここで確認しておきましょう。

もし授業がなく，独学で進めるのであっても，「日本史は○曜日と○曜日」のように，科目ごとに勉強する曜日を決めた方がやりやすいですよ。その場合は，「今日の範囲は○ページから○ページまで」と，その日に勉強する範囲を設定し，教科書やそれに代わるもの(例えば，話し言葉でわかりやすく日本史を説明しているものなど)を読んでみましょう。

今度は復習です。授業のあった当日に，まず１回目の復習をします。その２日後に２回目の復習を，さらにその３日後(授業後５日目)に３回目の復習をします。復習に使う教材は同じもので構いません。その際に，ぜひこの問題集を使ってほしいのです。

☞続きは P.26

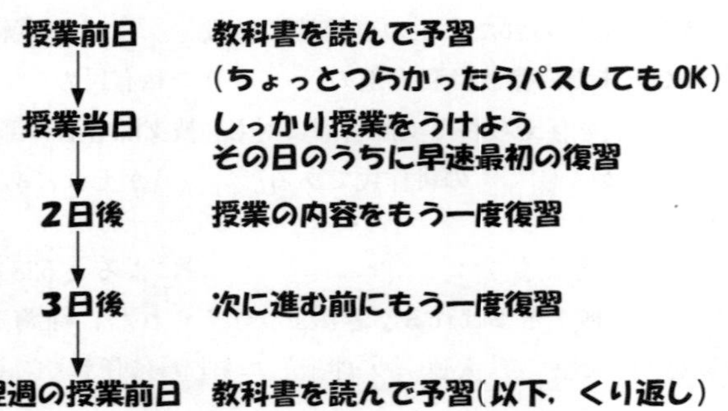
授業前日
教科書を読んで予習
(ちょっとつらかったらパスしても OK)
授業当日
しっかり授業をうけよう
その日のうちに早速最初の復習
2日後
授業の内容をもう一度復習
3日後
次に進む前にもう一度復習
翌週の授業前日
教科書を読んで予習(以下，くり返し)

第2章

古代Ⅱ

ここでは「大化改新→7世紀半ば」のように，6～7世紀のいつ頃のことなのかを意識して。律令制度は細かくて面倒だけれど，奈良時代以降でも出てくる内容なので，ここでしっかりおさえておいた方がいいですよ😊

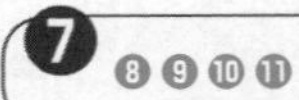

推古天皇の時代

01 6世紀のヤマト政権

〈対外情勢〉高句麗の強大化→百済・新羅の南下／中国では隋が南北朝を統一(589年)

百済～加耶諸国の西部を支配
新羅～加耶諸国の東部を支配
→加耶諸国滅亡(562年)

〈国内情勢〉地方豪族の抵抗 ＋ 中央豪族の対立激化

①継体天皇：**大連**～大伴金村　＊即位順：継体→安閑→宣化→欽明→敏達→用明→崇峻

・百済による加耶西部の支配承認(→のち金村失脚の原因に)

・磐井の乱(527年)：筑紫磐井(国造／姓は君／新羅と連合)　＊岩戸山古墳(福岡)
→**物部麁鹿火**らが鎮圧(磐井の子が献上した土地→屯倉に編入)　→磐井の墓か(**石人・石馬**)

②欽明天皇：**大臣**～蘇我稲目／**大連**～物部尾輿

・仏教の伝来：蘇我氏(**崇仏派**＝受容に積極的) ⇔ 物部氏(**排仏派**＝受容に反対)
→渡来人との結びつき(**東漢氏**など)
ヤマト政権の財政掌握(**斎蔵**・**内蔵**・**大蔵**＝三蔵管理／屯倉経営)

③用明天皇：**大臣**～蘇我馬子／**大連**～物部守屋

・没後～蘇我氏と物部氏の対立激化→蘇我氏が物部氏滅ぼす(587年)

④崇峻天皇：**大臣**～蘇我馬子(天皇を擁立→天皇と対立→天皇を暗殺)

02 推古朝の改革

推古天皇(敏達天皇の后／**用明天皇**の妹／母：蘇我氏出身)

〈協力〉厩戸王(推古天皇の甥／**用明天皇**の子／**聖徳太子**とも)・蘇我馬子(**大臣**)

①内政～豪族を官僚として組織化・国家機構の整備

・冠位十二階(603年)～**徳**・仁・礼・信・義・智を大小に分けた12階
冠位：個人の才能・能力に応じて授与／昇進可能(一代限り・世襲不可)
→**氏姓制度**の弊害打破(**姓**～**氏**ごとに家柄に応じて授与／固定・世襲)

・憲法十七条(604年)～官僚の心構え・訓戒／仏教・儒教重視　＊三宝＝仏・法・僧

・歴史書の編纂～『天皇記』『国記』など(→のち乙巳の変で焼失)

②外交～遣隋使の派遣(中国との国交は**倭の五王**以来断絶)

600年　『隋書』倭国伝に記述：隋～初代皇帝文帝　＊「日出づる処」＝東＝倭国

607年　『日本書紀』にも記述：隋～2代皇帝煬帝　＊「日没する処」＝西＝隋

・小野妹子～国書持参(倭王を「天子」と記す→皇帝に臣属しない形式)
→皇帝を示す語　→冊封を求めず

・2代煬帝～不機嫌／翌年裴世清派遣(高句麗遠征前→倭との提携重視)

608年　裴世清帰国／小野妹子が再び渡隋

・高向玄理(留学生)，南淵請安・旻(学問僧)らが同行

614年　犬上御田鍬(＝のち最初の遣唐使に)派遣…………→隋滅亡(618年)

問題文を読んで，文章中の空欄に当てはまる語句を記入しなさい。

01 6世紀のヤマト政権

6世紀の朝鮮半島では高句麗が勢力を強め，百済や(1　　　)を圧迫した。そのため百済と(1　)は南下を進め，半島南部の加耶諸国を併合しようとした。一方，ヤマト政権では(2　　　)天皇のもとで**大連**の(3　　　　　)が力を強めていた。(3　)は512年，百済が加耶西部を支配することを認めたが，その後(1　)も強大化して加耶諸国を併合したため，加耶諸国は6世紀半ばまでに滅ぼされた。加耶諸国はヤマト政権とのかかわりが深く，政権は半島での交易拠点を失った。

国内では，ヤマト政権の支配拡大に対する地方豪族の抵抗が起こった。6世紀前半，九州の豪族(4　　　　　)が(1　)と結んで反乱を起こした。これが物部氏を中心とする軍勢に鎮圧されたこともあり，百済による加耶西部支配を承認したことを批判されて(3　)が失脚した後，**大連**は物部氏から任じられるようになった。また，三蔵の管理や屯倉の経営など政権の財政に関わっていた蘇我氏は，**大臣**として力を伸ばした。

(5　　　)天皇の時代になると，百済から仏教が伝えられた。渡来人とつながりの深かった蘇我氏では**大臣**の(6　　　　　)が仏教の受容に積極的で，**大連**の(7　　　　　　)は中臣(なかとみ)氏らとともに受容に反対した。その後，**大臣**は(8　　　　　)，**大連**は(9　　　　　)となったが，大王の後継者をめぐる対立もあって，587年に(8　)は(9　)を滅ぼした。

02 推古朝の改革

大臣の(8　)は，自ら擁立した(10　　　)天皇を暗殺して権力を強めた。そして，新たに即位した(11　　　)天皇のもとで，(8　)と(11　)天皇の甥にあたる厩戸王らにより改革が推進された。603年に定められた(12　　　)十二階では，個人の才能や能力に応じて(12　)を与え，豪族を官僚として組織することとした。翌年の憲法十七条では，儒教や仏教を政治理念として重んじるとともに，官僚として政務にあたるうえでの心構えを示した。『(13　　　　)』『国記』などの歴史書の編纂も行われた。

倭の五王以来途絶えていた中国との外交も再開された。6世紀後半に南北朝を統一した(14　)に対し，600年や607年に使者が送られたことが(14　)の歴史書に掲載されている。『(15　　　　　)』にも記述がみられる607年の遣使では，(16　　　　　)がもたらした国書が(14　)の皇帝(17　　　)の不興をかったという。国書が皇帝に臣属しない姿勢で記されていたためと考えられるが，高句麗と対立関係にあった(14　)は倭国との関係を重んじ，翌年使者として(18　　　　)を倭国に派遣した。その帰国時には，留学生の(19　　　　　)や学問僧の南淵請安・(20　　)らが同行した。

入試問題にチャレンジ

①527年に九州で[ア：　　　　　]の乱が勃発したが鎮圧された。石人や石馬が置かれた福岡県[イ：　　　]古墳は[ア]の墳墓と推定されている。(京都大)

②高句麗遠征のため隋の2代皇帝[　　]には倭との友好関係は不可欠だった。(同志社大)

⑦ **8** ⑨⑩⑪

律令国家の形成

01 大化の改新

①蘇我蝦夷・入鹿父子の専横～**舒明天皇**・皇極天皇の擁立／山背大兄王の襲撃

②乙巳の変(645年)：中大兄皇子・中臣鎌足らによる蘇我蝦夷・入鹿父子打倒

③改新政府の成立：孝徳天皇の即位(最初の年号：大化／遷都：難波長柄豊碕宮)

・人事改革：皇太子～中大兄皇子　内臣～中臣鎌足　＊左・右大臣も任命

国博士(政治顧問)～高向玄理・旻

・施政方針：改新の詔(646年)
〈第1条〉公地公民の原則への移行 →上級役人には**食封**支給
〈第2条〉地方行政区画の制定(国―**郡**―里) →実際には「**評**」
〈第3条〉戸籍・計帳の作成／班田収授法の実施
〈第4条〉統一的な新税制の確立

＊改新の詔は『日本書紀』所収～編纂時に手が加えられた[＝潤色]可能性も

02 律令国家の形成

①東アジア情勢の変化

660年　唐・新羅が百済を滅ぼす

663年　白村江の戦い：百済の援軍要請→斉明天皇は筑紫朝倉宮で没 →皇極天皇が**重祚**

→中大兄皇子が**称制**→朝鮮半島に大軍を派遣・白村江で大敗

＊**重祚**～退位した天皇が再び即位／**称制**～即位せず天皇の政務を執行

→国防強化～水城(九州北部／大宰府の北) 防人(九州北部) 烽(通信手段)

朝鮮式山城(対馬から大和にかけて／大宰府北方の大野城など)

＊唐・新羅が高句麗も滅ぼす(668年)→唐と新羅が対立→新羅が半島統一(676年)

②中央集権化の推進　＊国防強化・内政整備～百済からの亡命貴族が協力

天智天皇　[中大兄皇子]～斉明天皇の没後**称制**→遷都：近江大津宮～国防の目的も

・庚午年籍の作成(670年)：最初の戸籍(のち永久保存と規定)　＊**近江令**も制定か

・没後に壬申の乱(672年)：皇位継承をめぐる対立→豪族を巻き込んだ内乱へ

大海人皇子(弟)～**吉野**(大和)から**美濃**へ拠点移す／東国豪族の協力⇒勝利

大友皇子(子)　～近江大津宮を拠点に中央豪族が支持　⇒敗北

天武天皇　[大海人皇子]～遷都：飛鳥浄御原宮／天皇の**神格化**(柿本人麻呂らの歌) →『万葉集』所収

・八色の姓：身分再編(最上位の**真人**～皇族)　＊部曲も廃止

・富本銭の鋳造：飛鳥池遺跡(奈良／鋳造場所)　＊皇族重視の人事(皇親政治)

・飛鳥浄御原令の編纂開始／藤原京の造営開始／歴史書の編纂開始

持統天皇　[天武天皇の皇后]～当初**称制**(**大津皇子**排除)／皇太子**草壁皇子**の没後即位

・飛鳥浄御原令の施行(689年)→庚寅年籍の作成(690年)～班田収授の実施可能に

・藤原京遷都(694年)：初めて都城制を採用／**大和三山**(畝傍山・耳成山・香具山)

文武天皇　[天武・持統天皇の孫／**草壁皇子**の子]～大宝律令の完成(701年)

問題文を読んで，文章中の空欄に当てはまる語句を記入しなさい。

01 大化の改新

蘇我馬子の没後，子の蘇我蝦夷が**大臣**となった。蝦夷は推古天皇の後継として**舒明天皇**を擁立し，その没後は后を（1　　　）天皇とした。蝦夷の子の（2　　　　）は，厩戸王の子で有力な皇位継承者であった（3　　　　　）を自害に追い込んだ。これに対し，**舒明天皇**と（1　　）天皇を父母とする中大兄皇子は645年，中臣鎌足らとともに蝦夷・（2　　）父子を滅ぼした。これを（4　　　）の変という。

（1　　）天皇の譲位を受け，弟の（5　　　）天皇が即位した。そのもとで中大兄皇子が皇太子となり，左・右大臣がおかれ，中臣鎌足を内臣，高向玄理と旻を（6　　　　）とする新政権が発足した。新政権では，中国に倣（なら）って大化を初めての年号とし，都を難波長柄豊碕宮に移した。**646年**正月には改新の詔が出され，王族や豪族の私有地・私有民を廃止して公地公民の原則とすること，戸籍・計帳を作成して班田収授法を行うことなどの方針が示された。

02 律令国家の形成

7世紀の東アジアは変動の時期をむかえた。618年に中国で唐が成立し，660年には唐と新羅が（7　　　）を滅ぼした。倭国では都が飛鳥に戻され，（5　　）天皇の没後は（1　　）天皇が再び即位して（8　　　）天皇となっていた。（7　　）復興のための援軍を求められた倭国は大軍を送ったが，663年の（9　　　）の戦いで大敗した。そのため，九州北部での（10　　　）の構築や防人・烽の配備，西日本各地での朝鮮式山城の建築など国防の強化が進められた。一方，唐と新羅は高句麗も滅ぼし，676年には新羅が朝鮮半島を統一した。

（8　　）天皇は（9　　）の戦いの前に亡くなり，その後は中大兄皇子が即位しないまま天皇の政務を執り行っていたが，都を近江大津宮に移すと天智天皇となった。**670年**につくられた（11　　　　　）は最初の戸籍で，氏姓をただす根本台帳としてのち永久保存とされた。

天智天皇の没後，その弟と子が対立し，**672年**に（12　　　）の乱がおこった。**吉野**で兵を挙げた弟の（13　　　　）皇子は**美濃**に移り，東国の豪族の協力を得て勝利した。子の（14　　）皇子を擁した近江朝廷側の有力豪族が没落したこともあり，強大な権力を握った（13　　）皇子は（15　　　　　）宮に都を移して即位し，天武天皇となった。この時代には天皇の**神格化**が進められ，天皇を中心とする新しい身分秩序に豪族を再編する（16　　　　　）の制定や富本銭の鋳造などが行われたほか，（15　　）令の編纂事業や最初の都城である（17　　　　）の造営も始められた。**「天皇」**の称号や**「日本」**の国号の使用が始まったのも，この頃とされている。あとを継いだ皇后の（18　　　）天皇の時代には（15　　）令が施行され，その翌年には（19　　　　　）とよばれる戸籍が作られた。694年には（17　　）への遷都も行われた。そして701年，（20　　　）天皇のもとで大宝律令が完成し，国家としての法制が整えられた。

入試問題にチャレンジ

①年代整序：(i) 斉明天皇の死去　(ii) 八色の姓の制定　(iii) 庚寅年籍の作成　(iv) 壬申の乱　(v) 近江大津宮への遷都（中央大）

②持統天皇は，中国的な条坊を持つ本格的な都城である[　　　　]に遷都した。（学習院大）

⑦⑧**9**⑩⑪

飛鳥文化と白鳳文化

01 飛鳥文化

【特徴】・時期：6世紀末～7世紀初頭／中心：推古天皇の時代／担い手：王族・豪族
・最初の仏教文化／百済・高句麗・中国の**南北朝時代**の文化の影響

寺院 飛鳥寺[法興寺]～蘇我馬子による蘇我氏の氏寺／本格的な伽藍を持つ最初の寺院
法隆寺[斑鳩寺]～厩戸王(四天王寺も建立)による ＊伽藍配置：中心は塔→金堂
世界最古の木造建築／日本で最初の世界遺産登録(1993年)
＊『日本書紀』に焼失の記事→再建・非再建論争→若草伽藍跡発掘で再建説有力
＊『三経義疏』～**法華経**など3つの経典の注釈書(厩戸王によるとも)
広隆寺[太秦寺]～秦河勝による秦氏の氏寺(京都府) ＊伽藍～寺院内の建物

彫刻 **北魏様式**～力強い雰囲気をもつ(左右対称・杏仁形の眼・仰月形の唇)
└→アーモンド形 └→口角が上がっている
飛鳥寺釈迦如来像(鞍作鳥[止利仏師]の作)
法隆寺金堂釈迦三尊像(鞍作鳥[止利仏師]の作)・夢殿救世観音像
南朝[南梁]様式～丸みをおびた柔和な雰囲気をもつ
法隆寺百済観音像 中宮寺半跏思惟像 広隆寺半跏思惟像

工芸 玉虫厨子(法隆寺)～装飾に玉虫の羽を使用
＊**須弥座絵**・扉絵(密陀絵 or 漆絵) ┌→油絵の一種
天寿国繡帳(中宮寺)～刺繡の断片が残る／中宮寺は厩戸王が母の宮跡に建立 ┌→法隆寺に隣接

渡来人 観勒(百済)～暦法を伝える 曇徴(高句麗)～絵の具・紙・墨の製法を伝える

02 白鳳文化

【特徴】・時期：7世紀後半／中心：天武・持統天皇の時代／担い手：皇族・貴族
・律令国家形成期→清新・若々しさ／**初唐**の文化の影響

寺院 大官大寺～天武天皇が建立(**舒明天皇**が建立した**百済大寺**が移転・改称)
薬師寺～天武天皇が皇后(のちの持統天皇)の病気平癒のため建立 ＊礎石・瓦葺
└→東塔(三層→**裳階**により六層に見える)

※天武天皇の宗教政策
〈神〉歴史書の編纂命令(神話形成)→**伊勢神宮**(皇室の祖先神と位置付けた**天照大神**をまつる)を中心とする神祇制度整備
〈仏〉国家の安泰を祈る役割→国家による仏教保護・僧尼統制へ

彫刻 薬師寺金堂薬師三尊像～薬師如来像と日光菩薩像・月光菩薩像
興福寺仏頭～もとは**山田寺**(**蘇我石川麻呂**が創建)の本尊だった薬師如来像
→平安時代末に興福寺の僧兵が強奪→室町時代に火災で焼損→昭和になり発見

絵画 法隆寺金堂壁画～インド・中国の影響(1949年 焼損→ **1950年** 文化財保護法制定)
高松塚古墳壁画～男女群像・四神図など／中国・高句麗の影響(1972年 発見)

文芸 漢詩文～大友皇子(天智の子)・**大津皇子**(天武の子)───→のち『懐風藻』所収
和歌～額田王(はじめ大海人皇子のち天智天皇の妃)
柿本人麻呂(天皇の神格化「大王は神にしませば…」)──→のち『万葉集』所収

問題文を読んで，文章中の空欄に当てはまる語句を記入しなさい。

01 飛鳥文化

6世紀半ば頃までに(1　　)から伝えられた仏教は，崇仏派の(2　　)氏の勢力拡大とともに朝廷の保護をうけるようになり，6世紀末から7世紀初頭にかけての推古天皇の時代を中心に最初の仏教文化が花開いた。この飛鳥文化は王族や豪族を担い手とし，(1　　)や高句麗，中国の**南北朝時代**の文化の影響がみられる。

蘇我馬子による(3　　)寺は本格的な伽藍を持つ最初の寺院であり，秦氏も(4　　)寺を建立した。このような(5　　)は古墳に代わる権威の象徴とされた。

厩戸王による法隆寺は，所在地の地名から(6　　)寺ともよばれ，670年に焼失したとの記述が『(7　　)』にみられるが，(8　　)跡の発掘により現存する金堂や五重塔などは焼失後に再建されたものと考えられている。金堂の釈迦三尊像は仏師(9　　)の作といわれ，**北魏様式**の特徴をもつのに対し，**百済観音像**には**南朝**[**南梁**]**様式**の特徴がみられる。仏像を安置するためにつくられた(10　　)は，仏教説話が描かれている**須弥座絵**も重要である。

経典の研究も進み，**法華経**などの注釈書である『(11　　)』がつくられた。また，(1　　)の(12　　)により暦法が伝えられて年月の経過を記録することが可能となり，高句麗の(13　　)は絵の具や紙・墨の製法を伝えたという。

02 白鳳文化

律令国家の形成期にあたる7世紀後半の(14　　)天皇・持統天皇の時代には，清新で若々しい活気に満ちた文化がおこった。この(15　　)文化は皇族や貴族を中心とし，遣唐使を通じて伝えられた**初唐**の文化の影響をうけている。

(14　　)天皇は，のちの記紀につながる歴史書の編纂を命じるとともに，**伊勢神宮**を中心とする神祇制度を整備した。一方で，仏教を国家の安泰を祈る宗教として保護し，(16　　)寺や薬師寺などの官立寺院[**官寺**]の建立を始めた。

この時期の彫刻では薬師寺金堂薬師三尊像のほか，**山田寺**の薬師三尊像の本尊としてつくられ，現在は頭部のみ(17　　)寺に伝わる仏頭が知られている。絵画では，第二次世界大戦後の占領期に焼失したものの，インドや西域の仏教壁画の影響がみられる法隆寺金堂壁画，男女群像で知られる(18　　)古墳壁画がある。

百済からの亡命貴族たちの影響もあり，漢詩文を読むことは貴族の教養となった。壬申の乱で敗れた(19　　)皇子，(14　　)天皇の皇子だが，その没後に謀叛(むほん)の疑いをかけられ自害させられた**大津皇子**らが優れた作品を残している。また，和歌でも長歌・短歌などの形式が整い，額田王や天皇を神格化した歌で知られる(20　　)らの作品が有名である。

入試問題にチャレンジ

①蘇我馬子によって創建された[ア：四天王寺　イ：大官大寺　ウ：法隆寺　エ：法興寺]は，わが国最初の寺院として特筆される。(青山学院大)

②正誤判別：興福寺仏頭は山田寺薬師三尊像の本尊の頭部であったとされる。(中央大)

7 8 9 **10** 11

律令制度・1

01 律令とは？

律　現在の刑法にあたる規定　　＊格（補足・修正）

令　行政組織や官僚，人民の租税・労役などに関する規定　　＊式（施行細則）

02 律令制下の中央官制

〔二官〕 神祇官（祭祀）
太政官（行政）─┬公卿の合議により国政運営　＊のち中納言・参議が加わる
　　└→太政大臣，**左大臣・右大臣**（左＞右），**大納言**など
─太政大臣～“**則闕の官**”（適任者がいる場合のみ任命）

〔八省〕 **左弁官**の下～中務省（詔書の作成）　式部省（文官の人事・大学の管理）
治部省（仏事・外交）　民部省（戸籍作成など民政・徴税）

右弁官の下～**兵部省**（軍事・武官の人事）　**刑部省**（裁判・刑罰）　**大蔵省**　**宮内省**

＊弁官～太政官の事務局／文官～武官［軍人］以外の官僚

〔一台〕 弾正台（京内における風俗の取締り・官人の監察など）

〔五衛府〕 **衛門府**／**左・右衛士府**／**左・右兵衛府**（宮城などの警備）

03 律令制下の地方官制

①五畿七道

山陰道（日本海側）　北陸道（日本海側）　東山道（含：陸奥・出羽）
山陽道（瀬戸内海側）
西海道（九州）　東海道（太平洋側）
南海道（四国＋淡路・紀伊）　畿内（大和・山背［山城］・摂津・河内・和泉）

②区画：国～国司（中央より派遣／任期制）－国衙を拠点に統治（所在地＝国府）

郡～郡司（在地豪族より／終身制）－郡家を拠点に実務　里（50戸で構成）～里長

＊大宝律令施行以前は郡を評と表記（**藤原宮**出土木簡により判明～**郡評論争**）

③要地：**京職**（京内の行政を担当）　**摂津職**（摂津国には当初国司はおかれず）

大宰府（西海道諸国の統轄“**遠の朝廷**”／軍事→防人司・外交→鴻臚館）

04 律令制下の位階と官職

位階：30階からなる官人の序列／五位以上＝貴族・三位以上＝公卿

↓ 官位相当制～位階に応じた官職に任命する制度　＊郡司～官位相当制が適用されず

官職：4等級からなる上・中級官人（この下に多くの下級官人）

漢字が異なっても読み方は“**かみ・すけ・じょう・さかん**”

例：八省～**卿**・**輔**・**丞**・**録**　国司～守・**介**・**掾**・**目**

＊蔭位の制 〈対象〉**三位以上の子・孫，五位以上の子**

〈内容〉**21歳**になると父・祖父の位階に応じた位階を与えられる制度

＊貴族の特権～位階に応じた**位田**・**位封**／官職に応じた**職田**・**職封**

年2回の**季禄**の支給／**調**・**庸**・**雑徭**などの免除／刑罰も軽減

問題文を読んで，文章中の空欄に当てはまる語句を記入しなさい。

01 律令とは？

律令とは，刑法にあたる律，行政組織・官人[官吏・官僚]に関する規定や人民の租税・労役に関する規定などを含む令からなる法制度である。日本の律令は唐の律令を模範としながらも，日本の実情に合わせて作られた。文武天皇時代の(1　　)年に(2　　)律令が完成したことで，日本でも律令に基づく政治の基盤が整えられた。

02 律令制下の中央官制

中央には，祭祀を司る(3　　)官と行政全体を司る太政官がおかれ，国政は太政官を構成する上級貴族である公卿の合議により進められた。政務を分担したのは，太政官の下におかれた八省である。八省には，文官の人事を担当する(4　　)省や仏事・外交を担当する(5　　)省などがあった。京内における風俗の取締りや官人の監察は(6　　)が行い，天皇の居所である内裏や重要な儀式を行う大極殿のほか，諸官庁の集まる宮城の警備は五衛府が担当した。これらは二官八省一台五衛府と総称される。

03 律令制下の地方官制

全国は畿内と七道の8つの行政区に分けられた。畿内は(7　　)国・山背[平安京遷都後は山城]国・摂津国・**河内国・和泉国**の5カ国からなり，五畿ともよばれた。七道には，東北が含まれる(8　　)道，四国と紀伊国・淡路国からなる(9　　)道，九州に相当する(10　　)道などがあった。

各地はさらに66カ国と2つの島[壱岐・対馬]に分けられた。60余りの国々には中央から(11　　)が派遣された。(11　　)には任期があり，国衙の所在地である(12　　)を拠点に一国内を統治した。一国内はいくつかの郡に分けられ，それまで国造などであった伝統的な地方豪族から(13　　)が選ばれて郡内の実務にあたった。(13　　)は終身官で，世襲も認められた。郡という区画は(2　　)律令施行後に用いられたもので，それ以前は(14　　)という字があてられていたことが，(15　　)宮跡から出土した木簡により明らかになっている。郡は，さらに(16　　)戸からなる里(のち**郷**と表記)に分けられ，有力農民から里長が選ばれた。

なお，摂津国には当初(11　　)が任じられず摂津職がおかれていた。また，京内の行政は京職が，軍事上・外交上重要な(10　　)道諸国は**“遠の朝廷”**とよばれた(17　　)が統轄した。

04 律令制下の位階と官職

律令制下では，個人の能力や功績に対して(18　　)が与えられた。(18　　)は30階に分けられ，官人はそれに応じた官職に任命された。これを(19　　)制という。給与は(18　　)や官職に応じて与えられた。五位以上を貴族，三位以上(および太政大臣・**左右大臣・大納言**・中納言・参議)を公卿といい，(20　　)の制で子や孫が優遇されるなどの特権があった。

入試問題にチャレンジ

①[　　]省は，喪葬・陵墓・雅楽および外国使臣の接待などを司る。(青山学院大)

②正誤判別：朝鮮半島・大陸との外交・軍事の重要地である九州北部には大宰府がおかれ，外交や南海道の統轄にあたった。(中央大)

律令制度・2

01 律令制下の司法制度

・刑罰：五刑＝笞・杖・徒(懲役刑)・流・死　　＊尊属～自分より前の世代の血族(父母・祖父母など)

・重罪：八虐(国家・天皇・尊属などに対する罪)～貴族も減刑されず

02 律令制下の身分制度

・良[良民]：皇族，貴族など位階をもつ官人，公民，**雑色**[品部・雑戸]　　＊奴婢～売買可能

・賤[賤民]：五色の賤＝官有の**陵戸**・**官戸**・公奴婢／私有の**家人**・私奴婢　　**戸**の形成不可

03 律令制下の土地制度

・**田地**～租が徴収される輸租田　　例：口分田，**位田**，**郡司**に与えられた**職田**など

　租が徴収されない不輸租田　　例：神田，寺田，**郡司**以外の**職田**など

・**園地**(桑・漆や野菜などの栽培地)・**宅地**～私有地(相続可能)　＊未開墾地～公私定めず

04 律令制下の租税制度

①戸籍の作成：6年ごと／班田収授法実施のための台帳

　戸籍上の1戸[**郷戸**]～実際の家族[**房戸**]をいくつかまとめて登録

　└→50戸＝1里／1戸＝25人前後

②班田収授法の実施：戸籍に基づき，6歳以上の良賤男女に口分田を与える制度

・口分田～相続・売買不可／死者の口分田～6年ごとの班田実施の年[**班年**]に収公

　（収公：国家が取り上げること）

良民・官有賤民の男性	2段	私有賤民の男性	240歩
良民・官有賤民の女性	**1段120歩**	私有賤民の女性	160歩

＊1段＝360歩　＊男性：女性＝1：2/3　＊官有：私有＝1：1/3

・口分田は輸租田～1段につき2束2把の稲(収穫の約3%に相当)

　→**土地税**の租として諸国の国衙に納入(⇒地方財源)

＊条里制で田地区画“○条○里”

③成人男性の把握：計帳を毎年作成→庸・調など**人頭税**徴収のための台帳

正丁＝21歳～60歳／次丁[老丁]＝61歳～65歳／中男[少丁]＝17歳～20歳

　└→負担～正丁の1/2　└→負担～正丁の1/4

④税の種類(注：庸の麻布の長さと雑徭の日数は正丁の負担で表記)

・庸：**都**で**年10日**の労役[歳役]の代わり／**麻布**2丈6尺を納入／中男と京・畿内は負担なし

・調：各地の特産物を納入　＊庸・調～運脚で都へ運搬(⇒中央財源)

・雑徭：国司の命令／諸国での労役／年に60日以内

・兵役：正丁3～4人に1人を徴発→諸国の軍団で訓練・国府警備

　＊一部の兵士～衛士(都で1年間・宮城警備)・防人(大宰府で3年間・沿岸防備)

・**仕丁**：50戸[＝1里]から正丁2人徴発／中央政府の雑用に3年間使役

・出挙：春に稲を貸し付け，秋に利息とともに回収／国衙実施の場合は公出挙

・**義倉**：凶作に備えて粟などの穀物を貯蔵

問題文を読んで，文章中の空欄に当てはまる語句を記入しなさい。

01 律令制下の司法制度

刑罰には笞・杖・**徒**・流・死の(1　　)があった。国家や天皇，尊属などに対する罪である(2　　)は重罪とされ，減刑の特権をもつ貴族も免(まぬが)れることはできなかった。

02 律令制下の身分制度

当時の人々は良民と賤民に分けられた。良民には，皇族や貴族など位階をもった官人，公民，(3　　)・雑戸とよばれた特殊技術者が含まれた。賤民は5種類に分けられ，(4　　)と称された。(4　　)は，官有の**陵戸**・**官戸**・公奴婢，私有の**家人**・私奴婢からなり，中でも公奴婢・私奴婢は**戸**を形成できず，売買の対象ともなった。

03 律令制下の土地制度

律令制下では，**田地**と**園地**・**宅地**，山川藪沢(さんせんそうたく)に分けられた。**田地**には，(5　　)が徴収される輸租田と徴収されない不輸租田があった。例えば，官職に応じて与えられる**職田**は多くが不輸租田であったが，**郡司**に与えられた**職田**は輸租田であるなどの違いもあった。

04 律令制下の租税制度

当時民衆は，実際の家族をいくつかまとめた状態で1戸として(6　　)に登録された。1戸は25人前後からなり，その代表者が**戸主**で，1里は(7　　)戸で構成された。

(6　　)は(8　　)年ごとに作られ，(6　　)に基づき**戸**ごとに口分田が与えられた。口分田は(8　　)歳以上の良賤男女に与えられ，相続や売買は認められず，死者の口分田は(8　　)年ごとの**班年**に収公された。口分田からは1段につき2束2把の稲を(5　　)として国衙に納めさせたが，収穫の約3%に相当する低額の**土地税**であり，口分田を班給する(9　　)法は民衆の最低限の生活を保障するための制度であったといえる。(9　　)法では良民男性に(10　　)段，良民女性にはその3分の2にあたる**1段120歩**の口分田が与えられ，賤民男女も対象とされた。口分田班給のため，田地は“○条○里”で表示される(11　　)制で区画された。

律令では，男性を**21歳**から60歳までの(12　　)，61歳から65歳までの次丁[老丁]，17歳から20歳までの中男[少丁]に分け，課税の対象とした。そこで(6　　)をもとに毎年(13　　)を作成し，**都**での労役を負担する代わりに**麻布**を納めさせる(14　　)や，各地の特産物を納めさせる(15　　)の負担を課した。これらを都へ運ぶ(16　　)は，諸国での労役が課される(17　　)とともに重い負担であった。(12　　)は3～4人に1人の割で徴発され，諸国の軍団で訓練をうけた後，一部が都の(18　　)や九州北部の(19　　)とされたが，食料・武器を自分で用意しなければならなかったうえ，働き手を奪われた家族には負担となった。また，春に稲を貸し付け，秋に利息とともに回収する(20　　)は，国衙が(5　　)として徴収した稲を貸し出す場合は公(20　　)とよばれ，重要な地方財源となった。

入試問題にチャレンジ

①戸籍は[ア：　]年に一度，計帳は[イ：　]年に一度つくられた。(明治大)

②正誤判別：兵士の一部は，宮城の警備に当たる衛士や九州の沿岸を守る防人となり，この防人たちの歌が『万葉集』に収められている。(中央大)

日本史の学習法（後編）

前編では予習と授業当日についてお話ししました。後編では，この問題集を使いながらどのように復習するのか，具体的に紹介していきます。

この問題集は，どうやって使えばいいの？

授業をうけた，できればその日のうちに１回目の復習をします。この問題集は，左ページが重要事項のまとめ，右ページが用語を確認しながら流れを把握するための空欄補充問題になっています。左のまとめを読んで授業内容を確認した後，右の問題を解いてみてください。答えは書き込んでもかまいませんが，くり返し使ってほしいので，できれば別にノートを準備して，そちらに書いた方がよいでしょう。

数時間前に聞いたばかりの内容なので，１回目の復習ではだいたいの用語を答えることができるはずです。もし答えられない用語があったら，そこがまだ残っている“もやもや”部分かもしれません。ここで用語集や図説集を調べておけば安心です。

別冊の解答・解説では，間違えやすい漢字を大きく載せています。正確に書ければ記述形式の問題はもちろん，選択肢を選ぶ時にもちゃんと思い出せるし，論述を書く時にも使えますからね。

くり返して記憶にとどめるための問題集

授業の２日後，もう一度，左のまとめを読んでから，右の問題を解いてみてください。２日前に勉強したばかりの内容なのに，答えられない用語が増えていると思います。これではがっかりですよね。でも，さらに３日後，つまり授業の日から５日後にもう一度，同じやり方で解いてみてください。答えられる用語は増えているはず。

短い期間に同じ内容を何度も目にすると，意識していなくても頭の中にだんだんしみ込んできます。意識して見れば，さらに記憶に残ります。「１回目の復習では答えられたのに，２回目の復習では答えられなかった➡解答を見て思い出し，数回書いてみた➡３回目の復習ではちゃんと思い出すことができた」というパターンが望ましい。このパターンでしっかり基礎を築き上げてきた受験生をたくさん見てきました。だから，その時に使えるように，この問題集をつくったのです。

その後は，模擬試験の前や夏休み・冬休みなどに，何回でもくり返してみてください。日本史の授業が毎日のようにある場合は，１回目の復習はその日のうちにやった方がよいですが，２・３回目の復習は授業数回分をまとめてもやってもよいでしょう。また，独学で進めている場合は，授業の代わりに教科書を読む際，この問題集をノート代わりに使ってみてください。復習のやり方は同じです。

☞続きは P.34

１週間の間に同じ内容を何回も見る・読む

「知らない」が「見覚えがある」になって、さらに「知っている」となります

第3章

古代Ⅲ

奈良時代の政治史は「○○天皇の時代で○○が権力を握っていた時の○○」を１セットで答えられるように。文化史ではまず仏教を。そのあと教科書や図説集で写真を見ながら，建築や彫刻などの分野を進めるといいですよ😊

12 ⑬ ⑭ 平城京への遷都

01 奈良の都

①平城京の造営：元明天皇が藤原京より遷都(710 年／唐の長安を模倣)

・都城制～宮城と京域で構成／中国を模倣／最初の都城＝藤原京

〈宮城〉天皇の居所・諸官庁などのある区画～内裏(天皇の居所)・大極殿(儀礼)
朝堂院(政務)・諸官庁など

〈京域〉条坊制で区画された官人の居住区域
└►直交する道路で碁盤の目状に区画　　例：東市～左京八条三坊

・平城京～北部中央に宮城／京域は朱雀大路で東西に区分(東：左京／その東に外京)
北端に朱雀門◄┘└►南端に羅城門 (西：右京／その北に北辺)

＊羅城(都城全体を囲む城壁)～平城京では羅城門の東西にのみ築造

②官営の市：左京に東市・右京に西市／市司が監督／官人が必要物資を入手

③本朝[皇朝]十二銭の鋳造：和同開珎(708 年／元明天皇)～乾元大宝(958 年／村上天皇)
└►唐の開元通宝を模倣／同じ名称の銀銭も発行

・契機：武蔵国から銅献上→和銅と改元(708 年＝和銅元年)

・促進：蓄銭叙位令(711 年)→京・畿内周辺では普及／他では布・稲が交換手段

02 都と諸国

①駅制：官道～駅路(都と国府を結ぶ／直線的)＋伝路(郡家と郡家を結ぶ／網目状)

・駅家(約 16km ごと)～駅馬は公用の役人(＝駅鈴所持)のみ使用可能

・七道の名称～行政区画の名称であるとともに駅路の名称としても使用

②蝦夷と隼人

〈東北〉蝦夷の支配　[7 世紀]孝徳天皇の時代：渟足柵・磐舟柵(新潟県内)
斉明天皇の時代：阿倍比羅夫～秋田・津軽方面へ遠征
[8 世紀初頭]出羽国の設置(712 年／秋田県・山形県に相当)
[8 世紀前半]多賀城の築造(宮城県内)～陸奥国府(政務の拠点)
鎮守府(軍事の拠点)

〈南九州〉隼人の支配　[8 世紀初頭]大隅国の設置(713 年)

＊南西諸島～中央政府に従属　　例：多褹(種子島)　阿児奈波(沖縄)　信覚(石垣島)

03 大陸との交流

①唐：遣唐使　〈隻数〉2 隻→4 隻“よつのふね”

〈航路〉北路(朝鮮半島西岸)→新羅との関係緊張→南路(東シナ海横断)
┌►危険

〈使節〉最初～犬上御田鍬→7 世紀後半に約 30 年中断／8 世紀初頭に再開
→菅原道真(遣唐大使)～渡航前に中止を建議(894 年／宇多天皇)

②新羅：唐との対抗上日本に臣従→のち対等な立場を主張／日本は拒否・関係緊張

③渤海：靺鞨族・旧高句麗人が建国(中国東北部)→唐・新羅との対抗上日本に臣従
→のち貿易中心に〈品目〉輸出品～絹などの繊維製品／輸入品～毛皮・人参・蜂蜜
〈接待〉能登客院(能登国)・松原客院(越前国)

問題文を読んで，文章中の空欄に当てはまる語句を記入しなさい。

01 奈良の都

710 年，(1　　　)天皇のもとで平城京への遷都が行われた。北部中央の**宮城**にあたる**平城宮**には，天皇の居所である内裏，儀礼の場である(2　　　)や政務が行われる朝堂院などのほか諸官庁がおかれた。**平城宮**の南門である(3　　　)門から(4　　　)門まで伸びる(3　　)大路により，条坊制で区画された**京域**は東西に分けられ，西側に(5　　　)，東側に(6　　　)，(6　　)の東には外京が広がった。官営の東・西市は市司が管理し，諸国から税として納められた布などを給与として与えられた官人が必要な生活物資と交換する場となった。

遷都の 2 年前，**武蔵国**から**銅**が献上されると，(1　　)天皇は改元して 708 年を**和銅**元年とし，(7　　　　)を鋳造させた。これは平城京の造営にあたった人々への支払いなど都の造営費用にあてられたが，貨幣の鋳造には唐に倣(なら)った律令国家としての体裁(ていさい)を整えるという意味もあった。711 年に(8　　　　　)令が出されたが，貨幣の使用は京・畿内とその周辺が中心で，一般的には布や稲などが交換手段として用いられていた。

02 都と諸国

都と諸国の国府を結ぶ官道である駅路には，約 16km ごとに(9　　　)を設ける**駅制**が整備された。(9　　)に置かれた駅馬を使用することができたのは駅鈴をもつ公用の役人のみだった。

政府は，東北の人々を蝦夷，南九州の人々を隼人と称し，中国に倣って異民族として位置づけ支配下に組み込もうとした。東北では，大化の改新後に(10　　　　)・磐舟柵がつくられ，斉明天皇の時代に(11　　　　　)が遠征を行った日本海側には 712 年に(12　　　)国が設置された。その後，太平洋側に(13　　　　)が築かれ，陸奥国府と(14　　　)府がおかれた。一方，南九州には 713 年に(15　　　)国が設けられたほか，南西諸島とも交流した。

03 大陸との交流

約 30 年の中断を経て，8 世紀初頭に遣唐使が再開された。約 20 年に 1 度の割合で派遣され，2 隻だった船は 4 隻となり**“よつのふね”**とよばれた。新羅との関係が緊張したことなどを背景に，(16　　)路ではなく，危険な(17　　)路がとられるようになると，船の遭難が増えた。遭難して唐で一生を終えた人物には阿倍仲麻呂(あべのなかまろ)らがいる。9 世紀になると回数も減り，唐の衰退などを理由に(18　　　　　)が派遣の中止を建議した。894 年のことであった。

新羅は，唐を牽制(けんせい)するため日本に臣従する姿勢をとった。やがて対等な関係を築こうとしたが，日本はこれを認めず関係が緊張した。しかし，民間での貿易はさかんになっていった。

日本海に面した中国東北部には，かつて高句麗にいた人々など諸民族により(19　　　　)が建国された。(19　　)は，唐・新羅との対抗関係から日本に臣従して関係を強めたが，次第に貿易中心となり，9 世紀には北陸地方に能登客院や(20　　　)客院が設けられた。

入試問題にチャレンジ

①正誤判別：平城京の右京には，東大寺や興福寺などの寺院が建造された。(法政大)

②渤海は対立する新羅の沿岸ルートを避け，日本海を渡って直接日本に向かうことも多く，日本では[　　]国に松原客院を設けるなどして使節を応接した。(学習院大)

⑫ **13** ⑭

奈良時代の動向

01 藤原氏の進出

〈710年代〉藤原不比等(鎌足の子)：平城京遷都の主導(710年／元明天皇)

→養老律令の制定(718年／元正天皇)→『日本書紀』完成(720年)

〈720年代〉長屋王(天武天皇の孫)：百万町歩開墾計画(722年)→三世一身法(723年)

→聖武天皇即位(724年)→光明子立后問題で自害(729年)～長屋王の変

〈730年代〉**藤原四子**(不比等の4人の子)～武智麻呂[長男／南家]・房前[二男／北家]

宇合[三男／式家]・**麻呂**[四男／**京家**]

↓

光明子立后実現(729年／四子の妹)→疫病で四子没(737年／天然痘)

02 聖武天皇の時代

〈740年代〉橘諸兄(皇族出身／光明子と同母→光明子の異父兄)～光明皇后の信任

・登用：吉備真備(地方豪族／学者)・玄昉(僧)～ともに**唐**への留学経験あり

・藤原広嗣の乱(740年)：藤原広嗣(式家・宇合の子)～**大宰府**で反乱・鎮圧

└→吉備真備・玄昉の排除要求

・相次ぐ遷都(740～745年)：恭仁京(山背)・難波宮(摂津)・紫香楽宮(近江)

・仏教の鎮護国家思想：国分寺建立の詔(741年／恭仁京にて)

大仏造立の詔(743年／紫香楽宮にて)

↓ 平城京還都・造仏事業も奈良へ移転

聖武天皇譲位・娘の孝謙天皇即位(父：聖武／母：光明皇后)

大仏開眼供養(752年／東大寺大仏殿にて／**聖武太上天皇[上皇]**)

03 孝謙・称徳天皇の時代

〈750年代〉藤原仲麻呂(南家／武智麻呂の子)～叔母**光明皇太后**の信任

・養老律令の施行(757年／孝謙天皇)：制定～藤原不比等(仲麻呂の祖父)

・橘奈良麻呂の変(757年)：奈良麻呂(諸兄の子)～仲麻呂打倒・失敗

・淳仁天皇擁立(758年)：改名～恵美押勝(＝藤原仲麻呂)

↓ 専制化　　就任～**大師**(＝太政大臣)　＊官職名の唐風化

・恵美押勝の乱(764年)：**光明皇太后**没／**孝謙太上天皇**・僧道鏡～勢力拡大

[藤原仲麻呂の乱]　→挙兵・失敗　＊淳仁天皇～淡路へ“**淡路廃帝**”

〈760年代〉道鏡(僧／法相宗)～称徳天皇(＝**孝謙太上天皇**が**重祚**)の信任

・**太政大臣禅師**から法王へ　＊**西大寺**建立／百万塔製作(内部に**陀羅尼経**)

・宇佐八幡神託事件(769年)：宇佐八幡宮で道鏡即位の神託(＝神のお告げ)

→和気清麻呂らが阻止→称徳天皇没→追放(770年／**下野薬師寺**別当に)

〈770年代〉藤原百川(式家／宇合の子)ら：光仁天皇(天智天皇の孫)擁立

→皇統の転換“**天武系**から**天智系**へ”　＊皇統～天皇の血筋

問題文を読んで，文章中の空欄に当てはまる語句を記入しなさい。

01 藤原氏の進出

大宝律令制定などに関わった(1　　　　　)は，娘の宮子を文武天皇の妃とし，もう一人の娘光明子を宮子が生んだ皇子に嫁がせた。そして皇子の即位をめざし，文武天皇の没後，中継ぎとしてその母を元明天皇，姉を(2　　　)天皇とした。

(2　)天皇の治世で(3　　　)律令編纂の中心となり，右大臣にまでのぼった(1　)が720年に亡くなると，天武天皇の孫(4　　　　)が右大臣となった。(4　)は三世一身法など土地政策に力を入れ，文武天皇の皇子が(5　　　)天皇として即位するのにともない左大臣となったが，光明子の立后をめぐり(1　)の四子と対立し，策謀により自害に追い込まれた。

まもなく四子は，妹の光明子を(5　)天皇の**皇后**とすることに成功した。**皇后**は，天皇の没後にその政務を代わりに執り行うことや自ら天皇として即位することもあったため皇族に限られ，(4　)は光明子を皇后とすることに反対していたのである。しかし，それから10年も経たないうちに，四子は天然痘により相次いで亡くなった。

02 聖武天皇の時代

新たに実権を握ったのは，皇族出身の(6　　　　)であった。(6　)は光明子の異父兄でもあり，(5　)天皇の信任を得た(7　　　　)と僧の(8　　　)が登用された。740年に(9　　　)が(7　)・(8　)の排除を求め，九州で反乱を起こした。乱は鎮圧されたものの，動揺した(5　)天皇は(10　　　)京・難波宮・(11　　　　)宮などに都を転々と移した。

社会の動揺を仏教の力によって鎮めようとした(5　)天皇は，仏教の鎮護国家の思想に基づき，741年に国分寺建立の詔，743年に大仏造立の詔を発し，**盧舎那仏**の造立を始めた。745年に都が平城京に戻ると，**盧舎那仏**も平城京の東の地に移された。(5　)天皇が譲位して**太上天皇**となり，娘が即位して(12　　　)天皇となった後，**752年**に**大仏開眼供養**が行われた。

03 孝謙・称徳天皇の時代

(12　)天皇のもとでは，**光明皇太后**の甥にあたる(13　　　　　　)が台頭した。(13　)は祖父(1　)が編纂した(3　)律令を施行し，(14　　　　　　)らが企てた政変を未然に防いだ。そして姻戚関係にあった皇子を即位させ(15　　　)天皇とし，恵美押勝の名を賜り太政大臣に相当する**大師**にまでのぼった。しかし，後ろ盾だった**光明皇太后**が亡くなり，(12　)太上天皇が僧の(16　　　)とともに発言力を強めると，危機感を抱いて挙兵したが敗れた。

乱後，(12　)太上天皇は**重祚**して(17　　　)天皇となり，(16　)は**太政大臣禅師**，さらに(18　　　)となった。天皇は豊前国にある(19　　　)八幡の神託により(16　)を即位させようとしたが，和気清麻呂らに阻止された。まもなく天皇が亡くなると(16　)は追放され，藤原百川らは天智天皇の孫を即位させて(20　　　)天皇とし，皇統は**天武系**から**天智系**に転換された。

入試問題にチャレンジ

①聖武天皇の在位中の出来事を選べ。[ア 渤海使の来日　イ 東大寺大仏の完成　ウ 出羽国の設置　エ 三世一身法の施行]（法政大）

②淳仁天皇は[　　　　　　]の支持を受け，「恵美押勝」の名を授けた。（学習院大）

⑫⑬⑭ 天平文化

01 国家仏教の時代

【特徴】 ・時期：8世紀／担い手：皇族・貴族

・遣唐使が唐の長安から最新の文化導入→国際色豊かな文化／盛唐の文化の影響

①仏教の鎮護国家思想：国家による統制(治部省・僧尼令)＋保護(税の一部免除)→私度僧も

・学派の形成：南都六宗～三論宗・成実宗・法相宗・倶舎宗・華厳宗・律宗

・寺院の建立：南都七大寺～大安寺(←大官大寺)・薬師寺(←藤原京の薬師寺)］移転
元興寺(←法興寺[飛鳥寺])・興福寺(←山階寺／藤原氏の氏寺)］
東大寺(聖武天皇)・西大寺(称徳天皇)・法隆寺 or 唐招提寺(鑑真)

・戒壇の整備：唐僧鑑真が戒律を伝える→東大寺戒壇院／下野薬師寺・筑紫観世音寺

②聖武天皇の仏教政策：背景～疫病の流行(藤原四子の病死)＋反乱(藤原広嗣の乱)など

・国分寺建立の詔(741年／恭仁京にて)
国分寺＝金光明四天王護国之寺～金光明最勝王経をおく(総国分寺～東大寺)
国分尼寺＝法華滅罪之寺～妙法蓮華経[法華経]をおく(総国分尼寺～法華寺)

・大仏造立の詔(743年＝天平15年／紫香楽宮にて)～華厳経に基づき盧舎那仏を造立
造立：紫香楽宮で開始→平城京の東に移転　＊現在の大仏殿～江戸時代の再建
完成：孝謙天皇の752年に開眼供養(聖武上皇・光明皇太后)

＊行基～民間布教(←僧尼令で禁止)→政府が弾圧→大仏造立に協力→大僧正に

＊光明皇后～悲田院(孤児の養育)・施薬院(病人の治療)

02 奈良時代の美術と文芸

建築 東大寺法華堂(正堂は当時の建築)・正倉院宝庫(校倉造)　唐招提寺金堂・講堂

彫刻 乾漆像～興福寺阿修羅像　東大寺法華堂不空羂索観音像　唐招提寺鑑真和上像
塑像～東大寺法華堂執金剛神像・戒壇堂[院]四天王像(広目天像など)

絵画 唐風の女性像～正倉院鳥毛立女屏風(樹下美人図／鳥の羽毛使用)　薬師寺吉祥天像

工芸 正倉院宝物～光明皇太后が献納した聖武上皇の遺品など　例：螺鈿紫檀五絃琵琶
百万塔陀羅尼～称徳天皇が恵美押勝の乱後に作らせた木製の小塔(中に陀羅尼経)

修史 『古事記』～天武朝に編纂開始／稗田阿礼が『帝紀』『旧辞』誦習→太安万侶筆録
元明天皇の時代に完成(712年)／神代～推古天皇／紀伝体で記録
『日本書紀』～天武朝に編纂開始／舎人親王を中心に藤原不比等らが編纂
元正天皇の時代に完成(720年)／神代～持統天皇／編年体で記録
＊『風土記』～元明天皇の時代に編纂命令(713年)／各地の伝承・地理・産物などを記録
5カ国が現存→『出雲国風土記』のみほぼ完全な形で現存

文芸 『懐風藻』～現存最古の漢詩集／石上宅嗣(旧宅に図書館の芸亭)・淡海三船ら
『万葉集』～万葉仮名で書かれた約4500首(東歌・防人歌など民衆の作品も含む)
山上憶良(貧窮問答歌)・山部赤人・大伴家持(編纂者の一人か)ら

問題文を読んで，文章中の空欄に当てはまる語句を記入しなさい。

01 国家仏教の時代

奈良時代には，東西各地の使節が交流する唐の都長安からさまざまな文化がもたらされた。こうして皇族・貴族らを中心に**盛唐**の文化の影響をうけた国際色豊かな天平文化が花開いた。

この時代には仏教が国家の保護をうけ，(1　　　　)思想に基づく法会(ほうえ)が行われた。法相宗や華厳宗・律宗など南都(2　　　)とよばれる学派が形成され，東大寺・西大寺のほか**大安寺**のように**藤原京**などから移転された寺院を含む南都七大寺では教理の研究が進められた。一方で仏教は国家の統制下におかれ，(3　　　)省が管理を担当した。正式に僧尼となるには守るべき規律である(4　　　)を受ける必要があったが，唐僧(5　　　)が正しい(4　　)のあり方を日本に伝えた。出家すると税の一部が免除されたため，無認可の**私度僧**も多かった。

疫病の流行や反乱により国家が動揺するなか，聖武天皇は741年に(6　　　　)で国分寺建立の詔を出した。国分寺には**金光明最勝王経**，国分尼寺には**妙法蓮華経**[(7　　　)経]がおかれ，**総国分寺**は東大寺，**総国分尼寺**は(7　　)寺とされた。743年には紫香楽宮で大仏造立の詔を出し，盧舎那仏の造立が始められた。その後，現在の東大寺の場所に移され，**752年**に(8　　　)天皇のもとで**開眼供養**が行われた。**僧尼令**で禁じられていた民間布教を行い弾圧された(9　　　)は，造立にあたって協力し，**大僧正**に任じられた。仏教では社会事業は福徳につながるとされ，光明皇后も**悲田院**や**施薬院**を設けたという。

02 奈良時代の美術と文芸

東大寺の(7　　)堂では，一部に創建当時の建物が残る。(7　　)堂の不空羂索観音像は(10　　　)像だが，脇侍(わきじ)の**日光菩薩像・月光菩薩像**や執金剛神像は(11　　)像である。なお，(10　　)像では，藤原氏の**氏寺**とされた(12　　　)寺に残る八部衆像のひとつ阿修羅像や，唐僧(5　　)が晩年に居住した唐招提寺の(5　　)和上像も有名である。**光明皇太后**が献納した**聖武上皇**の遺品などが納められている正倉院宝庫は(13　　　)造で知られ，鳥毛立女屛風や螺鈿紫檀五絃琵琶などの美術・工芸品が保存状態よく残されている。

天武天皇の時代に編纂が始められた歴史書は，元明天皇の時代に『(14　　　　　)』，元正天皇の時代に『(15　　　　　)』として完成した。前者は稗田阿礼が暗誦(あんしょう)[暗記]した『帝紀』『旧辞』を(16　　　　　)が筆録し，後者は(17　　　)親王を中心に藤原不比等らが編纂にあたった。地誌の『(18　　　　)』には，諸国の産物や地名の由来などが記されている。

現存最古の漢詩集『(19　　　　)』は，白鳳期の**大津皇子**らから大友皇子の曽孫淡海三船，旧宅を寺として日本最古の公開図書館である芸亭を設けた石上宅嗣のような天平期の文人までの作品を収める。漢字の音・訓で日本語を表す万葉仮名を用いた『(20　　　　)』は大伴家持らが編纂者とされる。

入試問題にチャレンジ

①年代整序：(i) 東大寺大仏完成　(ii) 西大寺創建　(iii) 平城京での薬師寺建立(青山学院大)

②塑像を選べ。[ア 興福寺十大弟子像　イ 興福寺阿修羅像　ウ 東大寺法華堂不空羂索観音像　エ 東大寺法華堂執金剛神像](明治大)

「教科書は不可欠」の理由

授業の予習で教科書を読んでみましょう，とお勧めしましたが，パスしてもいいです，とも書きました。そう，教科書の文章は難しいのです。文章そのものが難解なのです。でも，受験日本史に教科書は不可欠！という理由をお話ししていきましょう。

“流れ”をつかむには教科書が一番

以前，「健児の制の説明にある『郡司の子弟』の“子弟”って何ですか。用語集を見ても載ってなくて」という質問をうけたことがあります。歴史用語ではないので載ってないですね，用語集には。子弟とは子や弟，つまり血縁関係にある人のうち自分より年下の人を指します。言われれば確かにその通りですが，日常的に子弟なんて言葉は使わないですよね。用語集ではなく国語辞典で調べていたら，ちゃんと意味がわかったと思います。

教科書は，使われている言葉が難解なだけでなく，文章も難しいので意味がとりにくいのです。“教科書を読んでみたけれど意味がわからない”という質問は増えています。

では，どうすればいい？予習で読むのがきつかったら，復習の時に読んでみてください。授業では教科書の内容がわかりやすい言葉で説明されるので，「ここはどんなふうに説明されていたっけ？」と思い出しながら読んでみてほしいのです。意味がわかってから読めば，難しい文章も少しは理解しやすくなっているはず。お勧めは，授業の記憶が新しい１回目の復習の時。もちろん，見たことのない言葉が出てきたら国語辞典で調べてみてくださいね。

問題は教科書のような表現で出題される

なぜ，ここまで教科書にこだわるのでしょうか？それは，教科書が歴史を学ぶうえで最も重要な“流れ”に沿って書かれているので，教科書を読めば授業をもう一度聞いたのと同じ状態になれるからです。さらに入試問題では，問題文も選択肢も教科書のような硬い表現で出題されるので，教科書を読むことでこの表現に慣れることができるからです。論述形式で答える場合にも，教科書の文章は解答のお手本となります。

また，基本事項を示す場合によく「教科書範囲」といいます。ただし，この場合は本文だけでなく，脚注，史料，図版，統計，またコラムの内容なども含まれます。難関私大志望でも最初から参考書を読むのではなく，「教科書範囲をマスターしたら参考書や図説集で難しい内容を補う」のように，段階的に進めた方がよいと思いますよ。

この問題集では，右ページの空欄補充問題の文章がやや硬めですが，教科書ほど難しい表現にならないようにしてあります。また，左ページのまとめでは，難しい言葉に説明を入れています。でも，もしわからない言葉があったら国語辞典を上手に使ってくださいね。

教科書は受験日本史の基本！
読み慣れてくると
「この用語は右のページの上の方に載っていたな」
というところまでいけます

第4章

古代Ⅳ

平安時代初期の政治史では，桓武天皇と嵯峨天皇のどちらの時代の出来事なのかを区別して。いわゆる他氏排斥の事件では「藤原○○の時に○○が失脚させられた○○の変」というセットを年代順に把握すること。文化史は密教と浄土教を軸に。

⑮ ⑯⑰⑱ 平安初期の動向

01 新都の造営

桓武天皇～父は天智天皇の孫光仁天皇／母は渡来系氏族出身の高野新笠

①遷都の背景（平安京遷都の際に山背国を山城国と表記変更）

・仏教勢力の排除：平城京からの寺院移転禁止／平安京には新たに東寺・西寺建立

・水陸交通の要地：平安京は東に鴨川・西に桂川

・渡来系氏族の本拠地（←桓武天皇の母の出自）

②長岡京遷都（**784 年**／建議～**式家**の藤原種継）→種継暗殺

→**早良親王**（**桓武天皇**の弟／皇太弟）・大伴氏・佐伯氏らが関与か（→処罰）

→平安京遷都（794 年／建議～**和気清麻呂**）

02 東北遠征の本格化

①経過　〈光仁〉伊治呰麻呂の乱～多賀城焼打ち

〈桓武〉坂上田村麻呂（征夷大将軍★に任命）の遠征～蝦夷族長阿弖流為降伏

・胆沢城（**北上川**中流）～多賀城から鎮守府移転（**陸奥国府は多賀城**）

・志波城（**北上川**上流）　⇒**徳政相論**で遠征中止

〈嵯峨〉文室綿麻呂の遠征

＊**柵戸**～関東などから城柵の周囲に移住させられた農民

＊**俘囚**～服属して各地に移住させられた蝦夷

②**徳政相論**：藤原緒嗣（百川の子）～「軍事と造作」の停止主張

（805 年）　⇕　東北遠征 ◀┘　└▶平安京造営

菅野真道～継続主張⇒桓武天皇～藤原緒嗣の意見を採用・二大事業停止

03 桓武・嵯峨天皇の時代

①桓武天皇の改革（8 世紀末～ 9 世紀初頭）

・勘解由使★の設置：**解由状**審査・不正防止

＊**解由状**～新任国司から前任国司へ／業務引継完了を示す文書

・健児の制：一部を除き軍団廃止／郡司の子弟などで武芸が得意な者を採用

・班田励行（6 年ごと→ 12 年ごと）公出挙利下げ（5 割→ **3 割**）雑徭半減（60 日→ **30 日**）

②嵯峨天皇の改革（9 世紀前半／桓武天皇の子／兄が平城天皇／弟が淳和天皇）

・蔵人頭★の任命：天皇に近侍／機密事項担当（初代：**北家**の藤原冬嗣・巨勢野足）

・検非違使★の設置：京内の警察のち裁判も担当

＊令外官～政治や社会の実情に合わせて新たに設けられた官職（★は令外官）

・弘仁格式の編纂：のちの貞観格式・延喜格式とあわせて三代格式

＊格～律令を補足・修正するための法令（弘仁格・貞観格・延喜格→**『類聚三代格』**）

＊式～律令の施行細則にあたる法令（弘仁式・貞観式→現存せず／**延喜式**→現存）

・『令義解』の編纂：**養老令**の解釈を公式に統一（淳和朝／**清原夏野**らによる／官撰注釈書）

＊『令集解』～**惟宗直本**が令の注釈を集成（9 世紀後半／私撰注釈書）

問題文を読んで，文章中の空欄に当てはまる語句を記入しなさい。

01 新都の造営

光仁天皇のあとを継いだのは，子の(1　　)天皇であった。渡来系氏族の母をもつ天皇は，自ら中国の皇帝にならった儀式をとり行うなど天皇権力の強化をめざした。そして仏教勢力の政治からの排除などを目的として，784年に平城京から(2　　)京に都を移した。

しかし，造営の中心であった**式家**の(3　　)が暗殺され，皇太子だった弟の**早良親王**や大伴氏・佐伯氏らが処罰された。無実を訴えた親王が食を断(た)って亡くなった後，天皇の身近な人々が相次いで亡くなると，これが親王の怨霊(おんりょう)によるものとされて(2　　)京は10年で棄(す)てられ，(4　　)年に(5　　)京への遷都が行われた。

02 東北遠征の本格化

東北では，出羽国は**秋田城**，陸奥国は多賀城の周囲に関東などから農民を移住させる一方で，蝦夷を**俘囚**と称して各地に移住させる政策がとられた。8世紀末の光仁天皇の時代には，陸奥国の蝦夷(6　　)が多賀城を焼打ちにする事件がおこった。(1　　)天皇は征討軍を送ったが，蝦夷の族長阿弖流為に敗れるなど東北の支配が危機に陥った。征夷大将軍に任命された(7　　)が遠征を行ったところ阿弖流為は降伏し，**北上川**中流域に(8　　)城，上流域に(9　　)城が造営された。(8　　)城には多賀城から(10　　)が移され，陸奥国府のある多賀城とともに陸奥国の支配の中心となった。

しかし，東北遠征と平安京造営という二大事業は財政を圧迫し，人々にも大きな負担であった。そのため805年に行われた**徳政相論**で**式家**の藤原緒嗣の意見が採用され，二大事業は停止された。なお，東北遠征は(11　　)天皇の時代の(12　　)の派遣で終了した。

03 桓武・嵯峨天皇の時代

(1　　)天皇・(11　　)天皇父子の時代には政治改革も推進された。(1　　)天皇は，国司の交代にともなう不正を取り締まるため，令外官として新たに(13　　)を置いた。また，東北・九州など一部を除いて軍団を廃止し，郡司の子弟などで弓馬を得意とする者を(14　　)として採用して国府の警備などにあたらせた。班田制を6年ごとから(15　　)年ごとに改め，公出挙の利息軽減や雑徭の日数半減も行った。

(1　　)天皇の没後，子が平城天皇となったものの病気のため退位し，その弟が即位した。この(11　　)天皇のもとでは，天皇の命令を速(すみ)やかに太政官に伝えるため(16　　)が設けられ，**北家**の(17　　)らが初代となった。京内の治安維持のため新設された(18　　)は，のち裁判も担当した。律令の補足・修正のために出された格と律令の施行細則である式を集成した(19　　)は，のちに編纂された貞観格式・延喜格式とあわせて三代格式と称される。また，(11　　)天皇の譲位をうけて即位した弟の淳和天皇の時代には，**養老令**の解釈を統一した『(20　　)』が編纂されている。

入試問題にチャレンジ

①正誤判別：胆沢城には陸奥国府が移され，朝廷の東北支配の拠点となった。(早稲田大)
②嵯峨天皇は平安京の治安を担う[　　　　]を新たに設置した。(青山学院大)

⑮ ⑯ ⑰ ⑱

弘仁・貞観文化

01 密教の伝来・興隆

【特徴】・時期：8世紀末～9世紀末／担い手：皇族・貴族

・文章経国思想→漢文学の発達・**文人官僚**の登用／密教の興隆／**晩唐**の文化の影響

①平安仏教の発達：背景～平城京から長岡京・平安京への寺院移転禁止

《天台宗》唐から帰国した最澄[伝教大師]が開く／中心～比叡山延暦寺

・『顕戒論』東大寺から自立した戒壇[**大乗戒壇**]の設立をめざす(没後に勅許)

・円仁[**慈覚大師**](→のち**山門派**へ／比叡山延暦寺)
円珍[**智証大師**](→のち**寺門派**へ／園城寺[三井寺])
→密教を取り入れる(台密)

《真言宗》唐から帰国した空海[弘法大師]が開く(東密)／中心～高野山金剛峰寺

・『**三教指帰**』儒教・仏教・道教のうち仏教が優れていることを説く

・教王護国寺[東寺]～嵯峨天皇から与えられる→都における根本道場

↓

密教(秘密の呪法により悟りを得る)⇔**顕教**(経典を学び修行して悟りを得る)

加持祈禱による現世利益→皇族・貴族が支持(南都六宗と並ぶ地位を獲得)

②神仏習合の進展(8世紀頃より)：日本古来の神と外来の仏は本来同一のものとする

例：神社の境内に神宮寺／寺院の境内に**鎮守社**／神前読経

＊修験道～古来の山岳信仰に密教・神道・陰陽道などが融合(修行者～山伏)

02 密教美術と唐風文化の発達

建築　密教は山岳修行重視→**伽藍**は山中の地形に応じて建立　例：室生寺金堂・五重塔

＊伽藍配置の変遷(仏舎利をまつる塔中心の配置→仏像をまつる金堂中心の配置)

飛鳥寺式→四天王寺式→法隆寺式→薬師寺式→東大寺式→大安寺式

彫刻　現世利益の目的～神護寺・元興寺薬師如来像　観心寺如意輪観音像

神仏習合の現れ～薬師寺僧形八幡神像　＊一木造の技法／翻波式(衣の表現)

絵画　加持祈禱に使用～不動明王像　例：園城寺の"黄不動"

大日如来が中心～両界曼荼羅(**金剛界・胎蔵界**)　例：神護寺・教王護国寺の曼荼羅

修史　『続日本紀』～桓武天皇の時代に完成／文武～桓武天皇→奈良時代の史料所収

＊六国史　(1)『日本書紀』(2)『続日本紀』…　(6)『日本三代実録』

文芸　**勅撰漢詩文集**～『凌雲集』『文華秀麗集』(嵯峨天皇)　『経国集』(淳和天皇)

＊空海～『性霊集』(漢詩文集)『**文鏡秘府論**』(漢詩文の評論)

＊**文人**(学問に優れる)→**文人官僚**　例：菅原道真(『**菅家文草**』)　**小野篁**　都良香

書道　**唐風**の書の名手～嵯峨天皇・空海(『風信帖』)・橘逸勢→のち三筆と称される

教育　大学別曹の設立～弘文院(和気氏)・勧学院(藤原氏)・**奨学院**(在原氏・皇族)など

＊空海～綜芸種智院(庶民のための教育機関／空海の没後に廃絶)

※官吏養成：機関～大学(式部省の下／貴族の子弟)・国学(国司の下／**郡司**の子弟)

学科～**明経道**(儒教)・**明法道**(律令格式)・紀伝道(漢文学・中国史)など

問題文を読んで，文章中の空欄に当てはまる語句を記入しなさい。

01 密教の伝来・興隆

8世紀末から9世紀末頃までの平安時代前期には，文芸によって国家の隆盛をめざす(1　　　)思想がさかんになり，漢詩文の教養を身に着けた官人が登用された。仏教では唐から伝えられた密教が信仰を集めた。この弘仁・貞観文化には**晩唐**の文化の影響がみられる。

9世紀初頭，(2　　　)[伝教大師]は唐から天台宗を伝えた。東大寺から自立した戒壇を設立しようとしたが，反対されると『顕戒論』を著して反論した。比叡山(3　　　)寺を中心に活動し，のち円仁[**慈覚大師**]や円珍[**智証大師**]が天台宗に密教を取り入れ，(4　　　)とよばれた。一方，空海[弘法大師]は唐から真言宗を伝え，高野山(5　　　)寺を中心に活動した。嵯峨天皇から(6　　　)寺を与えられると，これを教王護国寺として都での根本道場とした。真言宗の密教を東密という。(7　　　)を行うことにより現世利益をめざす密教は皇族・貴族の支持を得て，その地位を高めていった。

奈良時代頃から始まっていた神仏習合では，神社の境内での(8　　　)の建立や神前での読経が行われた。また，天台宗・真言宗の山中での修行は日本に古くからある山岳信仰などと結びつき，吉野の大峰山(おおみねさん)や北陸の白山(はくさん)などを修行の場とする(9　　　)の源流となった。

02 密教美術と唐風文化の発達

密教では山中で修行が行われたため，寺院の建物である**伽藍**も山中の地形に応じて建てられた。“女人高野”とよばれる(10　　　)寺がその典型である。また，観心寺の如意輪観音像や神護寺・元興寺の薬師如来像のように(7　　　)で人々の願いを叶(かな)えるための仏像がつくられた。それらは(11　　　)造の技法で制作され，衣の表現には翻波式が用いられている。薬師寺の(12　　　)像は，神仏習合が進むなかで神を僧の姿で表した彫像である。絵画でも，大日如来を中心とする密教の世界観を図化した両界(13　　　)が描かれた。

『日本書紀』に始まる六国史では，その第二となる『(14　　　)』が編纂された。**勅撰漢詩文集**の編纂は(1　　　)思想の表れともいえる。その最初となる『(15　　　)』は，『文華秀麗集』とともに嵯峨天皇の命でつくられた。漢詩文の興隆とともに**唐風**の書が好まれるようになり，その名手であった嵯峨天皇・空海・(16　　　)はのちに三筆と称された。

律令制下の官吏養成機関は，(17　　　)省の管轄下におかれた中央の大学と諸国の国学である。ここでは儒教を学ぶ**明経道**や律令格式を学ぶ**明法道**などが教授されたが，この時代には中国史や漢文学を学ぶ(18　　　)がさかんになった。有力氏族は(19　　　)を設立し，大学で学ぶ子弟の便宜(べんぎ)をはかった。和気氏の弘文院や藤原氏の勧学院，橘氏の**学館院**などが知られる。一方，空海が設けた(20　　　)は庶民のための教育機関であった。

入試問題にチャレンジ

①正誤判別：空海のもたらした真言宗の密教を東密と呼ぶのに対して，密教化を進めた天台宗の密教を台密と呼ぶ。(中央大)

②最初に編まれた勅撰漢詩文集の名を記せ。(京都大)

摂関政治の展開

01 藤原北家の台頭

①平城太上天皇の変[薬子の変](810年)

平城上皇(兄)＝藤原仲成・薬子兄妹～平城京への遷都・重祚要求⇒敗北・式家没落
(式家・藤原種継の子)　＊混乱"二所朝廷"
↕
嵯峨天皇(弟)＝藤原冬嗣(北家・房前の曽孫)～蔵人頭に任命　⇒勝利・北家台頭

②承和の変(842年)：藤原良房(冬嗣の子)～伴健岑・橘逸勢ら排除／娘婿を皇太子に
↓文徳天皇即位→清和天皇(母は良房の娘)は9歳で即位～外祖父良房が補佐

③応天門の変(866年)：大納言伴善男は左大臣源信の排除に失敗→伴氏・紀氏失脚
良房～正式に摂政就任(皇族以外で初／摂政は幼少の天皇の政務を代行)
↓基経(良房の養子)～陽成天皇の摂政→乱行・廃位→55歳の光孝天皇を後見

④阿衡の紛議(887～888年)：宇多天皇即位／基経を阿衡に任命する詔書
→基経～政務放棄"阿衡には実務なし"→天皇～詔書撤回・基経にすべてを
"関り白す"[＝関与する]ように命じる⇒関白の政治的地位(成人後の天皇後見)確立

02 延喜・天暦の治

①宇多天皇～寛平の治：基経の没後は摂関をおかず親政・菅原道真を登用　＊親ら＝自ら
②醍醐天皇～延喜の治：左大臣藤原時平／右大臣菅原道真→左遷(901年)　＊天神信仰
・『日本三代実録』の編纂(六国史の最後)　・延喜格式の編纂(三代格式の最後)
・『古今和歌集』の編纂(勅撰和歌集の最初)　・延喜の荘園整理令(荘園整理令の最初)
③朱雀天皇～摂政・関白藤原忠平(時平の弟／天慶の乱おこる)
④村上天皇～天暦の治：乾元大宝の鋳造(本朝十二銭の最後)
※延喜・天暦の治：理想化・後世の模範／実際は律令政治の解体期(902年～最後の班田)

03 摂関政治の展開

①安和の変(969年)：源満仲(武士)の密告／左大臣源高明(醍醐の子)左遷→以後摂関ほぼ常置
↓北家内部での対立(兄の兼通⇔弟の兼家／叔父の道長⇔甥の伊周)
└→道長の兄の子

②藤原道長の時代(10世紀末～11世紀初頭／兼家の子)
・4人の娘を天皇や皇太子の后・妃に(紫式部が仕えた彰子・"一家三后"の威子など)
＊右大臣藤原実資の日記『小右記』～道長の和歌"この世をば……"を記す
・法成寺(＝御堂)を建立→"御堂関白"／日記『御堂関白記』→道長は関白に就かず
└→儀式の先例を子孫に伝えるため重要

③藤原頼通の時代(11世紀／道長の子)
・約50年にわたり道長の3人の孫(後一条・後朱雀・後冷泉天皇)の摂関独占
・平等院鳳凰堂を建立→"宇治関白"

④摂関政治：当時は妻問婚(子は母方で養育されることが多い)→外戚の重視
(外戚→母方の親戚)
天皇と協力して公卿会議を主導・官僚の人事実施→次第に儀式・先例を重視
＊氏の長者～一族の代表／藤原氏では摂関を兼ねた

問題文を読んで，文章中の空欄に当てはまる語句を記入しなさい。

01 藤原北家の台頭

平城天皇は父桓武天皇の改革を引継いだが，病気を理由に退位し，その弟が即位して(1　　)天皇となった。やがて，平城太上天皇が**式家**の藤原仲成・薬子兄妹とはかって平城京に都を移し，再び皇位につこうとして天皇と対立した。810年のこの平城太上天皇の変[薬子の変]では，天皇が**北家**の(2　　)らを蔵人頭に任じ，迅速(じんそく)な行動により勝利した。

(1　　)天皇は譲位後も貴族たちを抑えて強い権力を保ったが，842年に亡くなると(3　　)の変がおこった。(2　　)の子(4　　)は伴健岑や(5　　)らの排除に成功し，娘婿である皇子を皇太子とした。皇子が即位して文徳天皇となると，孫を皇太子とするが，これがのちに9歳で即位した(6　　)天皇で，外祖父の**太政大臣**(4　　)は幼少の天皇の政務を代行した。大納言(7　　)が左大臣**源信**を陥れようとしたが失敗し，失脚させられた866年の(8　　)の変を経て，(4　　)は皇族以外から初めて正式に(9　　)に任じられた。

(4　　)の養子となった(10　　)は，幼少の**陽成天皇**の摂政，55歳で即位した**光孝天皇**の後見を行った。さらに887年から翌年にかけて，(11　　)天皇の即位に際して生じた阿衡の紛議を経て，成人後の天皇を後見するという(12　　)の政治的な地位を確立した。

02 延喜・天暦の治

(10　　)が亡くなると，(11　　)天皇は摂関をおかず自ら政務を行い，**文章博士**(もんじょうはかせ)であった(13　　)を重用した。(13　　)は894年の遣唐使中止の建議で知られ，(14　　)天皇の時代には右大臣となったが，左大臣(15　　)らにより大宰権帥に左遷された。

(14　　)天皇は父(11　　)天皇にならって摂関をおかず，延喜の治とよばれる親政を行い，『日本三代実録』や延喜格式，**勅撰和歌集**の最初となる『古今和歌集』を編纂させた。子の朱雀天皇の時代には(15　　)の弟である藤原忠平が摂関をつとめたが，天皇が退位すると，その弟村上天皇は天暦の治とよばれる親政を実施し，(16　　)の鋳造などを行った。

この延喜・天暦の治は後世に模範とされる善政として知られるが，(14　　)天皇時代の**902年**以降班田の実施が困難となるなど，律令に基づく支配は行き詰まっていた。

03 摂関政治の展開

左大臣(17　　)が左遷された969年の(18　　)の変以後，摂関はほぼ常置されるようになった。北家内部では摂関の地位をめぐる対立が続いたが，藤原道長の時代になると終息した。道長は4人の娘を天皇や皇太子の后・妃とし，特に**藤原威子**が皇后に立てられた際に詠んだ和歌は，藤原実資の日記『(19　　)』を通じて知られている。そして，道長の子(20　　)は道長の3人の孫が皇位にあった約50年もの間，摂関を独占することとなった。

入試問題にチャレンジ

①幼少の[ア：　　]天皇を即位させた藤原良房は，その外祖父として専権を確立し，応天門の焼失に始まる事件を契機に正式に[イ：　　]に任じられた。(立命館大)

②正誤判別：『御堂関白記』には，藤原道長の自筆本が残されている。(早稲田大)

⑮⑯⑰**18** 国風文化

01 浄土信仰の広まり

【特徴】・時期：10～11世紀半ば(← 894年 遣唐使停止) ／担い手：皇族・貴族

・大陸文化の吸収→日本人の嗜好を加味＋日本の風土・生活に合致→“国風化”

①浄土教[浄土信仰・浄土思想]の流行：加持祈禱により現世利益を求める密教は依然隆盛

・背景：末法思想～釈迦の没後，**正法**・**像法**の世を経て末法の世が到来するという思想

・教え：阿弥陀仏[阿弥陀如来]を信仰し，来世における極楽浄土への**往生**を願う

＊念仏＝南無阿弥陀仏／末法の始まり～1052[**永承7**]**年**とされた

・広まり：空也～諸国をめぐり念仏の功徳を広めた“市聖”

源信[**恵心僧都**]～『往生要集』で往生の方法を体系化→貴族社会に浸透

慶滋保胤～『**日本往生極楽記**』(**往生伝**の一つ)

・影響：建築～平等院鳳凰堂(藤原頼通が別荘を改築)　法成寺(藤原道長／のち焼失)

彫刻～寄木造の技法(仏師定朝が完成)　例：平等院鳳凰堂阿弥陀如来像

絵画～来迎図(往生する人を阿弥陀仏が迎えに来る)　例：高野山聖衆来迎図

②神仏習合の進展：本地垂迹説　例：垂迹(＝仮の姿)神～天照大神 ⇄ 本地仏～大日如来

02 仮名文字の発達

仮名文字の成立(平安時代初期に創出)：平仮名(万葉仮名の草書体を簡略化)

＊**真名**～漢字(公的な書類に使用)　片仮名(漢字の一部分を符号化)

詩歌集　『古今和歌集』最初の勅撰和歌集(醍醐天皇の命による)／紀貫之らが編纂

『和漢朗詠集』藤原公任が**朗詠**に適した和歌と漢詩文を集録

日記文学　『土佐日記』土佐守だった紀貫之が帰京する際の紀行文(女性に仮託)

『蜻蛉日記』藤原道綱の母による　『更級日記』菅原孝標の女による

随筆　『枕草子』**藤原伊周**の妹**定子**に仕えた清少納言による

物語文学　『竹取物語』最古の物語　『伊勢物語』最初の**歌物語**／主人公**在原業平**

『源氏物語』藤原道長の娘**彰子**に仕えた紫式部による

歴史物語　『栄花[華]物語』赤染衛門か／藤原道長の栄華を賛美

※書風：**和様**の書の名手～小野道風・藤原佐理(『**離洛帖**』)・藤原行成→三跡[蹟]

03 平安貴族の生活

・住宅：寝殿造(**寝殿**と**対**／南庭の池に**釣殿**／板床に畳や円座をおく／**白木造**／檜皮葺)

＊調度品～**螺鈿**(貝の真珠層を貼る)・**蒔絵**(漆で図柄→金銀粉を蒔きつける)の技法

・衣服：男性～束帯(正装)　衣冠(束帯の略装)　**直衣**(平服)／女性～女房装束(十二単)

・成年式：男性～元服／女性～裳着　＊庶民男性の衣服～**水干**／庶民の衣服～**小袖**

・吉凶：**陰陽五行説**に基づく陰陽道～物忌・方違

＊御霊会～怨霊や疫神をまつり，飢饉や疫病などの災厄から逃れようとする法会・祭礼

例：祇園社(**祇園会**／疫神をまつる)　**北野神社**(菅原道真→**天神**)

問題文を読んで，文章中の空欄に当てはまる語句を記入しなさい。

01 浄土信仰の広まり

摂関政治期の文化を国風文化という。この“国風”とは，数世紀にわたり中国大陸から伝えられてきた文化を日本人の嗜好や日本の風土に合わせたという意味で用いられている。

この時代には，現世利益を求める密教が前代に続いてさかんであったが，(1　　)思想が流布(るふ)したこともあり浄土信仰が高まった。(1　)思想とは，釈迦の没後に**正法・像法**の世を経て，仏法が衰え世が乱れる(1　)の世が到来するというもので，武士の台頭や疫病の流行など当時の情勢がこれによくあてはまったのである。その中にあって人々を救済するとされたのが(2　　)仏であり，これを念じ，その名を唱(とな)える念仏により来世で極楽浄土へ**往生**することをめざす浄土教が広まった。(3　　)は京都の市中で念仏を唱えて市聖とよばれ，比叡山では(4　　)[**恵心僧都**]が『(5　　)』で往生の方法を体系化した。また，(6　　)は往生できたという人々の伝記を集めた**『日本往生極楽記』**を著した。

(2　)堂建築では，現存はしないものの藤原道長が建立した(7　　)寺や，その子藤原頼通による(8　　)などが知られる。(8　)には，分業することで仏像の大量生産を可能にした(9　　)造の技法を完成させた仏師定朝による現存唯一の(2　)如来像がある。また，往生しようとする人を(2　)仏が迎えに来る様子を描いたものが来迎図である。

一方，神仏習合では，神を仏が権(かり)に[＝仮に]姿をかえてこの世に現れたものとして神と仏を対応させる(10　　)説が唱えられた。例えば，天照大神は大日如来の化身(けしん)とされた。

02 仮名文字の発達

仮名文字は11世紀初頭にほぼ定まった。公的な書類には**真名**とよばれた漢字が用いられたが，仮名により日本人独自の感情表現が可能となり，特に女流文学の発達を促した。

最初の**勅撰和歌集**『(11　　)』は，醍醐天皇の命で紀貫之らが編纂にあたった。**八代集**の最初である。和歌・漢詩・音楽の“三舟(さんしゅう)の才(さい)”に優れたという(12　　)は『和漢朗詠集』を編纂した。日記では紀貫之が書き手を女性に仮託して記した『土佐日記』や藤原道綱の母の『(13　　)日記』，物語では最初の**歌物語**『(14　　)物語』や最初の長編物語**『宇津保物語』**，紫式部による『源氏物語』が知られる。『源氏物語』は菅原孝標の女の『(15　　)日記』にも登場する。(16　　)の手による随筆は『枕草子』である。また，**和様**の書の名手小野道風・藤原佐理・藤原行成は(17　　)と称される。

03 平安貴族の生活

平安貴族たちは，男性の場合(18　　)とよばれる正装で朝廷での儀式に参列した。(19　　)は(18　)を略したものである。生活は(20　　)道による制約をうけ，菅原道真を**天神**として北野神社にまつったように，怨霊や疫神をまつる御霊信仰もさかんであった。

入試問題にチャレンジ

①10世紀には空也などにより[ア：　　]教が広まり，源信は『[イ：　　]』を著して念仏による極楽往生を説いた。(慶應大)

②『古今和歌集』の撰者が著した，日本で最初のかな書きの日記文学は何か。(北海道大)

入試問題の活用法

この問題集の右ページにある空欄補充問題がすべて答えられるようになったら，受験日本史で必要な基本事項は頭に入ったと考えてよいでしょう。この段階で「点数が上がってきた！」と実感できると思います。今度は，もっと高得点をめざす方法です。

パターン違いでも答えられるようになろう

市販されている問題集の多くは，時代ごとやテーマごとに入試の問題を掲載し，その解答・解説をまとめたものです。でも，はじめからこのような問題集をやってみても，あまり力は伸びないと思います。まずは教科書に出てくる基本的な内容を，時代順に，偏りなく，全体的に確認することが必要。そこで使えるようにこの問題集をつくったのですが，次の段階では入試の問題を掲載した市販の問題集を使うとよいでしょう。

入試の問題では，「奈良時代の総合問題」のように，一つの大問の中で政治・対外関係・社会経済・文化といった複数の分野が問われたり，「中世・近世の農業の歴史」のように，特定の分野について複数の時代にまたがって出題されたりします。でも，問われているのは，この問題集で勉強してきたこと。いろいろな形式の問題にあたることで，どのようなパターンで出題されても答えられるように訓練するのです。

間違えても大丈夫。その時は，この問題集に戻って補強しましょう。

いきなり志望校の過去問に向かうのは危険

勉強も進んできたし，早速志望校の過去問を…と考えるのは当然ですが，ここで注意が必要。

制限時間内に１年分のすべての問題を解くのではなく，勉強が終わった時代の大問のみ，例えば古代の勉強が終わったところで古代の問題のみ(時代順に出題されている入試問題ならば，第１問か第２問)を10～15分で解く，というやり方がお勧めです。まだ勉強していないところは答えられなくて当たり前。「全然解けない…」とがっかりするくらいなら，ちゃんと勉強してから解いた方がいいですよね。

志望校の出題形式や問題量などは，早めに確認しておく必要があります。でも，実際に解くのは，全時代・全分野の勉強を済ませるまで待ってみては？「こんなに解ける！」と自信をもって入試に向かうために，志望校の過去問は直前期までとっておいてもよいと思いますよ。

入試の問題にあたって，どんな問われ方でも答えられるように訓練しよう

「知っている」用語を「答えられる」用語に転換して解答力をＵＰ！

第5章

古代から中世へ

「中世社会の成立＝荘園公領制の成立」といわれます。難しいテーマですが“必須＋α”をまとめたので，理解できれば大きな得点源に。また，武士の名前も急増してきます。荘園公領制と武士はつながっているのです😊

19 ⑳㉑㉒㉓㉔ 荘園と公領・1

01 8世紀の動向

①背景：田地の耕作(口分田／乗田などの賃租／公出挙)＋重い負担(運脚／雑徭／兵役)

→税から逃れるため本籍地から浮浪・逃亡→口分田荒廃／人口増加→口分田不足

＊賃租～期限付きで田を貸し，収穫の2割程度を地子として徴収

②対応：百万町歩開墾計画(722年／元正朝～長屋王政権)

↓食料・農具を支給／10日間開墾に従事→成果上がらず

三世一身法(723年／元正朝～長屋王政権)“養老七年の格”

・灌漑施設を新設して開墾→三世代の間は開墾地の私有承認→私有期間後に収公(口分田不足解消)

・既存の灌漑施設で開墾→本人一代の間は開墾地の私有承認

↓私有期間の終了が近づくと耕作放棄・開墾地荒廃

墾田永年私財法(743年／聖武朝～橘諸兄政権)“天平十五年の格”

・国司の許可＋許可後3年以内に開墾　＊開墾地である墾田は輸租田

→墾田の永久私有許可(位階・身分により面積制限　例：一位は500町まで)

・一時禁止(765年／称徳朝～道鏡政権の加墾禁止令)～寺院・農民以外の開墾禁止

→法令復活(772年／光仁朝～道鏡失脚後に禁止令解除)～面積制限も撤廃

③初期荘園[墾田地系荘園]～墾田永年私財法を契機に開発された私有地／輸租田

・開発者：貴族・大寺院・地方豪族など　例：東大寺(越前国道守荘など)

・労働力：郡司が協力→周辺の農民・浮浪人を集めて賃租経営／開発者は国衙へ租を納入

※浮浪人～当初は本籍地への帰還促す→のち浮浪先で浮浪人帳に登録・調庸を徴収

02 9世紀の動向

①背景：浮浪・逃亡＋偽籍＋私度僧(←課役免除)＋資人(貴族の従者←課役免除)

→調・庸の品質低下・滞納→中央政府の財政難進行／兵士の弱体化→軍事力低下

②対応　(1)桓武朝：班田励行(6年1班→12年1班) 公出挙利下げ(5割→3割) 雑徭半減

(2)直営田の設置：有力農民に耕作委託／徴収した収穫物を不足する財源に

・公営田(9世紀前半／嵯峨朝)：大宰府が西海道諸国に設置

・官田(9世紀後半)：中央官庁が畿内に設置／のち諸官庁に分配→諸司田

・勅旨田(8～9世紀)：天皇の勅旨で全国に設置

※皇族・上級貴族：天皇と近い関係を利用→墾田・賜田などの田地を集積⇒院宮王臣家に(→不輸租田への変更可能)

↑↓下級官人：院宮王臣家の家人に→取立のため地方へ下向⇒王臣家と有力農民を結ぶ

有力農民：私出挙などで勢力拡大→院宮王臣家の保護を求めて墾田を寄進⇒富豪百姓に

03 10世紀初頭の動向

延喜の荘園整理令(902年／醍醐朝)：山川藪沢の占有禁止・勅旨田の新設禁止など

→効果上がらず　・902年：班田実施⇒最後の班田に

・914年：「意見封事十二箇条」三善清行～地方政治の実情を上奏

例：偽籍の横行～備前国下道郡邇磨郷

問題文を読んで，文章中の空欄に当てはまる語句を記入しなさい。

01 8世紀の動向

律令制下の農民は，**口分田**の耕作のほか，**乗田**とよばれた口分田班給後の残りの田を借りて**地子**を納める（[1]　　）の田の耕作，調・庸を中央政府に納める（[2]　　），雑徭や**兵役**などを負担した。人口の増加にともない口分田として与える田地が不足すると，**722年**に（[3]　　）を中心とする政権は（[4]　　）計画を立て，翌年には（[5]　　）法を施行し，期限付きで墾田の私有を認めたのち収公して口分田不足を補おうとした。しかし，期限が近づくと耕作が放棄されたため，（[6]　　）年に（[7]　　）天皇の下で（[8]　　）の政権は（[9]　　）法を定めた。これは位階・身分による面積制限はあったものの，国司の許可を得たうえで墾田の永久私有を認めるものであった。のち（[10]　　）政権が一部を除き禁止したが，（[10]　　）の失脚後に解禁されると面積制限も撤廃され，初期荘園が形成された。

律令では，未開墾の**山川藪沢**を開発した場合，所有者や課税に関する規定はなかった。（[9]　　）法では，私有地を認めて**公地公民**の原則を転換したが，国司を通じて開発者を把握し，墾田を輸租田としたことから，政府の田地に対する支配は強められたともいえる。

初期荘園では，国司・郡司の協力により集められた周辺の農民や浮浪人が耕作にあたった。しかし，農民の浮浪・逃亡が増加して戸籍による人民掌握が困難になると，専属の農民を持たなかった初期荘園は郡司を通じての労働力の確保が難しくなり，衰退していった。

02 9世紀の動向

農民の浮浪・逃亡，戸籍に登録する性別・年齢をいつわる（[11]　　）などの横行は，中央政府への調・庸の滞納を招いた。（[12]　　）天皇は，班田を6年ごとから（[13]　　）年ごとに改めた。嵯峨天皇の時代には，大宰府が**西海道**諸国に（[14]　　）を設け，財源の確保を図った。9世紀後半になると，（[14]　　）に倣（なら）って中央官庁が**畿内**に（[15]　　）を設置した。天皇家の財源としての（[16]　　）もつくられた。これらでは有力農民に耕作が委託されたが，当時農村では浮浪して課税から逃れ有力農民となり，**私出挙**などで富豪化する者もいた。

一方，一部の皇族や貴族は，所有する墾田や天皇から与えられた**賜田**を不輸租とする手続きをとるなどして，政府からの給与に頼らず収入を確保し，（[17]　　）家とよばれるようになった。下級官人はその従者として田地に赴き，取り立てを行って収入を得た。富豪化した有力農民も，下級官人を通じて（[17]　　）家と結びつくことで徴税から逃れようとした。

03 10世紀初頭の動向

902年，（[18]　　）天皇の下で（[19]　　）の荘園整理令が出された。しかし，班田はこの年の実施が最後となり，（[20]　　）が上奏した「意見封事十二箇条」からは地方支配の混乱する様子がうかがえる。10世紀初頭，律令に基づく地方支配は困難になっていたのである。

入試問題にチャレンジ

①「今より以後，任に[ア 公田　イ 財物　ウ 私財　エ 荘園　オ 賃租]と為し，三世一身を論ずること無く，咸悉（みなことごと）くに永年取るなかれ。」(学習院大)

②正誤判別：奈良時代の初期荘園では，名主によって耕作が行われた。(中央大)

⑲ **20** ㉑㉒㉓㉔

荘園と公領・2

01 地方政治の転換

①国司の権限強化(9世紀末～10世紀前半)

・国司制度の改革：中央政府へ一定額の納税／一国内を統治(国内経営・徴税)

任国に赴任する国司の最上席者～受領(多くは守／納税の責任と権限をもつ)

・郡司制度の改革：定員を撤廃／国司が郡司を自由に任命→**富豪百姓**らを任命

従来の伝統的な地方豪族出身の郡司(実務の担い手)～地位低下／郡家衰退

②課税対象の転換(10世紀前半)：**人頭税**(1人1人に課税)中心から**土地税**中心へ

・徴税単位：名～田堵[**負名**]が耕作と徴税を請け負う→郡司を介さず国司に納税

・税の名称：官物(米・特産物など)＋臨時雑役(労役)　　**＊負名体制**

③国司の**徴税請負人**化進行～課税率も国司が独自に決定(→11世紀に固定化)

・貪欲で蓄財に励む国司　例：尾張守藤原元命(「尾張国郡司百姓等解」で訴えられる)(→988年)

↓　例：信濃守藤原陳忠(『今昔物語集』"倒ル所ニ土ヲ掴メ")

成功・重任(朝廷の儀式などを請け負う／官職に任命・再任)～官職の利権化(売位売官)

・国衙での部署整備：税所・田所など／徴税は当初受領の従者が担当→行動が問題化

→その国の有力者から任命＝在庁官人(国衙の役人／実務の担い手)

・遥任の増加：自らは赴任せず在京／任国には目代派遣／国衙＝留守所

02 寄進地系荘園の形成

①開発領主の登場：大名田堵～多くの名の耕作と徴税を請負う／官物などを納入

(10世紀後半～)
↓ 多くの農民を引率→新田開発にも着手・私領を拡大

開発領主～在庁官人となり国衙で職務(国司から租税免除の特権も)

↓ 一方で私領での徴税阻止のため中央の貴族・寺社に保護求め寄進

②荘園の構成：預所・下司・公文など ＜ 領家(開発領主から寄進)＜ 本家(領家から寄進)

③荘園の特権：不輸の権～太政官符・民部省符による税の免除＝官省符荘　＊権門勢家(有力者)

国司による税の免除(任期中のみ有効)＝国免荘

↓

不入の権～検田使(国衙から派遣)の立入拒否／のち警察権の介入も拒否

④荘園の実態：租税免除の田地を集積した荘園(11世紀前半まで／**免田型荘園**)

→集落や山野河海を含む一定地域に広がる荘園(11世紀後半以降／**領域型荘園**)

03 荘園公領制の成立

①公領の再編：延久の荘園整理令(☞ P.52)の後，荘園と公領の境界が明確化　＊国衙領

→国司による徴税可能な領域を郡・郷に再編／有力者が郡司・郷司として徴税請負

※保～税の免除により開発を奨励した領域(郡・郷と同様の行政単位に／保司を任命)

※**職**～職務に伴う土地からの収益権→重層的な関係"**職の体系**"例：預所職・郡司職

②荘園と公領　⑴ともに名が経営単位(田堵→名主)　⑵ともに年貢・公事・夫役を貢納

⑶ともに開発領主層が現地管理(例：荘園の預所／公領の郡司)

問題文を読んで，文章中の空欄に当てはまる語句を記入しなさい。

01 地方政治の転換

9世紀末から10世紀前半にかけて，国司は中央政府へ一定額の納税を行う代わりに一国内の統治を委任されるようになった。任国に赴任する国司の最上席者は納税の責任を負うこととなり，(1　　)とよばれた。一方，郡司の地位は低下し，郡家は衰退していった。

浮浪・逃亡や偽籍などで**人頭税**の徴収が困難になったことから，耕地は(2　　)とよばれる区画に分けられ，これを単位として(3　　)や臨時雑役が**土地税**として課されることとなった。(2　　)の耕作と徴税を請け負った有力農民を(4　　)あるいは**負名**という。

国司は中央政府への定額納税さえ果たしていれば任国統治に干渉されなくなり，(2　　)での課税率も独自に決定できたことから，「尾張国郡司百姓等解」で訴えられた尾張守(5　　)のように貪欲な者もあらわれた。彼らは朝廷の儀式などを請け負う見返りに有利な官職に任命される(6　　)や，(6　　)により官職に再任される(7　　)のためにも蓄財を必要としたのである。国衙では，その国の有力者から(8　　)が任命され，実務を担った。やがて(8　　)を中心とする支配が定着し，(1　　)以外の国司は国務から疎外(そがい)されるようになった。11世紀には課税率が固定され，(1　　)も交替時以外は任国に赴かなくなった。こうして，任国に(9　　)を派遣して自らは在京する(10　　)の国司が増え，その場合の国衙を(11　　)所と称した。

02 寄進地系荘園の形成

10世紀後半から11世紀にかけて，多くの(2　　)の耕作と徴税を請け負う大名(4　　)や地方に土着(どちゃく)した国司の子孫などの中から，新田開発を行い私領を拡大する者があらわれた。これを(12　　)といい，(8　　)として国衙での職務にあたる一方で国司に私領での税を免除されたり，私領での徴税から逃れるため中央の貴族・寺社など権門勢家に保護を求めて田地を寄進したりする者もあった。寄進をうけたものを(13　　)，(13　　)からさらに寄進されたものを(14　　)という。これらの**荘園領主**に対し，(12　　)は預所や下司・公文などとよばれる**荘官**となり現地管理を継続した。こうして成立した荘園を寄進地系荘園という。

税の免除特権である(15　　)の権を太政官符と(16　　)符により認められた荘園を官省符荘，国司により認められた荘園を(17　　)という。荘園ではさらに，国衙から派遣される(18　　)の立入を拒否する(19　　)の権を得るものもあらわれ，のちには警察権の介入をも拒否するようになった。これらの権利を得た荘園では，(13　　)・(14　　)のうち荘園の現地で実質的な権限をもつ**本所**(ほんじょ)が定めた法が適用されるようになっていった。

03 荘園公領制の成立

延久の荘園整理令の後，荘園と公領の境界が明確になった。国司は徴税可能な領域を郡や郷，保という行政単位に再編し，有力者を郡司・郷司・保司に任命して徴税を請け負わせた。やがて荘園も公領と同じように(2　　)に区画され，(2　　)との結びつきを強めた(4　　)は(20　　)とよばれるようになった。また，公領での税の名称も，荘園での貢納物と同様に年貢・公事・夫役と称されるようになった。

入試問題にチャレンジ

①正誤判別：受領は現地に赴任した国司の最高責任者で掾や目が通例だった。(早稲田大)

②不輸の特権を承認する際，[ア：　　]符やそれを受けた[イ：　　]符が出されたが，この官省符荘に対して国司が認可した荘園を[ウ：　　]といった。(法政大)

⑲⑳ **21** ㉒㉓㉔

武士の台頭

01 武士団の形成

①背景：地方豪族・有力農民の武装化～所領の自衛／国司への抵抗(国司襲撃も)

＊**群盗蜂起**～中央へ馬で租税運搬→略奪

中央からは押領使・追捕使派遣(土着することも)＋国衙でも武装

↓

中央貴族の子孫(任期終了後に土着した国司など) ～**棟梁**とされて**武士団**形成

②構成：**主人**－家子(一族の者)－郎党[郎等・**郎従**]－**下人**・**所従**

＊東国：狩猟→弓の訓練／牧→良馬の産地　＊西国：瀬戸内海→船の扱い＋島が点在→拠点に

③**軍事貴族**の成立：天慶の乱[承平・天慶の乱]後に成立／軍事を家の職掌とする貴族

"**武家**"　侍の登用→押領使・追捕使／検非違使／滝口の武士(宮中警備)

"**兵の家**"　館侍(受領直属)／**国侍**・**国の兵**・**国検非違使**(国衙所属)

〈桓武平氏〉高望王＝平高望より始まる／東国に土着／維衡が伊勢・伊賀へ

桓武天皇…高望┬国香－貞盛－維衡－○－○－正盛－忠盛－清盛－重盛
　　　　　　　├○－将門
　　　　　　　└○－○－忠常

〈清和源氏〉経基王＝源経基より始まる／畿内に土着／平忠常の乱後，東国へ

清和天皇…経基－満仲－頼信－頼義－義家－**義親**－為義－義朝－頼朝

02 武士団の台頭・反乱

①天慶の乱(939 ～ 941 年／**朱雀**朝／承平・天慶の乱とも)

・平将門の乱：一族の内紛(叔父国香殺害)→常陸・下野・上野の国府攻略→**下総国**の猿島郡に王城／新皇と称す→平貞盛(国香の子)・藤原秀郷(下野押領使)が平定

・藤原純友の乱：もと**伊予掾**／拠点**伊予国日振島**／海賊率いて反乱→伊予・讃岐などの国府や大宰府襲撃→源経基・小野好古が平定　＊国司の四等官＝守・介・掾・目

②安和の変(969 年)：源満仲(経基の子)が摂関家に密告→清和源氏は摂関家に接近

③刀伊の入寇：**刀伊**＝**女真族**が九州北部襲撃→大宰権帥藤原隆家(**伊周**の弟)の指揮で撃退
(1019 年)　　└→のち中国東北部に**金**を建国　　　　　└→道長と対立

④平忠常の乱：前**上総介**／房総地方で反乱→甲斐守源頼信(満仲の子)に降伏
(1028～31 年)　→清和源氏の東国進出の契機　　☞ 1027 年～藤原道長没

⑤前九年合戦：**陸奥**の豪族安倍頼時・貞任父子が反乱→**出羽**の豪族清原氏の支援を得た
(1051～62 年)　陸奥守源頼義(頼信の子)・義家父子が平定

⑥後三年合戦：清原氏の内紛→陸奥守源義家(頼義の子)の支援を得た清衡(母は安倍氏)が
(1083～87 年)　勝利→藤原清衡と改姓(藤原は父方の姓)　　☞ 1086 年～白河院政開始

＊奥州藤原氏～陸奥国平泉を拠点に繁栄／経済基盤は**金**・馬・北方との交易

清衡(中尊寺建立)－**基衡**(**毛越寺**建立)－秀衡(無量光院建立)－泰衡(滅亡)

＊源義家に恩賞なし→自分の所領を恩賞として給付→名声高まり東国に大武士団形成

問題文を読んで，文章中の空欄に当てはまる語句を記入しなさい。

01 武士団の形成

9世紀後半，地方豪族や有力農民は所領の自衛や国司との対抗を目的に武装するようになった。東国から中央へ運搬される物資が武装した集団に略奪されることもあった。朝廷が派遣した押領使などの中には，そのまま**在庁官人**として土着する者もあった。その集団は**主人**を中心に，一族である（1　　），名主層の郎党，さらに下層の**下人・所従**で構成された。

やがて，任期を終えても帰京せず土着した国司のような中央貴族の子孫を**棟梁**として**武士団**が形成された。10世紀前半の（2　　）の乱で武士の実力が示されると，朝廷では武士を侍として奉仕させるようになり，軍事を家の職とする貴族が形成され，押領使や（3　　）使，宮中の警備にあたる（4　　）の武士[武者]などに登用されるようになった。

02 武士団の台頭・反乱

10世紀前半の**朱雀天皇**の時代，都の東西で武士の反乱が起こった。（2　　）の乱[承平・（2　　）の乱]である。東国を基盤とする桓武平氏では内紛が生じ，（5　　）が叔父を殺害したのち国司とも対立して，常陸などの国府を攻め落とした。そして東国の大半を占領し，**下総国**を拠点に（6　　）と称したが，平貞盛や押領使の（7　　）らによって平定された。一方，もと**伊予国**の国司であった（8　　）は，伊予国**日振島**を拠点に海賊を率いて讃岐などの国府や大宰府を攻略したが，清和源氏の（9　　）や小野好古らにより平定された。

武士団は地方でも成長していた。11世紀前半，朝鮮半島で（10　　）とよばれていた**女真族**が九州北部を襲撃した際，大宰権帥（11　　）の指揮で九州の武士たちが撃退した。

同じく11世紀前半，もと**上総国**の国司であった（12　　）は房総半島で反乱を起こした。最初の追討使が平定に失敗したのち（13　　）が派遣されると，（12　　）は降伏した。安和の変以降，清和源氏は摂関家に接近し，侍として仕える一方，諸国の**受領**を歴任していたが，（12　　）の乱は清和源氏が東国に進出する契機となった。

奥羽地方では，**陸奥**の**俘囚**(ふしゅう)であった豪族安倍氏が奥六郡(おくろくぐん)とよばれた陸奥国北部を中心に支配を広げていた。11世紀半ば，（14　　）・貞任父子が反乱を起こすと，陸奥守（15　　）と子の（16　　）は**出羽**の**俘囚**であった豪族清原氏の支援を得て，これを平定した。（17　　）合戦である。安倍氏の滅亡後，陸奥・出羽両国に力を伸ばしたのは清原氏であった。11世紀後半，清原氏で内紛が起きると，陸奥守（16　　）が介入してこれを鎮圧した。（18　　）合戦である。清原（19　　）は，（16　　）の支援を得て内紛を制し，父が（7　　）の子孫であったため姓を藤原と改めた。子の**基衡**，孫の秀衡に至る3代約100年にわたって繁栄する奥州藤原氏は，陸奥国（20　　）を拠点に，陸奥国で産する**金**や馬，北方との交易により蓄えた富を基盤に中央の上皇たちと関わりをもち，京都の文化を（20　　）に移入した。

入試問題にチャレンジ

①適切でない組合せを選べ。[ア 藤原純友の乱－源経基　イ 平将門の乱－平正盛　ウ 前九年合戦－源頼義　エ 平忠常の乱－源頼信]（青山学院大）

②女真族による襲撃は，大宰権帥[　　　　]が在地武士を率いて撃退した。（同志社大）

⑲⑳㉑ **22** ㉓㉔

院政の始まり

01 後三条天皇の親政

後三条天皇：藤原氏を母とせず＝外戚としない（藤原頼通は引退・摂関政治終焉）

①人材登用：大江匡房（**有職故実**書『江家次第』）などの学者を登用

②延久の荘園整理令（1069 年）　└→朝廷の儀式・先例を研究する学問

・停止　(1) 1045［寛徳 2］年以降に成立した荘園

(2)それ以前に成立した荘園のうち券契不明の荘園や国務を妨げる荘園　└→国衙による徴税

・記録荘園券契所：券契（土地に関する証拠書類）を審査
（中央に設置）　**寄人**（職員）には受領経験者を採用

・成果：摂関家領も基準にあわなければ停止／石清水八幡宮も 34 カ所中 13 カ所停止

・影響：荘園と公領の境界明確化→**一国平均役**の賦課（荘園・公領の区別なく徴収）

└→東西南北の境を確定した**領域型荘園**へ（田畑・集落・山野を含む）

例：紀伊国桛田荘の絵図（境界に牓示／牓示～境目を示す標識）

③宣旨枡の制定：年貢徴収や売買で容量を計る枡／太閤検地で京枡となるまでの公定枡

02 院政の開始

院政の開始：白河天皇が子の**堀河天皇**（幼少）に譲位して後見開始（**1086 年**）

①機関：院庁の開設：職員＝院司←院近臣（受領などの中・下級貴族，上皇の**乳母**の一族など）

②文書：院庁下文・院宣の重視（天皇による**宣旨**や**詔勅**より優先）　＊院～本来は上皇の住居→のち上皇本人を示す

③軍事力：北面の武士の組織（院の御所の警備に伊勢平氏らを登用）

④財政基盤：荘園・知行国からの収益，受領からの成功・重任など

＊荘園群：八条院領～鳥羽上皇→娘の暲子／長講堂領～後白河上皇→持仏堂

⑤ 3 代約 100 年の院政期：白河上皇～43 年間／鳥羽上皇～27 年間／後白河上皇～34 年間

＊"治天の君"：法や慣例にとらわれず，専制的な権力をふるう存在

03 院政期の社会

①知行国制度：公領の私有化進行

・朝廷～上級貴族を知行国主として一国の支配権を与える

・知行国主～近親者や従者を国守に推薦／その国の公領からの収入の大半を獲得

＊**院分国**～上皇・法皇や女院（○○院と称した后など）の知行国

②熱心な仏教信仰：造寺造仏～六勝寺の建立"国王の御願寺"　例：法勝寺（白河天皇が建立）

寺社参詣～紀伊国の熊野詣（熊野三山への参詣）・高野詣（金剛峰寺への参詣）

↑

僧兵の強訴～南都・北嶺などの大寺院は多くの荘園を所有して国司と対立

→国司の罷免などを求めて朝廷に強訴

・南都（興福寺／春日神社の**神木**＝榊をかかげて強訴"奈良法師"）

・北嶺（延暦寺／日吉神社の**神輿**（みこし）をかついで強訴"山法師"）　└→天下三不如意

→上皇・法皇は北面の武士で対抗・撃退

問題文を読んで，文章中の空欄に当てはまる語句を記入しなさい。

01 後三条天皇の親政

1068 年，藤原氏を外戚としない(1　　　)天皇が即位した。すでに 30 代だった天皇は摂関をおかず，学者として知られた大江(2　　　)らを登用して親政を開始した。

翌年，(3　　　)の荘園整理令が出された。荘園領主に(4　　　)とよばれる土地に関する証拠書類を提出させ，新設した(5　　　)所で審査し，成立年代の新しい荘園や(4　)に不備のある荘園は停止された。荘園整理令はこれまでにも出されていたが，中・下級貴族である国司に実施が委ねられていたため，官僚の人事権を掌握する摂関家の荘園には関与できずにいた。しかし，今回は(5　)所で統一的に(4　)の審査が行われたため，摂関家の荘園も基準にあわないものは停止されるなどの成果をあげた。このほか天皇は宣旨枡を定め，容量を計るための枡の大きさを一定にするなどの政策を行った。

02 院政の開始

(1　)天皇の後，子の(6　　　)天皇も親政を始めた。周囲が天皇の弟を皇位継承者にしようとするなか，子に皇位を継がせようとした天皇は，**1086 年**に 8 歳の**堀河天皇**に譲位すると，上皇として天皇を後見しながら政治の実権を握った。これが院政の始まりである。院政では院庁が開かれ，摂関家におさえられていた中・下級貴族や上皇の乳母(母親に代わって子を育てる女性)の一族などからなる(7　　　)がその職員である(8　　　)となった。また，院庁から下される文書である院庁下文や上皇の命令を伝える(9　　　)が重んじられた。

自らの子孫を皇位継承者にしようとして始められた院政は，(6　)上皇・(10　　　)上皇・(11　　　)上皇の 3 代約 100 年にわたって続いた。法や慣例にとらわれず専制的な権力をふるった上皇や法皇は“(12　　　)の君”と呼ばれた。

03 院政期の社会

官僚の人事に影響力をもつようになった上皇には多くの荘園が寄進され，院政の財政基盤となった。上級貴族を(13　　　)国主とし，国守を推薦する権利や公領から収益を得る権利を与える(13　)国の制度も広まった。(13　)国主や国守による公領の私有化が進むなか，(13　)国の実質的な配分権を握った上皇はさらに権力を強めた。

上皇の多くは出家して法皇となった。紀伊国の(14　　　)詣や高野詣が頻繁に行われ，法勝寺など(15　　　)と総称される寺院も建立された。一方，南都・(16　　　)とよばれた興福寺・(17　　　)のような大寺院は大荘園領主となり，下級の僧侶などを武装させ(18　　　)とし，荘園をめぐり国司と争っては朝廷におしかける(19　　　)を行い，要求を通そうとした。これに対し，上皇は(20　　　)の武士を組織して対抗した。天下三不如意とよばれる(6　)上皇の意のままにならないものとして“山法師”＝(17　)の(18　)があげられている。

入試問題にチャレンジ

①後三条天皇が荘園整理令の実施にあたり，関連する証拠書類の審査のために設置した役所を何というか。(慶應大)

②正誤判別：白河上皇は北面の武士に加えて西面の武士を置いた。(中央大)

平氏の台頭と保元・平治の乱

01 保元の乱

①伊勢平氏の台頭：桓武平氏の嫡流(平維衡～)が伊勢・伊賀に土着／傍流は東国に土着
└→源氏の家人に

＊嫡流～本家を継承する家系⇔傍流

・平正盛(維衡の曽孫)：源義親(義家の子)の乱を鎮圧 ---->白河院政期

・平忠盛(正盛の子)：瀬戸内海の海賊平定／宋との貿易にも着手---->鳥羽院政期

・平清盛(忠盛の子)：保元の乱・平治の乱を経て中央政界へ進出---->後白河院政期

②保元の乱(**1156年**) 「鳥羽院ウセサセ給テ後…ムサ[武者]ノ世ニ」(『愚管抄』慈円)

〈背景〉天皇家での皇位をめぐる対立＋摂関家での氏の長者をめぐる対立

〈経過〉崇徳上皇(兄)＝藤原頼長(弟・左大臣)→**平忠正**(叔父)・源為義(父)・**為朝**(子)ら

⇕ ⇕ 武士を動員⇕ ⇕

後白河天皇(弟)＝藤原忠通(兄・関白)→平清盛(甥)・源義朝(子)ら

〈結果〉後白河天皇側の勝利

02 平治の乱

①保元の乱後：信西[藤原通憲]が戦後処理を担当→平清盛を厚遇・源義朝を冷遇

②平治の乱(**1159年**)

〈背景〉後白河上皇の院政開始(1158年)→信西と後白河上皇の院近臣との対立＋源平の対立

〈経過〉藤原信頼＝源義朝(父)・頼朝(子)ら

⇕ ⇕

信西 ＝平清盛ら

＊信西～保元の乱後に荘園整理や寺社統制などを実施(保元新制)

〈結果〉平清盛が熊野詣で京都を離れている間に攻撃・信西は自害

→その後の戦いで平清盛らが勝利／源頼朝は伊豆へ流罪

③意義：中央政界での対立が武士の実力により解決→武家政権樹立の前提

03 平氏政権の成立

①平清盛の太政大臣就任(1167年)：子の平重盛ら一族も高位高官に ＊**六波羅**政権
└→平清盛邸の所在地に由来

「此一門にあらざらむ人は皆人非人なるべし」(軍記物語『平家物語』)

②畿内・西国の武士の**家人**化：私的に地頭に任命して主従関係を構築

③荘園公領制に基づく財政基盤：荘園(500余カ所)・知行国(30余カ国)

④天皇家との外戚関係：娘の平徳子を高倉天皇の中宮とする(徳子の子がのちの安徳天皇)

⑤日宋貿易の推進：摂津国大輪田泊の修築・宋船を畿内に招来→平氏の重要な財政基盤

輸出品～金・**硫黄**・水銀・**刀剣**・**漆器**・扇など

輸入品～宋銭・**陶磁器**・薬品・**書籍**など

※中国：唐→五代十国→宋／中国東北部：渤海→遼(契丹)／朝鮮半島：新羅→高麗

＊宋・遼・高麗～国交は開かれず／民間貿易[私貿易]はさかん

問題文を読んで，文章中の空欄に当てはまる語句を記入しなさい。

01 保元の乱

(1　　　)天皇の子孫である平氏は，嫡流が伊勢国・伊賀国を本拠としたことから伊勢平氏と称された。白河上皇が院政を行っていた頃，(2　　　　)は**源義親の乱**を鎮め，その子の(3　　　　)は瀬戸内海の海賊を平定して鳥羽上皇の信任を得た。

1156年，鳥羽上皇が亡くなるとまもなく(4　　　)の乱がおこった。天皇家では，皇位継承をめぐって鳥羽上皇の皇子たちが対立していた。兄の(5　　　)上皇は，摂関家で兄の関白藤原忠通と対立していた弟の左大臣(6　　　　)と結び，**源為義・平忠正**らを動員した。一方，弟の(7　　　　)天皇は関白藤原忠通と組み，為義の子の(8　　　　)，(3　)の子の(9　　　)らを動員した。戦いは(7　)天皇側の勝利に終わり，(5　)上皇は流罪，源為義・平忠正らは死罪となった。

02 平治の乱

乱後，出家して(10　　　)とよばれていた藤原通憲を中心に，(7　)天皇を頂点とする体制が整えられた。しかし，天皇が譲位して院政を始めると，院近臣の(11　　　　)らが急速に台頭してきた。**1159年**，(10　)と親しい(9　)が熊野詣に出かけている最中に，(11　)は(8　)らと結んで(10　)を自害に追い込んだものの，帰京した(9　)らとの戦いに敗れた。(8　)の子の(12　　　　)は捕らえられたが死罪を免れ，(13　　　)国に流された。これが(14　)の乱である。

(4　)の乱と(14　)の乱により，中央政界における皇族や貴族の内部対立も武士の実力により解決されることが明らかとなった。武家政権成立の前提となった出来事といえる。

03 平氏政権の成立

(9　)は太政大臣となり，子の**平重盛**をはじめ一族も高位高官にのぼった。(15　　　)に任じられた畿内や西国の武士は平氏の**家人**として軍事力に組み込まれ，全国500カ所余りの荘園や30余カ国の知行国からの収入が平氏政権の経済基盤となった。また，娘の(16　　　)が高倉天皇の中宮となるなど，天皇家との外戚関係も築かれた。

中国では，10世紀初頭に唐が滅んだ後，五代十国の時代を経て(17　　)が統一した。(9　)が引退後に移った摂津国福原に近い(18　　　　)を修築し，瀬戸内海航路を整備したことで，九州北部の博多に来航していた(17　)の船は畿内まで乗り入れるようになった。(17　)とは国交は開かれなかったものの，貿易による利益は平氏政権の財政基盤の一つとなった。日本からは(19　　)や**硫黄・刀剣・漆器**などが輸出され，(17　)からは(20　　　)や**陶磁器・書籍**などが輸入された。なかでも，(20　)は貨幣経済の発達を促すこととなった。

入試問題にチャレンジ

①正誤判別：平治の乱で源義朝は平清盛と親しい藤原信頼を打倒した。(青山学院大)

②日宋貿易といえば平清盛が有名だが，実際のところ平氏による貿易管理の徴証は乏しく，摂津の[　　　　]まで中国の船が来た事例は多くはない。(慶應大)

⑲⑳㉑㉒㉓ **24**

院政期の文化

01 浄土教の地方波及

【特徴】・時期：11 世紀半ば～ 12 世紀／担い手：皇族・貴族から武士・庶民へ
・中央の文化が地方へ／貴族の関心が武士の動向や庶民の流行へ

①浄土教の広まり
・背景：聖[上人・聖人・沙弥]の活動～既存の宗派や寺院に属さず民間で布教する僧
・影響：地方豪族・武士らによる**阿弥陀堂**の建立
東北～中尊寺金色堂(岩手県平泉／藤原清衡により建立／三代のミイラを納める)
＊平泉～ 2011 年に世界遺産登録
＊**奥州藤原氏**三代～中尊寺の清衡・毛越寺の基衡・無量光院の秀衡
白水阿弥陀堂(福島県／願成寺阿弥陀堂の通称／**奥州藤原氏**出身の女性が建立)
山陰～三仏寺投入堂(鳥取県／三仏寺奥之院／修験道の修行場／懸造を採用)
九州～富貴寺大堂(大分県／九州最古の木造建築／同県には**臼杵磨崖仏**も)

②上皇・法皇の仏教信仰：六勝寺の建立(法勝寺など)／熊野詣・高野詣
＊**蓮華王院**～後白河上皇の命で平清盛が建立(12 世紀半ば／再建～ 13 世紀半ば)

02 庶民文化への関心

歌謡 『梁塵秘抄』後白河上皇自らが今様(庶民に流行した歌謡)を集録
＊田楽(農耕儀礼から発展)・猿楽(滑稽な物まね芸より発展)～貴族に流行

説話集 『今昔物語集』インド・中国・日本の説話を集録
＊**説話**～神話・伝説・昔話・世間話などの口承文芸／伝聞形式が特徴的

軍記物語 『将門記』最初の軍記物語／平将門の乱が題材
『陸奥話記』前九年合戦が題材

歴史物語 『大鏡』**四鏡**の最初／藤原道長の時代に批判的
『今鏡』**四鏡**の第二　＊**四鏡**～大鏡・今鏡・水鏡・増鏡
＊国家による歴史書(正史／漢文体)⇔個人が著した歴史物語(仮名による和文体)

絵巻物 **詞書**と絵(大和絵)を交互に用いる／右から左に向かって進める
『源氏物語絵巻』**引目鉤鼻**(身分の高い人物の表現)・**吹抜屋台**(上から屋内を見下ろす)
『信貴山縁起絵巻』信貴山で修行した僧の命蓮にまつわる説話を描く
『伴大納言絵巻』応天門の変が題材／**異時同図法**(一つの画面に複数の場面を描き込む)
『鳥獣戯画』動物を擬人化して貴族や僧侶を風刺／**鳥羽僧正覚猷**らによる
＊絵巻物の先駆～『過去現在絵因果経』(天平文化／釈迦の生涯／上に絵・下に経文)
＊大和絵～中国風の唐絵に対する／巨勢金岡(平安時代初期の画家)

装飾経 下絵を描いた上に**法華経**などの経典を記す
『扇面古写経』扇形の紙／下絵に庶民の生活などが描かれる
『平家納経』平清盛が厳島神社(安芸国)に奉納／金箔・銀箔を使用した豪華な経典

問題文を読んで，文章中の空欄に当てはまる語句を記入しなさい。

01 浄土教の地方波及

11 世紀後半に始まる院政期は，中央の貴族文化が地方に伝えられたり，貴族が庶民文化に関心を寄せたりするなど，文化に新しい動きがみられた時代であった。

南都六宗や天台・真言二宗といった既存の八宗や特定の寺院に属さず，民間で人との関わりを断(た)って修行したり，諸国をめぐり歩いて修行・布教したりする僧を(1　　)・**上人**などという。この時代には，彼らのような僧の活動により，中央の貴族の間で流行していた浄土教が地方に広まり，武士などの地方豪族によって各地に**阿弥陀堂**が建立された。岩手県の(2　　)では，**奥州藤原氏**により多くの寺院が建てられた。初代(3　　)による(4　　)寺金色堂には，豪華な**螺鈿**(らでん)や**蒔絵**(まきえ)を施した須弥壇(しゅみだん)がある。2 代基衡の**毛越寺**には当時の庭園が残り，3 代秀衡による無量光院は平等院鳳凰堂を模したものだったという。福島県では藤原秀衡の妹が夫のために建立した(5　　)阿弥陀堂，鳥取県では高低差が大きい場所に適した懸造を取り入れた三仏寺投入堂，大分県では九州最古の木造建築である(6　　)寺大堂が当時の遺構として知られる。大分県の**臼杵磨崖仏**は日本最大規模の石仏群である。

02 庶民文化への関心

(7　　)上皇は，庶民に流行していた歌謡である(8　　)に入れ込み，(8　　)を集めた『(9　　)』を編纂したことで知られる。田植えなどの際に行われていた芸能から発展した(10　　)や滑稽な物まね芸に起源をもつ(11　　)も貴族の間で流行した。『(12　　)』には，インド・中国・日本に伝わる**説話**が集録されている。

戦乱の様子を記した**軍記物語**の制作も始まった。平将門の乱に関する『将門記』や前九年合戦を題材とした『(13　　)』はその先駆である。また，歴史物語では，『栄花[華]物語』が藤原道長を賛美していたのに対し，**四鏡**の最初である『(14　　)』が批判的であるように，筆者の主観により歴史のとらえ方に違いがみられる。

院政期から鎌倉時代にかけて全盛をむかえるのが絵巻物である。その始まりは，奈良時代の『(15　　)経』とされる。**引目鉤鼻**の手法をとる『(16　　)絵巻』では，どの人物も同じように描かれているが，ある僧にまつわる説話を基にした『信貴山縁起絵巻』や応天門の変を題材とした『(17　　)絵巻』では，一人一人の人物の表情が描き分けられている。また，ウサギやカエルなどの擬人化で知られるのは『(18　　)』である。大和絵の手法で絵を描いた上に経文を記したものを**装飾経**というが，『(19　　)』は下絵から当時の庶民生活をうかがい知ることができ，平清盛が一門の繁栄を願って(20　　)神社に奉納した『平家納経』は豪華な装飾経として有名である。

入試問題にチャレンジ

①白河天皇の発願になり，高さ 27 丈(約 81m)に及ぶ八角九重の巨大な塔を擁した寺院を選べ。[ア 法勝寺　イ 尊勝寺　ウ 最勝寺　エ 成勝寺](青山学院大)

②後白河上皇が自ら編纂した今様の歌謡集は何か。(学習院大)

模擬試験の活用法

予備校では，いろいろな模擬試験を実施しています。模試というのは，限られた時間の中で，その時その時の自分の力を試すことができるチャンスです。偏差値からは，志望校が同じ受験生の中で自分が今どのあたりにいるのかもわかります。模試の種類を確認し，自分の志望校に合った模試を定期的に活用していきましょう。

知識の定着が試される場

模試が近づいてきたら，この問題集で出題範囲となっている時代をすべて解いておきましょう。教科書も一緒に読むことができれば，なおよいです。

模試が終わったら，できれば試験当日，少なくとも２～３日以内に，どこを間違えたのかを解答で確認し，解説を読んでおきましょう。「正しいと思っていたのに間違っていた」というところは要注意。ここで正しくおさえ直せばよいのです。

もちろん，まだ勉強していない時代・分野の問題は，解けなくて当たり前。点数が気になるのはわかりますが，「勉強が終わったところは１問も間違えないぞ」という気持ちでいた方がよいですよ。勉強が進めば，解ける問題は増えていきますからね。点数は気にせずに。

数週間経つと，模試の結果がわかります。この時にぜひ，もう一度問題を解き直してみてください。模試の日に解けなかった問題も，この数週間の間に勉強が進んでいれば答えられるはず。間違えてしまったところは，この問題集や教科書で確認しておけば大丈夫。

こうして１年間にうけたすべての模試は，入試の直前になったらすべて解き直し，解答・解説集を読み返しておくこと。模試の問題というのは，入試の動向をふまえて毎年毎年新しくつくられています。実際の入試で同じ問題・似たような問題が出題されることも多いのです。しっかり得点するためにも，最大限活用してくださいね。

“忘れている暇がない”のが受験生の１年間

「高校で定期的に行われていたテストでは得点できたのに，模試では点数がとれない」と悩む受験生は多いです。高校のテストは，直前に詰め込んだ知識で解いていたのでは？そのような知識は，３日も経てば忘れてしまいます。受験生は“４月に勉強したことを翌年の２月まで覚えていなければならない”のです。でも，くり返し復習しなければ，忘れて当然。模試は復習するための機会ととらえ，積極的に活用していきましょう。

模試が近づいてきた。緊張するな…
➡授業で終わったところは全問正解をめざすぞ！復習しておこう！
模試の結果が出た。何点だっただろう…
➡合計点はまだまだだけど，復習したところは間違えてない！よし，この調子！

第6章

中世 I

侍所などの職制や御恩と奉公の具体例を確認したら，「執権が北条○○だった時代に起きた○○」のように出来事を年代順に把握して。農業や流通など社会経済史は，地味なわりに頻出。文化史では，まず新旧仏教の整理から😊

25 ㉖㉗㉘㉙㉚ 鎌倉幕府の成立

01 源平の戦い

1177年 鹿ヶ谷の陰謀：藤原成親・**西光**・**俊寛**ら後白河上皇の院近臣による平氏打倒失敗

1179年 平清盛が後白河上皇を幽閉→院政停止（反平氏の貴族も処罰） ＊治承・寿永の乱（源平争乱の別称）

1180年 安徳天皇即位（清盛の孫／母は清盛の娘平徳子）

→以仁王（後白河上皇の子）が平氏打倒の令旨～源頼政や大寺院などが呼応

→諸国へ令旨伝達～源頼朝（**伊豆国**）・源義仲（信濃国）らが挙兵

→平氏は摂津国福原へ遷都（反対され半年で還都）／**平重衡**による**南都焼打ち**

1183年 平氏の都落ち／源義仲入京　＊**養和の飢饉**（1181年／西国中心→平氏に打撃）

1184年 源義経らによる追討：源義仲敗死（頼朝と不和・追討）→一の谷の戦い（摂津国）

1185年 →屋島の戦い（讃岐国）→壇の浦の戦い（長門国）⇒平氏滅亡

02 鎌倉幕府の成立

①成立過程：1183年 **寿永二年十月宣旨**～後白河上皇が**東海道**・**東山道**の支配権を承認

＊**北陸道**は源義仲の勢力範囲だったため認められず→頼朝と義仲対立へ

1185年 後白河上皇から守護・地頭を設置する権利を獲得

1189年 源義経追討→奥州藤原氏（藤原泰衡）を滅ぼす→奥州総奉行をおく

1190年 **右近衛大将**に就任→ 1192年 征夷大将軍に就任

②政治機構：侍所（1180年設置）～御家人の統率／初代別当：和田義盛

政所（1184年設置／当初は公文所）～一般政務・財政事務／初代別当：大江広元

問注所（1184年設置）～裁判事務／初代執事：三善康信

＊京都守護（朝廷との連絡）／鎮西奉行（九州）／奥州総奉行（東北）

③守護と地頭

〈守護〉国ごとに任命／軍事・警察を担当（平時：大犯三カ条／戦時：国内武士の統率）

＊大犯三カ条～**大番催促**（京都大番役の催促）＋**謀叛人**の逮捕＋**殺害人**の逮捕

〈地頭〉荘園・公領ごとに任命／年貢の徴収・納入や土地の管理を担当

03 将軍と御家人

御恩：本領安堵（先祖伝来の所領の支配を保障）

新恩給与（功績に対して新たな所領を与える）

将 軍 ⇄ 御家人

奉公：戦時の**軍役**／平時の京都大番役・**鎌倉番役**

関東御公事（経済的な負担）など

＊御恩～地頭に任命すること（＝**地頭職**への補任）により実施

＊鎌倉幕府の財政基盤：関東御領（将軍が領家 or 本家→御家人を地頭に任命）

└→**平家没官領**など謀叛人から没収した所領が中心

関東御分国（将軍が知行国主→御家人を国守に推薦）

問題文を読んで，文章中の空欄に当てはまる語句を記入しなさい。

01 源平の戦い

後白河上皇の院近臣による(1　　　　)の陰謀後，平清盛は上皇を幽閉して院政を停止した。さらに孫の(2　　　　)天皇を即位させると，平氏の独裁に反発する声は一層高まった。

1180年，(3　　　　)が平氏打倒の令旨を発すると，畿内で(4　　　　)らが呼応したがまもなく討たれた。しかし，令旨は諸国に伝えられ，**伊豆国**に流されていた源頼朝や信濃国の木曽谷にいた(5　　　　)らが挙兵した。平氏は大輪田泊に近い摂津国の(6　　　　)に都を移したが，貴族や寺社に反対され半年後には京都へ戻った。清盛の急死などで混乱するなか北陸道から入京した(5　　)に都を追われ，源義経らの追討をうけた平氏は，1184年の摂津国一の谷の戦い，翌1185年の讃岐国屋島の戦いを経て長門国(7　　　　)の戦いで滅ぼされた。

02 鎌倉幕府の成立

挙兵後，源頼朝は相模国の鎌倉に本拠を移し，1183年に後白河上皇から**東海道・東山道**の支配権を承認された。1185年，上皇が平氏追討で活躍した弟の源義経に頼朝を討つように命じると，上皇にせまりそれを撤回させて逆に義経追討の院宣を出させ，さらに諸国に守護・(8　　　　)を設置する権利を獲得した。義経は奥州藤原氏のもとに逃げ込んだが，頼朝の命令に屈した(9　　　　)により1189年に滅ぼされた。その後(9　　)も討たれ，頼朝は陸奥・出羽両国も支配下に組み込んだ。1190年には上皇から**右近衛大将**に任命されたものの，まもなく辞し，1192年の上皇の没後に後鳥羽天皇から(10　　　　)に任じられた。

これに先立ち，鎌倉には御家人を統制する(11　　　　)がおかれ，(12　　　　)が長官である別当となった。一般政務や財政事務を担当する政所は当初公文所とよばれ，別当には(13　　　　)が就いた。裁判事務は(14　　　　)が行い，(15　　　　)が長官の執事となった。(12　　)は東国御家人だが，(13　　)と(15　　)は京都から招かれた下級貴族である。

国ごとにおかれた守護は有力御家人から任命され，平時には(16　　　　)と総称された(17　　　　)の催促と**謀叛人・殺害人**の逮捕にあたり，戦時にはその国内の武士を統率した。荘園や公領におかれた(8　　)は，年貢の徴収・納入や土地の管理にあたった。

03 将軍と御家人

御家人とは，将軍と主従関係を結んだ武士である。将軍は御家人を(8　　)に任命することで先祖伝来の所領の支配を(18　　　　)として保障したり，新たな所領を与える新恩給与を行ったりした。これらの御恩に対して御家人は，戦時には**軍役**，平時には天皇や上皇の御所を警備する(17　　)や将軍の居所を警備する**鎌倉番役**などの(19　　　　)をつとめた。なお，(20　　　　)は将軍を本所とする荘園，関東御分国は将軍の知行国である。

入試問題にチャレンジ

①年代整序：(i) 守護・地頭を置く権限を朝廷から認められた　(ii) 頼朝が征夷大将軍に任命された　(iii) 和田義盛を別当とする侍所が設置された(立教大)

②大犯三カ条の内容は，謀叛人の逮捕・殺害人の逮捕と，もう一つは何か。(京都大)

執権政治の展開

01 北条氏の台頭

①北条時政 ・2代将軍源頼家の独裁停止→北条政子らと13人の合議制へ転換
・源頼家を廃す→比企能員(頼家の外戚・後見)を滅ぼす ＊北条氏〜伊豆国の在庁官人出身
・3代将軍源実朝が就任→政所別当として将軍補佐"執権"

②北条義時 ・和田合戦(1213年)：和田義盛追討→侍所別当も兼任

02 承久の乱

〈背景〉後鳥羽上皇による朝廷の勢力挽回(分散する天皇家荘園の集積／西面の武士新設)
→源実朝の暗殺(公暁による)→幕府は皇族将軍要請／上皇は拒否⇒朝幕関係緊張

〈経過〉北条義時追討の命令(1221年)→北条泰時・北条時房が上洛・勝利

〈結果〉幕府の朝廷に対する優位(院政は実質的に停止／形式的には江戸時代まで継続)
・三上皇の配流：後鳥羽上皇を隠岐・順徳上皇を佐渡／土御門上皇は自ら土佐へ(のち阿波へ)
・皇位継承への介入：仲恭天皇の廃位・後堀河天皇の擁立
・朝廷監視の強化：六波羅探題(初代〜北条泰時・北条時房)

西国支配の強化：上皇方の所領没収(西国中心・3000余カ所)→新たに地頭を任命
・新補率法の制定(1223年)：原則として地頭の給与は前任者の収入を継承
→前任者の収入が少ない場合や先例となる規定がない場合に適用
(田地1段ごとに5升ずつ加徴米を徴収する権利など／新補地頭⇔本補地頭)

※公武の二元的な支配〜幕府成立後も朝廷は国司の任命を通じて諸国の行政を掌握
貴族・寺社も国司や荘園領主として多くの収入を獲得
↓
乱後は幕府優位の二元的支配へ ＊大田文〜国衙による土地台帳←幕府も命令を作成

03 執権政治の確立

①北条泰時 ・連署の設置：執権の補佐(初代〜北条時房)
・評定衆の設置：有力御家人や実務官僚を採用→政務と裁判の合議
＊藤原[摂家]将軍〜4代藤原頼経(頼朝の遠縁)・5代藤原頼嗣
・御成敗式目[貞永式目]の制定(1232年／51カ条／最初の武家法)
〈基準〉武士社会の慣習・道徳＝道理
頼朝以来の判例＝先例 "右大将(家)"＝源頼朝
＊制定の趣旨〜弟の北条重時(六波羅探題)に宛てた書状
〈対象〉幕府の勢力範囲 ＊式目追加(式目以後に出された追加の法令)
〈影響〉公家法・本所法が併存→次第に武家法の適用範囲が拡大
〈内容〉守護・地頭の権限や所領関係など 例：女人養子，親の悔返し

②北条時頼 ・宝治合戦(1247年)：三浦泰村一族が滅亡
・引付制度の整備：引付衆の設置(所領関係の訴訟を専門に担当)
＊皇族[親王]将軍〜6代宗尊親王(後嵯峨上皇の子)が最初／9代まで

問題文を読んで，文章中の空欄に当てはまる語句を記入しなさい。

01 北条氏の台頭

御家人との主従関係を基盤に，源頼朝は訴訟の裁決などを自ら行っていた。しかし，頼朝が1199年に没したのち2代将軍となった(1　　　)に御家人たちは従わず，母(2　　　)や祖父北条時政らは有力御家人と大江広元ら貴族出身の頼朝側近からなる**13人の合議**で政務を運営するようになった。さらに(1　)を廃し，その外戚(3　　　)を滅ぼすと，(1　)の弟(4　　　)を3代将軍とした。時政は政所の別当となり，将軍の補佐を務めた。その地位は執権とよばれたが，娘婿(むこ)の将軍擁立を企てて失敗し，失脚した。執権を継いだ子の(5　　　)は，1213年に和田義盛を倒して侍所の別当も兼ねるようになった。

02 承久の乱

朝廷では，幕府と近い九条兼実(くじょうかねざね)が失脚したのち(6　　　)天皇が勢力を強めた。譲位して院政を始めると，天皇家荘園の集積や(7　　　)の武士の新設を行い，(4　)の待遇を厚くして幕府への影響力を拡大しようとした。鎌倉の鶴岡八幡宮(つるがおかはちまんぐう)で(4　)が(1　)の遺児(いじ)**公暁**に暗殺されると，幕府は(6　)上皇の皇子を将軍として迎えようとしたが拒否された。幕府と朝廷の関係が緊張するなか，1221年に上皇は(5　)追討の命令を出した。幕府では**尼(あま)将軍**とよばれた(2　)を中心に御家人の結束が強化され，(5　)は子の(8　　　)と弟の(9　　　)が率いる軍勢を京都に送って勝利した。

この承久の乱後，幕府は(6　)上皇を(10　　　)，(11　　　)上皇を**佐渡**，土御門上皇を土佐(のち阿波)に配流し，仲恭天皇を廃するなど皇位継承に介入した。また，京都守護を(12　　　)に改め，朝廷の監視や京都内外の警備，西国の統轄にあたらせた。上皇方の所領3000余カ所も没収して新たに地頭を任命し，(13　　　)法で給与を保障した。

03 執権政治の確立

父を継いで3代執権となった(8　)は，執権を補佐する(14　　　)に叔父の(9　)を任じた。さらに(15　　　)衆をおき，執権・(14　)を中心に(15　)衆が合議する会議を幕府の最高機関とした。**1232年**には**51カ条**からなる(16　　　)を定め，武士社会の慣習・道徳である(17　　　)と頼朝以来の先例を成文化し，御家人同士あるいは御家人と荘園領主との間の紛争を解決する際の基準とした。摂関家から迎えられた藤原頼経が4代将軍となったのもこの頃で，5代将軍となった子の**藤原頼嗣**とともに藤原[摂家]将軍という。

(8　)の孫北条時頼は5代執権となり，(18　　　)合戦で三浦泰村一族を滅ぼした。また，(15　)衆の下に(19　　　)衆をおき，所領に関する裁判を専門に扱わせたほか，後嵯峨上皇の子の(20　　　)を6代将軍として迎えて皇族[親王]将軍の最初とした。

入試問題にチャレンジ

①承久の乱後，西国武士や朝廷の動向を監視するため置かれた機関は何か。(北海道大)

②空欄補充：「さてこの式目をつくらせ候事は…たゞ［　　　］のおすところを記され候者也。」(立教大)

鎌倉時代の社会と経済

01 武士の生活

①武士の**館**：防御施設を備えたつくり(**矢倉**・**櫓**，**堀**，**塀**，**土塁**＝盛り土による防壁など)
馬場での軍事訓練(**騎射三物**＝**笠懸**・**犬追物**・**流鏑馬**)
＊**巻狩**～広い原野で大規模に行われる狩猟
周囲に直営田(**佃**・**門田**など／隷属民の**下人**や一般農民に耕作を委ねる)
＊「**武家のならい**」武士社会の道徳
＊『**一遍上人絵伝**』武士の館の場面『**男衾三郎絵巻**』武士の生活・武芸訓練

②**惣領制**：**惣領**が**庶子**を統率～**血縁的**な結合を重視
所領は**分割相続**～女性も相続可能
・子のない女性が所領を養子に譲ることは可能(**御成敗式目**～**女人養子**)
・親が子に譲与した所領を取り戻すことは可能(**御成敗式目**～親の**悔返し**)

02 地頭の土地支配

地頭による荘園侵略進行(年貢の未納・横領など)
↓荘園領主からの訴訟増加
幕府の対応　①**引付制度**の整備：**引付衆**が判決原案作成→**評定衆**らの合議で判決
②和解の勧め“和与”　・**地頭請**：**地頭**に荘園の管理をすべて委ねる代わりに，一定額の年貢の納入を請け負わせる
・**下地中分**：田地だけでなく山野も含めた荘園すべてを**地頭**と折半し，互いに干渉せずに支配する
↓
地頭が一円的な支配を実現……≫横暴な支配も　例：**紀伊国阿氐河荘**荘民の訴状

03 鎌倉時代の社会経済

〈農業〉
・**二毛作**の実施：畿内・西日本(**裏作は麦**) →室町時代には関東でも実施　畿内では**三毛作**も
・**大唐米**の流入：中国より伝来した多収穫米
・肥料の使用：**刈敷**・**草木灰** →室町時代には**下肥**も使用

〈商業〉
・**定期市**の開催：**三斎市** →応仁の乱後には**六斎市**も
＊『**一遍上人絵伝**』**備前国福岡市**の場面
・**座**の結成：平安時代後期より現れた同業者団体(公家・寺社が特権を保障)
・**見世棚**の出現：都市部にあらわれた常設の小売店

〈流通〉
・**問丸**の発達：港など交通の要地における商品の中継ぎ・委託販売や輸送
・**宋銭**の流入：貨幣経済の発達を促進 →室町時代には**明銭**も流通
・**銭納**の開始：年貢を貨幣で納入
・**為替**の開始：遠隔地間では貨幣の代わりの手形を用いて取引（→一定期間後に現金化できる）
・**借上**の出現：高利貸業者　＊頼母子・無尽～庶民間での金融

問題文を読んで，文章中の空欄に当てはまる語句を記入しなさい。

01 武士の生活

鎌倉時代の武士は，先祖伝来の地に(1　　)をかまえて居住した。(1　　)には見張り台となる**矢倉**[**櫓**]がつくられ，周囲に**堀**や**塀**，土塁などの防御施設を備えた。敷地内に設けられた**馬場**では，(2　　)三物と総称される軍事訓練が行われた。(2　　)三物とは笠懸・犬追物・(3　　)を指す。館の周辺には年貢のかからない**佃**・**門田**などの直営地が広がっていた。

武士の家では，一族の代表を(4　　)，それ以外の兄弟を(5　　)といい，所領などを(6　　)相続していた。軍役では(4　　)が自らの従者とともに(5　　)を率いて戦い，番役も(4　　)に一括（いっかつ）して課されたため，(4　　)が(5　　)に割り当てた。先祖（せんぞ）や氏神（うじがみ）をまつる祭祀（さいし）も(4　　)がとり行った。このような武士の家のあり方を(4　　)制という。(4　　)制の下では女性も相続が可能だったので，女性の御家人や地頭もみられた。

02 地頭の土地支配

地頭として現地支配権を握った御家人たちは，勢力範囲を広げようとしてたびたび衝突（しょうとつ）をおこした。特に承久の乱後は，畿内や西国に新たに地頭が任命されたため紛争も増加した。地頭による年貢の未納などに対して，荘園領主はその罷免（ひめん）を求めて幕府に訴訟をおこした。

幕府が(7　　)衆をおいて訴訟の迅速化・公平化をめざす一方，地頭に荘園の管理をすべて委ねる代わりに一定額の年貢の納入を請け負わせる(8　　)の契約や，山野も含めた荘園すべてを地頭と折半し，互いに干渉せずに支配する(9　　)を行う荘園もあらわれた。こうして地頭は荘園の土地と人々に対する完全な支配権を掌握することとなった。

03 鎌倉時代の社会経済

蒙古襲来の前後には，畿内や西日本で**麦**を**裏作**とする(10　　)が行われるようになった。中国から多収穫米の(11　　)も伝わった。肥料には，刈り取った草を土中に敷き込む(12　　)や草木を焼いた(13　　)などが用いられ，牛馬耕（ぎゅうばこう）も行われた。

交通の要地や寺社の門前などでは定期市が開かれ，月に三度開かれる(14　　)が一般的になった。農民から現物で納められた年貢を貨幣で荘園領主に納入する(15　　)も始まり，定期市は荘官が現物を換金する場ともなった。中央でつくられた手工業製品などを各地で売買する行商人もみられるようになり，港では商品の中継ぎ・委託販売や輸送を担う(16　　)が活動した。京都など都市部では常設の小売店である(17　　)があらわれた。

日宋貿易で(18　　)がもたらされて以降，国内では貨幣経済が進展し，遠隔地間の取引では貨幣の代わりに手形を用いる(19　　)の取引も始まった。一方で金融業が発達し，(20　　)とよばれる高利貸業者も多くなった。

入試問題にチャレンジ

①鎌倉時代の武士は先祖から引き継いだ所領に[ア：　]を構築して住み，日頃から武芸の鍛錬に励んで流鏑馬・笠懸・[イ：　　]の騎射三物を重視した。(早稲田大)

②遠隔地間での貨幣の輸送や貸借を避け，手形で決済する制度を何というか。(同志社大)

㉕㉖㉗ **28** ㉙㉚

鎌倉幕府の衰退

01 蒙古襲来

①モンゴル帝国の成立：チンギス＝ハンによる諸部族の統一(13 世紀初頭)
↓　　　　　　　　↓金の滅亡・高麗の服属～大帝国の形成
元(都：大都)　　フビライ＝ハンが日本に朝貢を要求／執権北条時宗は拒否

②文永の役(**1274 年**)：高麗での三別抄の乱鎮圧→日本遠征(元・高麗連合軍が上陸)
↓　　　　　　元～**集団戦法**，火薬を用いた武器("てつはう")の使用
撤退後，異国警固番役を強化・上陸を阻むため石築地[石塁]の構築開始

③弘安の役(1281 年)：南宋を滅ぼす→再び遠征(東路軍＝元・高麗／江南軍＝旧南宋)
↓　　　　　　幕府～御家人だけでなく**非御家人**も動員
暴風雨のため撤退　　＊『蒙古襲来絵巻』肥後の御家人竹崎季長の活躍

④蒙古襲来後　・幕府～3 度目の襲来に備えて異国警固番役・**石築地役**は継続
　　　　　　　鎮西探題の設置(探題として北条氏一門を派遣)
　　　　　　　＊九州の御家人が訴訟のため鎌倉や京都へ赴くことを禁止
　　　　　　　→鎮西探題が最終的な判決を下して御家人を統轄
　　　　　・元～旧南宋での抵抗などのため 3 度目の襲撃を断念
　　　　　　＊その後，日元間では**民間貿易**が発達　　例：建長寺船

02 得宗専制政治の展開

①得宗への権力集中：得宗(北条氏の家督を継ぐ者・北条氏の惣領)　┐寄合で
　　　　　　　　　内管領(御内人の代表)・御内人(得宗の家臣)　┘政策を決定

霜月騒動(1285 年)：執権北条貞時(得宗)の外祖父安達泰盛(有力御家人)が
↓　　　　　　　内管領の平頼綱に滅ぼされる
　　＊安達泰盛～蒙古襲来後の御家人救済に尽力(弘安の徳政)→御内人と対立
平禅門の乱(1293 年)：北条貞時が専横化した平頼綱を滅ぼす→得宗に権力集中

②永仁の徳政令(**1297 年**／執権北条貞時)

〈背景〉御家人の窮乏　・蒙古襲来に対する恩賞が不十分＋異国警固番役は継続
　　　　　　　　　・分割相続のくり返しで所領が細分化→土地からの収入が減少
　　　　　　　　　　＊一期分の実施(没後惣領に返す条件で所領を相続すること)
　　　　　　　　　・宋銭の流入→貨幣経済発達→十分な貨幣収入が得られず困窮

〈内容〉 1. 御家人による所領の質入れ・売買を禁止する　　＊質入れ～金銭を借りるために預けること
　　　2. 御家人がこれまでに売却した所領を**無償**(＝ただ)で取り戻させる
　　　　・買い主が御家人の場合は売却後 **20 年**以内の所領が対象
　　　　・買い主が**非御家人**や借上の場合はすべての所領が対象
　　　3. 金銭貸借をめぐる御家人の訴訟は受け付けず／再審要求(越訴)も禁止

〈結果〉効果は一時的／一方で，経済活動に成功して台頭する御家人も存在

問題文を読んで，文章中の空欄に当てはまる語句を記入しなさい。

01 蒙古襲来

13 世紀初頭，モンゴル高原に(1　　　　)があらわれて諸部族を統一した。その後継者たちは中国東北部にあった金を滅ぼし，ユーラシア大陸全域におよぶ大帝国を築いた。13 世紀半ばには朝鮮半島の(2　　)を服属させ，(1　)の孫の(3　　　　)は(2　)を介して日本にたびたび朝貢を求めてきた。

鎌倉幕府では北条時頼の子の(4　　　　)が執権に就任し，朝貢の要求には応じないことを決定した。一方，(3　)は都を**大都**に移し，国号を元と改め，(2　)でおこった(5　　　)の乱を鎮圧した翌年の**1274 年**，元と(2　)の連合軍に日本遠征を行わせた。これが(6　　　)の役である。連合軍は壱岐(いき)・対馬(つしま)を経て博多湾に上陸し，火薬を用いた武器を用いたり**集団戦法**をとったりしたため，**一騎打ち**が主だった御家人たちは苦戦した。

元軍の撤退後，幕府は再来に備えて九州北部を警備させる(7　　　　)番役を強化し，上陸を阻(はば)むため博多湾沿いに(8　　　　)を築かせた。また，御家人以外の武士を動員できる権限を朝廷から認められ，**非御家人**も動員できる体制を整えた。(3　)は，1279 年に中国南部の(9　　　)を滅ぼすと，1281 年に再度遠征を行わせた。これが(10　　　)の役である。この時，元軍は元と(2　)による(11　　　)軍と(9　)出身者からなる江南軍の二手(ふたて)に分かれて襲撃してきたが，暴風雨の影響もあり撤退した。

(10　)の役後，幕府はさらなる襲撃に備えて博多に(12　　　　)をおいた。しかし，旧(9　)や大越(現在のベトナム)の人びとの抵抗などもあり，(3　)は3度目の侵攻を断念した。

02 得宗専制政治の展開

蒙古襲来の後，全国の守護の半数以上は北条氏が占めるようになった。また，北条氏の家督を継ぐ(13　　　)の権力が強大化し，(13　)とその家臣である(14　　　　)による寄合で政務が進められるようになり，御家人との対立が深まった。(4　)の子である(15　　　　)が執権になると対立の激化が表面化し，(15　)の外祖父で有力御家人であった(16　　　　)が討たれる(17　　　)騒動がおこった。その後，(14　)の代表である内管領の(18　　　　)が実権を握ったが(15　)により討たれ，(13　)への権力の集中が進んだ。

当時御家人は，蒙古襲来での恩賞が十分に得られなかったうえ，(19　　　)相続にともない所領の細分化が進んだことで収入が減少していた。さらに貨幣経済の発達に巻き込まれ，窮乏が進んでいた。そこで **1297 年**に幕府は(20　　　)の徳政令を発し，御家人が所領を売買したり質入したりすることを禁止し，過去に売却した所領を無償で取り戻させることとした。しかし，効果は一時的で，御家人たちの幕府に対する不満は高まっていった。

入試問題にチャレンジ

①蒙古襲来で奮戦した肥後国御家人[ア：　　　　]は，鎌倉幕府の御恩奉行[イ：　　　　]に直訴して恩賞にあずかった。[イ]は，のちに霜月騒動で敗死する。(京都大)

②北条貞時は，御家人を困窮から救済するため[　　]の徳政令を発布した。(早稲田大)

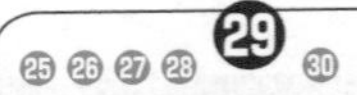

鎌倉文化・1

01 新仏教の成立

【特徴】・時期：12 世紀末～ 14 世紀前半／担い手：公家＋武士・庶民

・武士の素朴・質実な気風→公家文化に影響／大陸との民間貿易→南宋・元の影響

新仏教六派の成立

特徴～**選択**・**専修**・**易行** → 念仏・題目（坐禅は含まず）　目的～末法の世における救済　対象～武士・庶民も

《浄土宗》開祖：法然（院政期～鎌倉時代初期／地方武士の子）　＊浄土教系

・専修念仏～念仏＝南無阿弥陀仏と唱えることのみが**極楽往生**への道

・旧仏教からの批判→四国に配流→赦免後，京都で活動／中心：知恩院（京都）

・『選択本願念仏集』九条兼実の求めに応じて執筆→公家も帰依　＊帰依～教えに従う

《浄土真宗》開祖：親鸞（鎌倉時代前期／法然の弟子）　＊浄土教系

・悪人正機～煩悩が深く自力では修行できない人＝悪人こそが阿弥陀仏の救済対象

・法然に連座して越後に配流→赦免後，関東で活動→晩年京都へ／中心：本願寺（京都）

・『教行信証』→悪人正機は『歎異抄』（弟子の唯円による）に掲載

《時宗》開祖：一遍（鎌倉時代中・後期／各地をめぐり修行・布教＝**遊行**→**遊行上人**）

・善人悪人，貴賤，男女，信心の有無は問わない→対象は公武から下層民まで

・踊念仏～**往生**の喜びを体験／**賦算**～南無阿弥陀仏と記した札を配布　＊浄土教系

・『一遍上人絵伝［一遍聖絵］』弟子による／中心：清浄光寺［**遊行寺**］（相模）

《日蓮宗［法華宗］》開祖：日蓮（鎌倉時代中・後期／安房国の漁村出身）　＊天台宗系

・法華経の重視～題目＝南無妙法蓮華経を唱えることで救われる

・激しい他宗排撃／幕政批判～二度配流（伊豆・佐渡）／中心：久遠寺（甲斐）

・『立正安国論』前執権北条時頼に献上（反乱と他国の侵略を予言）→流罪の一因に

《臨済宗》開祖：栄西（院政期～鎌倉時代初期／南宋より伝える／東大寺復興にも尽力）

・坐禅による修行＋公案に対する問答／中心：建仁寺（京都）　＊禅宗系

・『興禅護国論』旧仏教の批判に対して禅が護国につながるとした→公武の帰依

・『喫茶養生記』茶の効能（茶の種は明恵［高弁］へ→**栂尾**で栽培・茶の産地に）

・南宋から渡来～蘭溪道隆（北条時頼・建長寺）・無学祖元（北条時宗・円覚寺）

《曹洞宗》開祖：道元（鎌倉時代中期／栄西の孫弟子／南宋より伝える）　＊禅宗系

・『正法眼蔵』只管打坐～ただひたすら（＝只管）坐禅に徹する／中心：永平寺（越前）

02 旧仏教の新たな動き

背景～東大寺大仏焼失→鎮護国家の祈禱効果なし→原因は戒律の乱れ・戒律遵守めざす

《法相宗》貞慶［解脱］～法然の専修念仏批判／仏教の腐敗批判→興福寺から笠置寺へ

《華厳宗》明恵［高弁］～法然の専修念仏批判／京都**栂尾**の高山寺再興

《律宗》叡尊～**西大寺**を再興／社会事業に尽力

忍性（叡尊の弟子）～奈良の北山十八間戸・鎌倉の**極楽寺**で病人救済

問題文を読んで，文章中の空欄に当てはまる語句を記入しなさい。

01 新仏教の成立

鎌倉時代には，公家が担う伝統的な文化に対して質実・素朴な気風をもつ武士の文化があらわれた。それは，大陸との交流を背景に，南宋や元の影響を強くうけた文化であった。

当時の仏教界の中心は，依然南都六宗および天台宗・真言宗の旧仏教であった。しかし，源平の争乱で鎮護国家の象徴である東大寺の大仏が焼け落ちた衝撃(しょうげき)は大きく，南都・北嶺のように大荘園領主となり，**僧兵**が**強訴**をくり返す寺院のあり方への批判も出てきた。そのような中で，のちに浄土宗の開祖とされた(1　　　)は，はじめ延暦寺で学んだが，やがて念仏を唱えることのみが**極楽往生**の方法であるとする(2　　　)念仏を説いた。そして九条兼実の求めで『(3　　　　　)集』を著すなど，幅広い階層から帰依を得た。その弟子(4　　　)は，悩みや欲望にまみれ修行などできない人々こそ阿弥陀仏が救おうとしている対象なのだとする(5　　　　)を唱えた。この流れがのちに浄土真宗となり，(6　　　)寺が拠点とされた。(7　　　)は，善人・悪人の別や信心の有無に関わりなく念仏により**往生**できるとし，**時衆**(じしょう)とよばれた信者とともに諸国をめぐって布教し，**遊行上人**と称された。『(7　　)上人絵伝』には鉦(かね)や太鼓(たいこ)を打ち鳴らしながら行う(8　　　　)の様子が描かれ，その教えは時宗とよばれた。

これらが浄土教の流れをくむのに対して，法華経こそ正しい教えであるとする(9　　　)は南無妙法蓮華経の題目を唱えることで救われるとし，他宗だけでなく幕府も厳しく批判して二度流された。『立正安国論』は前執権北条時頼に献上された(9　　)の著書である。

南宋でさかんになった**禅宗**も伝えられた。栄西がもたらした(10　　　　)では，坐禅をくみながら師から与えられる(11　　　)を解決していくことで悟(さと)りに近づけるとし，旧仏教からの批判には『(12　　　　)論』を著してこたえた。その後，南宋から招かれた(13　　　　)は北条時頼の帰依をうけて建長寺を，北条時宗が帰依した(14　　　　)は円覚寺を開くなど，幕府は(10　　)を重んじた。これに対して(15　　　)は公武の権力に近づくことなく，永平寺を拠点にただひたすら坐禅に徹(てっ)する(16　　　　)を唱え，曹洞宗の開祖となった。

02 旧仏教の新たな動き

旧仏教では，東大寺の大仏が焼失したのは鎮護国家の祈禱を行う僧たちが戒律を守らなくなったことに一因があると考え，戒律の重視を唱えた。法相宗の(17　　　)や華厳宗の(18　　)は，(1　　)の(2　　)念仏を批判した。律宗では，再興した**西大寺**を拠点に(19　　　)が施療(せりょう)にあたった。その弟子(20　　　)は奈良の北山十八間戸でハンセン病[癩病(らい)]患者の救済にあたり，北条氏の招きで鎌倉の**極楽寺**を再興した。

入試問題にチャレンジ

①「善人なをもちて往生をとぐ，いはんや悪人をや。」という新たな教義を説いたのは[　　]である。（青山学院大）

②正誤判別：叡尊は西大寺を拠点に戒律の復興に努め，貧民救済も行った。（早稲田大）

㉕㉖㉗㉘㉙**30**

鎌倉文化・2

01 新たな建築様式と写実的な美術作品

建築 大仏様～大陸的な雄大さ・豪放さ・力強さ　例：東大寺南大門

[天竺様] 東大寺再建の際，**勧進**を行った重源が**宋**より採用（宋人の陳和卿が協力）

禅宗様～整然とした美しさ　例：円覚寺舎利殿（室町時代の建物を移築か）

[唐様] **宋**から伝えられた，細かな部材を組み合わせた建築様式

和様～平安時代以来のやわらかな美しさ　例：**蓮華王院本堂**[三十三間堂]

折衷様～**和様**に大仏様や禅宗様の技法を取り入れた建築様式　例：観心寺金堂

彫刻 **奈良仏師**の活躍～写実的・力強い作風

康慶（定朝の系統）――運慶――湛慶
- 康慶 → 寄木造
- 運慶：東大寺南大門金剛力士像／興福寺北円堂無著・世親像
- 快慶（----）：東大寺南大門金剛力士像
- 湛慶：東大寺南大門金剛力士像
- 康弁：興福寺天灯鬼・龍灯鬼像
- 康勝：六波羅蜜寺空也上人像

----：師弟関係

＊鎌倉大仏[高徳院阿弥陀如来像]～**勧進**による金銅像
→ 寺院建立や仏像修理などのため寄付を募ること

絵画 絵巻物の全盛

＜武士＞『蒙古襲来絵巻』竹崎季長の活躍　『男衾三郎絵巻』日常生活や武芸訓練

＜寺社＞『春日権現験記』高階隆兼による　『北野天神縁起絵巻』菅原道真が題材

＜高僧＞『一遍上人絵伝[一遍聖絵]』　＊『**地獄草紙**』布教の絵解きに利用

肖像画～似絵（絵師に藤原隆信・信実父子）　例：『伝 源頼朝像』

頂相（**禅宗**における高僧の肖像画）　（足利直義像とする説が有力）

書道 **青蓮院流**～**尊円入道親王**（伏見天皇の皇子／『**鷹巣帖**』）が創始

工芸 刀剣～長光（備前長船）・**吉光**（京都粟田口）　製陶～瀬戸焼（尾張）・備前焼

02 多彩な文芸の発達

和歌 『新古今和歌集』８番目の**勅撰和歌集**（後鳥羽上皇の命による）／藤原定家らが編纂

＊**八代集**～『古今和歌集』から『新古今和歌集』までの８つの**勅撰和歌集**

『山家集』西行　『金槐和歌集』源実朝（将軍・右大臣／金＝鎌倉＋槐門＝大臣の唐名）

歴史書 『愚管抄』慈円（**天台座主**・九条兼実の弟）

『吾妻鏡』幕府の歴史

『元亨釈書』虎関師錬による日本初の仏教通史

軍記物語 『平家物語』信濃前司行長によるものか／琵琶法師により平曲として流布

説話集 『沙石集』無住　『古今著聞集』橘成季　『**宇治拾遺物語**』『**十訓抄**』

日記・紀行文 『玉葉』九条兼実（慈円の兄）　『十六夜日記』（阿仏尼／京都から鎌倉へ）

随筆 『方丈記』鴨長明　『徒然草』兼好法師[**卜部兼好**]　＊無常観

学問 朝廷～有職故実（朝廷の儀式・先例の研究）　例：『禁秘抄』順徳天皇

幕府～金沢文庫（北条実時による／**武蔵国**六浦荘金沢の別邸内に書籍収集）

神道 伊勢神道～度会家行（伊勢神宮・**外宮**の神官）が提唱した**神本仏迹説**

問題文を読んで，文章中の空欄に当てはまる語句を記入しなさい。

01 新たな建築様式と写実的な美術作品

東大寺の再建に際して**勧進**を行った(1　　　)は，宋人(2　　　)の協力を得て大仏様とよばれる建築様式をとり入れた。その豪放な力強さは東大寺南大門によくあらわれている。一方，整然とした美しさをもつ(3　　　)様は，(4　　　)寺舎利殿が代表的である。**後白河上皇**の命で**平清盛**が建立した**蓮華王院本堂**には平安時代以来の**和様**，大阪の観心寺金堂には**和様**に大仏様や(3　　)様の技法を取り入れた**折衷様**が用いられている。

東大寺や興福寺には，鎌倉時代初期の再建時に制作された仏像が数多く残る。8ｍ余りの東大寺南大門金剛力士像(阿形(あぎょう)・吽形(うんぎょう))は，**奈良仏師**の(5　　　)や快慶らが寄木造の技法によりわずか69日間で完成させた。(5　　)による興福寺北円堂の無著・世親像や，その子の**康勝**による六波羅蜜寺の空也上人像にも，彼ら**慶派**の特徴である優れた写実性が見て取れる。

絵巻物はこの時代に全盛期を迎えた。肥後の御家人(6　　　　)の活躍を描いた『蒙古襲来絵巻』や笠懸の場面が有名な『男衾三郎絵巻』からは合戦や武芸訓練の様子がうかがえる。『春日権現験記』など寺社の縁起や『一遍上人絵伝』のような高僧の伝記を題材としたものもつくられた。似絵の名手としては(7　　　　)・信実父子があげられる。(3　　)では，弟子が悟りを得ると師の肖像画が与えられたことから(8　　　)も描かれた。

書道では，**尊円入道親王**が平安時代の藤原行成による世尊寺流に宋の書風をとり入れて**青蓮院流**を確立した。工芸の分野では，備前長船の長光が刀鍛冶の名工として知られる。

02 多彩な文芸の発達

平安時代の『古今和歌集』に始まる**勅撰和歌集**は，(9　　　)上皇の命で藤原定家らにより編纂された『新古今和歌集』が8番目にあたり，**八代集**と総称される。私家集としては，**鳥羽上皇**に**北面の武士**として仕えたのち出家した西行の『(10　　　)集』や，万葉調の和歌を詠んだことで知られる源実朝の『(11　　　　)集』が知られる。

九条兼実の弟で**天台座主**(12　　　)が**道理**による歴史解釈を試みた『(13　　　　)』は，(9　　)上皇の討幕の動きをいさめる目的があったといわれる。(14　　　　)が著した『元亨釈書』は日本初の仏教通史である。『平家物語』は盲目で僧形の(15　　　)法師が語る平曲として広まった。無住の『(16　　　)集』や橘成季の『古今著聞集』は説話集である。阿仏尼による『(17　　　　)日記』は，訴訟のため京都から鎌倉へ下った際の紀行文である。

朝廷では順徳天皇が『(18　　　　)』を著すなど有職故実がさかんな一方，幕府側でも歴史書『吾妻鏡』の編纂や(19　　　　)による金沢文庫の設置など学問に力が注がれた。鎌倉時代末期には，伊勢神宮の神官(20　　　　)が神を本地・仏を垂迹とする伊勢神道を唱えた。

入試問題にチャレンジ

①『一遍上人絵伝』と同時代の作品でないものを選べ。［ア『男衾三郎絵巻』　イ『法然上人絵伝』　ウ『信貴山縁起絵巻』　エ『春日権現験記』］(早稲田大)

②相続をめぐる裁判で鎌倉に下った［　　　］は『十六夜日記』を著した。(学習院大)

出題形式別の対策（前編）

入試の問題では，漢字で書く，選択肢から選ぶ，文章で説明する，などのさまざまな出題形式がみられます。ここではまず，答えを漢字で書く記述形式の問題を解く時に注意しなければならないことをあげてみます。

用語を書く時は教科書と同じ表記で

この問題集の右ページのように，問題文の中の空欄にあてはまる語句を書いたり，下線部に関する設問の答えを書いたりするタイプです。

「漢字で答えなさい」と指示されていることもありますが，指示がない場合がほとんど。そのような場合でも，漢字で答えるものだと思ってください。「漢字が思い出せなかったら平仮名で書いても大丈夫ですか」という質問をうけたことがあります。「織田信長」を「おだのぶなが」と書いても○？多分×です。「前九年合戦」を「前９年合戦」と書いてもいい？やめた方がいいです。まちがっているわけではありませんが，“表記は教科書に準拠”つまり教科書と同じ表記で答えること，と考えていてください。

空欄補充は「どこまで書くのか」に注意

空欄補充問題では，空欄の前後に答えをしぼり込むための手がかりがあるはずです。手がかりは少し離れた文章の中に含まれることもありますから，答えがわからない空欄があってもそこで止まらず，問題文を最後まで丁寧に読みましょう。

問題文に「1336 年，□天皇は吉野に移った。」「労働運動を取り締まるため，政府は 1900 年に□法を制定した。」のような場合には，答え方にも注意が必要。正解は「後醍醐」「治安警察」です。「後醍醐天皇」「治安警察法」ではないですよ。減点？いいえ，０点です。また，「氏名を答えよ」「姓名を答えよ」と指示されていたらフルネームで答えなければいけませんが，指示がなくてもフルネームで答えるようにしてください。

いずれの場合も正しい漢字で書けていなければなりません。この問題集の右ページにある空欄補充問題を解く時もちゃんと書いてみて，正しいかどうかを解答で確認すること。間違えやすい漢字は大きく載せているので，何度か書いてみてくださいね。

☞続きは P.82

1．歴史用語は正しい漢字で書けるようにしよう
2．空欄補充は「どこまで書くのか」に気を付けて
3．下線部は答えを考える前に必ず確認すること
4．選択肢の文は細かく区切って正誤を判断しよう
5．年代整序は年号ではなく前後関係から考えよう
6．どんな出題形式でも問題文は必ず読むこと

第7章

中世Ⅱ

人物がたくさん出てきてまぎらわしい…と思わずに，ひとつの事件に関わる人物をひとまとめにして考えること。日明関係と日朝関係は似たような経過(開始→中断→再開→戦国期に事件)をたどるので区別しておさえて。

31 32 33 34 建武の新政から南北朝の動乱へ

01 鎌倉幕府の滅亡

①皇統の分裂：皇位の継承や天皇家領荘園の相続などをめぐる対立

持明院統～後深草上皇の系統…長講堂領(←後白河上皇の持仏堂に由来)

大覚寺統～亀山天皇の系統……八条院領(←鳥羽上皇の娘の八条院暲子に由来)

→幕府が介入・両統迭立の勧め→後醍醐天皇(大覚寺統)即位～親政開始

②倒幕の動き：鎌倉～得宗北条高時(闘犬と田楽に没頭)・内管領**長崎高資**(権力掌握)

正中の変(1324年)～未然に計画を幕府に知られて失敗

元弘の変(1331年)～後醍醐天皇は隠岐へ配流／幕府は光厳天皇(持明院統)を擁立

↓ 護良親王(後醍醐天皇の皇子)・楠木正成(河内の豪族)らが倒幕の挙兵

足利高氏[のち尊氏]が六波羅探題・新田義貞が鎌倉攻撃～鎌倉幕府滅亡(1333年)

＊**悪党**～流通を掌握した新興武士や荘官らが荘園領主や幕府などに抵抗

02 建武の新政

①後醍醐天皇による親政～摂関をおかず／院政も停止／**公武一統**をめざす

└► 理想は**延喜・天暦の治**("後醍醐"の名も生前自ら決定)

〈中央〉記録所(国政を審議)　雑訴決断所(所領関係の訴訟)　**恩賞方**　**武者所**

〈地方〉**陸奥将軍府**(北畠親房ら)　**鎌倉将軍府**(足利直義ら)　諸国に国司・守護併置

＊**征夷大将軍**～護良親王(尊氏と対立→鎌倉に幽閉→中先代の乱の最中に殺害)

②不満の高揚～恩賞の不公平／所領安堵の不手際(道理より天皇の発する綸旨を優先)

↓ 大内裏造営計画のための増税(財源確保のため貨幣・紙幣発行計画も)

中先代の乱～北条時行(高時の子)が鎌倉占拠／平定した足利尊氏は建武政権に離反

＊「二条河原落書」～建武政権下の混乱を風刺"此比都ニハヤル物…"

03 南北朝の動乱

①北朝側の動向：足利尊氏は京都へ向かうが**北畠顕家**(親房の子)の追撃により九州へ

→湊川の戦い(摂津)で楠木正成を破り，光厳上皇を擁して再び京都へ

→光明天皇(光厳上皇の弟)が即位⇒北朝[持明院統]　＊諮問～意見を求めること

1336年　建武式目の制定：幕府の所在地をめぐる諮問と当面の方針17カ条

＊追加法が建武以来追加(幕府は御成敗式目を基本法として継承)

1338年　光明天皇が足利尊氏を征夷大将軍に任命

②南朝側の動向：後醍醐天皇が吉野(大和国)へ⇒南朝[大覚寺統]

→その後も各地で勢力拡大をはかる　・北畠親房は関東へ(常陸小田城など)

・懐良親王(後醍醐天皇の皇子)は九州へ

③観応の擾乱(1350～52年)

1. 足利尊氏は弟の足利直義と政務を分担(尊氏＝軍事・恩賞／直義＝秩序・裁判)
2. 尊氏の**執事**高師直のもとに新興の武士たちが集まり，直義側と対立
3. 高師直討伐→直義敗死→**直冬**(直義の養子／尊氏の実子)が尊氏に抵抗継続

問題文を読んで，文章中の空欄に当てはまる語句を記入しなさい。

01 鎌倉幕府の滅亡

後嵯峨上皇の没後，その皇子たちは皇位の継承などをめぐり，後深草上皇の系統である(1　　　)統とその弟亀山天皇の系統である(2　　　)統に分かれて対立していた。そこで幕府が介入して調停し，両統が交互に皇位を継ぐこととなった。これを両統(3　　　)という。このような中で即位した(2　)統の(4　　　)天皇は，摂関をおかず親政を始めた。

鎌倉では，得宗の(5　　　)の下で内管領**長崎高資**が権勢をふるっていた。(4　)天皇は1324年に倒幕を企てたが，未然に露見した。この(6　　　)の変につづく1331年の(7　　　)の変も失敗して天皇は(8　　　)に流され，幕府は(1　)統の(9　　　)天皇を擁立した。しかし，(4　)天皇の子の(10　　　)親王や河内の豪族楠木正成などによる倒幕の動きが高まり，(4　)天皇も(8　)を脱出した。幕府側だった足利高氏[のち尊氏]も倒幕派に加わり，六波羅探題を攻撃した。そして1333年，新田義貞が鎌倉に攻め込んで(5　)らを自害に追い込み，鎌倉幕府は滅亡した。

02 建武の新政

(4　)天皇は(9　)天皇を廃し，建武と改元して新たな政治を推進した。国政を審議する(11　　　)所，幕府の引付を継承した(12　　　)所などをおき，諸国には国司と守護を併置した。**陸奥将軍府**と**鎌倉将軍府**には皇子を派遣した。

しかし，天皇の裁断が最優先とされたこの政権では，土地の所有に関しても天皇が発する(13　　　)が必要とされたため，道理が無視された武士は不満をつのらせた。大内裏造営計画のための増税も政権への失望感を高めた。そこへ(5　)の子の北条時行が挙兵し，**鎌倉将軍府**に派遣されていた(14　　　)の軍勢を破って鎌倉を占拠する(15　　　)の乱がおこると，足利尊氏は乱を平定するため鎌倉に下ったものの政権に離反し，京都へ向かった。

03 南北朝の動乱

足利尊氏は**陸奥将軍府**の**北畠顕家**の追撃をうけていったん九州に逃れたが，京都に戻ると(9　)上皇の弟(16　　　)天皇を擁立して武家政権再興の基本方針として(17　　　)を定めた。吉野に移った(4　)天皇は皇位の正統を主張し，ここに南北朝時代が始まった。

(16　)天皇から征夷大将軍に任じられた足利尊氏は弟の(14　)と政務を分担し，行政や裁判などを(14　)に委ね，自らは恩賞に関する権限を行使した。しかし，秩序を重んじる前者に対して，後者には尊氏の**執事**(18　　　)を中心に伝統的な権威にとらわれない新興の武士が集まり，対立が激化した。これが(19　　　)とよばれる紛争である。一方の南朝では，(20　　　)が関東，懐良親王が九州を本拠として北朝への抵抗を続けた。

入試問題にチャレンジ

①建武政権は武士に関わる所領関係の裁判のため[　　　　]を設置した。(学習院大)

②南北朝の対立に加え，尊氏の執事[　　　]を中心とする新興勢力と尊氏の弟直義を中心とする伝統勢力が衝突した観応の擾乱もあり，政局は安定しなかった。(慶應大)

室町幕府の成立

01 守護大名の成長

①守護の権限拡大：鎌倉時代以来の大犯三カ条(大番催促／謀叛人・殺害人の逮捕)

・御成敗式目で夜討・強盗・山賊・海賊の逮捕を追加

・刈田狼藉の取締権～田地をめぐる紛争で一方的に稲を刈り取る行為を取り締まる権限

・使節遵行権～幕府の裁判の判決を強制執行する権限

・半済令：観応の半済令(1352年)～軍費調達のため，一国内の荘園・公領で年貢の半分を守護が徴収する権限を認める

↓ 近江・美濃・尾張の3カ国限定→広域化／1年限り→永続化

応安の半済令(1368年)～天皇家領や寺社領などを除き土地の分割も認める

・守護請～荘園領主が守護に年貢の徴収・納入を請け負わせること

・**国衙**機能の吸収／独自の家臣団編成／独自の段銭徴収／複数の国の守護兼任　領国の世襲化

→守護から守護大名へ／守護領国制の成立

＊多くの守護は在京～領国には**守護代**をおく

②国人の成長：守護の家臣化～守護から年貢や土地を与えられて家臣団に組み込まれる
［地方武士］　守護に抵抗～国人同士で提携して地縁的な国人一揆を結ぶ

02 足利義満の時代

①南北朝の合一(**1392年**)：南 大覚寺統の後亀山天皇→北 持明院統の後小松天皇

②将軍権威の強化：父は2代将軍足利義詮／当初は**細川頼之**が補佐

九州探題の今川了俊［貞世］が征西将軍懐良親王を制圧→京都**室町**に花の御所造営

→**准三后**に(皇后と同待遇)→将軍辞任後に**太政大臣**に→辞任後に出家・**北山山荘**へ［**北山殿**］

③公武統一政権の確立：朝廷が保持していた権限を幕府が吸収

例：京都の警察・民事裁判権，土倉・酒屋への課税権，諸国での段銭・棟別銭徴収権

④守護大名の制圧：土岐康行の乱～美濃など3カ国の守護を兼ねる土岐康行を討伐

明徳の乱～一族の内紛に介入→山名氏清を挑発・討伐

＊山名氏～一族で11カ国の守護→11/66カ国⇒“六分の一衆”

応永の乱～中国・九州で6カ国の守護を兼ねる大内義弘を討伐

03 室町幕府の支配

①政治機構

〈中央〉管領(将軍の補佐)～足利一門の細川・斯波・畠山氏［**三管領**］より任命

侍所(京都の警備・刑事裁判)～所司は赤松・一色・山名・京極氏［**四職**］より任命

政所(財政など／長官は執事)　奉公衆(将軍の直轄軍／御料所を管理)

〈地方〉鎌倉府～鎌倉公方は足利基氏の子孫が世襲／関東管領は上杉氏が世襲

東北～**奥州探題**・**羽州探題**　九州～九州探題

②財政基盤：御料所からの収入＋段銭・棟別銭，土倉役［倉役］・酒屋役，関銭(関所にて)・**津料**(港にて)，**抽分銭**(日明貿易より)など

問題文を読んで，文章中の空欄に当てはまる語句を記入しなさい。

01 守護大名の成長

職務を軍事・警察に限定されていた守護は，大犯三カ条に加え，田地をめぐる紛争で一方的に稲を刈り取る行為である（1　　　）を取り締まる権限や，幕府の裁判の判決を強制執行する（2　　　）の権限などが新たに認められた。軍費調達のため，一国内の荘園・公領の年貢の半分を徴収する権限を認める（3　　）令は，当初3カ国限定で1年限りのものであったが，次第に広域化・永続化されていった。さらに土地も分割されるようになったため，のちに一部を除いて土地の分割も認められた。荘園領主側に残った土地でも，守護に年貢の徴収・納入を請け負わせる守護請が行われるようになった。

一方，地頭や荘官などであった武士たちはそれぞれの領地に土着し，（4　　）と呼ばれる地方武士となった。守護は（3　）で得た年貢や土地などを与え，（4　）を家臣団に組み込んだが，（4　）の中には地縁的な一揆を結ぶ者もあった。この（4　）一揆によって，（4　）たちは守護に抵抗したり，自立化してきた農民を統制したりした。

02 足利義満の時代

3代将軍足利義満は，（5　　）親王を中心に南朝勢力の強かった九州地方に九州探題として（6　　　）を送り込むなどして南朝側を抑えた。**1392年**には大覚寺統の（7　　　）天皇が帰京し，天皇は持明院統の（8　　　）天皇のみとなり，南北朝の合一が実現した。将軍の邸宅は京都**室町**に移され，花の御所とよばれた。また，朝廷がもっていた京都の市政権などは幕府に吸収された。義満自身も将軍を辞任した後**太政大臣**に任じられ，それも辞すると出家して**北山山荘**に移り，朝廷や幕府への影響力を保ち続けた。

義満は強大化した守護の勢力削減も行った。美濃など3カ国の守護を兼ねた土岐康行を討ち，（9　　）の乱では一族が六分の一衆とよばれていた（10　　　）を挑発し討伐した。さらに（11　　）の乱で，中国・九州で6カ国の守護を兼ねていた（12　　　）を滅ぼした。

03 室町幕府の支配

将軍を補佐する役職は管領とよばれ，足利一門の細川・斯波・（13　　）氏から交代で任じられた。侍所の長官所司は，**四職**と称された（14　　）・一色・山名・京極氏から選ばれた。関東8カ国と伊豆・甲斐を統轄する鎌倉府の長官鎌倉公方は（15　　　）の子孫，その補佐を行う（16　　　）は上杉氏が世襲した。将軍直轄軍は（17　　　）と称された。

御料所とよばれた将軍家の直轄領は（17　）が管理したが，数が少ないうえ各地に散在した。そのため幕府財政は，田地・家屋に課した段銭・（18　　　），金融業者から徴収した（19　　）・酒屋役，通行税にあたる（20　　）・**津料**などの貨幣収入により支えられた。

入試問題にチャレンジ

①正誤判別：室町時代の守護は半済令によって軍費の半分を負担した。（早稲田大）

②足利氏の一門であった細川氏・畠山氏・［ア 赤松氏　イ 一色氏　ウ 京極氏　エ 斯波氏　オ 山名氏］の3氏が交代で管領となって将軍を補佐した。（学習院大）

室町幕府の動揺

01 4代将軍足利義持の時代

①4代将軍足利義持：父足利義満が有力守護を制圧＝守護の勢力が均衡

→有力守護による重臣会議での合議を重視

②上杉禅秀の乱(1416年)：鎌倉公方足利持氏⇔前関東管領上杉氏憲[禅秀]

→上杉氏憲[禅秀]が反乱・幕府軍が鎮圧

02 6代将軍足利義教の時代

①籤で選ばれた将軍：足利義持は後継者を決めずに没　＊還俗～出家をやめること

→重臣たちによる籤⇒義円(義持の弟／出家)が後継者に決定

→義円は還俗・足利義教として6代将軍に就任～将軍の権威強化

②永享の乱(1438～39年)

鎌倉公方足利持氏(将軍職をねらい幕府に反抗的)と関東管領上杉憲実が対立（→足利学校再興）

→幕府は上杉憲実に味方／足利持氏は自害

③結城合戦(1440～41年)：結城氏朝(下総)が足利持氏の遺子を擁立・挙兵→幕府軍に敗北

④嘉吉の変[乱](**1441年**)：足利義教による専制政治　“万人恐怖”

→赤松満祐(播磨など3カ国の守護)が足利義教を自邸に招き謀殺

→侍所所司山名持豊[宗全]らが赤松満祐追討

03 応仁の乱と下剋上

①応仁の乱(1467～77年／**応仁・文明の乱**)～8代将軍足利義政

〈背景〉管領家での家督争い　・斯波氏：**斯波義廉⇔斯波義敏**

・畠山氏：**畠山義就⇔畠山政長**

将軍家での家督争い　・将軍の弟足利義視⇔将軍の子足利義尚(母：日野富子)

幕府の実権争い　・山名持豊［宗全］⇔細川勝元(管領)

〈経過〉1467年　**畠山政長**と**畠山義就**が衝突・乱が勃発

1473年　山名持豊[宗全]・細川勝元が相次ぎ没／足利義尚が9代将軍に就任

1477年　京都での戦いは終息

〈影響〉将軍の権威失墜(将軍の命令に応じるのは山城一国に)

京都の荒廃(公家・僧侶の地方疎開／足軽による略奪が横行)

戦乱の拡大(守護の在京中に領国で**守護代・国人**が台頭)→下剋上の世へ

②**享徳の乱**(1454～82年)

〈契機〉鎌倉公方足利成氏(持氏の子)が関東管領**上杉憲忠**(憲実の子)を謀殺

〈経過〉鎌倉公方の分裂：足利成氏は幕府の追討をうけ下総へ→古河公方(**下総**)

幕府は足利政知(義政の兄)を東国へ→堀越公方(**伊豆**)

関東管領上杉氏も分裂：**山内上杉家**と**扇谷上杉家**が対立

問題文を読んで，文章中の空欄に当てはまる語句を記入しなさい。

01 4代将軍足利義持の時代

(1　　　　　)が4代将軍に就任した当初は父の義満が実権を握っていたが，その没後は有力守護からなる重臣会議での決定が政治運営で大きな影響力を持つようになった。一方，鎌倉府では，前関東管領の上杉氏憲が反乱を起こし鎮圧された。氏憲は出家して(2　　　　　)と称していたため，これを(2　)の乱という。

(1　)は子の義量(よしかず)を5代将軍としたが，義量の早世後は後継者を定めず亡くなった。重臣たちは神意を問うとして石清水八幡宮(いわしみず)で籤を引いたところ，出家して義円と名乗っていた(1　)の弟が後継者となった。弟は還俗して(3　　　　　)と名を改め，6代将軍となった。

02 6代将軍足利義教の時代

(3　)は側近を重んじて有力守護を牽制(けんせい)する方針をとり，将軍権威の強化をはかった。従来から独立志向の強かった鎌倉公方(4　　　　　)が関東管領(5　　　　　)と対立すると，(3　)は(5　)を支援して(4　)を自害に追い込んだ。これが(6　　　)の乱である。(4　)の遺子を擁立した下総の(7　　　)氏朝が挙兵した(7　)合戦も鎮圧された。

その後，意に沿わない人々を処罰するなど(3　)の政治は専制化が進み，「**万人恐怖**」と恐れられた。そのため**1441年**，播磨の守護(8　　　　　)は(3　)を自邸に招いて謀殺した。(8　)は幕府軍に追討されたが，この(9　　　)の変[乱]以降将軍の権威は失墜していった。

03 応仁の乱と下剋上

15世紀半ばになると，管領の**斯波氏**と**畠山氏**では，それぞれ一族内で家督争いが起こった。将軍家では(3　)の謀殺後，子の**義勝**(よしかつ)が7代将軍となったが幼くして亡くなり，弟の(10　　　　　)が8代将軍となっていた。やがて9代将軍の地位をめぐり，(10　)の弟(11　　　　　)と，(10　)の妻日野富子を母とする(12　　　　　)が対立した。そこへ有力守護(13　　　　　)と管領(14　　　　　)の対立が加わって東軍・西軍に分かれ，1467年に応仁の乱が始まった。

1477年まで続いた戦いの中で(13　)と(14　)は相次いで没し，将軍職は(12　)が継いだ。主戦場となった京都は軽装の歩兵である(15　　　)の略奪などもあり荒廃し，諸国では**守護代**や**国人**が勢力を強めて下の者が上の者に取って代わる(16　　　　)の風潮が広まった。

一方，東国では応仁の乱以前から混乱が始まっていた。1454年，(4　)の子の(17　　　　　)が，(5　)の子で関東管領の**上杉憲忠**を謀殺したことから享徳の乱が起こった。幕府の追討をうけた(17　)は**下総**の(18　　　)に移り，幕府は(10　)の兄(19　　　　　)を派遣したが鎌倉には入れず，**伊豆**の(20　　　)にとどまった。こうして鎌倉公方は(18　)公方と(20　)公方に分裂し，関東管領の上杉氏も**山内上杉家**と**扇谷上杉家**に分かれて対立を深めた。

入試問題にチャレンジ

①強圧的な政治を行った6代将軍が播磨の守護[　　　　　]に謀殺された嘉吉の変を機に，将軍の権力は弱体化していった。(慶應大)

②正誤判別：応仁の乱の背景には畠山・山名両管領家の家督争いがあった。(法政大)

㉛㉜㉝**34**

室町時代の東アジア

01 元・明と日本

①元との関係：蒙古襲来後も国交は開かれず／民間貿易はさかん(**唐物**～珍重・高価)

・建長寺船：鎌倉幕府が派遣した，建長寺修造資金獲得のための貿易船

・天龍寺船：足利尊氏・直義が派遣した，天龍寺建立資金獲得のための貿易船

＊天龍寺～夢窓疎石の勧めで後醍醐天皇の菩提を弔うために建立

②倭寇の活動：**対馬・壱岐・肥前松浦地方**などの住民を中心に国境を越えて活動

［前期倭寇］　朝鮮半島や中国大陸沿岸部を襲撃／人々の拉致・米や大豆などの略奪

③明との関係：朱元璋［初代洪武帝］が漢民族の王朝である明を建国(1368年)

・方針：**海禁政策**(中国人の海外渡航・海上貿易の禁止＋朝貢貿易以外の貿易の禁止)

→中国王朝を中心とする伝統的な国際秩序＝冊封体制の回復をめざす

・形式：周辺諸国王が明皇帝に朝貢(朝貢形式～滞在費・運搬費は明が負担→利益大)

→勘合持参の義務／入港地は寧波に限定／陸路で北京へ移動

・経過：1401年　足利義満～正使祖阿(僧)・副使肥富(博多商人)を派遣

↓　翌年**源道義**宛の返書～「日本国王」の称号や**大統暦**などを与えられる

＊暦の受け取り～服属を認める行為　＊道義～義満の出家後の名(法号)

足利義持が中断(朝貢形式に反発)・足利義教が再開(貿易の利益重視)

↓　幕府のみならず守護や寺社が派遣する船も参入

1523年　寧波の乱(細川氏＝堺商人⇔大内氏＝博多商人)→大内氏が独占

・輸出品～銅・**硫黄**・**刀剣**など／輸入品～明銭［銅銭］・生糸・高級織物・陶磁器など

02 朝鮮と日本

朝鮮の建国：李成桂が高麗を打倒・新王朝である朝鮮を建国(**1392年**)

・方針：当初から幕府以外に西国の守護・国人・商人なども参加→対馬の宗氏が統制

・経過：1419年　応永の外寇(宗氏の代替わりにともない倭寇が再発)

↓　三浦(**塩浦・富山浦・乃而浦**)と都の漢城に倭館設置　＊恒居倭～三浦に居住する日本人

1510年　三浦の乱(朝鮮の貿易統制強化に反発)→貿易衰退

・輸出品～銅・**硫黄**・南海産物(**香木・蘇木**)など／輸入品～木綿・**大蔵経**など

03 琉球王国と蝦夷ヶ島

▷南西諸島［旧石器→縄文→貝塚文化の時代→グスク時代→**三山時代**→琉球王国の時代］

按司の台頭(在地豪族／拠点：グスク［**城**］)

↓　**三山**の対立～山北［北山］・中山・山南［南山］

中山王尚巴志が統一・琉球王国建国(1429年／王府：首里／外港：那覇～中継貿易)

▷蝦夷ヶ島［旧石器→縄文→続縄文文化→擦文文化(＋オホーツク文化)→アイヌ文化］

安藤氏が進出(拠点：十三湊→**昆布・鮭**など北海産物は北陸・琵琶湖経由で京都へ)

↓　**和人**が**志苔館**(大量の中国銭が出土)など12の館を構築・アイヌと交易

コシャマインの戦い(1457年)～蠣崎氏(のち松前氏と改姓)が鎮圧

問題文を読んで，文章中の空欄に当てはまる語句を記入しなさい。

01 元・明と日本

蒙古襲来後も日元間に国交は開かれなかったが，民間貿易はさかんであった。14世紀前半，鎌倉幕府は（1　　）寺修造，足利尊氏・直義も（2　　）寺建立のため貿易船を派遣した。

14世紀半ば頃から，（3　　）とよばれる海賊集団が朝鮮半島や中国大陸の沿岸部を襲撃するようになった。1368年，中国では（4　　）により明が建国された。初代洪武帝となった（4　）は（3　）禁圧のため一般の中国人の海外渡航や海上貿易を禁じる**海禁政策**をとり，周辺諸国に明への**朝貢**を求めた。日本では（3　）禁圧と**朝貢**に応じた足利義満が1401年に使節を派遣し，翌年「（5　　）」の称号を与えられ国交を開いた。**遣明船**は明から交付された（6　　）の持参を義務付けられ，（6　）を査証する入港地は（7　　）に限られた。輸入品には明銭[銅銭]や生糸，輸出品には銅や**硫黄・刀剣**などがあった。

貿易は4代将軍（8　　）が**朝貢**形式を屈辱（くつじょく）的として中断したが，6代将軍（9　　）が貿易による利益を重んじて再開した。やがて堺の商人と結んだ細川氏と博多の商人と結んだ（10　　）氏が貿易の主導権をめぐって争い，1523年の（7　）の乱後は（10　）氏が独占したが，16世紀半ばに（10　）氏が滅亡すると貿易も断絶した。

02 朝鮮と日本

朝鮮半島では**1392年**，高麗の武将（11　　）が新王朝である朝鮮を建てた。足利義満は朝鮮が求める（3　）の禁圧に応えることで国交を開き，朝鮮は対馬の（12　）氏を通じて貿易を統制した。1419年，朝鮮軍が（3　）の本拠地とみた対馬を襲撃する（13　　）が起こった。貿易は一時中断されたが再開され，朝鮮からは（14　　）や**大蔵経**など，日本からは銅や**硫黄**のほか，琉球王国との貿易で入手した**香木**や**蘇木**などがもたらされた。

朝鮮では**塩浦・富山浦・乃而浦**の（15　　）を開いて倭館をおき，日本人の居住も認められた。しかし，1510年に（15　）の乱が起こったのち，貿易は衰退していった。

03 琉球王国と蝦夷ヶ島

南西諸島では，12世紀頃からグスク[**城**]を拠点に（16　　）とよばれる首長が現れた。14世紀には北山・中山・南山が並び立つ**三山時代**となり，1429年に**中山王**（17　　）が三山を統一して琉球王国を建てた。王府は首里におかれ，外港の那覇は中継貿易で繁栄した。

蝦夷ヶ島には，津軽の（18　　）を拠点とする安藤[安東]氏が進出してアイヌと交易を行った。本州から進出した人々は**和人**とよばれ，渡島半島南部に館を築き，**館主**と称される領主に成長したが，その圧迫に対してアイヌは1457年に（19　　）を中心に蜂起した。これを鎮圧した（20　　）氏は，その後和人居住地の支配者となった。

入試問題にチャレンジ

①正誤判別：貿易船は明の皇帝が発行する勘合を所持する必要があった。（早稲田大）

②琉球王国では，王府[ア：　　]の整備が進められ，その外港である[イ：　　]は国際貿易港として繁栄した。（慶應大）

出題形式別の対策（後編）

前編では記述形式に対する注意点をあげてみましたので，この後編では選択形式の問題を考える時に気をつけたいことをまとめてみましょう。

問題文は最初から最後まで必ず読むこと

いくつかの語句や文章の中から，正しいもの，あるいは誤っているものを選ぶタイプです。たくさんの語群の中から正解を選ぶというタイプもあります。

下線部に関連して問われることが多いこのタイプでは，選択肢を読む前に必ず問題文に戻り，下線部を確認しましょう。できれば下線部を含む文章全体，さらに下線部を含む段落全体に，目を通してみてください。下線部で時代や時期が特定されていたり，下線部からちょっと離れたところにヒントとなるキーワードが含まれていたりすることがあるからです。「時間が足りなくなると困るから問題文は読まない」というのは，絶対やめた方がいいですよ。

選択肢は丁寧に読むこと

問題文と設問文を読み，下線部を確認したら選択肢を読みます。その際，サッとすべての選択肢を読んでしまい，もう一度読み直したりしていては，かえって時間がかかります。面倒かもしれませんが，次のように考えてみるといいですよ。基本は“丁寧に読む”です。

① 設問文を確認⇒正文選択？誤文選択？２つ選ぶ？あてはまるものがない場合もある？

② 選択肢が文章の場合⇒例：ＡがＢを起こしたため，ＣによってＤが行われた。

Ｑ１	Ｂを起こしたのはＡで正しい？	一つの文章を細かく分けて，
Ｑ２	Ｄを行ったのはＣで正しい？	“流れ”を思い出しながら
Ｑ３	Ｄが行われた原因はＢで正しい？	一つずつ正しいかどうかを考える

③ 誤りの根拠に注意⇒「間違いを含んでいるので×」という場合と「正しい文章だけれど，その設問で問われている時代の説明として×」という場合もあるので気をつけて。

並べ替えの問題はキーワードを見つけて

いくつかの選択肢を古い順に並べさせる問題があります。年代整序問題といいますが，これを苦手とする受験生はとても多いです。これこそ“流れ”の把握が必要な問題。

ありがちなのが，各選択肢に書かれている出来事の年代を思い出そうとすること。これはやめた方がよいですよ。年代を覚えるなら，ポイントとなる出来事が起きた年だけで十分です。この問題集では，そのような年代を赤字にしています。

では，年代整序問題にはどう取り組めばよいのでしょうか？まず，各選択肢の中から時期を絞り込むためのキーワードとなる用語を探します。具体的な用語が含まれない場合は，選択肢の文章が示している出来事は何かを考えます。次に「このキーワード(or 出来事)は○世紀 or ○時代のいつ頃のことか」を思い出します。「選択肢Ⅱよりも［　　］の方が先で，［　　］よりも選択肢Ⅰの方が前に起きているから，ⅠがⅡよりも古い」といった［　　］という共通項を見つけて前後関係を思い出すのもありです。要するに，年代そのものより“流れ”の把握。そのためには教科書の読み込みが大切ですが，巻末の年表も時期の把握に役立ちますよ。

第8章

中世Ⅲ

惣村では，個々の用語の意味を正確に答えられるように。社会経済史で頻出なのは，鎌倉時代との違い。文化史は，他の時代と異なるまとめ方をしている部分があります。南北朝・北山・東山文化のどの時期のことなのかに注意して。

35 ㊱㊲㊳ 惣村の形成と一揆

01 惣村の形成

①背景：農業生産の向上→境界や河川の利用などをめぐる紛争→連帯の必要性
長期化する戦乱→村落を自衛する必要性(有力農民の一部は武装化＝地侍)
②構成：おとな[乙名]・沙汰人(←名主など有力農民)＋**惣百姓**(←作人など一般農民)
③運営：寄合の開催・惣掟の制定・入会地(←肥料・燃料の確保)や用水の**共同管理**
地下検断[自検断]～惣掟に基づいて村民が警察権・裁判権を行使
地下請[百姓請]～年貢・公事の納入は惣村で一括して請け負う
(→外部勢力を排除)
④祭祀：宮座(←上層村民より選出)～鎮守社の管理　＊一味神水の儀式→一揆の結成
⑤抵抗：**愁訴**(年貢減免などの嘆願)→強訴(大挙して押しかける)→逃散(耕作放棄)

02 土一揆・徳政一揆の頻発

①正長の徳政一揆[土一揆](**1428年**)
〈背景〉将軍の代替わり(足利義教の6代将軍就任決定／同年には天皇の代替わりも)
〈経過〉**近江**坂本の馬借の蜂起が契機・代始めの徳政を幕府に要求
→土倉・酒屋・**寺院**などを襲撃(実力で徳政実施)→幕府が鎮圧
└→祠堂銭(人々からの寄付金)をもとに金融実施
〈史料〉「日本開白以来，土民蜂起是れ初めなり」(『**大乗院日記目録**』興福寺大乗院の尋尊)(尋尊←一条兼良の子)
「正長元年ヨリサキ者カンヘ四カンカウニヲヰメアルヘカラス」(柳生の徳政碑文)
(ヲヰメ→負目(＝負債))
＊徳政～本来は仁徳のある政治のこと
→この時期には債務の破棄(＝借金の帳消し)を示す語として使用
②播磨の土一揆(1429年＝正長の徳政一揆の翌年)
〈経過〉守護**赤松氏**の家臣の国外追放要求(政治的目的)→守護赤松満祐が鎮圧
〈史料〉「凡そ土民侍をして国中に在らしむべからざる所と云々」(『薩戒記』)
③嘉吉の徳政一揆[土一揆](**1441年**)
〈背景〉将軍の代替わり(嘉吉の乱で足利義教謀殺→**足利義勝**の7代将軍就任)
〈経過〉代始めの徳政要求／数万の人々が京都占拠→幕府は徳政令発布
〈史料〉「今土民等，代始に此の沙汰(＝徳政のこと)は先例と称すと云々」(『建内記』)
④分一徳政令の発布：徳政令の頻発により債務を破棄された土倉・酒屋が経営困難に
→幕府の財政基盤の一つである土倉役[倉役]・酒屋役の納入が滞るようになる
→分一徳政令の発布
・負債をかかえる債務者が幕府に分一銭を納入すると徳政を適用(＝債務の破棄)(→借金を返済しなくてよくなる)
・土倉・酒屋など債権者が幕府に分一銭を納入すると徳政を免除(＝債権の保護)(→引き続き借金の取り立てができる)
＊土倉・酒屋向けの分一徳政令を特に**分一徳政禁制**という

問題文を読んで，文章中の空欄に当てはまる語句を記入しなさい。

01 惣村の形成

鎌倉時代後期の畿内やその周辺では，一つの荘園や公領の中に複数の村が形成され，村の運営を村民たちが行うようになった。このような自治的な村落を（1　　）という。（1　）は，名主など有力農民層から選ばれた（2　　）・沙汰人などとよばれる指導者を中心に一般農民も参加して，村民の会議である（3　　）での決定に基づいて運営された。村民自らが（4　　）を定め，違反者は村民自身が処罰する（5　　）も行われた。（4　）では，共有地である（6　　）や用水の**共同管理**についても定めた。荘園領主などに納める年貢は村で一括して請け負った。これを（7　　）という。また，村の**鎮守社**の祭祀は上層の村民で構成される（8　　）とよばれる集団がとり行い，（1　）の結合の中心となった。

荘園・公領内の複数の（1　）が連合したり，隣接する荘園・公領の（1　）と連携したりして行動を起こすこともあった。同一目的を達成するために一致団結することを一揆というが，神仏への**起請文**（きしょうもん）を焼いて灰にし，神前に供えた水に混ぜて回し飲みをする（9　　）の儀式を行って一揆を結び，年貢の減免を嘆願する**愁訴**や大挙して押しかける（10　　），耕作を放棄する（11　　）が行われた。

02 土一揆・徳政一揆の頻発

当時，為政者（いせいしゃ）の代替わりには，すべてのものを本来の姿に戻す“徳政”が行われるという社会観念があった。**1428年**は（12　　）の6代将軍就任が決まった年で，人々は**近江**坂本の（13　　）の蜂起を契機に代始めの徳政を求めて土倉・酒屋・**寺院**を襲撃し，金銭貸借を示す証文を破棄したり，質として預けた物品を取り戻したりした。（14　　）の徳政一揆[土一揆]である。興福寺の（15　　）は『**大乗院日記目録**』の中で「日本開白以来，土民蜂起是れ初めなり」と記し，奈良県にある（16　　）の徳政碑文にもこの時の成果が刻まれている。

翌1429年，（17　　）国では守護**赤松氏**の家臣の国外追放を求める（17　）の土一揆が起こったが，守護（18　　）により鎮圧された。

1441年には（18　）が（12　）を謀殺した（19　　）の乱が起こり，子の**義勝**が7代将軍となった。人々は代始めの徳政には先例があるとして再び京都を占拠した。この（19　）の徳政一揆[土一揆]の時には，幕府も一揆の要求を聞き入れて徳政令を発布した。

その後，徳政令が頻発されると，負債を破棄された土倉・酒屋などの経営が困難となり，幕府への土倉役[倉役]・酒屋役の上納にも支障をきたすようになった。そこで幕府は（20　　）銭の納入を条件に，債務者には徳政の適用，債権者には徳政の免除をそれぞれ認める（20　）徳政令を出すようになり，（20　）銭は幕府の新たな財源となった。

入試問題にチャレンジ

①一揆にあたって誓願を立てる際，起請文を作成し，それを焼いた灰を構成員が回し飲むといった儀礼が行われたが，このような儀礼を何というか。（早稲田大）

②7代将軍の代始めに起きた徳政一揆の名称を答えよ。（京都大）

室町時代の社会と経済

35 **36** 37 38

01 農業生産の向上

〈農業〉・二毛作の普及：関東でも実施／畿内では三毛作も（米・麦・蕎麦）

＊朝鮮から来日した宋希璟の紀行文『老松堂日本行録』に三毛作の記事

・肥料の改良：刈敷や草木灰に加えて下肥・**厩肥**の使用も

・大唐米生産の広まり：鎌倉時代に中国より伝来した多収穫米

・稲の品種改良：早稲・中稲・晩稲の作付け普及

・鉄製農具や**牛馬耕**（牛・馬に犂を引かせて深耕する）の普及

※原料作物の栽培：**苧**～麻織物の原料　桑～養蚕（→生糸・絹織物）

楮～紙の原料　漆～漆器製作に樹液を利用

藍～青色の染料　荏胡麻～実から搾り取った油が灯油となる

02 商工業の発達

〈商業〉・定期市の開催：応仁の乱後には六斎市が一般化

・見世棚の増加：特定の商品を扱う市場も出現（京都の**米場**・淀の**魚市**）

・行商人の活躍：連雀商人や振売など

＊女性の進出～大原女（薪・炭／京都の北東より）桂女（鮎／京都の西方より）

〈手工業〉特産品の登場

絹織物～加賀・丹後　麻織物～越後　和紙～美濃（**美濃紙**）・播磨（**杉原紙**）

釜～能登・筑前　鍋～河内　刀剣～備前

陶器～尾張（瀬戸焼・**常滑焼**）・備前（**備前焼**）　酒～山城・大和・河内・摂津

＊職人～鋳物師（鋳物＝溶かした金属を型に流し込んで器物をつくる）

鍛冶（金属加工）　**番匠**（大工／二人引きの大鋸の使用も）　**紺屋**（染色）

※座の発達：座衆は本所（公家・寺社など）に座役を納める代わりに特権を獲得

・大山崎油座の**神人**（本所：石清水八幡宮）～荏胡麻の油販売・原料購入権を独占

・酒麹座の**神人**（本所：北野神社）　・綿座の**神人**（本所：祇園社）

＊**神人**～特権を寺社に保障されたもの／供御人～特権を天皇家に保障されたもの

03 貨幣経済の進展

〈流通〉・貨幣経済の浸透：宋銭に加えて明銭（洪武通宝・永楽通宝・宣徳通宝など）も使用

・銭納の一般化：幕府へ納める税も銭納化が進行（例：段銭・棟別銭）

・問丸から問屋へ：商品の中継ぎ・卸売りを担当／輸送は馬借・車借や**廻船**

・為替の発達：貨幣を用いず割符とよばれた手形を使用する取引も一般化

・土倉・酒屋・**寺院**による金融：庶民の間では互助的な**頼母子**・**無尽**も

※撰銭の横行：粗悪な**私鋳銭**も流通

→悪銭の受け取り拒否＝撰銭が増加

→撰銭令を制定して対応（基準貨幣の制定・交換比率の設定など）

問題文を読んで，文章中の空欄に当てはまる語句を記入しなさい。

01 農業生産の向上

鎌倉時代に畿内と西日本で始まった(1　　　　)は，室町時代になると東国でも行われるようになり，畿内では三毛作も始まった。地味(ちみ)を高めるため肥料も広く使われるようになり，刈敷や草木灰に加えて，人糞尿(じんぷんにょう)に相当する(2　　　　)や牛馬の排出物である**厩肥**の使用も広まった。稲の品種改良も進み，気候にあわせて早稲・中稲・(3　　　　)の作付けが普及した。多収穫米の大唐米も普及し，年貢の増収につながった。**牛馬耕**も広く行われるようになった。

手工業製品の原料となる作物の栽培もさかんになった。麻織物の原料となる**苧**，養蚕で欠かせない(4　　)，紙の原料となる(5　　)，漆器製作に用いられる漆，青色の染料となる藍，灯油の原料となる(6　　　　)などは加工され，商品として流通した。

02 商工業の発達

月に三度開かれていた**定期市**は，応仁の乱後には(7　　　　)が一般化した。都市の発達にともない常設の小売店である(8　　　　)も増加した。京都の三条・七条の**米場**や淀の**魚市**のように特定の商品を扱う市場も現れた。(9　　　　)商人や振売とよばれる行商人も増え，京都では薪・炭を扱う(10　　　　)や鮎などを売る(11　　　　)のように女性の進出も著しかった。

手工業の発達は各地の特産品を生み出した。加賀・丹後の絹織物，越後の麻，能登・筑前の釜，河内の鍋のほか，輸出品としても用いられた(12　　　　)は備前，和紙では美濃の**美濃紙**や播磨の**杉原紙**，陶器では尾張の(13　　　　)焼・**常滑焼**や備前の**備前焼**などが知られる。

商人や手工業者が結成した同業者団体である座も増え，広範囲にわたって活動するようになった。(14　　　　　　)を**本所**とする大山崎油座[**油神人**]は，畿内周辺の10カ国余りで灯油の販売とその原料である(6　　)の購入独占権や関銭免除の特権などを得た。

03 貨幣経済の進展

宋銭に加え，日明貿易でもたらされた洪武通宝・(15　　　　　　)・宣徳通宝といった明銭なども流通するようになったことで，貨幣経済が著しく発達した。年貢は現物納でなく(16　　　　)されるようになり，**定期市**ではそのための換金も行われた。一方，地方の市で換金された年貢は，商人を通じて京都などへ商品として運ばれた。商品の中継ぎ・卸売りは(17　　　　)が行い，輸送には(18　　　　)・車借が活躍し，遠隔地間での(19　　　　)の取引もさかんであった。

貨幣経済の発達にともない，粗悪な**私鋳銭**も流通するようになり，精銭(せいせん)と称された良銭は受け取るが，**私鋳銭**や**鐚銭**(びたせん)などとよばれる悪銭は受け取りを拒否する(20　　　　)が横行した。そこで室町幕府や戦国大名は，基準貨幣を定めて悪銭との交換比率を設けるなど(20　　)令を出して流通の円滑化をはかった。

入試問題にチャレンジ

①杉原紙の産地は[i]，瀬戸焼の産地は[ii]，長光の刀剣の産地は[iii]である。
［ア 京都　イ 美濃　ウ 尾張　エ 備前　オ 播磨　カ 能登］(法政大)

②商取引の際に私鋳銭の受け取りを拒否する行為を[　　]と称した。(学習院大)

室町文化・1

01 南北朝文化

【特徴】14世紀半ば～14世紀末／動乱→歴史への関心高まる→歴史書や軍記物語の編纂へ

仏教 臨済宗の台頭～夢窓疎石　・公武の帰依(後醍醐天皇／足利尊氏・直義)
・天龍寺建立(尊氏・直義が元との貿易で費用調達)

連歌 二条良基(摂関)～『菟玖波集』(連歌集／準勅撰に)『応安新式』(規則集)

歴史書 南朝側から～『神皇正統記』北畠親房が大覚寺統の正統性を主張
公家の立場から～『増鏡』四鏡の最後　武家の立場から～『梅松論』

軍記物語 『太平記』南北朝の内乱を記述(→【北山】今川貞世が『難太平記』で修正)

学問 有職故実～『建武年中行事』後醍醐天皇による　『職原抄』北畠親房による

02 北山文化

【特徴】14世紀末～15世紀前半／足利義満の時代中心／公家・武家・禅宗文化の融合

仏教 五山・十刹の制の完成～幕府による臨済宗の保護・統制／官寺の制(南宋)に倣う
・序列：五山(最上位)－十刹(五山に次ぐ格式)－諸山(十刹に次ぐ格式)
・管理：役職～僧録(幕府が任命／初代：春屋妙葩)　機関～僧録司(相国寺に設置)
・五山の上：南禅寺
→足利義満が建立(相国～大臣の唐名)
京都五山　(1)天龍寺　(2)相国寺　(3)建仁寺　(4)東福寺　(5)万寿寺
鎌倉五山　(1)建長寺　(2)円覚寺　(3)寿福寺　(4)浄智寺　(5)浄妙寺
・五山僧：政治～法案作成／経済～金融・荘園経営／外交～外交文書作成・外交使節
文化～水墨画制作・作庭・漢詩文作成(義堂周信・絶海中津ら→五山版)

＊旧仏教への対応～将軍の子弟を出家させるなどして幕府の統制下に組み込む

建築 金閣[北山山荘＝北山殿に足利義満が建てた舎利殿→山荘は義満の没後鹿苑寺に]
第一層～寝殿造／第二層～和様／第三層～禅宗様　＊義満＝“鹿苑院”

絵画 水墨画～公案を画題とするなど禅の精神を表現／南宋・元から伝わる
明兆(東福寺の画僧)　如拙(相国寺の画僧『瓢鮎図』)　周文(相国寺の画僧)

03 伝統文化の基盤形成

①能　【北山】観阿弥・子の世阿弥(『風姿花伝』理論書“幽玄”)～足利義満の庇護
＊大和猿楽四座～観阿弥の出た観世座など／本所は興福寺・春日神社
＊狂言～能の合間に演じる／滑稽なしぐさ／日常の話し言葉で／風刺を含むことも

②茶の湯　【南北朝】闘茶の流行～京都栂尾の茶を他と飲み分けて賭け物を争う　＊茶寄合
【東山】侘茶の創始～村田珠光が禅の精神を取り入れる→【桃山】千利休が大成

③立花　【東山】池坊専慶～座敷飾りなど／芸術性を高める──→【桃山】池坊専好が大成

④庶民の文芸：御伽草子～絵入りの短編物語(『物くさ太郎』など)→【寛永】仮名草子へ
芸能：風流～意匠を凝らした飾りや着飾った姿で踊ること(＋念仏踊り→盆踊りへ)

問題文を読んで，文章中の空欄に当てはまる語句を記入しなさい。

01 南北朝文化

南北朝時代には，多くの歴史書や歴史物語，軍記物語がつくられた。(1　　　　)は，常陸小田城を拠点に戦っていた最中に『(2　　　　)』を著し，南朝すなわち大覚寺統の正統性を主張した。一方，『(3　　)論』は足利氏による政権樹立までの歴史を武家の側から記したものである。軍記物語の『(4　　　　)』は，物語僧の語りにより広められた。

一揆の結成や惣村の形成などを背景に人々が集まって享受(きょうじゅ)する“**寄合の文芸**”がさかんになった。和歌の上の句と下の句を別の人が詠(よ)み連(つら)ねていく連歌がその一例である。二条良基が編纂した『(5　　　　)集』が勅撰としての扱いをうけたことで連歌の地位は高まった。

仏教界では，鎌倉時代以来公武の権力者とのつながりが深かった臨済宗に(6　　　　)があらわれ，後醍醐天皇の菩提(ぼだい)を弔(とむら)うため足利尊氏・直義に(7　　)寺の建立を勧めた。

02 北山文化

足利義満が北山山荘に建てた(8　　　)には，寝殿造・和様・禅宗様の三様式がみられる。これは武家・公家・禅宗文化の融合というこの時期の文化の特徴を象徴しているといえる。

臨済宗では，**南宋**における**官寺の制**に倣った(9　　　)・十刹の制がこの時期にほぼ完成した。これは(9　)を最上位，それに次ぐ寺院を十刹として格付けし，幕府の統制下におくもので，京都五山は(7　)寺，鎌倉五山は(10　　　)寺を第一としたが，(11　　　)寺は五山の上とされた。当時，漢文や漢詩文の知識は対外交流に不可欠で，これらを日常的に使用していた(9　)の僧は，法案や外交文書の作成にあたったほか外交使節としても重用された。漢詩文では(12　　　　)や絶海中津が知られ，(9　)版とよばれる出版も行われた。また，(13　　　)の描いた『瓢鮎図』のように水墨画は当初禅画として伝わり，画僧が作品を残した。

03 伝統文化の基盤形成

室町時代には，現在日本固有の伝統文化とされている芸能の基礎が築かれた。**猿楽**や**田楽**の流れをくむ能は，北山文化の頃に足利義満の庇護をうけた(14　　　　)・世阿弥父子により完成された。彼らは能の脚本にあたる**謡曲**(ようきょく)も数多く制作し，世阿弥は能の真髄(しんずい)を述べた『(15　　　　)』も著した。能の合間には(16　　　)が演じられ，風刺性の強い演目は庶民の人気を得た。茶寄合では，南北朝時代に賭(か)け物を争う(17　　　)が流行したが，東山文化の頃に(18　　　　)が禅の精神を取り入れて侘茶を始め，池坊専慶は**立花**の芸術性を高めた。また，絵入りの短編物語である(19　　　　)には，『物くさ太郎』『一寸法師(いっすんぼうし)』『浦島(うらしま)太郎』など現在昔話として伝えられているものも多い。盆踊りも，この時代に流行した華やかな飾り物や着飾って踊ることを意味する(20　　　)と**念仏踊り**に源流をたどることができる。

入試問題にチャレンジ

①足利義満が相国寺を建立する際，これを南宋の官寺制度に倣った五山の中に組み込むため，それまで筆頭だった寺院を五山の上としたが，それはどこか。(青山学院大)

②大徳寺の一休宗純に参禅した[　　　　]は侘茶の創始者とされる。(学習院大)

室町文化・2

01 室町時代後期の仏教諸派

《臨済宗》林下の台頭～五山派に属さない禅宗寺院のこと／曹洞宗の寺院を含む
→旧仏教・五山派は衰退　→永平寺など

例：大徳寺(一休宗純～五山派の腐敗を批判)・妙心寺

《日蓮宗》鎌倉時代以来東国に基盤→西国へ進出／都市の商工業者などに広まる

日親～6代将軍足利義教の時代に活動(幕府による弾圧“鍋冠り上人”)

京都の町衆が法華一揆結成(戦国時代／一向一揆に対抗)

→延暦寺の僧兵が京内の寺院を焼打ち(1536年／天文法華の乱)

《浄土真宗》惣村の結合利用→北陸・東海・近畿の地方武士・農民などに広まる

蓮如～応仁の乱の時期に越前吉崎に拠点　＊門徒～出家していない信者

御文(仮名書き・書簡形式で教えを平易に説く)→寺内町の形成へ

講(信仰を深めるための集団)→一向一揆の結成へ

02 東山文化の建築・美術

【特徴】15世紀後半～16世紀前半／足利義政の時代中心／禅の簡素さ／幽玄・侘・枯淡

建築　銀閣[東山山荘に足利義政が建造した観音殿→山荘は義政の没後慈照寺に]

下層～書院造風／上層～禅宗様　＊義政＝“慈照院”

＊書院造～襖障子で部屋を仕切る／畳を敷きつめる／床の間・付書院などを設ける
→出窓状の机

→近代の和風建築へ　例：慈照寺東求堂同仁斎

＊同朋衆～芸能に秀でる／僧形／将軍に近侍　例：善阿弥(慈照寺の作庭／河原者)

＊枯山水～岩石・砂利で自然や禅の境地を象徴的に表現　例：大徳寺大仙院庭園

絵画　水墨画～雪舟(相国寺の画僧／大内氏の庇護で明へ／山口に拠点／日本における水墨山水画を大成)『秋冬山水図』『四季山水図巻[山水長巻]』

大和絵～土佐光信→土佐派の祖／狩野正信・元信父子→狩野派(水墨画＋大和絵)
→『大徳寺大仙院花鳥図』

工芸　金工～後藤祐乗(刀剣の彫金など)

03 東山文化の文芸

歌謡　『閑吟集』小歌(民間で流行した歌謡)を集録　＊古今伝授(東常縁から宗祇へ)

連歌　宗祇『新撰菟玖波集』『水無瀬三吟百韻』→正風連歌(高い芸術性)　＊連歌師

宗鑑『犬筑波集』→俳諧連歌(自由・滑稽)

学問　〈公家〉一条兼良(摂関)～『樵談治要』政治意見書　『公事根源』有職故実

〈武家〉上杉憲実(関東管領)～足利学校再興→ザビエルが“坂東の大学”と紹介

＊桂庵玄樹(南禅寺の僧)～肥後・薩摩で儒学を教授→薩南学派の祖

＊教科書～『庭訓往来』『貞永式目』　＊辞書～『節用集』

神道　唯一神道～吉田兼俱(京都吉田神社の神官)が提唱した神本仏迹説

問題文を読んで，文章中の空欄に当てはまる語句を記入しなさい。

01 室町時代後期の仏教諸派

中世になっても依然勢力の強かった旧仏教に対し，幕府は出家した将軍の子弟を中心寺院に送り込むなどして統制下におこうとした。一方，幕府の保護をうけた臨済宗では五山派が主流となった。しかし，幕府の権威失墜にともない勢いを失い，代わって五山派に属さない林下の諸寺院が台頭した。**一休宗純**のあらわれた（1　　）寺などである。

東国を基盤としていた日蓮宗では，室町時代半ばに（2　　）が幕府の弾圧をうけながらも京都での信仰を広げ，戦国時代には町衆が一向一揆に対抗して法華一揆を結んだ。しかし，延暦寺の僧兵に寺院を襲撃され，一時京都を追われた。これが（3　　）の乱である。また，浄土真宗では，応仁の乱ごろ本願寺に（4　　）があらわれ，京都から**越前**吉崎に拠点を移し，畿内周辺の惣村に仮名書きの書簡である（5　　）を送り，講を結成させることで農村を中心に教勢を拡大した。**門徒**は各地で一向一揆を結び，戦国大名と対抗していった。

02 東山文化の建築・美術

応仁の乱後，足利義政は京都の東山山荘に観音殿である銀閣を建てた。隣接する東求堂には（6　　）とよばれる一室があり，その建築様式である（7　　）は近代和風建築の原型となった。作庭を担当したのは（8　　）で，同朋衆の一人として将軍に仕えていた。岩石と砂利で構成された（9　　）では，（1　　）寺大仙院の庭園が有名である。

公案などを描いていた水墨画では，（10　　）が明から帰国したのち各地の風景を描き，日本的な水墨画様式を完成した。**大和絵**では土佐光信により土佐派が開かれ，（11　　）正信・元信父子は水墨画に**大和絵**の手法を取り入れた（11　　）派をおこした。

03 東山文化の文芸

この時代，庶民の間で流行した歌謡は小歌とよばれた。これを集録したのが『（12　　）集』である。**連歌**では，『新撰菟玖波集』を編纂した（13　　）の正風連歌に対し，（14　　）がより自由な気風をもつ俳諧連歌をつくり，『犬筑波集』を編纂した。公家の世界では，当代随一(ずいいち)の学者といわれた（15　　）が9代将軍足利義尚の諮問(しもん)に答えた『樵談治要』などを著した。武家の世界では，永享の乱での関東管領（16　　）が下野(しもつけ)の足利学校を再興した。これはザビエルにより**“坂東の大学”**としてヨーロッパにも紹介された。教科書として用いられたのは，書簡形式の文例から一般常識を学ぶことのできる『（17　　）』などであった。『（18　　）集』は国語辞書にあたるものである。禅宗寺院では，鎌倉時代に**宋学**として伝えられた朱子学が教養として学ばれ，肥後や薩摩に招かれて講義を行った（19　　）のような禅僧もいた。また，吉田兼倶は**神本仏迹説**である（20　　）神道を唱えた。

入試問題にチャレンジ

①正誤判別：天文法華の乱において，法華一揆は一向一揆と衝突して敗れ，焼打ちを受けた。（中央大・法）

②将軍足利義尚に『樵談治要』を献じた［　　　　］は二条良基の孫である。（慶應大）

選択問題をやってみよう①

ここでは，選択形式の問題について考えてみましょう。学部は異なりますが，いずれも早稲田大学の入試問題です。

例題1　下線部は，問題文中の「銭貨の効能」を訴えた「711年の詔」という部分です。年代を知らなくても，この詔は蓄銭叙位令ですね。誤っているものはどれでしょう？

ア　この詔は「風土記」の編纂開始後に出された。
イ　この詔は藤原不比等の生存中に出された。
ウ　この詔は元明天皇の時代に出された。
エ　この詔は養老律令の施行以前に出された。
オ　この詔は『続日本紀』に載せられている。

➡710年代は藤原不比等の時代なので，イは正文。蓄銭叙位令は元明朝に出されているので，ウも正文。不比等が編纂した養老律令は40年近く経って施行されたので，エも正文。奈良時代の出来事を載せているのは『続日本紀』なので，オも正文。したがってアが誤文ですが，"「風土記」の編纂が命じられたのは713年で蓄銭叙位令より後"というのは，少々細かい知識です。ここは消去法でアを選ぶことになるでしょう。"他がすべて正しいから，これが誤り"という消去法は，"他がすべて正しい"と断定できないと答えられません。知識がしっかり定着しているかどうかが試されるタイプです。

例題2　下線部は，史料中の「憲法取調の為に，伊藤参議が欧洲(州)に赴」いた年に起こった「朝鮮の変」という部分です。これは何という出来事を示していますか？これに関して述べた正しいものを2つ選んでみましょう。

ア　日本の支援を受けた勢力がおこしたクーデターである。
イ　清国が介入し，親日派のクーデターを失敗させた。
ウ　この後，朝鮮の政権は清国への依存を強めた。
エ　この後，日本は朝鮮との間で済物浦条約を結んだ。
オ　処理策として，日清両国は天津条約を結んだ。

➡まず，ウ・エが壬午軍乱，ア・イ・オが甲申事変の説明とわかりましたか？これは基本事項。正しいものを2つ選ぶ問題なので，正解はウ・エとなりますね。そこから，この「朝鮮の変」は壬午軍乱だとわかります。伊藤博文の渡欧が1882年だと覚えていなくても，1881年の国会開設の勅諭から1889年の憲法制定までの間，つまり1880年代だという推測はできるようになってほしいところ(→この問題集でも1881年と1889年は赤字です)。壬午軍乱(1882年)も甲申事変(1884年)も1880年代のことですが，「朝鮮の変」が具体的にわからなくても，伊藤渡欧の年代を知らなくても，壬午軍乱と甲申事変についてしっかりおさえていれば選択肢の内容だけで正解は絞れます。

☞続きはP.100

第9章

中世から近世へ

戦国大名の分国法は，これまでの法にはみられない特徴的な内容を中心に。教科書や史料集で本文も確認してみましょう。都市の発達では地図による出題を意識して。キリスト教は南蛮貿易との関係に着目すること。

39 ㊵㊶ 下剋上の時代

01 国一揆と一向一揆

山城の国一揆(1485年〜)：南山城では畠山政長と畠山義就の家督争いが継続

→南山城3郡の国人らによる3カ条決議

(1)畠山政長・畠山義就両軍が山城から退去すること

(2)荘園は元通り領主が支配できるようにすること

(3)新しい関所を設置しないこと

→畠山氏の撤退後，8年間自治を実現

〜平等院で会合／掟の制定／国人から月行事を選定

＊『大乗院寺社雑事記』〜国人らが自分たちの手で掟を制定すること⇒肯定的
(興福寺大乗院の尋尊) 国人らの動きが今以上にさかんになること⇒否定的

加賀の一向一揆(1488年〜)：浄土真宗は北陸・東海・近畿地方に拡大

→浄土真宗本願寺派の一揆勢が城を包囲／加賀守護の富樫政親は自害

→約100年間，僧侶・国人・門徒が自治を実現(事実上本願寺の支配)

＊「近年ハ百姓ノ持タル国ノヤウニナリ行キ候」(『実悟記拾遺』)

02 戦国大名の台頭

①群雄割拠〈京都〉管領細川氏→家臣三好長慶→家臣松永久秀(13代将軍足利義輝を倒す)

＊明応の政変：管領細川政元〜10代将軍足利義材(のちの義稙)を廃す
11代将軍に足利義澄を擁立

〈東国〉伊勢氏＝北条氏[後北条氏]による支配

早雲[盛時・宗瑞]〜堀越公方を倒して伊豆・相模へ進出／小田原に本拠

氏綱(早雲の子)〜南関東へ進出

氏康(氏綱の子)〜扇谷・山内上杉家と古河公方を破り関東大半を支配

〈東北〉陸奥国人の伊達氏が台頭

〈甲信越〉武田信玄[晴信]と上杉謙信[長尾景虎]が川中島で合戦

〈中部〉美濃守護の土岐氏→斎藤道三

〈中国〉山陽：守護大内義隆→家臣陶晴賢 ┐
山陰：守護京極氏──→守護代尼子氏──→安芸国人の毛利元就

〈四国〉土佐国人の長宗我部氏が台頭

〈九州〉北部：豊後守護の大友氏／南部：薩摩・大隅守護の島津氏

②出自　・守護出身：武田氏(甲斐)，今川氏(駿河・遠江)，大友氏(豊後)
島津氏(薩摩・大隅)など

・守護代出身：長尾氏(→上杉氏／越後)，織田氏(尾張)など

・国人出身：毛利氏(安芸)，長宗我部氏(土佐)，伊達氏(陸奥)，松平氏(三河)など

・その他：北条氏(←伊勢氏)，斎藤氏など

問題文を読んで，文章中の空欄に当てはまる語句を記入しなさい。

01 国一揆と一向一揆

応仁の乱後，諸国は下剋上の時代に入った。戦国大名が並び立つなかで，国人を中心に地域の住民が守護勢力を排除して自治を行う地域もあらわれた。

家督をめぐる(1　　)政長と(1　　)義就の対立は乱後も続いていたが，**南山城**の国人らは1485年，両(1　　)氏の撤退など3カ条を決定し，両軍に受け入れさせた。翌年，**平等院**で掟を定め，**月行事**を中心とする自治を(2　　)年にわたって実現した。これが山城の(3　　)である。

一方，浄土真宗が広まった地域では一向一揆が結成された。なかでも(4　　)国では1488年，浄土真宗(5　　)寺派の信者である**門徒**が国人と結び，守護(6　　)の居城を取り囲んで自害に追い込んだ。この(4　　)の一向一揆は織田信長の時代に解体されるまでの約1世紀の間，形だけの守護は立てられたものの，実質的には(5　　)寺を中心とする一揆勢力による自治が行われた。

02 戦国大名の台頭

京都では，管領細川氏が当時の将軍を廃し，新たな将軍を擁立する事件が起きた。その後，幕府の実権は細川氏から，その領国阿波(あわ)の国人三好長慶，さらにその家臣(7　　)へと移った。(7　　)は13代将軍足利義輝を自害に追い込み，幕府は危機に陥った。

東国では，鎌倉公方が**下総**の(8　　)・**伊豆**の(9　　)に分裂してともに公方を称し，関東管領**上杉氏**も**山内上杉家**と**扇谷上杉家**に分かれて対立していた。京都から下ってきた伊勢盛時は血縁にあった駿河の守護今川氏のもとにいたが，(9　　)公方を倒して相模の(10　　)に本拠をおいた。盛時は出家して(11　　)と名を改め，子の**氏綱**は武蔵に進出し，孫の(12　　)の時代には関東の大半を支配するようになった。**伊勢氏**は鎌倉幕府の執権北条氏にちなみ，姓を北条と改めることで相模・武蔵の支配を正当付けようとした。一方，**上杉氏**の領国であった越後の守護代長尾景虎は，北条氏に追われた**上杉氏**を助けた功績からその姓を与えられた。さらに出家して(13　　)と名乗って信濃に進出し，甲斐の守護(14　　)と勢力範囲をめぐって信濃の**川中島**で戦いをくり返した。

山陽地方では守護(15　　)をその家臣(16　　)が倒し，山陰地方では出雲の守護代**尼子氏**が守護の京極氏を排除した。しかし，**陶氏**・**尼子氏**ともに**安芸**の国人(17　　)に敗れた。四国でも，**土佐**の国人(18　　)氏が台頭した。九州北部を支配した(19　　)氏，九州南部を支配した(20　　)氏はともに守護をつとめた一族であるが，このような守護出身の戦国大名は数えるほどで，多くは**守護代**や国人などの出身であった。

入試問題にチャレンジ

①正誤判別：浄土真宗本願寺派の僧や門徒が組織した一向一揆は，山城国南部で戦っていた両畠山氏に国外退去を求めた。(中央大)

②大内家の当主義隆は，家臣で守護代を務めていた[　　　]に討たれた。(学習院大)

39 **40** 41

戦国大名の支配と都市の発達

01 戦国大名の分国支配

①土地政策：指出検地～家臣に支配地の面積・収入額を自己申告させる
農民に耕作地の面積・収入額を自己申告させる
貫高制～収入額を銭に換算した貫高で表示
→貫高＝家臣に軍役を課す際の基準／農民に年貢を課す際の基準
寄親・寄子制～有力な家臣（国人など）＝寄親
下級の家臣（地侍など）＝寄子
→寄親に寄子を預けて協力体制を構築

②城下町の形成：家臣・商工業者が集住→政治・経済・文化の中心
楽市令～市場での座の特権を認めず自由な販売を保障
関所の撤廃～通行の自由を保障　宿駅・伝馬制度～交通・通信手段の整備
＊鉱山の開発（石見大森銀山など）／治水事業の推進（甲斐国の信玄堤など）

③分国法：喧嘩両成敗法～実力による紛争解決を禁止→大名の裁判に委ねさせる
私的な婚姻の禁止　**連坐・縁坐**～関係者の処罰強化
例：朝倉孝景条々（越前）～家臣に城下町一乗谷への集住を命令
塵芥集（陸奥／**伊達氏**）～条文数が最多，御成敗式目の影響が大
今川仮名目録（駿河・遠江）～私的な婚姻を禁止，守護（使）不入地の否定
甲州法度之次第（甲斐／武田氏）・**長宗我部氏掟書**（土佐）～喧嘩両成敗法を規定

02 都市の発達

①城下町：相模小田原（**北条氏**）　駿河府中（**今川氏**・静岡市）　越前一乗谷（朝倉氏）
越後**春日山**（長尾氏）　周防山口（**大内氏**）　豊後府内（**大友氏**）など
②門前町：宇治・山田（伊勢神宮の**内宮**・**外宮**）　坂本（延暦寺）　**長野**（善光寺・信濃）など
③寺内町：浄土真宗の寺院を中心に信者が集住・周濠などの防御施設をもつ
摂津石山　加賀**金沢**　河内富田林　大和今井など
④港　町：瀬戸内海航路～摂津兵庫（←大輪田泊）　備後草戸千軒町・尾道
北陸地方～越前敦賀　若狭**小浜**　琵琶湖西岸～近江坂本・大津
対**蝦夷ヶ島**～陸奥十三湊　対琉球～薩摩**坊津**　対明～和泉堺・筑前博多

03 自治都市の形成

①豪商による自治：和泉国の 堺 ～会合衆が自治⟶のち信長が直轄化
筑前国の博多～年行司が自治⟶のち秀吉が直轄化
＊摂津国の平野，伊勢国の**桑名**・大湊など

②京都～町衆を中心に応仁の乱での荒廃から復興→月行事が選ばれて自治を実施
通りを挟んだ向かい側の家々で町［両側町］を構成→複数の町が**町組**を組織
＊祇園祭～平安時代に始まり応仁の乱で中断→町衆が再興　例：**山鉾**の巡行

問題文を読んで，文章中の空欄に当てはまる語句を記入しなさい。

01 戦国大名の分国支配

戦国大名はしばしば検地を実施した。家臣に支配地の面積や収入額を自己申告させるもので，(1　　)検地とよばれる。その収入額は銭に換算した(2　　)で表され，家臣にはそれに見合った**軍役**を，農民にはそれをもとに算出した年貢を負担させた。また，有力な家臣を寄親とし，新たに家臣とした(3　　)を寄子として預けて組織化した。

国人・(3　　)ら大名の家臣が集住するようになった城下町では，大量の軍事物資や生活物資が必要とされた。そこで大名は，通行の自由をはかって**関所**を撤廃したり，座の特権を認めず自由な販売を保障する(4　　)令を定めたりして商工業者の定着をはかった。

かつての守護は将軍からの任命をうけ，幕府法をもとに領国を統治したが，幕府の権威によらず自らの力を背景に支配を行った戦国大名は独自の法を制定した。この(5　　)では，家臣間の紛争を当事者同士が実力で解決することを禁じて大名の裁判に委ねさせる(6　　)法や，私的な婚姻の禁止を定めたものなどがみられる。

02 都市の発達

戦国大名の居城の周囲に形成された城下町は領国の政治・経済・文化の中心となった。**北条氏**の(7　　)，**今川氏**の府中，**朝倉氏**の(8　　)，**大友氏**の豊後府内などが有名である。

寺社の門前にも町が栄えた。伊勢神宮の**内宮**の門前町である宇治と**外宮**の門前町である(9　　)，近江国延暦寺の門前町(10　　)，信濃国善光寺の門前町**長野**などがその例である。一方，浄土真宗の寺院の周囲に信者の商工業者が集住し，その周囲を濠などで囲った(11　　)としては，摂津国石山，加賀国**金沢**，河内国(12　　)などが知られる。

遠隔地間交易の活発化は港町の発達を促した。瀬戸内海航路では摂津国(13　　)や備後国草戸千軒町，伊勢神宮の門前町の外港大湊，琉球貿易の拠点だった薩摩国**坊津**などである。また，**蝦夷ヶ島**から陸奥国(14　　)に運ばれた物資は，越前国敦賀や若狭国**小浜**から**琵琶湖**北岸まで陸送され，水運で近江国(10　　)・大津を経て京都までもたらされた。

03 自治都市の形成

畿内と瀬戸内海を結ぶ港町であった和泉国(15　　)や，古代以来大陸からの窓口となっていた筑前国(16　　)は，ともに室町時代に日明貿易で栄えた港町であった。(15　　)では(17　　)，(16　　)では(18　　)とよばれる豪商が自治を行い，市政を運営した。

一方，応仁の乱で荒廃した京都では，富裕な商工業者である(19　　)を中心に町が作られ，いくつかの町がさらに**町組**を形成した。町・**町組**は(19　　)から選ばれた月行事が自治を担い，応仁の乱で中断していた(20　　)祭再興の中心となった。

入試問題にチャレンジ

①朝倉氏によって建設され，分国法によって家臣に城下集住が命じられたことで有名な城下町を選べ。[ア 一乗谷　イ 小田原　ウ 府中　エ 春日山](青山学院大)

②正誤判別：博多はガスパル＝ヴィレラによりベニス市にたとえられた。(早稲田大)

㊴ ㊵ **41**

ヨーロッパ人の来航

01 鉄砲の伝来

①**大航海時代**の到来：ヨーロッパ諸国が世界各地に進出し，植民地を拡大

〈背景〉**宗教改革**～プロテスタント[**新教**]の伸長／カトリック[**旧教**]の抵抗

貿易の拡大(原点はアジア産の香辛料獲得)／イスラム諸国との対抗

〈拠点〉ポルトガル～ゴア(インド)，マラッカ(マレー半島)，マカオ(中国)

スペイン～マニラ(フィリピン)

〈進出〉明の海禁政策(中国人の海外渡航・海上貿易および朝貢貿易以外の貿易禁止)

→中国人による密貿易は活発(＝後期倭寇)→ポルトガル人も参入

②**鉄砲**の伝来：中国の密貿易船が**大隅国**の種子島に漂着(1543 年 or 1542 年)

〈産地〉島の領主種子島時堯が入手→**和泉国**堺，**紀伊国**根来・雑賀，**近江国**国友など

・数年後には実戦で使用(←史料による)

・刀を製造する職人(＝刀**鍛冶**)が鉄砲を製造(＝鉄砲**鍛冶**)

〈影響〉戦闘法：**騎馬隊**→**足軽鉄砲隊**　　例：長篠合戦(1575 年)

築城法：山城(自然地形利用／軍事機能に優れる)

→平城(城下町形成が容易に／**石垣**構築)　＊**天守閣**～権威の象徴

02 キリスト教の伝来

①イエズス会の宣教師フランシスコ＝ザビエルが**鹿児島**に来航(1549 年)

→大内義隆の城下町**山口**や大友義鎮の城下町**豊後府内**などで布教

②来日宣教師　・ガスパル＝ヴィレラ：堺について記した書簡(『耶蘇会士日本通信』所収)

・ルイス＝フロイス：信長・秀吉と親交／『日本史』執筆

・ヴァリニャーニ：天正遣欧使節の派遣発案／日本に**活字印刷機**導入

③活動の拠点：南蛮寺(教会堂)　コレジオ(宣教師養成学校)　セミナリオ(神学校)

④天正遣欧使節の派遣(1582 ～ 90 年)

・ヴァリニャーニの勧め→キリシタン大名の大友義鎮・有馬晴信・大村純忠が派遣

・正使 2 名(伊東マンショ・**千々石ミゲル**)，副使 2 名→**グレゴリウス 13 世**に謁見

03 南蛮貿易の発達

ポルトガル スペイン	→ ヨーロッパ産の**鉄砲**・**火薬**・**毛織物**など／中国産の生糸・**絹織物**など → ← 日本産の銀(**灰吹法**が伝わり産出量増大)・**硫黄**・**刀剣**・工芸品など ←	日本

＊貿易船～布教を許可した大名の領国にのみ来航⇒貿易と布教は一体化

＊南蛮人～中国産・南方産の物品を日本に仲介・売買⇒中継貿易の形式

問題文を読んで，文章中の空欄に当てはまる語句を記入しなさい。

01 鉄砲の伝来

ヨーロッパでは，**宗教改革**ののち勢いを増すプロテスタント[**新教**]に対し，(1)[**旧教**]の側ではアジアへの布教をめざすようになった。また，コロンブスや**ヴァスコ＝ダ＝ガマ**，**マゼラン**らの活動もあって，ヨーロッパ諸国が世界各地に進出する**大航海時代**となり，ポルトガルはインドの(2)，スペインはマニラなどアジアに拠点を築いた。

一方，アジアでは明が中国人の海外渡航を禁じる(3)政策をとっていたが，密貿易はさかんであった。ポルトガルとの交易も明から正式に認められなかったため，ポルトガル商人は明の密貿易商人と組んで交易に参入した。そして1543年[or 1542年]，彼らの乗った船が**大隅国**の(4)に漂着した際，日本に**鉄砲**が伝わった。

領主の(5)が入手した**鉄砲**は，**和泉国**(6)や**紀伊国**(7)・雑賀，**近江国**国友などで生産された。**鉄砲**の普及は，**騎馬隊**から**足軽鉄砲隊**が軍勢の中心になるなど，戦い方に変化をもたらした。また，自然地形を利用した(8)から，平地に築かれながらも周囲に**石垣**をめぐらせて，鉄砲を用いた戦いに備えた(9)が主流となった。

02 キリスト教の伝来

1549年，(1)の修道会であるイエズス会の宣教師(10)が**鹿児島**に来航し，日本にキリスト教が伝えられた。(10)は，天皇や将軍から全国での布教の許可を得るため京都へ向かったが，許可は得られなかった。しかし，大内義隆や(11)らの保護を受け，**山口**や**豊後府内**など中国・九州各地で布教活動を行った。

(10)につづいて多くの宣教師が来日した。堺について記した書簡で知られる(12)，『日本史』を著した(13)，少年使節の派遣を勧めた(14)らである。彼らは，教会堂である南蛮寺，宣教師養成学校の(15)，神学校の(16)などをつくり，活動の拠点とした。

キリシタン大名として知られる(11)・有馬晴信・大村純忠は，(14)の勧めで伊東マンショらを正使とする一行をローマ教皇の元へ派遣した。この天正遣欧使節は**グレゴリウス13世**に謁見したが，帰国は豊臣秀吉によるバテレン追放令が出された後のことであった。

03 南蛮貿易の発達

貿易船はキリスト教の布教を許可した大名の領国にのみ来航したので，(17)人とよばれたポルトガル人・スペイン人との貿易は布教と一体化する形で行われた。彼らはヨーロッパ産の**鉄砲・火薬・毛織物**などのほか，中国産の(18)・**絹織物**や南方産の皮革・香料などをもたらし，日本で産出量が急増していた(19)を入手する(20)貿易を行った。

入試問題にチャレンジ

①堺のほか近江[ ]村，紀伊根来などの鍛冶職人が火縄銃の製造を始めた。(学習院大)

②活字印刷術は，宣教師[ ]により伝えられ，ローマ字による出版が行われた。(明治大)

選択問題をやってみよう②

ここでは，共通テストと早稲田大学の入試問題を考えてみましょう。

例題3　1885年から1894年までの10年間に生じた次の出来事を古いものから年代順に配列する問題です。どのような順番になりますか？

Ⅰ　日本と清国との条約により，両国の朝鮮からの撤兵が定められた。

Ⅱ　日本とイギリスとの間で，領事裁判権の撤廃などを定めた条約が調印された。

Ⅲ　朝鮮の地方官が大豆などの輸出を禁じたことに対し，日本政府が朝鮮に損害賠償を求めた。

➡Ⅰは甲申事変後に締結された天津条約，Ⅱは日清開戦直前に締結された日英通商航海条約の説明ですね。Ⅲが防穀令をめぐる出来事であることに気がつけても，時期の判断が難しい。「Ⅰの後，日本の朝鮮に対する影響力は減退→挽回めざす／朝鮮は清国の軍事力を背景に日本の経済進出に抵抗」という朝鮮をめぐる日清間の対立が深まっていく時期のことと思い出せれば，Ⅰ－Ⅲ－Ⅱの順となることがわかるでしょう。また，日清戦争の開始が1894年と知っていれば自動的にⅡが3番目にくるので，ⅠとⅢの関係がわかれば正答できます。すべての年代を覚える必要はありません。ポイントとなる年代だけ把握していれば，あとは“流れ”を思い出すことで年代整序問題は答えられます。

例題4　下線部は，問題文中の「曲亭(滝沢)馬琴」です。この人物と同時代の学術・文化について述べた文として正しいものはどれでしょう？

ア　松尾芭蕉が，『奥の細道』を著わし，蕉風俳諧を確立させた。

イ　良寛が，『北越雪譜』を著わし，雪国の生活を紹介した。

ウ　酒井田柿右衛門が，肥前有田で赤絵といわれる磁器の技法を完成させた。

エ　伊能忠敬が，幕府の命により，全国の沿岸を実測した。

オ　宮崎安貞が，『農業全書』を著わし，農業技術を体系化した。

➡文化史だというだけで，難しそうな印象をうけますね。一文ずつ吟味してみましょう。読本作家の曲亭馬琴は，文化・文政期の文化で習います。イの良寛は同時代の越後の禅僧ですが，和歌で知られます。『北越雪譜』は同じ越後でも縮(ちぢみ)の仲買商人鈴木牧之の随筆なので，これは誤文。他の選択肢はすべて正文ですが，ウは寛永期，ア・オは元禄期，エが文化・文政期の人物なので，内容・時期ともに正しいのはエとなります。この場合，イは誤りを含む文，ア・ウ・オは正文だけれど問われている時期の説明としては誤り，という誤文です。誤文というと前者のタイプを想定し，間違っているところはないかと考えながら選択肢を読むのが一般的。でも，本問のように時期判断が問題とされている場合は，後者のタイプが混在することや，正解以外のすべての選択肢が後者のタイプということもあります。ひっかからないようにするには，落ち着いて選択肢を読むこと，そして時期を意識しながら丁寧な学習を心がけることです。

第10章

近世 I

幕藩体制については江戸時代を通じて問われるので，ここでしっかり固めましょう。秀吉の時代は，その幕藩体制の基盤につながります。いわゆる「鎖国」体制ができるまでの過程では，政策と出来事を年代順に整理すること。

42 信長・秀吉の時代

43 44 45 46 47 48

01 織田信長の登場

1560年　桶狭間の戦い(尾張)：駿河・遠江の今川義元を破る

　＊出自～尾張の守護斯波氏のもとで守護代をつとめた家の傍流

1567年　美濃の**斎藤氏**滅亡：居城の**稲葉山城**を**岐阜城**と改称→本拠を美濃とする

　＊「天下布武」(武力で天下を統一するという意味)の印判～このころ使用開始

1568年　足利義昭(13代将軍足利義輝の弟)を擁立・入京→義昭は15代将軍に就任

1570年　姉川の戦い(近江)：近江の浅井氏と越前の朝倉氏を破る

1571年　延暦寺の焼打ち

1573年　将軍足利義昭を京都から追放→室町幕府滅亡(浅井氏と朝倉氏も滅ぼす)

1575年　長篠合戦(三河)：甲斐の**武田勝頼**が率いる**騎馬隊**を**足軽鉄砲隊**が撃破

1576年　安土城(近江)の築城→本拠を近江とする

1580年　石山戦争終結：顕如が屈服→石山本願寺(摂津)との対立に終止符

　＊平定～伊勢長島の一向一揆・越前の一向一揆・加賀の一向一揆

1582年　**天目山**の戦い(甲斐)：**武田勝頼**を滅ぼす

本能寺の変：**毛利氏**征討に向かう途中，家臣の明智光秀の謀叛により自害

02 織田信長の統一事業

土地政策	指出検地の実施
商工業政策	楽市令の制定(安土山下町など)／重要都市の直轄(堺など)／関所の撤廃
宗教政策	仏教との対決～延暦寺の焼打ち／石山本願寺との対立・一向一揆の平定 キリスト教の容認～南蛮寺・セミナリオの建設／ルイス＝フロイスとの交流

03 豊臣秀吉の全国統一

1582年　**山崎の合戦**(山城)：主君信長を倒した明智光秀を討つ

　＊出自～尾張の農村出身で信長に仕えて台頭(姓は木下→羽柴→**豊臣**)

1583年　賤ヶ岳の戦い(近江)：信長の重臣柴田勝家を破る

　＊**大坂城**築城(石山本願寺の跡地)

1584年　**小牧・長久手の戦い**(尾張)：**織田信雄**(信長の次男)・徳川家康連合軍

　→秀吉軍は長久手で敗れるが信雄と和睦→家康は孤立し秀吉に服属

1585年　四国平定：長宗我部元親が降伏

関白に就任(翌年**太政大臣**に就任・後陽成天皇から**豊臣**の姓を与えられる)

　＊惣無事令：諸大名に停戦を命じ，領国の確定を秀吉の裁定に委ねさせる

1587年　九州平定：島津義久が降伏／博多でバテレン追放令を発令

1588年　後陽成天皇の聚楽第行幸／刀狩令・海賊取締令の発令

1590年　小田原攻め：**北条氏**を滅ぼして関東平定／伊達政宗も服属⇒全国統一

問題文を読んで，文章中の空欄に当てはまる語句を記入しなさい。

01 織田信長の登場

尾張守護代家の支流出身の織田信長は，1560年に(1　　　　)の戦いで今川義元を破り頭角を現した。美濃の**斎藤氏**を滅ぼすと**稲葉山城**を**岐阜城**と改め，本拠を美濃に移した。この頃「(2　　　　　)」の印判を使い始め，(3　　　　　)を奉じて入京し，将軍職につけた。

近江の(4　　　)氏が越前の(5　　　)氏と結び，延暦寺や摂津(6　　　)の本願寺なども呼応して反信長勢力が形成されると，信長は(4　)・(5　)両氏を姉川の戦いで破り，延暦寺の焼打ちを行った。1573年には15代将軍(3　)を追放し，室町幕府を滅ぼした。

その後，(7　　　)合戦で，**騎馬隊**を中心とする**武田勝頼**の軍勢を**足軽鉄砲隊**で撃破し，京都に隣接する近江に(8　　　)城を築き新たな拠点とした。また，(6　)本願寺の顕如を屈服させ，11年におよぶ石山戦争も終わらせた。しかし1582年，**天目山**で**武田勝頼**を滅ぼしたのち**毛利氏**征討に向かう途中，京都の(9　　　)寺で家臣の明智光秀に背かれ自害した。

02 織田信長の統一事業

信長は，美濃・尾張に広がる肥沃(ひよく)な濃尾平野を背景としつつ，いち早く入京して京都をおさえ，鉄砲の産地であった和泉の(10　　)を直轄として豪商の経済力を利用するなど畿内の経済を掌握した。また，指出検地で興福寺のような荘園領主に土地台帳を提出させ，(8　)山下町とよばれた(8　)城の城下町などに自由な売買を保証する(11　　　)令を発した。

仏教勢力に対しては，古代以来の権威をもつ延暦寺の焼打ちを行い，伊勢長島の一向一揆を平定したり(6　)本願寺を屈服させたりして中世以来の一揆も否定した。一方でキリスト教は容認し，(8　)城の城下町にはセミナリオも建設された。

03 豊臣秀吉の全国統一

尾張の農村出身の豊臣[羽柴]秀吉は，1582年に(9　)寺の変が起こった際**毛利氏**と戦っていたが，和睦して京都に戻り**山崎の合戦**で明智光秀を討った。そして翌年の(12　　　　)の戦いで信長の重臣(13　　　　　)を破り，信長の後継者としての地位を固めた。**小牧・長久手の戦い**では信長の次男**織田信雄**と徳川家康の軍勢と戦い，苦戦したが和睦に持ち込んだ。

1585年，四国の(14　　　　　　　)を降伏させた秀吉は，朝廷から(15　　　)に任じられると，天皇から全国の支配権を委ねられたとして諸大名に停戦を命じ，領国の確定を秀吉の裁定に従うように通告した。これは(16　　　)令とよばれる。1587年には，これに違反したとして九州の(17　　　　)を降伏させ，翌年京都の(18　　　)に(19　　　)天皇を迎えて諸大名に天皇と秀吉への忠誠を誓わせた。1590年には小田原城を攻め，関東を支配していた**北条氏**を滅ぼし，奥羽の諸大名を率いる(20　　　　)も服属させ統一を完成した。

入試問題にチャレンジ

①正誤判別：信長は本願寺からの顕如退去をうけ延暦寺焼打ちを断行した。(明治大)

②秀吉は，1590年の[ア 小田原攻め　イ 刀狩令　ウ 島津氏征討　エ 文禄の役　オ 山崎の合戦]を経て，全国統一を達成した。(学習院大)

42 **43** 44 45 46 47 48

豊臣秀吉の統一事業

01 豊臣政権の基盤

政治機構　五奉行～政務の分担(**浅野長政**・石田三成ら)　＊整備されたのは晩年

五大老～政務の合議(徳川家康・毛利輝元ら／**小早川隆景**の没後5人に)

経済基盤　蔵入地～直轄地(畿内を中心とする約220万石)

都市の直轄～京都・伏見・堺・博多・長崎など

→豪商の経済力を利用　例：堺の千利休，博多の**島井宗室**・**神屋宗湛**

鉱山の直轄～佐渡金山，石見大森銀山・但馬生野銀山など

→貨幣の鋳造　例：天正大判

02 身分制社会の基礎

①太閤検地：1582年に山城で実施(指出方式)→その後，基準を統一して実施(～1598年)

〈方法〉**検地奉行**の派遣・実測

　　従来は1段＝360歩

基準の統一(6尺3寸四方＝1歩，300歩＝1段＝**10畝**／京枡の採用)

石盛の実施(斗代とも／**上**・**中**・**下**・**下々**の等級)

→田畑・屋敷地の1段ごとの生産力を米量で表示

石高の設定(石盛に面積をかけた数値)→**村切**の実施→村高の算出

→村請の実施(村で一括して年貢納入・**二公一民**の税率)

〈結果〉一地一作人の原則(村ごとに作成した検地帳に耕作者＝百姓を登録)

→**荘園制**の全廃(重層的な土地の権利関係を否定)

石高制を全国的に採用(貫高制から移行"**天正の石直し**")

→大名知行制の確立(武士には石高による知行給付・軍役賦課)

②刀狩令(1588年)：百姓の武器所有禁止(目的：一揆防止／名目：方広寺の大仏造立)

③人掃令：関白秀吉(1591年)～武家奉公人の町人・百姓化と百姓の町人化を禁止

→諸身分が確定(**身分統制令**とも)

関白**秀次**(1592年)～身分ごとの戸口調査→同年の朝鮮侵略準備のため

03 大陸への進出

①バテレン追放令(1587年・博多)：大村純忠による教会への長崎寄進などが背景

・6月18日～大名のキリスト教信仰を許可制とした(庶民の信仰は自由)

・6月19日～宣教師の国外退去を命令(20日以内)／貿易は奨励→禁教は徹底できず

＊サン＝フェリペ号事件(土佐にスペイン船が漂着)→26聖人殉教(長崎)

②海賊取締令(1588年)：倭寇などの海賊を禁止／豪商に貿易を奨励

③朝鮮侵略：朝鮮に朝貢と明征服の先導を要求→拒否され出兵(本陣：肥前名護屋城)

・文禄の役(1592年／壬辰倭乱)：**釜山**に上陸→**漢城**・**平壌**を占領

↓李舜臣率いる水軍(亀甲船)・**義兵**・明の援軍で苦戦／講和は決裂(**小西行長**)

・慶長の役(1597年／丁酉倭乱)：戦いは半島南部で膠着→翌年の秀吉死去で撤兵

問題文を読んで，文章中の空欄に当てはまる語句を記入しなさい。

01 豊臣政権の基盤

豊臣政権は秀吉の独裁性が強く，政務を分担・実施する石田三成ら（1　　　）や，政務を合議する有力大名である徳川家康や毛利輝元ら（2　　　）が設けられたのは晩年であった。

秀吉の直轄地は（3　　　）とよばれ，畿内やその周辺を中心に約220万石に及んだ。また，秀吉は重要な都市，例えば和泉の堺や筑前の（4　　　）などを直轄とし，侘茶（わびちゃ）を大成したことで知られる堺の（5　　　）や（4　）の**島井宗室**・**神屋宗湛**ら豪商の経済力を利用した。主要な鉱山も支配下におき，天正大判など貨幣の鋳造を行った。

02 身分制社会の基礎

秀吉が行わせた（6　　　）検地では**検地奉行**を派遣して実測が行われ，6尺3寸［約191cm］四方の面積を1歩，1段を（7　　　）歩とし，米の量を計（はか）る枡（ます）を（8　　　）に統一するなど新たな基準を定めた。そして田畑に**上**・**中**・**下**・**下々**の等級をつけ，田畑・屋敷地の1段ごとの生産力を米量で表した。これを（9　　　）・斗代という。（9　）に面積をかけた数値が石高で，村の合計石高である村高を算出し，村ごとに年貢を一括して納めさせる際の基準とした。そのため村の境界を画定する**村切**も行われた。検地帳には（10　　　）の原則に基づき田畑を耕している者を記し，百姓とした。その結果，一つの土地に複数の人が権利をもつ状態が解消され，百姓には土地に関する権利を認められた代わりに税の負担が義務付けられた。

1588年に出された（11　　　）令では，（12　　　）寺の大仏造立に使用する名目で百姓から武器を取り上げた。1591年には武家奉公人が町人・百姓になることや百姓が町人になることを禁じ，翌年身分ごとの戸数・人数の調査を命じた。これらは（13　　　）令とよばれる。

03 大陸への進出

当初キリスト教の布教を認めていた秀吉は，キリシタン大名（14　　　）が長崎をイエズス会の教会に寄進していたことを知り，1587年の九州平定後に大名のキリスト教信仰を許可制にしたが，直後に宣教師の国外追放を命じた。この（15　　　）令では貿易を禁じたわけではなく，翌年の海賊取締令でも貿易の奨励をよびかけたため，禁教は徹底できなかった。1596年には（16　　　）号事件を背景に26聖人殉教が起きた。

国内統一後，新たな国際秩序の構築をめざす秀吉は，ポルトガルやスペインなどに服属と朝貢を，朝鮮には明征服の先導をも求めた。朝鮮に拒否されると，肥前（17　　　）城を本陣として1592年に15万の軍勢を朝鮮に送った。**釜山**に上陸した軍勢は**漢城**や**平壌**を占領したが，（18　　　）率いる水軍の活躍や**義兵**の抵抗，明からの援軍により苦戦した。しかし，講和交渉は決裂し，1597年には再び14万の軍勢を派遣したが，翌年秀吉が亡くなると撤退した。これらの出兵は（19　　　）・慶長の役，朝鮮では（20　　　）・丁酉倭乱とよばれる。

入試問題にチャレンジ

①［　　　　　］の原則により荘園制での重層的土地所有関係が解消された。（明治大）

②正誤判別：秀吉は，サン＝フェリペ号乗組員の証言により，スペインが領土拡張に宣教師を利用していることを知り，バテレン追放令を出した。（中央大）

⑫⑬**44**⑮⑯⑰⑱

江戸幕府の成立と幕藩体制

01 江戸幕府の確立

豊臣政権下での政治運営～五大老(徳川家康ら)と五奉行(石田三成ら)

↓豊臣秀吉の没後に対立進行

関ヶ原の戦い(1600年・美濃)：**東軍**～徳川家康ら

↓**東軍**の勝利　　　　**西軍**～石田三成ら(盟主は五大老の毛利輝元)

西軍の大名への処分：改易(領地没収)／減封(領地削減)／国替[転封]→外様に

↓初代将軍徳川家康(1603～05年)・2代将軍徳川秀忠(1605年～)→家康は大御所に

大坂の役：方広寺**鐘銘**問題→大坂冬の陣(1614年)→大坂夏の陣(1615年／豊臣秀頼ら自害)

＊「**元和偃武**」～戦乱が終わり元和と改元され，平和が到来したことを示す言葉

02 幕府の軍事・財政基盤と職制

〈軍事力〉大名(**1万石以上**)～親藩(徳川氏一門)・譜代(要地へ)・外様(遠隔地へ)

直参(**1万石未満**)～旗本(**お目見え以上**・上級旗本には領地を支給)

御家人(**お目見え以下**・下級旗本同様に**蔵米**を支給)

〈財政基盤〉幕領[**御料**]～400万石の直轄地(旗本の領地と合わせて全国の石高の1/4)

重要都市の直轄／主要鉱山(佐渡金山・石見大森銀山など)の直轄

〈職制〉譜代より～将軍直属の老中・若年寄(老中補佐)・寺社奉行・京都所司代・**大坂城代**

＊大老(老中の上／1名／常置ではない)　　＊原則～複数・月番・合議制

旗本より～老中の支配下の大目付(大名の監察)・町奉行(江戸の支配)

勘定奉行(財政・幕領支配)・遠国奉行(**大坂町奉行・長崎奉行**等の総称)

若年寄の支配下の目付(旗本・御家人の監察)など

＊評定所～老中・**三奉行**(寺社奉行・町奉行・勘定奉行)らが重要事項などを合議

03 幕府による大名統制

〈法令〉一国一城令(1615年)～居城以外の城の破却を命令

武家諸法度～将軍の代替わりごとに発布

・元和令：大御所家康の命令／**南禅寺**の以心崇伝が起草(→金地院崇伝とも)／2代秀忠の名で発布

(1615年)　新規の築城・無断修築の禁止，私的な婚姻の禁止などを規定

・寛永令：3代徳川家光が発布　　→**福島正則**～広島城の無断修築⇒改易

(1635年)　参勤交代の制度化，500石以上の大船建造の禁止などを規定

〈奉公〉軍役～石高に応じて一定数の兵馬を常備

参勤交代～1年交代で江戸と国元を往復(妻子は江戸居住)

お手伝い[手伝普請]～城郭の修築や河川工事などの負担

〈藩政〉藩士との主従関係：地方知行制(大名が有力家臣に領地を支給)

→俸禄制(大名が直轄領から徴収した年貢を**俸禄米**・**蔵米**として家臣に支給)へ転換

＊借り上げ～大名が家臣に支給すべき俸禄を借り上げること(⇒藩財源に)

問題文を読んで，文章中の空欄に当てはまる語句を記入しなさい。

01 江戸幕府の確立

秀吉の没後，五(1　　)の筆頭徳川家康と五(2　　)の石田三成の対立が深まった。1600年，五(1　)の毛利輝元を盟主とする三成方の**西軍**と家康方の**東軍**は美濃の(3　　)で戦い，**東軍**が勝利した。**西軍**の大名は領地没収の(4　　)や減封の処分をうけた。

1603年，家康は征夷大将軍に任命されたが，2年後には子の徳川秀忠に将軍職を譲って将軍職は徳川氏が世襲することを示し，(5　　)として実権を握り続けた。一方，**大坂城**には秀吉の子の豊臣秀頼が権威を持ち続けていたため，(6　　)寺の鐘の銘文に言いがかりをつけ，大坂の役で滅ぼした。1615年の大坂(7　)の陣ののち元和と改元された。

02 幕府の軍事・財政基盤と職制

将軍の家臣のうち，**1万石**以上の領地をもつものを大名，**1万石**未満だが将軍に謁見(えっけん)(＝お目見え)を許されているものを(8　　)，許されていないものを御家人といった。幕府の軍事力は，直参と称された(8　)・御家人および軍役により動員された大名で構成された。

幕領とよばれた直轄領は17世紀末には400万石におよび，その年貢は財政基盤の中心だった。重要都市や主要鉱山からの収益，のちには貨幣改鋳に伴う収入も重んじられた。

幕府の役職は一部を除き複数で構成され，評定所では合議で裁決が行われた。政務は老中が統轄し，その下には大名を監察する(9　　)や江戸の町奉行，幕府財政や幕領の支配を担う(10　　)，遠国奉行と総称される直轄都市・鉱山担当の奉行などがおかれた。老中の補佐は(11　　)が行い，その下には(8　)・御家人を監察する目付が配された。老中・(11　)と同じく将軍に直属する役職には，朝廷や西国大名の監視にあたる(12　　)や寺社奉行があった。なお，最高職は(13　　)だが，常置ではなかった。

03 幕府による大名統制

1615年，幕府は大名に対して居城以外の城の破却を命じる(14　　)令，さらに大名の行動を規定した(15　　)を定めた。(15　)は将軍の代替わりごとに発布されたが，最初の(15　)である元和令は(5　)の家康が**南禅寺**の僧(16　　)に起草させ，2代将軍秀忠の名で出させたものであった。1635年に出された3代将軍(17　　)の寛永令は，(18　　)の制度化や(19　　)石以上の大船建造の禁で知られる。

大名は，石高に応じて一定数の兵馬を常備する軍役，城郭の修築や河川工事などを負担する**お手伝い**のような**普請役**を課された。1年おきに江戸と国元を往復する(18　)も大きな負担となった。また，当初は有力家臣に領地を与える(20　　)制をとる藩が多かったが，次第に俸禄制への転換が進み，有力家臣も城下町に集住させ藩政を分担させるようになった。

入試問題にチャレンジ

①[ア 勘定奉行　イ 寺社奉行　ウ 町奉行　エ 大目付]は老中配下ではない。(青山学院大)

②家康の政治・外交顧問で，「黒衣の宰相」ともよばれ，武家諸法度の起草などにも携わった人物は誰か。(青山学院大)

42 43 44 **45** 46 47 48

幕藩体制下の支配

01 幕府と朝廷

〈統制〉禁中並公家諸法度(1615年／起草～以心崇伝)

・京都所司代(譜代大名より任命)／武家伝奏(公家より任命)

・禁裏御料～公家領とあわせても約10万石→経済基盤は必要最小限に制限

紫衣事件　禁中並公家諸法度で高僧への紫衣勅許を制限

(1627年)　→後水尾天皇は幕府への届け出なく勅許／幕府はこれを無効とした

→大徳寺の僧沢庵らは抗議するが流罪に　“幕府法が勅許に優先”

→天皇は幕府の同意なく娘に譲位／明正天皇の母は大御所徳川秀忠の娘和子

02 幕府と寺社

〈統制〉寺院法度(1600～16年／宗派ごと／起草～以心崇伝)→諸宗寺院法度(1665年)

・寺社奉行(譜代大名より任命)　＊神社統制～**諸社禰宜神主法度**(1665年)

・本末制度～宗派ごとに本山／本寺が末寺を組織・管理

寺檀制度：すべての人々をいずれかの寺院の檀家に　→“寺院は庶民支配の末端機関に”

寺請制度：檀那寺は檀家を宗門改帳[宗旨人別帳]に登録／檀家に寺請証文を発行

→宗門改めの全国化(キリスト教と日蓮宗不受不施派の信仰禁止を徹底)

03 幕府による村落支配

〈構成〉本百姓[高持]～田畑・屋敷地を所持／年貢・諸役を負担／村政に参加

水呑[無高]～田畑を持たず／村政に参加できず　＊**名子**・**被官**など～隷属民

〈村政〉村役人の名主[庄屋・肝煎]・組頭を中心に自治的な運営

・共同体：生活～村掟[村法]を制定／違反者には村八分の制裁

生産～共同管理＝入会地・用水／共同労働＝結・もやい

・支配単位：村ごとに法令を伝達／年貢を一括納入(村請制)→五人組で連帯責任

〈負担〉本途物成(田畑・屋敷地＝**高請地**に賦課)　小物成(山野河海の利用や副業に賦課)

高掛物(村高を基準に賦課)　国役(一国単位で幕領・私領を問わず賦課)

助郷役(宿駅で不足する人馬を提供／伝馬役～宿駅で常備する人馬を提供)

04 幕府による都市支配

〈構成〉地主・家持～屋敷地を所持／地子(銭)・**町人足(役)**の負担／町政に参加＝町人

地借・店借～屋敷地を持たず／町政に参加できず　＊地子(銭)～多くは免除

＊城下町は身分ごとに居住地域を区分／町人地[町方]では職種ごとの区分も

〈町政〉町法[町掟]を制定／江戸では町ごとに町名主／町方全体を町年寄が支配

大坂では町ごとに**町年寄**／町方全体を**惣年寄**が支配

近世の身分制社会　見習い～徒弟　奉公人～**手代**・**丁稚**

・士(苗字・帯刀・**切捨御免**の特権)・農・工・商／えた・非人

・**家長**に強大な権限・男尊女卑(夫からの離縁～**三行半**／妻からの離縁～駆込寺)

問題文を読んで，文章中の空欄に当てはまる語句を記入しなさい。

01 幕府と朝廷

幕府は1615年，(1　　　　　　　　)を定め，天皇や公家の生活・行動を規制した。また，(2　　　　　　)に朝廷を監視させ，公家から選んだ(3　　　　　　)に幕府からの指示を伝えさせた。(4　　　　　　)とよばれた天皇領は，公家領とあわせても10万石程度であった。

徳の高い僧への(5　　　　)の勅許は(1　　)で制限されていたが，(6　　　　　)天皇は幕府への届け出なく勅許を与えたため，幕府はこれを無効とした。抗議した大徳寺の(7　　　　)らは流罪となった。この(5　　)事件により幕府法が勅許に優先されることが明らかとなった。(6　　)天皇は幕府の同意なく幼い娘に譲位したが，この(8　　　　)天皇は秀忠の孫にあたる。

02 幕府と寺社

幕府は1600～16年に宗派ごとの(9　　　　　　　)を出し，本山・本寺に末寺を組織させる本末制度を確立させた。一方，1612年に幕領，翌年全国に禁教令を出し，日蓮宗不受不施派とともにキリスト教の信仰を禁じた。そして，すべての人々にいずれかの寺院の檀家となることを強制し，檀那寺となった寺院に檀家であることを保証させる(10　　　　)制度を設けた。1660年代には(11　　　　　)が全国化され，(11　　)帳は戸籍の役割を果たすこととなった。

03 幕府による村落支配

村では，田畑・屋敷地を持ち，年貢・諸役を負担する義務のある(12　　　　　　)[高持]を正式な構成員としたが，田畑を持たず日用に従事する水呑[無高]や(12　　)に隷属する**名子・被官**なども存在した。村政は(13　　　　)とそれを補佐する組頭からなる村役人を中心とする(12　　)が村掟に基づいて運営した。村掟に背くと(14　　　　　)の制裁が加えられ，村の秩序が維持された。共有地である(15　　　　　)や用水は共同管理され，田植え・稲刈り・屋根葺(ふ)きなどでは(16　　)・もやいとよばれる共同労働が行われた。また，年貢は村ごとに一括して納める(17　　　　)制がとられ，年貢の未納は五人組で連帯責任を負わされた。

(12　　)の負担には，田畑・屋敷地に課せられる(18　　　　　　)，山野河海の利用や副業に対する小物成，宿駅で不足する人馬を提供する(19　　　　)役などがあった。

04 幕府による都市支配

城下町では，武家地・寺社地・町人地[町方]のように身分ごとに居住地域が分けられた。町人地では，屋敷地を持つ地主・家持が正式な構成員である町人とされ，屋敷地に対する(20　　)の免除などの特権の代わりに，**町人足(役)**とよばれる夫役(ぶやく)を課せられた。町内には屋敷地を持たない地借・店借も居住したが，町政には参加できなかった。町政は町法に基づき，江戸の場合は町名主とよばれる町人を中心として行われた。必要経費には**町入用**があてられた。

入試問題にチャレンジ

①幕府にはからず紫衣を与え，朝幕関係に不和をもたらした天皇は誰か。(同志社大)

②農民への賦課には本年貢のほかに，村高に応じて賦課される[ア 小物成　イ 地子(銭)　ウ 高掛物　エ 本途物成　オ 村入用]などがあった。(明治大)

㊷㊸㊹㊺ **46** ㊼㊽

江戸幕府の貿易・宗教政策

01 諸外国と江戸幕府

オランダ プロテスタント[新教]／紅毛人

リーフデ号の**豊後**漂着(1600 年／オランダ船)

ヤン＝ヨーステン[日本名〜**耶揚子**]の登用→平戸に商館開設(1609 年)

イギリス プロテスタント[新教]／紅毛人

リーフデ号の**豊後**漂着(1600 年)

ウィリアム＝アダムズ[日本名〜**三浦按針**]の登用→平戸に商館開設(1613 年)

スペイン カトリック[旧教]／南蛮人〜豊臣政権のサン＝フェリペ号事件で国交断絶

徳川家康：ドン＝ロドリゴ(前ルソン総督)の**上総**漂着

→送還時に京都の商人田中勝介を派遣して**メキシコ**との交易めざす

伊達政宗：家臣の支倉常長を派遣して**メキシコ**との交易めざす(慶長遣欧使節)

ポルトガル カトリック[旧教]／南蛮人〜中国産生糸[**白糸**]の中継貿易で巨利

糸割符制度の適用(**1604 年**／初代将軍徳川家康)→ポルトガル商人に打撃

京都・堺・長崎(のち**江戸・大坂**も)の糸割符仲間が生糸の価格決定・一括購入

02 朱印船貿易

①朱印船貿易家 〈大名〉**有馬晴信・島津家久・松浦鎮信**など

〈商人〉京都：角倉了以・茶屋四郎次郎 **長崎**：末次平蔵など

②日本町(自治を実施)：**ルソン**[**呂宋**]のディラオ，**カンボジア**のピニャルー，**タイ**[**シャム・暹羅**]のアユタヤ(日本町の長山田長政→リゴール太守に)など

③取引品目：輸出品〜銀・銅・鉄など

輸入品〜生糸・絹織物・鹿革(アジア産)・**ラシャ**(ヨーロッパ産)など（ラシャ：毛織物のこと）

03 貿易統制と宗教統制

1612 年 幕領に禁教令→翌年全国に禁教令

・高山右近：バテレン追放令で領地没収(1587 年)→**マニラ**に追放(1614 年)

・元和の大殉教(1622 年)：長崎で宣教師・信者 55 人が殉教

1616 年 中国船以外の外国船[＝ヨーロッパ船→キリスト教国]の寄港地を平戸・長崎に限定

1623 年 イギリスが商館を閉鎖・退去(オランダとの対日貿易の競争に敗北)

1624 年 スペイン船の来航を禁止

1633 年 奉書船以外の海外渡航を禁止 ＊奉書船〜**朱印状**の他に**老中奉書**を持つ船

1635 年 日本人の海外渡航と帰国を全面禁止／中国船の寄港地を長崎に限定

1637〜38 年 島原・天草一揆：**益田**[**天草四郎**]**時貞**ら約 3 万人が**原城跡**に**籠城**（老中**松平信綱**が鎮圧）

1639 年 ポルトガル船(**“かれうた”**)の来航を禁止（galeota と呼ばれた小型の船のこと）

1641 年 オランダ商館を平戸から長崎出島に移転→商館長がオランダ風説書を提出

問題文を読んで，文章中の空欄に当てはまる語句を記入しなさい。

01 諸外国と江戸幕府

当初江戸幕府は貿易に積極的であった。1600年，オランダ船([1])号が**豊後**に漂着すると，オランダ人の航海士([2])は**耶揚子**，イギリス人の水先案内人([3])は**三浦按針**の日本名を与えられ，徳川家康の外交・貿易顧問となった。肥前の([4])にはオランダに続いてイギリスの商館が開かれ，貿易が始まった。

豊臣秀吉の時代におこったサン＝フェリペ号事件以来断交していたスペインとも交流が再開された。スペイン領だった**ルソン**の前総督([5])が**上総**に漂着すると，家康はこれを助け，スペイン領**メキシコ**[**ノビスパン**]へ送る際に京都の商人([6])を同行させ，メキシコとの通商を求めた。仙台藩主伊達政宗も家臣の([7])を派遣して通商をめざした。これを慶長遣欧使節という。

ポルトガル商人は，**白糸**とよばれた中国産生糸の中継貿易で巨利を得ていたが，幕府は**京都・堺**・([8])(のち**江戸・大坂**も)の([9])仲間とよばれる特定の商人に生糸の価格を決定させ，一括購入を行わせた。この([9])制度が設けられたのは**1604年**で，徳川家康が将軍だった時期のことである。これによりポルトガル商人は打撃をうけることになった。

なお，カトリックのポルトガル人・スペイン人は南蛮人とよばれたのに対し，プロテスタントのオランダ人・イギリス人は([10])人とよばれた。

02 朱印船貿易

幕府が渡航を許可する**朱印状**を発行したことから，**ルソン**や**タイ**など東南アジアを舞台に朱印船貿易が発達した。自治が認められた([11])には，山田長政で知られる**タイ**の([12])などがある。朱印船を派遣した大名には**有馬晴信**や**島津家久**，商人には京都の([13])や茶屋四郎次郎，摂津の**末吉孫左衛門**，([8])の([14])らがいた。

03 貿易統制と宗教統制

幕府は**1612年**，幕領に禁教令を発し，翌年には全国に禁教を命じた。([15])は1614年にマニラへ追放され，1622年には([8])で元和の大殉教がおこった。

さらに幕府は**1616年**，中国船以外の外国船の寄港地を([4])と([8])に限定した。1623年には，オランダとの競争に敗れたイギリスが商館を閉鎖して退去した。その翌年([16])船の来航を禁じた幕府は，**1633年**に([17])船以外の海外渡航を禁じ，([18])年には日本人の海外渡航と帰国を全面的に禁止し，中国船の寄港地を([8])に限定した。そして1637年から翌年にかけて島原・天草一揆を鎮めると，**1639年**に([19])船の来航を禁じ，([20])年にはオランダ商館を([4])から([8])出島に移した。

入試問題にチャレンジ

①外国船来航制限での最初の出来事を選べ。[ア ポルトガル船の来航禁止　イ 中国船寄港地の長崎限定　ウ オランダ商館の出島移転　エ イギリスの商館閉鎖](学習院大)

②家光に重用されて老中となり，島原の乱で功績をあげた人物は誰か。(青山学院大)

42 43 44 45 46 **47** 48

江戸時代の対外関係

01 東アジア諸国と江戸幕府

朝鮮との関係　・使節の来日：**回答兼刷還使**→通信使(将軍の代替わりごと)
・条約の締結：己酉約条～対馬の宗氏が締結
(1609年)　釜山に倭館設置・対馬から歳遣船派遣

＊宗氏～日朝貿易を独占→貿易の利益を藩士に分け与えることで主従関係を確立

中国との関係　・明：出会貿易～明の貿易船と日本の朱印船が台湾などで交易
→明船が長崎に来航・民間貿易は実施
・清：国交は開かれないまま長崎での民間貿易は実施
→徳川綱吉時代に隻数・貿易額を制限(定高貿易仕法)
さらに長崎郊外に唐人屋敷を設けて居住地を制限

02 琉球と蝦夷地

琉球　薩摩の島津家久による武力制圧(1609年)
・江戸へ謝恩使(琉球国王の代替わりごと)・慶賀使(将軍の代替わりごと)派遣
・中国(明・清)への朝貢は継続⇒日中両属状態

蝦夷地　松前氏によるアイヌとの交易独占権を徳川家康が承認(1604年)
・交易による利益が石高1万石に相当するとされて松前藩が成立
・アイヌ居住地に商場[場所]とよばれる区画を設定
商場知行制～藩士に商場を割り当て，そこでのアイヌとの交易による利益を藩士の収入とさせる制度
↓シャクシャインの戦い(1669年)
場所請負制～商場の経営を和人商人に請け負わせ，藩士に運上金を納めさせる制度→アイヌの隷属化進行

＊クナシリ・メナシの蜂起(1789年)～アイヌ最後の蜂起

03 幕府が築いた外交秩序

「**四つの窓口**」　幕府が構築した，幕府を中心とする通交・貿易体制
・長崎口：幕府直轄(遠国奉行の一つである**長崎奉行**が管轄)
⇒オランダ ——→**通商の国**(国交×・貿易◎)
中国[明・清] ——→**通商の国**(国交×・貿易◎)
・対馬口：対馬藩(宗氏)　⇒朝鮮 ——→**通信の国**(国交◎)
・薩摩口：薩摩藩(島津氏)⇒琉球 ——→**通信の国**(国交◎)
・松前口：松前藩(松前氏)⇒アイヌ

※「**鎖国**」という言葉～ケンペル(オランダ商館のドイツ人医師)が『日本誌』を著す
→その一部を19世紀初頭に志筑忠雄(蘭学者・長崎通詞)が『**鎖国論**』として翻訳

問題文を読んで，文章中の空欄に当てはまる語句を記入しなさい。

01 東アジア諸国と江戸幕府

徳川家康は，朝鮮出兵で関係が悪化していた朝鮮との講和を実現し，国交を回復した。朝鮮使節は，当初朝鮮人捕虜(ほりょ)の送還を目的として**回答兼刷還使**とよばれたが，のち新将軍の就任を祝うものとなり（1　　　）と称された。1609年には（2　　）藩の（3　）氏が（4　　）約条を締結し，**釜山**の（5　　）設置や年20隻の歳遣船派遣などを取決めた。

一方，明が**海禁政策**を緩和し，中国人の海外渡航が認められると，明の貿易船と日本の朱印船が台湾などで交易を行う（6　　）貿易が行われた。日本への渡航は依然禁じられていたが，やがて明船が長崎に来航するようになり，国交修復は実現しなかったが貿易は行われるようになった。17世紀半ばに明が滅び，（7　）が成立してからも，国交のないまま貿易は行われた。5代将軍（8　　　）の時代に，輸出品だった銀の流出をおさえるため，幕府は長崎に来航するオランダ船・清船の隻数を制限し，貿易額に上限を定めた。さらに長崎郊外に（9　　　）を設けて清国人の居住地を制限し，密貿易を防いだ。

02 琉球と蝦夷地

1609年，薩摩藩の（10　　　　）は，武力を背景に琉球王国を薩摩藩の支配下に組み入れた。琉球では検地や刀狩が行われ，国王の代替わりごとに（11　　　），将軍の代替わりごとに（12　　　）が江戸に派遣された。一方，対外的には独立国としての体裁を維持させ，明・清に朝貢を行わせた。その結果，琉球では日中両属状態が続くこととなった。

（13　　　）氏は（14　　　）氏と姓を改め，1604年に初代将軍徳川家康からアイヌとの交易独占権を認められた。（14　　）氏は，河川を中心に（15　　　）または（16　　　）とよばれる区画を設定し，藩士に対して割り当てた（15　）でのアイヌとの交易権を与えることで主従関係を成立させた。これを（15　　）知行制という。17世紀後半の（17　　　　　　　）の戦いを**津軽藩**の協力を得て鎮めた（14　　）藩では，その後（15　　）の経営を和人商人に請け負わせ，運上金を納めさせる（16　　）請負制に変わり，アイヌの隷属化が進んでいった。

03 幕府が築いた外交秩序

5代将軍（8　　）時代にオランダ商館の医師として来日したドイツ人（18　　　　　）は，のちに『（19　　　　）』を著した。その一部を蘭学者（20　　　　　）が**『鎖国論』**として翻訳したが，実際には「四つの窓口」すなわち長崎でオランダ・中国と貿易を行い（→長崎口），（2　　）藩を介して朝鮮（→（2　　）口），薩摩藩を介して琉球（→薩摩口），（14　　）藩を介してアイヌ（→（14　　）口）と交流していた。のちに，国交のあった朝鮮・琉球は**通信の国**，国交はないが貿易は行われていたオランダ・中国は**通商の国**とよばれた。

入試問題にチャレンジ

①江戸時代を通じて日朝間貿易の独占を幕府から認められた大名家の家名と，この大名家の朝鮮国内における貿易拠点の施設の名称を答えなさい。（北海道大）

②『日本誌』を和訳する際，閉ざされた状態を鎖国と訳した元通詞は誰か。（慶應大）

㊷㊸㊹㊺㊻㊼㊽

桃山文化と寛永文化

01 桃山文化

【特徴】・時期：16 世紀後半／担い手：新興の大名・豪商

・権力と経済力の掌握→豪華・壮大／仏教色が薄れる／南蛮文化の影響

建築 城郭～平野部に築城(平城)／巨大な石垣／重層の天守閣／周囲に濠・土塁

姫路城("白鷺城" 池田輝政が築城)　犬山城(現存最古の天守閣)

伏見城の遺構～都久夫須麻神社本殿　聚楽第の遺構～大徳寺唐門

絵画 障壁画　・金碧画＝濃絵～狩野永徳『唐獅子図屏風』『洛中洛外図屏風』　狩野山楽

・水墨画～長谷川等伯『松林図屏風』(『智積院襖絵』は濃絵)　海北友松

＊南蛮屏風～南蛮貿易や南蛮人の風俗を狩野派などの日本人画家が描いたもの

工芸 欄間彫刻(透し彫の発達)　蒔絵(調度品の文様／高台寺蒔絵など)

茶道 侘茶の大成：千利休(←武野紹鷗←村田珠光)～織田信長・豊臣秀吉と親交 →北野大茶湯

＊茶室～妙喜庵待庵(千利休による)

芸能 歌舞伎踊りの始まり～出雲阿国が創始した阿国歌舞伎→のち女歌舞伎へ

浄瑠璃節の発達～三味線の伴奏／人形操りと結びついて人形浄瑠璃として発展

隆達節の流行～高三隆達(堺の商人)が小歌に節をつけたもの

※外来文化の影響　・お国焼の発達(朝鮮侵略の際に諸大名が連行した朝鮮人陶工による)

有田焼(肥前・鍋島氏)　萩焼(長門・毛利氏)　薩摩焼(島津氏)

・活字印刷術の伝来：朝鮮より→後陽成天皇による慶長勅版

宣教師ヴァリニャーニより→キリシタン版[天草版]の刊行

02 寛永文化

【特徴】・時期：17 世紀前半／中心：京都／担い手：公家・武家・僧侶・上層町衆

・桃山文化の特徴を継承／上流階級の社交的な集まり(サロン)がさかん

建築 権現造～神社の建築様式　例：日光東照宮(徳川家康をまつる)　＊霊廟建築

数寄屋造～書院造に茶室を取り入れる　例：桂離宮　修学院離宮→後水尾上皇

絵画 狩野探幽～幕府の御用絵師(永徳の孫)　＊久隅守景『夕顔棚納涼図屏風』

俵屋宗達～京都の町衆／土佐派を継承しつつ新画風　例：『風神雷神図屏風』

本阿弥光悦～京都の町衆／洛北鷹ヶ峰に拠点／多分野で活躍　例：舟橋蒔絵硯箱

工芸 酒井田柿右衛門～有田焼／上絵付の技法で赤絵を完成　例：色絵花鳥文深鉢

文芸 仮名草子(←御伽草子)～平易に教訓・道徳を説く

俳諧の成立(←俳諧連歌)～松永貞徳(京都)に始まる貞門俳諧[貞門派]が流行

学問 朱子学(儒学の一派)～上下の秩序・礼節を重視する大義名分論→支配者層が受容

藤原惺窩～朝鮮の儒学者姜沆の影響／相国寺の僧→還俗／京学派の祖

林羅山～惺窩の門人／師の推薦で徳川家康(～4代家綱)に仕える／林家の祖

＊黄檗宗～明から隠元隆琦(京都に万福寺を開く)が伝えた禅宗の一派

問題文を読んで，文章中の空欄に当てはまる語句を記入しなさい。

01 桃山文化

織豊政権期には，富と権力を掌握した統一政権や豪商の経済力を反映した豪壮な文化が花開いた。その代表例が城郭建築である。(1　　　)城はその外観から白鷺城ともよばれ，法隆寺地域の仏教建造物とともに日本で最初に**世界文化遺産**として登録された。秀吉が晩年に居住した(2　　　)城は，琵琶湖の竹生島(ちくぶじま)にある**都久夫須麻神社本殿**に一部が移築されている。城郭内部の居館は書院造で，部屋を仕切る襖(ふすま)の上端と天井(てんじょう)との間にあたる**欄間**には，繊細な**透し彫**が施(ほどこ)された。襖や壁・屏風に描かれた絵を障壁画というが，城郭内部には金箔(きんぱく)・銀箔(ぎんぱく)の地に濃厚な彩色で描く(3　　　)の手法で障壁画が描かれた。『唐獅子図屏風』で有名な(4　　　)は元信の孫にあたり，安土城の障壁画を任されたという。前代に続き水墨画もさかんで，(5　　　)は『松林図屏風』で知られるが，濃絵の作品も残している。

村田珠光が創始した(6　　　)は，武野紹鷗を経て堺の商人(7　　　)に伝えられ，大成された。(7　)の作とされる妙喜庵待庵は閑寂な２畳の空間である。豊臣秀吉が**北野神社**で催した**大茶湯**は身分を問わず参加が認められた。また，(8　　　)は歌舞伎踊りを始め，琉球から伝わった楽器を改良した**三味線**の伴奏で語られる浄瑠璃節は人形操りと結びつき，人形浄瑠璃として発展した。近世に各地でさかんになるお国焼や後陽成天皇による出版を支えた活字印刷の技術は，朝鮮侵略の際に日本へ連行された朝鮮人により伝えられたものだが，キリシタン版とよばれる出版は宣教師(9　　　)が伝えた活字印刷術によるもので，**『平家物語』『伊曾保(いそほ)物語』**(イソップ物語)**『日葡(にっぽ)辞書』**などがローマ字で刊行された。

02 寛永文化

徳川家康をまつる霊廟である(10　　　)には，(11　　　)造とよばれる建築様式が用いられている。絵画では，(12　　　)が**幕府**の御用絵師となった。儒学は中世には禅宗寺院で学ばれていたが，なかでも身分秩序や礼節を重んじる朱子学は幕府や諸藩に受け入れられ，家康は(13　　　)の推薦をうけた(14　　　)を政治顧問とした。

京都では，公家や僧侶，町衆など上流階級の人々が集(つど)う中で独特な価値観をもつ文化がはぐくまれた。(6　)が好まれ，書院造に**茶室**を取り入れた(15　　　)造もみられた。後陽成天皇の弟八条宮智仁(としひと)親王の別邸桂離宮がその例である。『風神雷神図屏風』を描いた(16　　　)や舟橋蒔絵硯箱で知られる(17　　　)は京都の**町衆**である。有田焼の陶工(18　　　)は赤絵の技法を完成し，多彩な陶磁器の生産を可能とした。

庶民の間では，教訓書として(19　　　)草子が読まれ，松永貞徳らが連歌から独立した俳諧で活躍した。仏教では，明から隠元隆琦が禅宗の一派である(20　　　)を伝えた。

入試問題にチャレンジ

①正誤判別：都久夫須麻神社本殿は秀吉晩年の居城伏見城の遺構とされる。(早稲田大)

②寛永期の絵師と作品の組合せとして誤っているものを選べ。［ア 久隅守景「夕顔棚納涼図屏風」 イ 尾形光琳「風神雷神図屏風」 ウ 狩野探幽「大徳寺方丈襖絵」］(中央大)

資料問題をやってみよう①

資料といってもいろいろありますね。地図，写真，グラフ，統計など…史料も“文献資料”として資料の中に含むことがあります。ここでは慶應義塾大学経済学部の入試問題を取り上げて，グラフを用いた問題を考えてみましょう。

例題 次の第１図と第２図は，1960年代初めから現在に至る期間のうちの，ある30年間の日本経済の指標をグラフ化したものである。２つの図の横軸の１～６は５年ごとの区分であり，その区分は２つの図で同一である。

問１　第１図は３Ｃと呼ばれた３種類の耐久消費財の普及率の推移を表したものである。図中のａ～ｃそれぞれに入る耐久消費財の名称を答えなさい。

問２　第１図のｂは，日米貿易摩擦問題において1980～90年代に，農産物や半導体などとともに特に大きく取り上げられた産業の製品でもある。日米貿易摩擦問題の解決に向けて，農産物やｂを生産する産業の生産物に関して1980～90年代に日本政府およびｂを生産する産業がとった対応を説明しなさい。

問３　次のア～エの出来事が起きた時期を，それぞれ下の２つの図の１～６の時期から選びなさい。ただし，１の時期より前の出来事の場合は０を，６の時期より後の出来事の場合は７を記入しなさい。（重複使用不可）

ア　スミソニアン協定による円の１ドル360円から308円への切り上げ

イ　第２次岸信介内閣が貿易・為替自由化計画大綱を閣議決定

ウ　日本がOECD（経済協力開発機構）に加盟

エ　日本が第１回先進国首脳会議（サミット）に参加

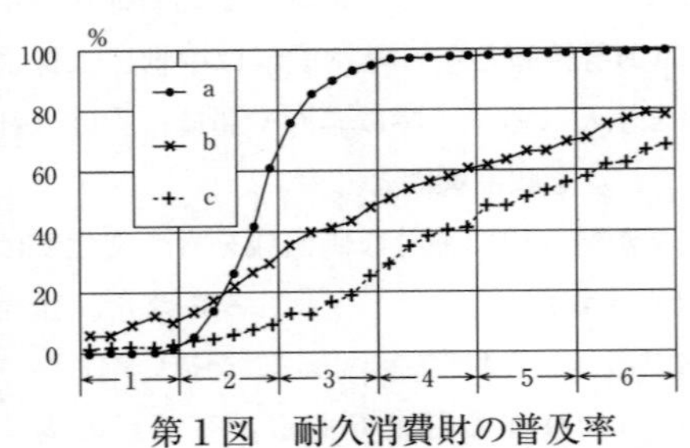

第１図　耐久消費財の普及率

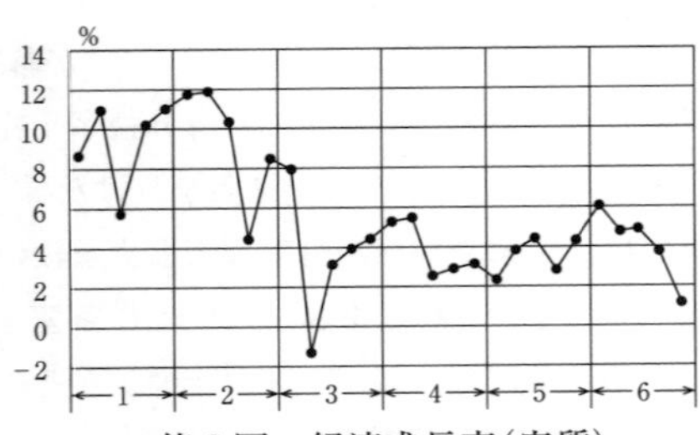

第２図　経済成長率（実質）

［資料出所］第１図は『消費動向調査』，第２図は『国民経済計算年報』より作成。

➡第２図には見覚えがありますね？グラフの“ある部分”からそれぞれの区分の時期を絞ることができます。どこでしょう？そして，第１図のｂとは？

☞続きはP.128

第11章

近世Ⅱ

幕府の方針が大きく変わるのが文治政治の時代。将軍ごとに「政策内容－目的－結果・影響」を整理しましょう。社会経済史では重要事項が山積み。中世からの変化にも注意して。文化史は教科書や図説集で写真を見ながら😊

49 50 51 52 53 文治政治の展開

01 文治政治への転換

①4代将軍徳川家綱：叔父の保科正之(会津藩主)・老中**松平信綱**らが補佐〜**寛文の治**

のち**大老**の酒井忠清("下馬将軍")の専制

②文治主義への転換：契機〜慶安事件(1651年／兵学者由井正雪らによる幕府転覆計画)→未遂

・背景〜牢人(主人を失い，収入を得られなくなった武士)の増加・かぶき者の横行

・政策〜末期養子の禁の緩和：50歳未満の大名には許可→牢人の増加防止

＊これまでは，跡継ぎのない大名が重病などのため急に養子を決めようとしても認められず→その大名家は改易に／家臣は牢人に

殉死の禁止：従者は主人ではなく主家に奉公→主従関係の固定・下剋上の否定

※武断政治(武力を背景に威圧)⇔文治政治(法の整備や人心の教化による秩序維持)

③農村政策：3代家光〜田畑永代売買禁止令(1643年)　＊**寛永の飢饉**(1641〜42年)

4代家綱〜分地制限令(1673年／所有する石高により百姓の**分割相続**を制限)

＊明暦の大火(1657年／"振袖火事")〜江戸城の天守閣も焼失(再建されず)

02 元禄の政治

①5代将軍徳川綱吉：家綱の弟／上野国館林藩主から将軍に／**大老**堀田正俊が補佐

→堀田正俊暗殺後は側用人(将軍の命令を老中に伝達する)を登用〜柳沢吉保ら

②武家諸法度第1条の改定：「文武弓馬の道」→「文武忠孝を励まし，礼儀を正すべき事」

③文治主義の推進

・儒学の奨励：湯島聖堂(上野忍ヶ岡から移転)／大学頭に林鳳岡[信篤]を任命

・朝幕関係の融和：朝廷の**大嘗祭**再興を許可／**禁裏御料**を増額

＊**赤穂事件**〜旗本の吉良義央を赤穂藩主浅野長矩の遺臣(＝牢人)たちが敵討ち

・民衆の教化：生類憐みの令(仏教の影響)〜牛馬の廃棄や捨て子も禁止

服忌令(神道の影響)〜近親者の死に際して喪に服す期間などを規定

・貨幣改鋳：背景〜財政悪化(金銀産出量の減少／明暦の大火後の復興費／寺社造営費)

政策〜元禄小判の発行(勘定吟味役の荻原重秀が建議／慶長小判より質を下げる)

影響〜幕府は**出目**(差益)により増収→物価は高騰　＊**富士山**の噴火

03 正徳の政治

①6代将軍徳川家宣：綱吉の甥／甲府藩主から将軍に
7代将軍徳川家継：家宣の子／わずか3歳で将軍に
→ **侍講**：新井白石(朱子学者)／側用人：間部詮房

②将軍の権威強化：閑院宮家の創設〜新たな宮家[親王家]を作ることで朝廷権威を維持

朝鮮通信使の待遇簡素化〜将軍の呼称も変更(「日本国大君」から「日本国王」へ)

③経済政策：正徳小判の発行〜慶長小判並みに良質→貨幣流通量の減少で経済活動は停滞

海舶互市新例(1715年)〜オランダ船・中国船の隻数・貿易額を制限

銀での支払いの一部に**銅**をあてる

問題文を読んで，文章中の空欄に当てはまる語句を記入しなさい。

01 文治政治への転換

1651年に3代将軍徳川家光が亡くなると，子の(1　　　　)が11歳で4代将軍となった。幼少時は，家光の弟で(1　)の叔父にあたる会津藩主(2　　　　)らが補佐した。

従来の武断主義的な政策，例えば改易により生じた牢人[**浪人**]は不満を高め，異様な格好をした(3　　　　)者も社会問題化していた。将軍就任の直前，兵学者(4　　　　)らが幕府転覆を企てた慶安事件が発覚し，幕府は(5　　　　)の禁を緩和して牢人増加防止をはかった。(6　　　)も禁じ，従者は主人個人でなく主人の家に代々奉公すべきとした。

一方，軍役に代えて幕府は大名に**普請役**を課したが，その労役は百姓に転嫁(てんか)された。そこへ1640年代初頭の**寛永の飢饉**が重なり，田畑を手放して負担から逃れようとする百姓が増加したため，家光時代の1643年に田畑永代売買禁止令，(1　)時代の1673年には(7　　　)令が定められた。また，1657年の(8　　　)の大火は財政悪化の一因となった。

02 元禄の政治

(1　)の没後，弟の徳川綱吉が5代将軍となった。当初は**大老**の堀田正俊が補佐したが，その暗殺後は(9　　　　)が登用され，なかでも柳沢吉保が重んじられた。

まず武家諸法度天和(てんな)令で第1条の「文武弓馬の道」を「文武(10　　　)を励まし」と改めて文治主義的な傾向を強め，江戸湯島に孔子(こうし)をまつる聖堂を建て，(11　　　　)を大学頭に任じて儒学を奨励した。悪評高い(12　　　　　)の令では犬が大切にされたので，野犬の横行防止という効果もあった。服忌令では死の穢(けが)れが忌(い)み嫌(きら)われ，戦国の遺風(いふう)が否定される一方，死に関わる職業につく人々への差別的な意識を高めることともなった。

1695年，勘定吟味役(13　　　　)の建議で金の含有率を減らした元禄小判が発行された。貨幣流通量が増え経済活動は活発になり，幕府も**出目**による収益を得たが物価は高騰した。

03 正徳の政治

6代将軍には徳川綱吉の兄の息子にあたる(14　　　　)がついたが，病弱で3年余りで没すると，その子でわずか3歳の(15　　　　)が7代将軍となった。そのため政務は(14　)の**侍講**であった朱子学者の(16　　　　)と(9　)の間部詮房を中心に進められた。

(17　　　)家の創設や(15　)と皇女との婚約は，天皇の権威を利用し将軍の権威強化をはかるものであった。朝鮮通信使の待遇を簡素化し，朝鮮国王からの国書で「日本国(18　　)」とされていた将軍の呼称を「日本国(19　　)」と改めさせ，対外的にも将軍の権威を強化しようとした。また，慶長小判並みに良質な正徳小判を鋳造させたが，貨幣流通量が減少して経済活動は停滞した。長崎貿易では1715年に(20　　　　　)を定め，金銀の流出防止のため隻数と貿易額を制限し，銀での支払いの一部を**銅**で行わせる方針をとった。

入試問題にチャレンジ

①徳川綱吉は武家諸法度第一条を「文武[　　]を励まし…」と改定した。(学習院大)

②将軍の最高権力者としての地位を明らかにするために，朝鮮から日本宛の国書に[ア：　　　　]と記されていたのを[イ：　　　　]と改めさせた。(明治大)

江戸時代の社会と経済・1

01 農業の発展

①大開発時代の到来　・開墾の方法：**代官見立新田**・町人請負新田など

・耕地面積の飛躍的な拡大：17 世紀初頭の**約 160 万町歩**→ 18 世紀初頭の**約 300 万町歩**

・家族労働向けの集約化：1 段あたりの収穫量の増加→面積は同じでも石高は増加

②技術の改良・農具：備中鍬(←風呂鍬／深耕) 踏車(←竜骨車／揚水) 千歯扱(←**扱箸**／脱穀)

唐箕(選別～風力利用)　千石簁(選別～ふるい分け)

・肥料：中世以来の自給肥料～刈敷・草木灰／**下肥**・厩肥

新たな購入肥料＝金肥～干鰯(←**鰯**)　〆粕(←魚・胡麻など)

油粕(←菜種など)

③農書の普及・17 世紀：宮崎安貞『農業全書』(最初の体系的農書・初の刊行農書)

・19 世紀：大蔵永常『農具便利論』『広益国産考』(商品作物の紹介)

＊幕末の指導者：二宮尊徳(勤労・倹約の**報徳仕法**)　大原幽学(相互扶助による復興)

④商品作物栽培の広まり　・**四木三草**(**桑**・**茶**・楮・**漆**／紅花・藍・**麻**)

＊特産地：**出羽**の紅花・**阿波**の藍・**薩摩**の**黒砂糖**

・木綿：室町時代に**朝鮮**から輸入→戦国時代に**三河**で国産化開始(火縄・兵衣向け)

→江戸時代に畿内やその周辺に産地拡大・量産化(**麻**に代わる庶民衣料に)

・菜種：油は灯油の原料(←中世には荏胡麻の油を使用)／絞り粕は油粕の原料

02 諸産業の発展

〈漁業〉上方漁法の普及　＊**九十九里浜**の**鰯**(**地曳網**使用)　土佐の**鰹**　紀伊・肥前の**鯨**

網元(漁網と漁船を所有・漁場を支配)―網子(網元に隷属)

〈製塩業〉入浜塩田(←中世の揚浜塩田)　例：赤穂(播磨) 行徳(下総)

〈林業〉建築資材の需要増大　例：木曽の**檜**(幕府直轄のち尾張藩) 秋田の**杉**(秋田藩)

〈鉱業〉幕府直轄～佐渡の**相川金山**　石見の**大森銀山**・**但馬**の生野銀山　下野の足尾銅山

藩営～秋田藩の**院内銀山**など　民営～伊予の別子銅山(大坂の住友家が経営)

＊灰吹法(朝鮮から伝来した銀の精錬技術)／たたら製鉄(砂鉄を用いた日本独自の技術)

〈手工業〉織物業～絹織物：西陣織(京都)⇒高機を独占して高級絹織物を生産

桐生絹(上野) 足利絹(下野)⇒高機を導入して発達

綿織物：**小倉織**(豊前) **久留米絣**(筑後) 尾張・河内木綿　＊有松絞(尾張・木綿)

麻織物：**奈良晒**　越後縮　近江麻[蚊帳]　薩摩上布

製陶業～有田焼[**伊万里焼**](肥前) 京焼(京都) **九谷焼**(加賀)⇒近世に入り発達

瀬戸焼(尾張) 備前焼⇒中世より発達

漆器業～会津塗(陸奥) 輪島塗(能登) 春慶塗(飛騨・出羽能代)

製紙業～高級紙：**鳥の子紙**・奉書紙(越前) **杉原紙**(播磨) **美濃紙**

日用紙：美濃　土佐　＊売薬～富山(越中)　＊畳表～備後

醸造業～酒：**伏見**(京都) **伊丹**・**灘**(摂津)　醤油：**野田**・**銚子**(下総)

問題文を読んで，文章中の空欄に当てはまる語句を記入しなさい。

01 農業の発展

江戸時代には，築城などを通じて発展した技術の転用で大規模な治水工事が可能となった。耕地面積は17世紀を通じて**約160万町歩**から**約300万町歩**に増加した。また，家族労働を中心とした小規模経営にあわせた技術の改良も進み，狭い耕地に集約的に労働力が投入できるようになり，1段あたりの収穫量が増えたことから石高も増加した。

農具では，深耕用の（1　　　），風力を利用した選別用具である（2　　　），粒の大きさをふるい分ける（3　　　）などのほか，揚水には竜骨車に代わり（4　　　）が，脱穀の際には**扱箸**に代わり（5　　　）が使われるようになった。肥料では，中世以来の刈敷・草木灰や**下肥**などの自給肥料に加え，**鰯**を原料とする（6　　　）や〆粕，菜種を用いた（7　　　）のような（8　　　）とよばれる購入肥料の使用も始まった。

農業の技術を紹介する農書も広く読まれた。（9　　　）による『農業全書』は自らの見聞をふまえて著されたもので，17世紀末に刊行された。19世紀になると，（10　　　）が農具を図示した『農具便利論』や商品作物の栽培と加工について説明した『（11　　　）』などが出版された。幕末には，勤労・倹約を旨（むね）とする**報徳仕法**で知られる（12　　　）や相互扶助による農村復興を唱えた大原幽学のような指導者があらわれた。

販売を目的として栽培される商品作物の生産もさかんになった。**桑**・**茶**・（13　　　）・**漆**は**四木**，（14　　　）・藍・**麻**は**三草**とよばれ，特に重要な作物とされた。室町時代に朝鮮からの輸入品であった（15　　　）は，戦国時代に国産化が始まり，江戸時代には**麻**に代わる庶民の衣料となった。灯油の原料や（7　　　）の原料となる菜種も広く栽培された。

02 諸産業の発展

漁業では，さまざまな網を用いる上方漁法が広まった。**九十九里浜**は**地曳網**を用いた**鰯**，蝦夷地は**鰊**（にしん）の漁で知られ，漁村では網元が網子を使役して漁が行われた。製塩業では（16　　　）塩田が発達し，瀬戸内海沿岸などが塩の産地となった。

都市の発達にともない建築資材の需要が高まり，木曽の**檜**や秋田などの**杉**が多く用いられた。鉱山業では，佐渡の**金山**，（17　　　）の大森銀山や**但馬**の生野銀山，下野の足尾銅山など幕府直轄の鉱山，秋田藩の**院内銀山**など藩営鉱山のほか，大坂の住友家による伊予の（18　　　）銅山のような民間経営の鉱山もみられた。技術では，朝鮮から伝わった銀の精錬技術である（19　　　）法，中国・東北地方で発達した日本独自の（20　　　）製鉄が知られる。また，各地で手工業生産が発達し，織物業・染色業や製陶業，漆器業，製紙業，醸造業などさまざまな分野で多くの特産物があらわれた。

入試問題にチャレンジ

①主に阿波で生産され，木綿衣料の染料となった商品作物は何か。（京都大）

②正誤判別：明治時代になると京都西陣は高機を導入することで，一人で高級織物を生産することができるようになった。（青山学院大）

江戸時代の社会と経済・2

01 交通の発達

〈陸上交通〉

・街道：五街道～起点は江戸日本橋／幕府の直轄(道中奉行の管轄)

東海道・中山道・甲州道中・日光道中・奥州道中

脇街道～北国街道(→佐渡へ)・伊勢街道(→伊勢神宮へ)など

・関所：東海道の箱根・新居，中山道の碓氷など　＊河川には橋を架けず

関東の関所では「入鉄砲に出女」を監視　例：大井川(川越人足による)

・宿駅：2～3里ごと(例：東海道**53宿**・中山道**67宿**)　＊一里塚(1里＝約4km)

問屋場→伝馬役(常備の人馬)・助郷役(不足の人馬)の賦課　例：東海道100人100疋

・通信：継飛脚(幕府の公用)　大名飛脚(諸藩)　町飛脚(飛脚問屋が経営)

・宿泊：大名・公家向けの本陣・脇本陣　庶民向けの旅籠(食事有)・**木賃宿**(食事無)

〈水上交通〉海運：南海路(大坂→江戸／菱垣廻船のち樽廻船も就航)

東廻り航路・西廻り航路(起点は出羽**酒田**／河村瑞賢が整備)

河川舟運：角倉了以(富士川整備・高瀬川開削)　河村瑞賢(**安治川**開削)

02 全国的流通網の整備

①三都の発達：「将軍のお膝元」江戸(**約100万人**)　「天下の台所」大坂(約35万人)

京都(約40万人)

②年貢の換金：蔵屋敷(江戸・大坂・大津・長崎などに設置)

↓蔵元(年貢など蔵物の取引担当)・掛屋(代金の保管・送付担当)

問屋(諸藩が売却した蔵物＋諸国の商人が売却した納屋物)～営業独占のため仲間結成

専門の卸売市場も↓米市場～堂島／魚市場～雑喉場・**日本橋**／青物市場～天満・**神田**

仲買商人が仲介・小売商人から消費者へ　＊振売・**棒手振**(行商人・店舗持たず)

③江戸の流通：畿内で生産された物資(下り物)～大坂二十四組問屋から江戸十組問屋へ

幕領の年貢～各地から江戸**浅草の御蔵**へ→旗本・御家人に蔵米として支給

→札差[蔵宿]が蔵米を換金／蔵米を担保に金融も

④豪商の登場：**紀伊国屋文左衛門**(蜜柑・材木→巨利)　＊**淀屋辰五郎**(贅沢→財産没収)

三井家(初代**三井高利**～越後屋呉服店で「**現金かけ値なし**」の新商法)

03 貨幣制度の確立

①**三貨制度**の整備：幕府が貨幣鋳造権独占　＊藩札(1661年の越前藩が最初)

・金貨：**小判**・**一分金**などの計数貨幣(1両＝4分＝16朱)　→金座(**後藤庄三郎**家)

・銀貨：**丁銀**・**豆板銀**などの秤量貨幣(貫・匁は重さの単位)→銀座(**大黒常是**家)

・銭貨：寛永通宝(1636年に初鋳)など計数貨幣　→銭座

②特徴：**三貨**の交換比率は公定(金1両＝銀50匁のち60匁)～実際には相場で変動

"江戸の金遣い・大坂の銀遣い"～東日本は主に金貨，西日本は主に銀貨で取引

→両替商が発達　例：**本両替**(両替・秤量のほか為替・貸付業務も)

問題文を読んで，文章中の空欄に当てはまる語句を記入しなさい。

01 交通の発達

陸上交通では，参勤交代や公用交通が優先された。(1　　　)を起点とする五街道，すなわち東海道・(2　　　)・甲州道中・日光道中・奥州道中は幕府直轄とされて道中奉行が管理し，それにつながる脇街道も整備された。東海道の箱根などの関所では「入鉄砲に出女」を取締ることで江戸の防衛が図られた。街道には約 4 km ごとに一里塚，2 ～ 3 里ごとに宿駅がおかれた。宿駅での人馬継立(じんばつぎたて)には(3　　　)があたり，その町人・百姓や近隣の村々に一定数の人馬を常備する(4　　　)役，不足する場合はさらに助郷役が課せられた。飛脚には，幕府公用の(5　　　)，江戸の藩邸と国元を結ぶ大名飛脚，民間経営の町飛脚があった。宿泊も，大名向けの本陣・脇本陣，庶民向けの旅籠・**木賃宿**のように身分で施設が異なった。

水上交通は大量の物資を安価に運ぶことができるため，17 世紀前半に(6　　　)による富士川などの整備や高瀬川の開削が行われ，大坂から江戸に向かう南海路で(7　　　)廻船が運航を始めた。17 世紀後半には，幕命により江戸の商人(8　　　)が出羽**酒田**を起点とする東廻り航路[海運]・西廻り航路[海運]を開いた。18 世紀前半になると南海路に(9　　　)廻船が就航し，次第に(7　　　)廻船を圧倒していった。

02 全国的流通網の整備

城下町は貨幣経済だが年貢は現物納だったため，諸藩は約 100 万人の人口を擁する江戸や約 35 万人の大坂などに年貢を運び換金した。大坂では中之島(なかのしま)に諸藩の蔵屋敷が並び，年貢などの蔵物を取引する(10　　　)と蔵物の売却代金を管理する(11　　　)が活動した。蔵物は諸国の商人を経由した(12　　　)とともに問屋のもとに集められ，(13　　　)商人を経て小売商人から売却された。大坂(14　　　)の米市場のような専門の卸売市場も設けられた。

(15　　　)組問屋は(7　　　)廻船に商品を積み込む大坂の**荷積(にづみ)問屋**で，江戸では**荷受(にうけ)問屋**の(16　　　)組問屋が商品を受け取った。その商品は上方からの下り物として流通したが，江戸で消費される米の多くは幕領からの年貢で，江戸**浅草の御蔵**に納められたのち旗本・御家人に支給され，(17　　　)を通じて換金された。(17　　　)は旗本・御家人への金融も行った。

03 貨幣制度の確立

江戸幕府は貨幣鋳造権を独占し，家康時代から金座で**小判・一分金**など**四進法**で取引される計数貨幣の金貨，銀座で**丁銀・豆板銀**など取引のたびに重さを測り品位を確かめる(18　　　)貨幣の銀貨の鋳造を始め，家光時代には銭座で寛永通宝を発行して**三貨制度**を確立した。

三貨の交換比率は幕府が定めていたが，実際には相場で変動した。また，“江戸の(19　　　)遣い，大坂の(20　　　)遣い”のように東西で取引の中心貨幣が異なったため両替商が発達し，**本両替**は為替・貸付業務も行った。幕府の許可を得て藩札を発行する藩もあった。

入試問題にチャレンジ

①問屋の連合体で，海損負担の協定を結んだ江戸の荷受問屋組合は何か。(京都大)

②江戸や大坂には諸藩の蔵屋敷が置かれ，領内からの年貢米や特産物である[ア：　　　]が販売されたが，そのほか民間の商品である[イ：　　　]も取引された。(法政大)

元禄期の文化・1

01 儒学の興隆〜朱子学

儒学：孔子・孟子の教えや**四書**（『論語』『**大学**』など）・五経などの経典を研究する学問

・背景〜上下の身分にともなう礼節の必要性／武士の為政者としての心構えの必要性

・学派〜朱子学（南宋の朱熹が大成）・陽明学（明の王陽明が創始）・古学・折衷学など

朱子学　大義名分論（上下の身分秩序や礼節を重視）→幕府・諸藩が奨励

〈**京学派**〉京都の藤原惺窩の系統　　＊**侍講**〜天皇・将軍などに学問を講義

・林鳳岡［信篤］（羅山の孫）〜5代綱吉が大学頭に任命／湯島聖堂（←上野忍ヶ岡）

＊『本朝通鑑』幕命により林羅山・鵞峰（鳳岡の父）父子が編纂した歴史書

・木下順庵〜加賀藩主前田綱紀・5代徳川綱吉の**侍講**

・新井白石（順庵の門弟）〜6代徳川家宣の**侍講**／正徳の政治『折たく柴の記』（自伝）

『読史余論』歴史論／『**古史通**』古代史の研究

・雨森芳洲（順庵の門弟）〜**対馬藩**に出仕／新井白石の対朝鮮政策に反対

・**室鳩巣**（順庵の門弟）〜8代徳川吉宗の**侍講**／足高の制を建議

〈**南学派**〉土佐の**谷時中**の系統　＊南村梅軒〜戦国時代／南学派の祖とされるが不明
→海南学派とも

・山崎闇斎（時中の門弟）〜会津藩主保科正之に仕える

朱子学と神道を融合した垂加神道提唱→のち**尊王論**へ

02 儒学の興隆〜陽明学

陽明学　知行合一（知ることと実行することは分けられない＝知っていても実行しなければ知らないのと同じ）→実践の重視　＊朱子学〜知先行後

・中江藤樹〜近江に藤樹書院“**近江聖人**”

・熊沢蕃山（藤樹の門弟）〜岡山藩主池田光政に仕える／朱子学を批判

『大学或問』幕政批判→**下総古河**に幽閉・没

03 儒学の興隆〜古学

古学　朱子学・陽明学は朱熹・王陽明の解釈に過ぎず→孔子・孟子の原典を直接読むべき

〈聖学〉山鹿素行〜原典＝聖人の学問→原典へ立ち戻ることを主張

『聖教要録』朱子学批判→**播磨赤穂**へ流罪

『**中朝事実**』中国では頻繁に王朝交替→日本こそ「中華」と主張（→背景に明清交替）

〈古義学〉伊藤仁斎〜京都**堀川**に古義堂／原典にあたり本来の意義に復古することを主張

〈古文辞学〉荻生徂徠〜中国語の文法も変化→原典の解釈はそれが書かれた当時の中国語文法で行うべき／聖人が説く「道」＝国家の政治制度→制度重視

柳沢吉保・8代徳川吉宗に仕える／江戸茅場町に蘐園塾（→「茅」のこと）

『政談』吉宗の諮問に応えた意見書（武士土着論）

太宰春台（徂徠の門弟）〜『経済録』（武士土着論）『経済録拾遺』（藩専売制）

問題文を読んで，文章中の空欄に当てはまる語句を記入しなさい。

01 儒学の興隆～朱子学

幕府支配の安定にともない，忠孝や礼節を尊(とうと)ぶ儒学の重要性はいっそう増した。また，武士が為政者としての自覚をもつようになると，官吏(かんり)の心構えとしても儒学の必要性は高まった。なかでも，鎌倉時代に南宋から伝わり**宋学**とよばれていた朱子学は，君臣や父子の別をわきまえ，身分秩序や礼節を重んじる(1　　　　)論を唱え，幕府や諸藩に重んじられた。

藤原惺窩の流れをくむ**京学派**では，(2　　　　)が加賀藩主前田綱紀や5代将軍徳川綱吉の侍講となった。綱吉は，**上野忍ヶ岡**にあった**孔子廟**と**林家**の家塾を(3　　　　)に移して(3　)聖堂とし，初代から4代までの将軍に仕えた林羅山の孫にあたる(4　　　　)を幕府の(5　　　　)に任じた。6代・7代将軍に仕えた(6　　　　)には著作が多いが，『折たく柴の記』は自伝である。(6　)や**室鳩巣**と同じく(2　)の門弟で**対馬藩**主に仕えた雨森芳洲は，(6　)の対朝鮮政策に反対したことで知られる。

土佐の**南学派**[**海南学派**]では，会津藩主保科正之に仕えた(7　　　　)が朱子学と神道を融合した(8　　　　)神道を提唱し，のち**尊王論**の根拠となった。

儒学の立場から歴史解釈を行い幕府の成立を正当づける試みとして歴史書の編纂がさかんになった。林羅山・鵞峰父子は幕命により『(9　　　　)』を編纂し，水戸藩では『大日本史』の編纂が始まった。(6　)は史論書『(10　　　　)』で独自の時代区分を行った。

02 儒学の興隆～陽明学

朱子学が知識の獲得を優先し，その実践が後回しになる傾向があるのに対し，知行合一を主張して実践を重んじたのが陽明学である。日本陽明学の祖(11　　　　)は朱子学から陽明学に転じ，故郷の近江に私塾を開いた。その門弟の(12　　　　)は岡山藩主池田光政に仕えたが，『(13　　　　)』などで幕政を批判し，**下総古河**に幽閉されたのち没した。

03 儒学の興隆～古学

孔子や孟子の原典を直接読むべきと主張したのが古学である。(14　　　　)は『(15　　　　)』で朱子学を批判し，**播磨赤穂**に流罪となった。(16　　　　)は京都**堀川**に私塾古義堂をひらき，その流れは古義学派[堀川学派]とよばれた。江戸に私塾の蘐園塾をひらいた(17　　　　)は，8代将軍徳川吉宗の諮問(しもん)に応えた意見書『(18　　　　)』で武士困窮の原因を城下町での生活にあるとし，知行地に居住するべきと説いた。その流れは古文辞学派[蘐園学派]とよばれ，門弟の(19　　　　)も『(20　　　　)』で武士土着論を展開した。

入試問題にチャレンジ

①儒学を重んじた徳川綱吉は湯島聖堂を建設し，[　　　　]を大学頭に任じた。(学習院大)

②正誤判別：京都堀川に私塾古義堂を開き，『論語』『孟子』などをわかりやすく解釈した伊藤仁斎の著書には『論語古義』『孟子古義』などがある。(明治大)

⑲ ㊿ 51 52 **53**

元禄期の文化・2

01 諸学問の発達

【特徴】・時期：17世紀後半～18世紀初頭／中心：上方／担い手：町人も(←経済の発達)
・寛永文化の継承／"憂き世"は"浮世"→現実肯定的／儒学の興隆／実学の発達

本草学　動物・植物・鉱物などを人々に役立たせるための学問(←もとは薬草の研究)
貝原益軒『大和本草』　稲生若水『庶物類纂』　＊**古医方**(実験・臨床重視)

暦　学　渋川春海[安井算哲]～**宣明暦**に大きな誤差→**授時暦**をもとに貞享暦作成
5代綱吉が天文方に任命→以後改暦は幕府が実施

和　算　日本独自の数学／土木や流通の発達にともない進展　＊神社への**算額**の奉納
吉田光由『塵劫記』(**算盤**の普及へ)　関孝和『発微算法』

国文学　のちの国学(賀茂真淵・本居宣長ら)に影響
戸田茂睡(和歌に使う用語の自由を主張)　契沖『万葉代匠記』(『万葉集』の注釈書)
北村季吟～古典文学の研究(『源氏物語湖月抄』など)／5代綱吉が歌学方に任命

※洋学の先駆：西川如見『華夷通商考』(長崎での見聞)
新井白石『西洋紀聞』『采覧異言』(イタリア人宣教師シドッチを尋問)
→屋久島に潜入

02 元禄期の美術・工芸

絵画　大和絵～土佐派の復興(土佐光起／朝廷の御用絵師)
住吉派の創始(住吉如慶・具慶父子／土佐派より分派／幕府の御用絵師)
琳派の成立～尾形光琳(俵屋宗達の画風継承)『紅白梅図屏風』『燕子花図屏風』
＊蒔絵でも活躍　例：八橋蒔絵螺鈿硯箱
浮世絵版画の創始～菱川師宣(『見返り美人図』は**肉筆画**)

工芸　陶芸～野々村仁清(色絵の技法／**京焼**の祖)　尾形乾山(光琳の弟／仁清の弟子)
彫刻～円空(各地を遍歴／護法神像など**鉈彫**の作品)　染色～宮崎友禅(友禅染)
＊東大寺大仏殿の再建(戦国期に焼失)

03 元禄期の文学・芸能

俳諧　西山宗因～**談林俳諧**[**談林派**]を創始／**貞門俳諧**[**貞門派**]と対抗
松尾芭蕉～蕉風俳諧を確立／俳諧紀行文『奥の細道』／さび・しおり・軽み

浮世草子　(←仮名草子)　井原西鶴～**談林俳諧**の俳人／『好色一代男』が浮世草子第一号
『好色一代男』(**好色物**)『**武道伝来記**』(**武家物**)『日本永代蔵』『世間胸算用』(**町人物**)

歌舞伎　若衆歌舞伎(元服前の少年による)→禁止→野郎歌舞伎(成人男性による)
市川団十郎(江戸／**荒事**～勇壮)　坂田藤十郎(上方／**和事**～優美)　芳沢あやめ(女形)
＊阿国歌舞伎→女歌舞伎→禁止→若衆歌舞伎→禁止→野郎歌舞伎

人形浄瑠璃　竹本義太夫～大坂に竹本座／**義太夫節**を完成　＊**辰松八郎兵衛**～人形遣い
＊脚本：近松門左衛門～『曽根崎心中』『心中天網島』『冥途の飛脚』(**世話物**)
『国姓爺合戦』(**鄭成功**が明の復興をめざす話／**時代物**)

問題文を読んで，文章中の空欄に当てはまる語句を記入しなさい。

01 諸学問の発達

元禄期には，上方を中心に豊かな経済力を背景に台頭した町人も担い手とする文化が花開いた。この世を“憂き世”(つらい)から“浮世”(はかない→深刻に考えず楽しく過ごそう)と表したように，実用的・実証的な学問や現実をありのままに描く文芸が発達した。

(1　　　)学は生活に役立つ動植物や鉱物を研究する学問で，(2　　　　　)が著した『大和本草』が知られる。(3　　　　　)の『庶物類纂』は，(3　)の没後に弟子たちが完成させた。また，当時は平安時代に中国から伝わった**宣明暦**が使われていたが，誤差が開いていた。元の**授時暦**をもとに自らの観測結果を加えて新暦を作成した(4　　　　　)は改暦を求め，採用されると暦は(5　　　)暦と名付けられた。(4　)は幕府の天文方に任じられ，それまで朝廷が行っていた改暦は以後幕府が行うこととなった。和算では，吉田光由の『塵劫記』が**算盤**の普及を促し，円周率の計算なども行った(6　　　　)は『発微算法』を著した。

幕府のとった対外政策により外国の影響が少なくなったこともあり，日本の伝統文化への関心が高まった。戸田茂睡は**古今伝授**を批判して和歌の革新を唱え，(7　　　)は『万葉代匠記』を著した。幕府の歌学方に任じられた(8　　　　　)は，『源氏物語湖月抄』など平安文学を研究対象とした。のちに発達する**洋学**の先駆的な研究もみられた。(9　　　　　)の『華夷通商考』や新井白石の『(10　　　　　)』『采覧異言』がそれである。

02 元禄期の美術・工芸

土佐光起が復興した土佐派から住吉如慶と子の(11　　　　　)があらわれ住吉派が始まり，幕府の御用絵師となった。俵屋宗達の画風を受け継ぎ琳派を開いた(12　　　　　)は，蒔絵でも八橋蒔絵螺鈿硯箱などの名品を残した。のちさかんになる**浮世絵版画**は(13　　　　　)が創始したが，代表作『見返り美人図』は版画ではなく**肉筆画**である。

(14　　　　　)は色絵の技法を完成させ，**京焼**を始めた。また，諸国を遍歴した円空は独特な彫像を残し，宮崎友禅が考案した染色技術は色彩豊かで自由な図柄を可能とした。

03 元禄期の文学・芸能

西山宗因が始めた**談林俳諧**にあらわれた(15　　　　　)は生涯を旅に過ごし，『奥の細道』など多くの俳諧紀行文を残した。その俳風は蕉風とよばれる。(16　　　　　)も**談林俳諧**の俳人であったが，『好色一代男』に始まる(17　　　　　)作家として人気を博した。

寛永期に流行した若衆歌舞伎が禁じられたのち，元禄期に(18　　　　)歌舞伎が始まり，現代に続いている。江戸の(19　　　　　)や上方の坂田藤十郎らが名優として知られる。人形浄瑠璃では，竹本義太夫が大坂に竹本座を開き，三味線を伴奏とする**義太夫節**を完成させた。『曽根崎心中』など，これらのための脚本を書いたのが(20　　　　　)である。

入試問題にチャレンジ

①日本独自の暦である貞享暦を作ったのは誰か。(青山学院大)

②正誤判別：尾形光琳は，菱川師宣の画風を取り入れつつ新たな装飾画を大成し，蒔絵でも『燕子花図屏風』などの優れた作品を残した。(明治大)

資料問題をやってみよう②

ここでは，116 ページに掲載した資料問題を考えていきましょう。少しページが離れていますが，照らし合わせてみてください。

(1) まず，グラフの時期を確定しましょう。第２図は教科書にも必ず掲載されています(この問題集では解答・解説 52 ページ)。１の時期と２の時期では 10%を超えている年が複数ありますが，３の時期では０を下回っている年があるのです。これが“マイナス成長”を示しています。1960 年代から現在までの間で，10%を超える“高度成長”が続き，“マイナス成長”を記録した後は 10%は超えないけれどマイナスにもならない“低成長”が続いた 30 年間であることが読み取れますね。したがって，３の時期の２年目が戦後初めてマイナス成長を記録した 1974 年ということになります(☞ 234 ページ)。

(2) 次に問３。エは戦後初のマイナス成長(1974 年)の翌年(1975 年)ですから，３の時期の３年目の出来事です(☞ 234 ページ)。アはドル＝ショック(1971 年)をうけての対応なので，２の時期の４年目の出来事となります。ウは高度成長期の真っただ中，最初の東京オリンピック開催と同じ年(1964 年)のこと。したがって，１の時期の２年目にあたります(☞ 228 ページ)。イの年代はわからないと思いますが，岸信介内閣は 1960 年の新安保条約成立後まもなく総辞職することは思い出せるでしょう(☞ 224 ページ)。1974 年から逆算していくと，１の時期は 1963 年から始まっていることになります。ということは，イは１の時期より前の出来事なので，０が正解となります。

(3) 問２には，第１図のｂが日米貿易摩擦問題で農産物や半導体などとともに特に大きく取り上げられた製品という手がかりがあります。ここから何を思い出せますか？自動車ですね(☞ 234 ページ)。問２は論述形式ですが，①自動車産業の対応は輸出自主規制，②農産物に対する日本政府の対応は輸入自由化，と説明すればよいことになります。

(4) 最後に問１。第１図はｂが自動車であること，第２図から３の時期が 1973 ～ 77 年であることがわかっています。ａが 1960 年代末～ 70 年代半ばに急速に普及しているのに対し，ｃは伸びが緩やかで，ｂよりも普及率が低いですね。これはどういうこと？もし「絶対欲しい」ものなら，急速に普及するでしょう。でも，「あったら便利かもしれないけれど，なくても大丈夫」なものなら，少しずつ普及していくはず…ということから，３Ｃの残りの２つのうち，カラーテレビがａ，クーラーがｃ(⇒当時は現在のように温暖化が進んでいたわけではないことから推測します)という判断になります。

どうでしたか？この問題集の解答・解説では，合わせて知っておくとよいグラフや地図なども載せています。第２図だけでなく，第１図も 53 ページに掲載してあります。気になるものは，図説集などでより詳しい情報を調べてみてくださいね。

第12章

近世Ⅲ

長いけれど，享保・田沼・寛政・大御所・天保の５つの時期がしっかり区別できるように，あえて１つの章にしました。農村政策など似ているものは特に注意。文化史では「分野－人物－著書－内容」をつなげられるように。

享保の改革と田沼時代

01 享保の改革

①8代将軍徳川吉宗：**紀伊**藩主出身　＊**三家**(尾張・紀伊・水戸)～初代藩主は家康の子（藩主は将軍後継候補）

〈登用〉 旗本 ：大岡忠相(町奉行)　**神尾春央**(勘定奉行)

儒学者：荻生徂徠(古学～古文辞学派／『政談』)　**室鳩巣**(朱子学)

＊**田中丘隅**(川崎宿の名主→代官／**『民間省要』**)

＊足高の制：役職に対して支給する石高を設定→不足分は在職中のみ加増

②政策〈財政再建〉上げ米：大名が1万石につき米100石を上納／江戸在府期間を半減

定免法の採用：豊凶に関わらず一定期間同じ年貢率を継続する方法

↑—従来は，その年の収穫量に応じて年貢率を決定する検見法

町人請負新田の奨励：日本橋に**高札**　＊商品作物栽培の奨励

〈商業政策〉堂島米市場の公認＋株仲間の公認→物価統制

〈都市政策〉防火対策：**広小路**・**火除地**の設定(延焼防止)　町火消の新設(町方対象)

療養施設：小石川養生所の設立←目安箱への投書(評定所の前に設置)

〈学問奨励〉オランダ語習得の奨励(青木昆陽・**野呂元丈**ら)⟶のちの蘭学発展へ

漢訳洋書の輸入制限緩和(キリスト教関係以外は許可)→実学の発達へ

〈司法整備〉相対済し令：激増していた金銭貸借の争い(金公事)は当事者間で解決

公事方御定書：上巻～幕府の法令集／下巻～裁判の判例集“御定書百箇条”

御触書寛保集成：1615年以降の幕府法を分類・集成→以後も編纂継続

③結果：一定の成果あり→のちの幕政改革の模範に

物価の変動＋享保の飢饉(西日本の虫害)→飢饉翌年に江戸で初めて打ちこわし

質流し禁止令(売買禁止の田畑が質流れの形で事実上売買されていた→禁止)

→**質地騒動**が起きたため禁止令撤回(売買を黙認→農村の階層分化は一層進行)

02 田沼時代

①10代将軍徳川家治：徳川吉宗の孫(9代将軍徳川家重の子)

田沼意次(紀伊藩士の子)～**側用人**から**老中**に(**側用人**と**老中**を兼任したとも)

②政策〈経済統制〉株仲間の積極的公認：運上(営業税)・冥加(本来は献金)の増収

専売制の実施：銅座・**鉄座**・真鍮座・朝鮮人参座など

南鐐二朱銀の鋳造：**計数銀貨**(8枚で1両＝小判1枚と交換可能)

長崎貿易の奨励：輸入～金・銀／輸出～銅・俵物(中華料理の食材)

〈開発計画〉蝦夷地開発：工藤平助『赤蝦夷風説考』(蝦夷地開発・ロシア貿易を説く)

→最上徳内の派遣(ロシア交易も計画→実現ならず)　＊ロシア船来航（1778年・厚岸)

印旛沼・手賀沼干拓：商人の経済力を利用→洪水で挫折

③結果：批判の高揚(賄賂の横行→士風の退廃)＋農村の疲弊(天明の飢饉＋浅間山噴火)

→百姓一揆・打ちこわし頻発→子の田沼意知(**若年寄**)刺殺→徳川家治没後に**老中**罷免

問題文を読んで，文章中の空欄に当てはまる語句を記入しなさい。

01 享保の改革

1716年に7代将軍徳川家継が亡くなると，**紀伊**藩主（1　　　　）が8代将軍となった。（1　）は家康時代を理想とし，『政談』の著者（2　　　　）ら儒学者の意見を取り入れつつ，側近政治に不満だった譜代大名を重んじながらも将軍主導で改革を推進した。

最大の課題だった財政再建では，参勤交代の江戸在府期間を半減させる代わりに大名から米を献上させる（3　　　　）を9年間行ったほか，検見法を（4　　　）法に改め，町人請負新田を奨励する**高札**を日本橋に掲げるなどして年貢増徴をはかった。しかし，新田開発の進展にともない米の流通量が増加したことで，米価は下落したが諸物価は高い状態である「**米価安**(やす)**の諸色高**(しょしきだか)」の傾向はいっそう進み，米の換金が不可欠の武士の生活に影響したため，幕府は大坂（5　　　）の米市場や株仲間を公認して物価統制をはかった。

旗本が就(つ)く役職の石高を定め，在職中のみ不足分を加増する（6　　　）の制は，支出削減とともに人材登用を可能とした。町奉行となった（7　　　　）は，**広小路・火除地**の設定や町火消の新設などの防火対策や，（8　　　　）への投書から貧民向けの療養施設小石川養生所を設けるなど江戸の都市政策に力を入れた。文化面では，甘藷(かんしょ)［さつまいも］の研究で知られる（9　　　　）らにオランダ語の習得を奨励し，漢訳洋書の輸入制限を緩和して実学を奨励した。また，迅速・公正な裁判をめざす幕府は，金銭貸借の争いを当事者間で解決させる（10　　　）令を定め，さらに法令と判例をまとめた（11　　　　　）を編纂させた。

02 田沼時代

10代将軍（12　　　　）の時代に**側用人**や**老中**となった（13　　　　）は，限界に達していた年貢徴収に頼らず，商品生産や流通を統制下において新たな財源にしようとした。そこで都市や農村の商工業者を株仲間として広く公認し，営業独占を認める代わりに運上・（14　　　）を上納させ，特定の商人に銅座・真鍮座などをつくらせて幕府の専売制を拡大した。

長崎貿易では金銀を輸入し，入手した銀で（15　　　　）を鋳造した。これは銀貨だが**秤量貨幣**ではなく**計数貨幣**であり，金を中心とした貨幣制度をめざしたといえる。輸出では銅座で確保した銅や俵物を奨励した。俵物の産地蝦夷地にはロシア船が来航しており，『赤蝦夷風説考』を著した（16　　　　）の意見を取り入れて（17　　　　）を蝦夷地に派遣し，ロシア交易も計画した。商人の力を利用した（18　　　）沼・手賀沼の干拓も試みた。

しかし，東北地方を中心に始まった（19　　　）の飢饉が（20　　　）の噴火と重なって被害が拡大し，百姓一揆や打ちこわしが頻発するなか，**若年寄**だった子の田沼意知が刺殺されると（13　）の権勢は急速に衰え，（12　）が亡くなると**老中**を罷免された。

入試問題にチャレンジ

①享保の改革において，火除地の設置などを進めた江戸町奉行は誰か。（学習院大）

②田沼意次は，額面に金貨の単位があらわされた計数銀貨である良質の［　　　　　］を1772年に発行するなど，貨幣制度の一本化を試みた。（立教大）

宝暦・天明期の文化・1

01 洋学の発達

【特徴】・時期：18世紀後半／中心：江戸／担い手：上層町人・富裕な百姓や武士も
・商品流通の発達→情報の普及／寺子屋の増設→識字層の拡大→出版さかんに
・田沼時代の自由な雰囲気／幕藩体制の動揺→幕政への風刺・批判的な思想も

洋学発達の背景 ・漢訳洋書の輸入制限緩和(キリスト教関係以外輸入可能)
・オランダ語習得の奨励(青木昆陽・野呂元丈ら) } 享保の改革

↓

医学 前野良沢・杉田玄白ら～オランダ語の解剖書『ターヘル＝アナトミア』を翻訳して『解体新書』を制作／扉絵・解剖図は小田野直武(秋田藩士)
└→平賀源内に学ぶ

＊『蘭学事始』杉田玄白による翻訳時の苦心談

大槻玄沢～『蘭学階梯』入門書／江戸に芝蘭堂／玄白・良沢に学ぶ
稲村三伯～『ハルマ和解』最初の蘭和辞書 宇田川玄随～『西説内科撰要』

＊古医方～漢の時代の医術への復帰(実験・臨床重視) 例：『蔵志』山脇東洋

※平賀源内の業績：エレキテル(摩擦発電器)・寒暖計・火浣布(不燃布)の発明／本草書
(博学多才) 『西洋婦人図』(西洋画法＝油彩画)・浄瑠璃脚本・滑稽本の制作

02 儒学と国学の動向

儒学 寛政異学の禁～林家の私塾での朱子学以外の儒学(古学・折衷学・考証学など)の講義禁止
└→聖堂学問所を昌平坂学問所として幕府が直轄化

＊教育機関：藩校[藩学]～藩が藩士の子弟のために設立／儒学・武術などを教授
郷校[郷学]～藩や民間の経営／藩士の子弟・庶民のために設立
寺子屋～庶民教育／村役人・僧・神主・牢人などが教授／読み・書き・算盤

国学 古典の研究を通じて，儒教・仏教などの外来思想が入る前の日本古来の道を探求

荷田春満～国学の学校設立を8代吉宗に建議 賀茂真淵～春満の門人／『国意考』
本居宣長～真淵の門人／国学を大成 ・儒教などの外来思想＝「漢意」の排除
『古事記伝』『玉くしげ』 ・日本古来の精神＝「真心」への復帰
塙保己一～真淵の門人／盲目／和学講談所設立(幕府の援助)／『群書類従』古書収集

03 さまざまな思想の形成

①商業活動の正当化：心学～石田梅岩が京都で創始／儒教道徳＋仏教・神道“町人の道徳”
手島堵庵(京都／梅岩の門人)－中沢道二(堵庵の門人／江戸へ／人足寄場で講義)

②合理主義：懐徳堂出身の町人学者～富永仲基『出定後語』／山片蟠桃『夢の代』(無神論)
＊懐徳堂(大坂)～享保期に町人が出資・設立→幕府の援助を得て郷校に(準官学化)

③身分制の批判：安藤昌益～陸奥八戸の医師／『自然真営道』理想は万人直耕の「自然世」

④尊王論：竹内式部～宝暦事件(1758年・京都)で京都追放刑／明和事件に連座して流刑
山県大弐～『柳子新論』で尊王論／明和事件(1767年・江戸)で死刑

問題文を読んで，文章中の空欄に当てはまる語句を記入しなさい。

01 洋学の発達

田沼時代を中心とする宝暦・天明期には，経済活動の活発化にともない上層町人のみならず富裕な百姓も文化の担い手となった。庶民向けの(1　　　)の増設は識字層の拡大を促したが，幕藩体制の動揺から封建制を批判するような思想もあらわれた。

洋学は医学の分野で著しく進展した。『**ターヘル＝アナトミア**』はドイツの解剖書をオランダ語訳したものだが，前野良沢・(2　　　)らはこれを『(3　　　)』として訳出した。この時の苦心談は(2　)の『(4　　　)』に詳しい。(2　)らに学んだ(5　　　)は蘭学の入門書『(6　　　)』を著し，江戸に芝蘭堂を開いた。『ハルマ和解』は稲村三伯による日本初の蘭和辞書である。一方，実験・臨床を重んじる漢の時代の医術への復帰を主張する**古医方**もさかんで，山脇東洋は日本最初の解剖図録『蔵志』を著した。

博学多才といえば(7　　　)である。長崎で西洋の知識・技術を学び，上方を経て江戸に移り，**エレキテル**や火浣布などを発明したほか，浄瑠璃の脚本も執筆した。油彩画の作品もあり，『(3　)』の解剖図は(7　)に絵を学んだ秋田藩士**小田野直武**が描いている。

02 儒学と国学の動向

寛政の改革では，**林家**の私塾**聖堂学問所**で朱子学**以外の儒学**について講義することを禁じた。**聖堂学問所**は(8　　　)学問所と改められ，幕府直轄となった。江戸時代の教育機関には，**熊本藩**の時習館(じしゅうかん)など藩が藩士の子弟教育のために設立した(9　　　)，**岡山藩**の閑谷(しずたに)学校のような藩などが庶民教育のために設けた郷校，それに(1　)があった。

記紀などの古典の研究を通じ，「**真心**」すなわち儒教・仏教などの外来思想である「(10　　　)」が入る前の日本古来の精神へ立ち戻ることを主張する学問が国学である。国学は，荷田春満とその門人(11　　　)を経て(12　　　)に至って大成された。主著は『古事記伝』だが，紀伊藩主の諮問(しもん)に応えた政治意見書『**玉くしげ**』では，百姓一揆が頻発する原因は為政者側にあるとしている。(11　)の門人で盲目の学者(13　　　)は，幕府の援助を得て和学講談所を設立し，『(14　　　)』を編纂したことで多くの史料が現在に残ることとなった。

03 さまざまな思想の形成

“町人の道徳”心学は(15　　　)が始めたもので，倹約や正直などの道徳を平易に説き，商業活動の正当性を主張した。大坂では，町人が出資して設立された(16　　　)から富永仲基や(17　　　)などの町人学者があらわれた。商家の番頭であった(17　)は，『夢の代』で合理主義の立場から霊魂の存在を否定する**無神論**[**無鬼論**]を展開している。陸奥八戸の医師(18　　　)は，万人が農業に従事する平等な社会を「**自然世**」とよび，『自然真営道』を著して封建制度を批判した。また，尊王論を唱えた竹内式部は9代将軍時代の(19　　　)事件，山県大弐は10代将軍時代の(20　　　)事件で処罰されている。

入試問題にチャレンジ

①大槻玄沢は『[ア：　　　]』という蘭学の入門書を著し，江戸に私塾[イ：　　　]を開いて多くの門人を育てた。(慶應大)

②「売利ヲ得ルハ商人ノ道ナリ」として商業活動の正当性を主張したのは誰か。(立教大)

宝暦・天明期の文化・2

01 宝暦・天明期の文学・芸能

小説 〈絵入り〉・洒落本～江戸の遊里を題材／写実的 ——→寛政の改革で出版禁止

『仕懸文庫』山東京伝→弾圧　＊**蔦屋重三郎**も処罰（**耕書堂**／書物・版画の出版元）

・黄表紙～風刺・滑稽／大人向け ——→寛政の改革で出版禁止

『金々先生栄華夢』恋川春町（**『鸚鵡返文武二道』**が寛政の改革を風刺→弾圧）

〈文章中心〉・読本～素材は歴史・伝説など／やがて勧善懲悪・因果応報がテーマに

『雨月物語』上田秋成（日本・中国の古典を基とする怪奇小説）　＊国学者

俳諧 与謝蕪村～絵画のような写実性が特徴／**蕉風俳諧**への復古を主張／**文人画**も

※世相の風刺：五・七・五 ——→川柳～柄井川柳『誹風柳多留』

五・七・五・七・七 ——→狂歌～大田南畝［**蜀山人**］　**石川雅望**［宿屋飯盛］

脚本 竹田出雲（2世）～『仮名手本忠臣蔵』**赤穂事件**を題材『菅原伝授手習鑑』道真を題材

近松半二（近松門左衛門の養子／竹田出雲の門人）～**『本朝廿四孝』**

└→上杉・武田の対立を題材

歌舞伎 **江戸三座**（幕府が公認）～中村座・市村座・森田座

02 宝暦・天明期の絵画

浮世絵 〈田沼時代〉鈴木春信～錦絵（**多色刷**の木版画）を創始

〈寛政期〉喜多川歌麿～**美人絵**（大首絵の手法）「**ポッピンを吹く女**」（『婦女人相十品』）

東洲斎写楽～個性的な**役者絵・相撲絵**（大首絵の手法）「**市川鰕蔵**」

写生画 円山応挙～西洋・中国の遠近法や陰影法を採用「雪松図屏風」→円山派の始祖

文人画 専門の画家ではない文人・学者が描いた絵／明・清の影響／南画とも

「十便十宜図」池大雅・与謝蕪村の合作　＊文人～高い教養＋詩文・書画の才

西洋画 平賀源内～長崎で油絵の技法習得「**西洋婦人図**」　＊秋田蘭画～**小田野直武**ら

司馬江漢～源内に学ぶ／銅版画を創始「**不忍池図**」　源内に学ぶ◀┘

亜欧堂田善～**松平定信**に仕える／亜＝アジア・欧＝ヨーロッパ「浅間山図屏風」

03 江戸時代後期の庶民の娯楽

①都市：芝居小屋（常設）　**見世物小屋**（曲技・曲芸など）　寄席（**講談・落語**など）

②農村：**村芝居**［地芝居］（村の若者たちが自ら上演）　**遊び日**（一斉に農作業を休む）

③寺社：祭礼　縁日（境内に出店も）　開帳（秘仏の公開）・出開帳（秘仏の出張公開）

富突（くじ販売→一部を当選金に／残りを寺社の経費に）　＊**日待・月待**／**庚申待**

勧進相撲（相撲は当初武家の娯楽→幕府が庶民向けの興行公認／観覧料は神社の経費に）

仏教行事～**彼岸会・盂蘭盆会**など　＊**五節句**～人日・上巳・端午・七夕・重陽

④旅の流行：湯治（治療を目的に温泉へ行く）　物見遊山　＊『**名所図会**』旅行案内書

参詣～伊勢神宮（集団参詣の御蔭参りはほぼ60年周期で流行）

讃岐**金毘羅宮**　信濃**善光寺**　＊講の結成　例：伊勢講・富士講・庚申講

聖地巡礼～**四国八十八カ所**（**四国遍路**）など

問題文を読んで，文章中の空欄に当てはまる語句を記入しなさい。

01 宝暦・天明期の文学・芸能

浮世草子が衰退した後，(1　　　　)の『仕懸文庫』のような江戸の遊里を描いた(2　　　　)や，(3　　　　)が活躍した風刺の強い(4　　　　)が流行した。しかし，ともに寛政の改革で弾圧の対象となり，出版元の**蔦屋重三郎**も財産を半分没収される処分をうけた。一方，歴史や伝説などを題材としたのが(5　　　　)で，国学者でもあった上田秋成による『(6　　　　)』が知られる。**貸本屋**(かしほんや)が各地をまわるなど，出版はさかんであった。

俳諧では，絵に描けるような情景描写を得意とした(7　　　　)が**蕉風俳諧**への復古を唱えたが，俳諧と同じ17文字や和歌と同じ31文字で世相を風刺することも流行した。前者は，『誹風柳多留』を編纂した柄井(8　　　　)の名から(8　　　　)とよばれる。後者が(9　　　　)で，(2　　　　)や(4　　　　)の作者でもあった御家人(10　　　　)が有名である。

歌舞伎や人形浄瑠璃の脚本では，竹田出雲が**赤穂事件**を『太平記』の世界を借りて脚色した『仮名手本忠臣蔵』が知られる。歌舞伎は幕府公認の**江戸三座**で演じられたが，人形浄瑠璃は歌舞伎の人気に圧倒され，浄瑠璃節は**人形操り**と離れて座敷で歌われるようになった。

02 宝暦・天明期の絵画

元禄期に菱川師宣(ひしかわもろのぶ)が始めた浮世絵版画は，田沼時代に(11　　　　)が**多色刷**の木版画である(12　　　　)を始めた。全身像を描いた(11　　　　)に対し，寛政期にあらわれた(13　　　　)は**美人絵**に大首絵の手法を取り入れ，人気を博した。わずか1年の間に大首絵の手法で個性的な**役者絵・相撲絵**を数多く残した(14　　　　)も，この頃の絵師である。

この時期の狩野派は衰退していたが，狩野派に学んだ(15　　　　)は西洋・中国の絵画に用いられていた遠近法・陰影法を取り入れて立体感のある写生画を完成させた。また，(16　　　　)と(7　　　　)の合作である「十便十宜図」は文人画[南画]の好例である。西洋画では，平賀源内に学んだ(17　　　　)が銅版画を創始した。

03 江戸時代後期の庶民の娯楽

歌舞伎が演じられる芝居小屋や，扇で拍子をとりながら軍記物語などを語る講談が行われる(18　　　　)は，都市民の娯楽の場であった。農村では，歌舞伎の地方興行や(12　　　　)などの流布もあって村民自らが歌舞伎を演じるようになり，現在に伝えられているところもある。

寺社は，秘仏を公開する(19　　　　)や富突，勧進相撲などで経費の不足をまかなった。遠方の寺社へ参詣する際，参加者は(20　　　　)を結び集団で参拝した。春秋の**彼岸会**や夏の**盂蘭盆会**などの仏教行事，本来は朝廷の行事であった**五節句**も庶民の生活に定着した。**日待・月待**，一晩眠らずに過ごす**庚申待**も庶民の楽しみであった。

入試問題にチャレンジ

①正誤判別：寛政の改革では，黄表紙や人情本が取締りの対象となった。(早稲田大)

②宝暦・天明期ではないものを選べ。[ア 安藤昌益－『自然真営道』 イ 曲亭馬琴－『南総里見八犬伝』 ウ 鈴木春信－錦絵 エ 平賀源内－エレキテル](法政大)

54 55 56 **57** 58 59 60

寛政の改革と百姓一揆

01 寛政の改革

①11代将軍徳川家斉：一橋家出身　＊三卿(吉宗の子→田安・一橋／家重の子→清水)
松平定信(**田安家**出身／吉宗の孫)～陸奥国白河藩主／老中就任／自伝『**宇下人言**』

②政策〈農村復興〉旧里帰農令：江戸に流入した農村出身者に資金を与えて帰村を奨励
天明の飢饉→
囲米：大名に対して1万石につき50石の米穀備蓄を命令
社倉・義倉の設置／出稼ぎ制限(陸奥・北関東)／公金貸付

〈都市政策〉人足寄場の設置(江戸石川島)：無宿人を強制収容→職業技術の習得
七分積金の制度：町入用の節約分の7割を積立→飢饉・災害時の救済費用
＊旧里帰農令＋人足寄場→無宿人の減少→打ちこわし拡大を抑制

〈士風刷新〉寛政異学の禁：大学頭の林家に対して命令
聖堂学問所(林家の私塾)での朱子学**以外の儒学**の講義・研究禁止 →**古学**・折衷学など
＊寛政の三博士～柴野栗山・尾藤二洲・岡田寒泉(のち古賀精里)
＊**聖堂学問所**～のち昌平坂学問所として幕府が直轄化
棄捐令：札差[蔵宿]に旗本・御家人の債務破棄や利下げを命令

〈風紀粛清〉出版統制令：山東京伝(洒落本)・恋川春町(黄表紙)を処罰～出版元の**蔦屋重三郎**も処罰
→ラクスマンの来航(1792年／ロシア)
林子平の処罰(1792年)：『海国兵談』『三国通覧図説』も発禁・版木没収

③結果：一時的に幕政は緊縮＋厳しい改革への反発＋尊号一件＋11代徳川家斉との対立
＊尊号一件～光格天皇が実父の閑院宮典仁親王に「太上天皇」の尊号を贈ろうとした
→松平定信は反対(**武家伝奏**を処罰)→朝幕関係が緊張(天皇の権威は高揚)
＊**大政委任論**～将軍は天皇の委任により政治を行う／将軍は政治を大名に分担させる
→天皇の権威を利用して幕府の支配を正当づける考え方(本居宣長・松平定信ら)

02 百姓一揆の変遷

①中世の一揆と近世の一揆　＊**傘連判状**(署名が円形に並ぶ→参加者の平等を示す)
〈中世〉土一揆・徳政一揆／国人一揆・国一揆／宗教一揆(法華一揆・一向一揆)
兵農分離により武士［＝国人ら］は城下町へ→武士と農民が切り離される
江戸幕府により寺院は庶民支配の末端機関に→僧侶と信者が切り離される
〈近世〉百姓一揆　＊打ちこわし～米屋などを襲撃して家屋破壊・商品略奪を行うこと

②百姓一揆の変遷
・17世紀後半：代表越訴型一揆～村役人が領主に年貢減免などを要求して直訴(＝越訴)
→**佐倉惣五郎**など(⇒**義民**)
・17世紀末：惣百姓一揆～村の枠を越えて広域化・大規模化(例：全藩一揆)
年貢増徴反対・助郷役拡張反対・専売制強化反対などを要求
・19世紀：世直し一揆～小作・貧農が地主・豪農に土地の取戻しや社会変革などを要求
＊村方騒動～村政の公正化が進む村も(**百姓代**による監視，村役人の交代制など)

問題文を読んで，文章中の空欄に当てはまる語句を記入しなさい。

01 寛政の改革

10代将軍徳川家治が亡くなると，吉宗の四男に始まる**一橋家**の（[1]　　　）が11代将軍となった。次男に始まる**田安家**出身で吉宗の孫にあたる（[2]　　　）は，陸奥白河藩主として飢饉対策などに成果を上げていた。1787年，江戸をはじめ多くの都市で激しい打ちこわしがおこったが，この（[3]　　　）の打ちこわしの翌月に**老中**となったのが（[2]　　）である。

（[3]　　）の飢饉では東北地方の被害が大きく，農村から多くの人々が江戸に流入して無宿人となっていた。そこで幕府は，（[4]　　　）令により資金を与えて帰村を奨励し，陸奥や北関東では出稼ぎを制限した。このほか，公金の貸付を行い，飢饉に備えて（[5]　　　）・義倉をつくらせ，大名には1万石につき50石の米穀を蓄えさせる（[6]　　　）を命じた。

江戸では無宿人が打ちこわしの要因となっていたため，石川島に（[7]　　　）を設けて無宿人を強制収容し，職業技術を身に着けさせようとした。また，町入用の節約分の7割を町会所に積み立てさせ，飢饉などの際の救済にあてさせる（[8]　　　）の制度を設けた。

士風刷新をめざし，大学頭**林家**の私塾**聖堂学問所**で（[9]　　　）以外の儒学の講義・研究を禁止する寛政異学の禁を発する一方で，旗本・御家人を経済的な窮乏から救うため（[10]　　　）令を出し，（[11]　　　）への債務の破棄や利下げを命じた。幕政批判も厳しく取り締まり，出版統制令では（[12]　　　）本作家の山東京伝や黄表紙作家の（[13]　　　）のみならず，出版元の**蔦屋重三郎**も弾圧された。列強の接近に対しても危機感をいだいた（[2]　　）は自ら江戸湾を視察したものの，『（[14]　　　）』で海防の急務を説いた（[15]　　　）は処罰した。

改革は一時的に幕政を緊縮させたが厳しい政策への反発も強く，（[16]　　　）天皇を中心とする朝廷との間の尊号一件や（[1]　　）との対立もあり，（[2]　　）は6年で**老中**を辞した。

02 百姓一揆の変遷

中世の一揆は，参加する人々の階層や要求もさまざまだったが，近世になると百姓一揆が中心となった。17世紀初めには，**逃散**（ちょうさん）など中世と同じような行動がとられた。17世紀後半になると，村役人が領主に直訴する代表（[17]　　　）型一揆が一般的になった。17世紀末には，広域化・大規模化した（[18]　　　）一揆となり，藩全域におよぶ**全藩一揆**もみられた。

農村への商品生産の浸透は，**質流れ**になった土地を集積して**地主**となり，生産・流通を担うようになった**豪農**と，田畑を手放して**小作・貧農**に陥った者との格差を広げた。村の運営方法も問題化し，村役人の不正を追及する（[19]　　　）の結果，村役人を交代制にしたり入れ札（ふだ）とよばれる選挙で選んだりする村もあらわれた。19世紀に入ると，小作・貧農が地主・豪農に対して土地の取戻しや社会変革などを求める（[20]　　　）一揆が増加していった。

入試問題にチャレンジ

①将軍［ア：　　　　］の時代には，［イ：　　　］天皇の実父への太上天皇の称号宣下をめぐって，老中松平定信らと朝廷との間で応酬がくり返された。（慶應大）

②正誤判別：傘連判状は，17世紀以降に初めてみられるようになった。（早稲田大）

大御所時代の政治と社会

01 大御所時代

①11代将軍徳川家斉：1837～41年は大御所として実権掌握(12代将軍：子の徳川家慶)

・文化期(1804～18)：寛政期以来の老中(松平信明ら)が緊縮路線を継承

・文政期(1818～30)：放漫な政治へ(文政小判などの貨幣改鋳→物価は高騰)

②政策〈国内〉関東取締出役の設置：関東八カ国は幕領・私領の区別なく巡回・犯人逮捕

寄場組合の編成：幕領・私領の区別なく近隣の村々が協力

＊幕領と大名領・旗本領など領主の異なる地域は政治的に分断→**無宿人**・**博徒**が横行

〈対外〉フェートン号事件(1808年)～その後もイギリス船が常陸・薩摩に上陸

→異国船打払令[無二念打払令](1825年)～外国船の撃退を命令

③結果：“**内憂外患**”大塩平八郎の乱(**天保の飢饉**)+モリソン号事件(江戸湾へ接近)

02 流通の変化と社会の変容

①手工業生産の変化

農村家内工業～畿内を中心に農業の副業として行われていた形態

↓都市での人口の増加→生活物資の需要拡大(商品作物の栽培もさかんに)

問屋制家内工業(18世紀)～問屋が原料・道具などを前貸して製品を引き取る形態

↓農村の階層分化がさらに進行(地主・豪農と小作・貧農)

工場制手工業(19世紀)～地主が自らの敷地に作業場(＝工場)を建て，賃金労働者を
[マニュファクチュア]　集めて作業工程を分業して協業させる形態

②大都市周辺の変化：在郷[在方]町～農村に形成された商工業活動がさかんな地域

在郷[在方]商人～農村に基盤をおいて商工業活動に従事する者

→株仲間をつくる問屋を介さずに売買(諸藩の専売制も同様)

〈江戸周辺〉江戸地廻り経済圏の発達(江戸周辺に在方町形成・手工業生産発達)

→江戸での生活物資は菱垣廻船がもたらす下り物から地廻り物中心に

例：京都では輸入生糸“**白糸**”を使用して高級絹織物西陣織(⇒下り物)を生産

↓北関東(上野桐生・下野足利など)で**養蚕**・生糸生産が発達

西陣で国産生糸を使用するようになる(桐生・足利の生糸が上方へ“登せ糸”)

↓**西陣**が独占していた高機を桐生・足利が導入・品質向上

桐生絹・足利絹(⇒地廻り物)は高級絹織物に

〈大坂周辺〉国訴の実施：株仲間を結成する問屋による**木綿**・**菜種**などの流通独占に反対する在郷商人らが大坂町奉行所に対して行った合法的な訴訟

③地域市場の結びつき　例：**買積船**の参入(各地の寄港地で商品の買入・販売を実施)

・内海船[**尾州廻船**]～尾張国に本拠／瀬戸内海沿岸と江戸との間を往来

・北前船～西廻り航路を運行して蝦夷地にも寄港　＊問屋中心の流通機構も動揺

→大坂での入荷量の減少により江戸への出荷量が減少→江戸の物価高騰

問題文を読んで，文章中の空欄に当てはまる語句を記入しなさい。

01 大御所時代

1793 年に松平定信が老中を辞任した後，11 代将軍(1 　　　　)が幕府の実権を握った。それは 1837 年に将軍職を子の(2 　　　　)に譲り，(3 　　　　)となってからも続いた。家斉が 1841 年に亡くなるまでの約半世紀を(3 　)時代という。

19 世紀初頭の**文化**期には依然緊縮路線が保たれていたが，つづく**文政**期になると，幕府は度重なる貨幣改鋳で増収をはかるようになった。一方，江戸周辺は幕領と私領が入り組み，賭け事で生活する博徒も横行し治安が悪化していたため，1805 年に勘定奉行の配下に(4 　　　　)をおき，幕領・私領の区別なく犯人逮捕にあたらせた。さらに，領主の異なる村々を含む近隣の数十カ村を(5 　　　　)に編成し，(4 　)の下で治安の維持などに協力させた。

外国船もたびたび日本近海に現れた。1808 年に長崎でイギリスの軍艦(6 　　　　)号がおこした事件などを背景に，幕府は(7 　　)年に(8 　　　　)令[無二念打払令]を発した。アメリカの商船(9 　　　　)号が撃退されたのは，大坂町奉行所の元与力(10 　　　　)が蜂起したのと同じ**1837 年**のことで，まさに**"内憂外患"**の時代であった。

02 流通の変化と社会の変容

中世以来手工業生産の中心は畿内であり，大消費地江戸で必要とされる物資も大坂からもたらされる(11 　　)物に依存していた。そのため元禄期に成立した全国的流通網も，まず大坂に物資を集中させ，それを大消費地である江戸に送ることを軸としていた。

しかし，都市人口の増加は生活物資の需要を高めた。18 世紀には，問屋が原料・道具などを前貸して製品を引き取る(12 　　　　)業が行われるようになった。19 世紀になると，地主が自分の土地に作業場をつくり，奉公人を賃金労働者として集め，作業工程を分業して協業させる(13 　　　　)業[(14 　　　　)]がみられるようになった。製品は問屋を経ずに直接江戸や大坂などで販売されたが，農村に基盤をおきつつ都市での商業活動に携わる者を(15 　　)商人，農村にあらわれた商工業の発達した地域を(15 　)町という。江戸周辺では江戸(16 　　　)経済圏が発達し，江戸での消費物資は(11 　)物に対して(16 　)物の割合が高まった。なお，問屋を介さないという点では藩(17 　　)制も同じである。

大坂周辺でも，株仲間をつくる問屋の**木綿・菜種**の流通独占に反対する(15 　)商人らが，大坂町奉行所に(18 　　)とよばれる合法的な訴訟を行った。1000 以上の村が参加し得た背景の一つに，(19 　　)船[**尾州廻船**]や西廻り航路を運行する(20 　　)船などが各地で商品の買入と積荷の販売を行う買積方式をとったことによる(15 　)町の結びつきがあげられる。これはまた，大坂での入荷量の減少や従来の流通機構の動揺にもつながった。

入試問題にチャレンジ

①19 世紀以降，畿内農村が連合し，幕府に対して木綿・菜種の自由な取引を求めた[　　]は合法的な手続きを踏んだ訴願の代表である。(京都大)

②正誤判別：内海船は尾張国知多半島を拠点に瀬戸内と伊勢湾・江戸を結んだ。(立教大)

㊹㊺㊻㊼㊽ **59** ⑥⓪

天保の改革と藩政改革

01 天保の改革

①12代将軍徳川家慶：徳川家斉の子～**老中**水野忠邦が享保・寛政への復古を掲げて改革

“内憂” **天保の飢饉**～**郡内騒動**(甲斐)・**加茂一揆**(三河)など幕領でも一揆

‖

国内の混乱　・大塩の乱：米不足の大坂で町奉行所が商人と結託・米を江戸へ廻送

→大塩平八郎が蜂起(町奉行所の元与力／**洗心洞**で**陽明学**を教授)

＊幕府の元役人が幕府の直轄都市で公然と武装蜂起→大きな衝撃

対外的な危機　・生田万の乱：越後柏崎で国学者が大塩門弟と称して蜂起

‖

“外患”　モリソン号事件～アメリカの商船が江戸湾入口の浦賀沖へ(1837年)

②政策〈風紀粛清〉為永春水(人情本)・柳亭種彦(合巻)の処罰　＊**江戸三座**の移転

〈農村復興〉人返しの法：江戸に流入した貧民の強制帰村　＊出稼ぎも禁止

〈物価統制〉株仲間解散令(1841年)：物価引下げ→効果なし(10年後に再興許可)

・質を下げた貨幣の発行――→江戸での物価騰貴←┐

・**買積船**や越荷方により大坂での入荷量減少→江戸への出荷量も減少

〈海防強化〉天保の薪水給与令(1842年)：**アヘン戦争**の情報を得て撃退の方針を転換

印旛沼掘割工事：外国船による江戸湾封鎖に備えた迂回路の構築

→掘割を利用して常総方面から江戸への物資輸送の便宜をはかる目的も

〈権威強化〉上知令(1843年)：江戸・大坂周辺の地の直轄化(背景に**三方領知替え**の失敗)

→反対をうけて撤回・**老中**辞任

02 諸藩での改革

①17世紀後半：儒学の習得→為政者の立場を自覚／歴史書の編纂→支配を正当化

・**岡山藩**：藩主池田光政～熊沢蕃山(陽明学者)の登用，閑谷学校(郷校)の設立

・**会津藩**：藩主保科正之～山崎闇斎(朱子学者)の登用

・**加賀藩**：藩主前田綱紀～木下順庵(朱子学者)の登用

・**水戸藩**：藩主徳川光圀～**朱舜水**(明の儒者)の登用，『大日本史』編纂開始(彰考館)

②18世紀後半：藩主主導／特産物の専売制による財政再建／藩校の設立による人材育成

・**熊本藩**：藩主細川重賢～藩校の時習館設立

・**米沢藩**：藩主上杉治憲[鷹山]～藩校の興譲館再興，米沢織(絹織物)の奨励

・**秋田藩**：藩主佐竹義和～藩校の明徳館設立，林業(杉)・鉱業(銀)の奨励

③19世紀前半：有能な中・下級武士の登用／負債の破棄による財政再建／洋式軍備の拡充

・**薩摩藩**：調所広郷の登用，負債の250年賦返済，**黒砂糖**の専売制強化，琉球王国を通じた清国との密貿易　＊**土佐藩**・越前藩・伊予宇和島藩でも改革実施

・**長州藩**：村田清風の登用，負債の37年賦返済，下関の越荷方強化

・**佐賀藩**：藩主鍋島直正の主導，均田制の採用，日本初の反射炉，**有田焼**の専売制強化

＊藩専売制～製造から販売までの工程をすべて藩が行う(→利益は藩が独占)

問題文を読んで，文章中の空欄に当てはまる語句を記入しなさい。

01 天保の改革

全国におよんだ**天保の飢饉**では，幕領でも大規模な一揆が起こった。**1837年**には大坂で(1　　　　)が，越後柏崎でも(2　　　　)が蜂起するなど不穏な情勢が続いた。

大御所徳川家斉の没後，**老中**(3　　　　)が12代将軍徳川家慶の下で改革を始めた。厳しい**倹約令**は武士のほか庶民にも命じられた。**江戸三座**とよばれた歌舞伎の芝居小屋は江戸のはずれの浅草に移され，人情本作家の(4　　　　)や合巻作家の柳亭種彦も処罰された。(5　　　　)の法では江戸に流入した貧民を強制的に帰村させ，出稼ぎも禁じた。江戸の物価騰貴は十組問屋など(6　　　　)の流通独占にあるとして**1841年**に(6　　)の解散を命じたが，効果はなかった。また，**アヘン戦争**の情報を得て異国船打払令を撤回し，天保の(7　　　　)令を定めた。外国船による江戸湾封鎖に備えて(8　　　　)の掘割工事にも着手した。川越・庄内・長岡藩の**三方領知替え**の失敗で失墜した権威の回復をめざす幕府は，**1843年**に(9　　　　)令を出した。これは江戸・大坂周辺を幕府直轄とするもので，在郷商人の統制や海防の強化をもめざしたが，大名・旗本・領民の反対をうけ撤回され，(3　　)も失脚した。

02 諸藩での改革

17世紀後半の文治政治の時期には，儒学を学ぶことで為政者としての立場を自覚させようと，儒学者を招いて政務にあたる藩主が登場した。**岡山藩**主池田光政は(10　　　　)を登用し，郷校の(11　　　　)を設けた。**会津藩**主保科正之は山崎闇斎，**加賀藩**主(12　　　　)は木下順庵を重んじ，**水戸藩**主(13　　　　)は歴史書『大日本史』の編纂を始めさせた。

18世紀後半の寛政の改革期には，藩主主導で特産物の専売制などによる財政再建や藩校の設立による人材育成などが行われた。**熊本藩**主(14　　　　)は時習館を設立し，**米沢藩**主(15　　　　)は興譲館を再興したほか，米沢織の生産を奨励した。**秋田藩**主佐竹義和は明徳館を設け，林業や鉱業に力を入れた。

19世紀の天保の改革期になると，有能な中・下級武士を登用して負債の強引な破棄や洋式軍備の拡充につとめる藩があらわれた。**薩摩藩**では(16　　　　)が三都の商人に巨額の負債の250年賦無利子返済という事実上の破棄を認めさせ，奄美三島(あまみさんとう)産の**黒砂糖**の専売制強化や**琉球王国**を通じた清国との密貿易で財政を再建した。**長州藩**では一揆を機に登用された(17　　　　)が負債の37年賦返済を実現し，下関の(18　　　　)で北前船などの積荷を担保とした金融や積荷の委託販売で利益をあげた。**肥前藩**では藩主(19　　　　)の主導で均田制による土地の再配分や**有田焼**の専売制強化が行われ，日本初の(20　　　　)で大砲が製造された。改革は**土佐藩**などでも行われ，これらの藩は幕末に雄藩として台頭していった。

入試問題にチャレンジ

①正誤判別：幕府は財政安定や海防補強のため京都・大坂周辺の土地を幕府の直轄地にしようとしたが，朝廷や商人の反対により実施できなかった。（明治大）

②［ア 秋田　イ 米沢　ウ 佐賀　エ 熊本］藩主上杉治憲は名君として知られる。（学習院大）

54 55 56 57 58 59 **60**

文化・文政期の文化

01 文化・文政期の思想・学問

【特徴】・時期：19世紀前半／中心：江戸／担い手：下層の民衆も
・商品流通の進展＋出版・教育の普及→全国的な人と情報の交流さかんに
・国内的危機＋対外的危機→打開策の模索／享楽的でありながらも反骨的
└→後先を考えず今を楽しむ

経世論 由来は「経世済民」(世を経め，民を済ふ)
・海保青陵『稽古談』(藩専売の奨励)
・本多利明『経世秘策』(海外貿易／属島開発)『西域物語』(神尾春央の発言掲載)
“胡麻の油と百姓は絞れば絞るほど出るものなり”
・佐藤信淵『経済要録』(産業国営化／貿易奨励)『農政本論』(農政の歴史・心得)

国学 平田篤胤～本居宣長没後の門人／復古神道を大成→豪農・神職に影響／尊攘論へ

尊王論 水戸学〈前期〉藩主徳川光圀～『大日本史』編纂→大義名分論に基づく尊王論
〈後期〉藩主徳川斉昭～**藤田幽谷**・**東湖**父子，**会沢安**［**正志斎**］→尊攘論

天文・暦学 高橋至時～天文方／西洋の暦法に基づく**寛政暦**作成
高橋景保(至時の子)～天文方／蛮書和解御用設置建議／シーボルト事件→獄死
＊シーボルト～オランダ商館のドイツ人医師／日本地図持出で国外追放
伊能忠敬(至時の門人)～測量／没後に『**大日本沿海輿地全図**』完成
志筑忠雄～蘭学者・通詞／『暦象新書』で万有引力・地動説紹介／『**鎖国論**』

※人材の育成：適塾［適々斎塾］(大坂／蘭医の**緒方洪庵**) **咸宜園**(豊後日田／**広瀬淡窓**)
└→福沢諭吉・大村益次郎・橋本左内らを輩出
松下村塾(長州萩／吉田松陰が叔父の私塾を継承) 鳴滝塾(長崎／シーボルト)
└→高杉晋作らを輩出 └→高野長英らを輩出

02 文化・文政期の文学・芸能

小説 〈絵入り〉・滑稽本～『浮世風呂』式亭三馬 『東海道中膝栗毛』十返舎一九
・人情本～町人の恋愛を描く 『春色梅児誉美』為永春水 ――→天保の改革で禁止
・合巻～黄表紙を数巻合わせ綴じる 『偐紫田舎源氏』柳亭種彦 →天保の改革で禁止
〈文章中心〉・読本～曲亭馬琴『南総里見八犬伝』(主家の再興)『**椿説弓張月**』(源為朝)

俳諧・和歌 俳諧～小林一茶『おらが春』(農民の生活・感情) 和歌～良寛(越後の禅僧)

＊地域間交流：鈴木牧之～越後の商人／山東京伝・曲亭馬琴らと交流→『**北越雪譜**』出版
菅江真澄～三河の国学者／東北各地を旅行後秋田に定住『菅江真澄遊覧記』

脚本 鶴屋南北(四世)～『**東海道四谷怪談**』 河竹黙阿弥～明治時代初期には**散切物**

03 文化・文政期の絵画

浮世絵 風景画の発達(←庶民に旅行が流行) ＊庶民の旅は原則禁止／寺社参詣は許可
『富嶽三十六景』葛飾北斎(富士山) 『東海道五十三次』歌川広重(53の宿駅)

写生画 **呉春**［松村月溪］～円山応挙・与謝蕪村に学ぶ→**四条派**の始祖

文人画 **田能村竹田** **谷文晁** 渡辺崋山(文晁の門人／蛮社の獄)～『鷹見泉石像』

問題文を読んで，文章中の空欄に当てはまる語句を記入しなさい。

01 文化・文政期の思想・学問

11 代将軍徳川家斉のいわゆる大御所時代には，寛政の改革での統制で一時停滞していた学問や文芸が再びさかんになった。また，商品流通の発達や交通網の整備，識字率の高まりなどを背景に，地方や農村部，中・下層の人々をも担い手とする文化が発達した。

幕藩体制の動揺に対外的な危機が加わったこの時期には，新たな方策が提唱された。(1　　　)は『稽古談』で商行為を正当なものとして藩専売による財政再建を，(2　　　)は『経世秘策』で海外貿易を，佐藤信淵は『(3　　　)』で産業の国営化を唱えた。

国学では，本居宣長の没後の門人を称した(4　　　)が復古神道を大成した。これは地方の豪農・神職の間に広まり，のちに尊王攘夷運動を支える基盤となった。水戸藩でも，藩主(5　　　)のもとで**藤田幽谷・東湖**父子を中心に尊王攘夷論が展開された。

寛政暦を作った幕府の天文方高橋至時の子(6　　　)は，翻訳局の設置を建議して天文方に(7　　　)が設けられたが，国外持出が禁じられていた日本地図を(8　　　)に渡した罪で捕えられ獄死した。下総佐原(さわら)の名主(9　　　)は至時に測量の技術を学んで全国を実測し，その成果は没後(6　　)らの協力で**『大日本沿海輿地全図』**として完成した。**『鎖国論』**の著者としても知られる(10　　　)は『暦象新書』を著した。

幕末から維新期にかけて活躍する人々を輩出した私塾では，福沢諭吉が学んだ大坂の(11　　　)，高杉晋作が学んだ長州萩の(12　　　)などがある。豊後日田に**広瀬淡窓**が開いた**咸宜園**は年齢・身分・学歴を問わず教育をうけることができ，多くの入門者が集まった。

02 文化・文政期の文学・芸能

庶民の生活を軽妙(けいみょう)な会話で著した(13　　　)本には，式亭三馬の『浮世風呂』や(14　　　)の『東海道中膝栗毛』がある。恋愛を描いて女性に人気のあった人情本では(15　　　)の『春色梅児誉美』，長編化したことから合巻とよばれたジャンルでは(16　　　)の『偐紫田舎源氏』があるが，ともに天保の改革で弾圧をうけた。文章を主体とする読本では，(17　　　)による『南総里見八犬伝』が勧善懲悪(かんぜんちょうあく)をテーマとした大作である。

農村でも俳諧などの結社がつくられ，結社同士や都市の文化人との交流もさかんになった。塩沢縮(ちぢみ)の仲買商人(18　　　)は，越後と江戸を行き来する中で作家たちと知り合い，その縁もあって雪国の生活を描いた**『北越雪譜』**を江戸で出版するとベストセラーになった。

03 文化・文政期の絵画

庶民の旅がさかんになったことなどを背景に，(19　　　)の『富嶽三十六景』や(20　　　)の『東海道五十三次』が制作された。これらはのち海外にもたらされ，ゴッホら印象派の画家に影響を与えた。文人画では渡辺崋山が兄弟子を描いた『鷹見泉石像』がある。

入試問題にチャレンジ

①1811 年に幕府が設置した，洋書などを翻訳する組織は何か。(早稲田大)

②地方文化の発信者には，三河出身で東北地方の貴重な民俗資料を残した[ア：　　　]，雪国の自然や生活を『北越雪譜』に著した[イ：　　　]がいる。(同志社大)

史料問題の考え方

問題文の代わりに古文・漢文のような文章，つまり昔の人たちが書き記した歴史書や日記などの一部分を書き下した文章が引用されることがあります。史料問題です。

まずは教科書に載っている史料から

教科書では，ところどころに枠に囲まれた史料が載せられています。このように教科書で引用されている史料は有名な史料，つまり受験生であれば知っているべき→知っていなければならない→知っていて当然な史料，と考えてよいでしょう。どの言葉が空欄になっても，どの部分に下線が引かれてもおかしくありません。「○○世紀 or ○○時代に○○の命令で○○が編纂した歴史書『○○』の○○に関する史料」のような，史料そのものに関する情報をおさえたうえで，内容を確かめておく必要があります。

史料が残っているから歴史の流れがわかる

出題されるのは有名な史料ばかりとは限りません。受験生が試験会場で初めて目にする史料，いわゆる未見史料もあります。そして，これを苦手とする受験生が多いことも確かです。

未見史料は難しそうに見えます。でも，本当に難しいのでしょうか。

過去の出来事を知る手がかりとなるものはいろいろ残っています。考古学での発掘成果もその一つだし（これは必ずしも原始時代に限ったことではありません。また，土の中だけでなく海底から見つかるものもあります），国内外に残る歴史書やさまざまな人々の手による日記類などの文献資料（石碑や鐘などに刻まれている文もあります）もまたその一つです。特に，この文献資料は山ほど残っています。一つの出来事でも，それを書き記した書物はたくさんあり，書き記した人の立場によってとらえ方が異なれば，記述の仕方も異なります。それらを比較検討して偏りなくとらえ直し，「その出来事は実際にどのようなものだったのか」をまとめたものが教科書，ということになります。つまり，未見史料に書かれている内容は，教科書の内容のどこかに必ず結びつけることができるはずです。

そう考えると，史料中の人物名や役職名，国名・地名，元号・年代などが重要なキーワードとなります。もちろん，これらをヒントとして生かせるようになるには，基本事項の理解が不可欠。この問題集をくり返して基本事項を固めてくださいね。（もし史料中に全くヒントとなる言葉が見つからなかったら？それでも大丈夫。設問文や選択肢から，史料の内容が推測できるようになっているはずです）

受験生（のほぼ）全員が受験会場で初めて目にするのが未見史料
➡全員０点，では困る（入試問題だから得点に差がつかないと…）
➡史料中に見え隠れするヒントが見つかれば勝ち！解ける！

第13章

近世から近代へ

欧米諸国の動きは国別にまとめてありますが，「フェートン号→異国船打払令→モリソン号」のような並べ替えができるように。幕末はややこしいです。でも，方針転換や連携・敵対は理由があってのこと。背景に注目しましょう😊

61 ⑥② ⑥③ 列強の接近

01 ロシアとの関係

〈背景〉シベリアさらに北太平洋に進出→毛皮貿易をめぐり千島列島を南下→蝦夷地へ

①田沼時代：**厚岸**に来航→田沼意次～最上徳内を蝦夷地へ派遣(対ロシア貿易めざす)

＊工藤平助～著書『赤蝦夷風説考』を献上(赤蝦夷とはロシア人のこと)

②寛政の改革期：**クナシリ・メナシの戦い**～松前藩が鎮圧／アイヌの隷属化進行

↓幕府～アイヌとロシアの結びつきを警戒

ラクスマンの根室来航～漂流民大黒屋光太夫らの送還(→**桂川甫周『北槎聞略』**)

(1792 年)　└→ペテルブルグで女帝**エカチェリーナ２世**に謁見

通商のため江戸湾入港を要求→幕府は拒否・**信牌**を与える

＊松平定信～江戸湾巡視・諸藩に海防強化命令／林子平処罰(『海国兵談』など)

③大御所時代：近藤重蔵・最上徳内らを**択捉島**へ派遣～「**大日本恵登呂府**」の標柱

↓幕府～**東蝦夷地**の直轄化(**東蝦夷地**＝蝦夷地太平洋側と千島列島)

レザノフの長崎来航(1804 年)～**信牌**所持・通商要求　＊**祖法**～代々伝わるしきたり

↓幕府～「朝鮮・琉球・中国・オランダ以外とは関係持たず」が**祖法**

ロシア軍艦の樺太・択捉島襲撃～レザノフの部下たちによる(1806 ～ 07 年)

↓幕府～**文化の撫恤[薪水給与]令**(1806 年)　＊撫恤～憐れみ慈しむ

幕府による全蝦夷地の直轄化(1807 年)～**松前奉行**の管轄／松前藩は陸奥梁川に転封

↓間宮林蔵を樺太へ派遣～樺太が島であることを発見→**間宮海峡**

ゴローウニン事件～軍艦の艦長を**国後島**で捕縛／箱館・松前に監禁→**『日本幽囚記』**

↓ロシア～高田屋嘉兵衛(北前船の船主・択捉航路開拓)を抑留

両者の交換釈放で事件解決～対露関係は安定→幕府は蝦夷地を松前藩に還付(1821 年)

02 イギリスとの関係

〈背景〉産業革命の開始→原料供給地や市場の確保めざす／捕鯨船が太平洋周航

フェートン号事件(1808 年)～ナポレオン戦争の影響　└→日本近海に出没

軍艦が長崎に侵入・退去／松平康英(長崎奉行)は引責自殺／**佐賀藩主**も処罰

↓外国船の相次ぐ接近　例：イギリス船員の常陸大津浜・薩摩宝島上陸(1824 年)

異国船打払令[無二念打払令](**1825 年**)～オランダ船も長崎以外では撃退

└→二念無く＝迷うことなく

03 アメリカとの関係

〈背景〉イギリスより独立→西部開拓の進行／清への貿易船や捕鯨船の寄港地獲得めざす

モリソン号事件(**1837 年**)～商船が浦賀沖・薩摩山川に接近・撃退

↓蛮社の獄～渡辺崋山(『慎機論』)・高野長英(『戊戌夢物語』)らを処罰　＊尚歯会も弾圧

天保の薪水給与令(**1842 年**／天保の改革期)～背景にアヘン戦争と南京条約

＊高島秋帆(長崎の町年寄・砲術家)～武蔵徳丸ヶ原で西洋式の砲術演習

問題文を読んで，文章中の空欄に当てはまる語句を記入しなさい。

01 ロシアとの関係

18世紀後半，ロシア船が通商を求めて東蝦夷地の**厚岸**に来航した。老中田沼意次は，蝦夷地開発やロシア貿易を説いた『(1　　　　)』の著者(2　　　　)の意見を取り入れ，(3　　　　)を蝦夷地に派遣した。ロシアとの交易も計画していたという。

寛政の改革期，国後島と知床(しれとこ)半島の目梨(めなし)地方のアイヌが蜂起した。1792年に(4　　　　)が根室に来航し，漂流民(5　　　　)らを送還するとともに通商のため江戸湾入港を要求した。幕府はこれを拒否したが，長崎入港許可証である**信牌**を与えて帰国させた。『**北槎聞略**』は(5　)からの聞き書きを**桂川甫周**がまとめたものである。

松平定信の老中辞任後，幕府は(6　　　　)と(3　)らを**択捉島**に派遣し，「**大日本恵登呂府**」の標柱を立てさせた。その後，幕府は**東蝦夷地**を直轄とした。

1804年，**信牌**を携えた(7　　　　)が長崎に来航したものの，通商は拒絶された。これを機にロシア軍艦が樺太・択捉島を襲撃したため，幕府は1807年に**全蝦夷地**を直轄とし**松前奉行**をおいた。その後，樺太を探査した(8　　　　)は樺太が島であることを発見した。

1811年，ロシア軍艦の艦長(9　　　　)が**国後島**で捕らえられ，箱館・松前に監禁された。一方ロシアは，択捉航路を開拓した(10　　　　)を抑留した。両者が交換釈放されたのち対露関係は安定し，1821年に幕府は松前藩に蝦夷地を還付した。

02 イギリスとの関係

1808年，イギリスの軍艦(11　　　　)号が長崎に侵入した。一時はオランダ商館員をとらえたが解放し，薪水・食料を強要して退去した。長崎奉行(12　　　　)はこの責任をとって自害し，長崎湾を警護する義務のあった**佐賀藩主**も処罰された。

その後も欧米船の接近は続いた。幕府は薪水・食料を与えて退去させる方針をとっていたが，キリスト教の布教を警戒するようになり，1824年にイギリス船の乗組員が常陸大津浜や薩摩宝島に上陸したことを機に，**1825年**(13　　　　)令を出した。

03 アメリカとの関係

1837年，アメリカの商船(14　　　　)号が浦賀沖に接近し，漂流民の送還と通商を求めたが，(13　)令により撃退された。(15　　　　)は『**慎機論**』，**高野長英**は『(16　　　　)』で幕府の対外政策を批判し，処罰された。これを(17　　　　)の獄という。

その後，老中水野忠邦は，(18　　　　)戦争の情報を得て西洋砲術の導入を建議した(19　　　　)に武蔵徳丸ヶ原で砲術演習を行わせた。まもなく天保の改革が始まると，幕府は**1842年**に天保の(20　　　　)令を出し，外国船撃退の方針を転換した。

入試問題にチャレンジ

①蝦夷地調査に向かった最上徳内は国後島・[　　　　]を経て得撫島に至った。(北海道大)

②異国船の沿岸部接近は頻繁に生じており，1822年にはイギリスの捕鯨船が江戸湾の入口に位置する[　　　　]に来航し，特例で食糧·水·薪などを給与されている。(学習院大)

開国とその影響

01 開国

①オランダ国王の開国勧告(1844年)：**ウィレム2世**から12代将軍徳川家慶への親書

②アメリカの開国要求：ビッドルの浦賀来航(1846年)～幕府は拒否

↓米墨戦争でメキシコに勝利～カリフォルニア(金鉱)獲得→太平洋側に領土拡張

→太平洋側に都市増加・産業発達→対清貿易の重要度・寄港地の必要性高まる

ペリーの**浦賀**来航(1853年／軍艦4隻)～老中阿部正弘らにフィルモア大統領の国書

プチャーチンの**長崎**来航(1853年)～開国と北方での国境画定を要求

③開国：日米和親条約[神奈川条約](1854年／軍艦7隻)

(1)下田・箱館の開港と**領事**の駐在　(2)薪水・食料の供給と難破船の救助

(3)アメリカに一方的な最恵国待遇～他国により有利な条件を認めた場合，自動的にアメリカにもその条件を認める

＊イギリス・ロシア・オランダとも締結

02 貿易の開始

①通商条約締結の要求：初代駐日総領事ハリス(下田に着任／通訳：**ヒュースケン**)

↓老中堀田正睦～孝明天皇の勅許を得るため上洛→得られず

大老井伊直弼～無勅許で条約調印(背景～**アロー戦争**)

②日米修好通商条約(**1858年**／下田で締結)～不平等条約→明治時代の条約改正交渉へ

(1)神奈川(→実際には横浜を開港)・**長崎**・**新潟**・兵庫の開港／**江戸**・**大坂**の開市

(2)自由貿易の原則　(3)居留地の設定(一般外国人の国内旅行禁止→**内地雑居**認めず)

(4)領事裁判権[治外法権]の承認　(5)協定関税制の採用[日本は関税自主権持たず]

＊批准書の交換～幕府の軍艦咸臨丸が随行(艦長：勝海舟／太平洋横断に成功)

＊オランダ・ロシア・イギリス・フランスとも締結～安政の五カ国条約

03 開港の影響

①外国貿易の開始(1859年)

〈場所〉居留地　〈最大貿易港〉横浜　〈最大相手国〉イギリス(アメリカは**南北戦争**中)

〈形態〉日本商人(輸出品担当の**売込商**・輸入品担当の**引取商**)と外国商人が**銀貨**で取引

〈輸出品〉1－生糸(約80％)　2－**茶**　3－**蚕卵紙**　⇒食料・半製品中心

〈輸入品〉1－毛織物　2－綿織物　3－武器　4－艦船　5－綿糸　⇒工業製品中心

②産業への影響：発達～**養蚕業**・**製糸業**　打撃～**絹織物業**／**綿作**・**綿織物業**

③流通への影響：在郷商人が輸出品を開港場へ直送(従来の**問屋**中心の流通機構崩壊)

→五品江戸廻送令(1860年)～雑穀・**水油**・蠟・呉服・生糸は**問屋**経由→効果なし

④生活への影響：金銀比価の相違で金貨流出(日本－金1：銀5／諸外国－金1：銀15)

→**万延貨幣改鋳**(1860年)～質を大幅に下げた万延小判の発行→物価高騰

→攘夷運動高揚　例：**ヒュースケン**殺害・**東禅寺事件**・**イギリス公使館焼打ち事件**

問題文を読んで，文章中の空欄に当てはまる語句を記入しなさい。

01 開国

アヘン戦争とその後の不平等な南京条約をふまえ，オランダの国王**ウィレム2世**は12代将軍徳川家慶に親書を送り，開国して紛争を避けるように勧告した。アメリカ東インド艦隊司令長官（1　　　　）は**浦賀**に来航して通商を求めたが，幕府はいずれも拒否した。しかし，その後太平洋側へ領土を広げたアメリカは日本の開国を強く求めるようになった。

1853年6月，アメリカ東インド艦隊司令長官（2　　　　）は，**那覇**に寄港したのち**黒船**とよばれた軍艦4隻を率いて**浦賀**に来航し，開国を要求した。老中（3　　　　）を中心とする幕府は大統領（4　　　　）の国書を正式に受け取り，翌年回答することを約束した。翌月には，ロシアから（5　　　　）も**長崎**に来航し，開国と国境の画定を求めた。

（2　）は1854年に軍艦7隻とともに再び来航し，条約締結を強要したため，幕府は（6　　　　）条約[神奈川条約]を締結した。これにより，①下田・箱館の開港と**領事**の駐在，②アメリカに一方的な（7　　　　）待遇を与えることなどが取り決められた。さらにイギリス・ロシア・オランダとも同様の条約を締結し，日本は開国することとなった。

02 貿易の開始

下田に着任した初代駐日総領事（8　　　　）は，通商条約の締結を幕府に求めた。幕府内の意見は分かれ，老中（9　　　　）は締結に反対する大名を勅許でおさえようとして上洛したが，（10　　　　）天皇の勅許は得られなかった。**アロー戦争**で清が英仏に敗れると，（8　）は英仏の脅威を説いて条約締結をせまった。**大老**（11　　　　）は勅許を得ないまま締結に踏み切り，**1858年**に（12　　　　）条約が締結された。

この条約は，①（13　　　　）・**長崎**・**新潟**・兵庫の開港と**江戸**・**大坂**の開市，②領事裁判権の承認，③協定関税制の採用などを定めた不平等なものであった。同様の条約はオランダ・ロシア・イギリス・フランスとも締結され，安政の五カ国条約と総称される。

03 開港の影響

開港場の（14　　　　）で始まった貿易では，最大の貿易港が（15　　　　），最大の相手国が（16　　　　）であった。輸出品では（17　　　　）が8割，輸入品では（18　　　　）と綿織物で7割を占めた。そのため**養蚕業**や**製糸業**は発達したものの，西陣などの**絹織物業**は原料不足と価格の高騰で打撃をうけた。綿花を栽培する**綿作**や**綿織物業**も圧迫された。

在郷商人は輸出品を開港場へ直送したため，**問屋**を中心とする従来の流通機構が崩れた。そこで幕府は1860年に（19　　　　）令を出し，（17　）や**水油**などの5品目を江戸の**問屋**経由とするように命じたが，効果は上がらなかった。また，金銀比価の相違から大量の金貨が国外に流出したため，幕府は質を大幅に下げた（20　　　　）小判を発行して流出を防ごうとしたが物価の高騰を招き，貿易への反感が高まって攘夷運動の高揚につながった。

入試問題にチャレンジ

① 1853年にアメリカ東インド艦隊司令長官ペリーが浦賀沖に来航し，アメリカ大統領[　　　　]の国書を渡し，開国を求めた。（学習院大）

② 1865年における日本の輸入品の第2位は[綿糸／綿織物／綿花]である。（早稲田大）

幕末の政局

01 安政の改革

①老中阿部正弘：ペリー来航を朝廷に報告 ——→朝廷の権威高揚

諸大名・幕臣の意見を採用 ——→外様も幕政参加

②人事改革：大名〜松平慶永(越前)・島津斉彬(薩摩)・徳川斉昭(前水戸藩主)ら

幕臣[旗本・御家人]〜岩瀬忠震(対米外交)・川路聖謨(対露外交)ら

③国防強化：大船建造の禁の解除〜武家諸法度**寛永令**での規定を改正

江戸〜**品川沖**での台場建造，講武所の設置　＊**江川太郎左衛門**[英竜・坦庵]

長崎〜海軍伝習所(勝海舟ら)　〜**伊豆**韮山に反射炉を建造

＊薩摩藩〜島津斉彬(鹿児島に反射炉や洋式工場群からなる**集成館**を建設)

02 幕府独裁から公武合体へ

①幕府内の対立：条約勅許問題／将軍継嗣問題(**一橋家**徳川慶喜⇔紀伊藩主徳川慶福)

↓　↓　"一橋派"　"南紀派"

②**大老**井伊直弼：無勅許調印〜14代将軍は徳川慶福[のち家茂と改名]に決定

↓　(13代将軍徳川家定の継嗣)　＊継嗣〜あとつぎ

安政の大獄〜反対派の公家・諸大名を処罰

↓　橋本左内(越前藩士)・吉田松陰(長州藩士)らは死罪

桜田門外の変(1860年)〜水戸藩浪士らにより井伊直弼暗殺

③老中安藤信正：幕府主導の公武合体政策

和宮(孝明天皇の妹)と14代将軍徳川家茂との結婚→坂下門外の変(安藤信正負傷)

④薩摩藩主の父島津久光：雄藩主導の公武合体政策〜文久の改革

・江戸下向：**大原重徳**(孝明天皇の勅使)とともに幕府に改革要求

・人事改革：政事総裁職〜松平慶永(越前藩主)　将軍後見職〜徳川慶喜

京都守護職(**京都所司代**の上／配下に**新選組**)〜松平容保(**会津**藩主)

・生麦事件：薩摩への帰途，家臣がイギリス人殺傷→のち薩英戦争へ(攘夷断念)

03 尊王攘夷運動の高揚

〈長州藩〉尊王攘夷派が主導権：朝廷が攘夷要求→幕府が攘夷決行命令→下関で外国船砲撃 (5/10)

1863年8月　八月十八日の政変：薩摩藩・**会津藩**による尊攘派の京都追放

＊各地で尊攘派が蜂起(1863〜64年)〜天誅組の変・生野の変・天狗党の乱

1864年7月　池田屋事件：再び京都で尊攘派弾圧(**新選組**による)

禁門の変[蛤御門の変]：京都に攻め上った長州藩が薩摩藩・**会津藩**などに敗北

第1次長州征討：禁門の変の罪を問う幕府軍に戦わずして屈服

8月　**四国艦隊下関砲撃事件**：英・仏・米・蘭が下関占領(前年5/10の報復)

〈長州藩〉尊攘派に代わり保守派が台頭・幕府に恭順／攘夷断念　＊恭順〜命令に従うこと

問題文を読んで，文章中の空欄に当てはまる語句を記入しなさい。

01 安政の改革

老中(1　　　　)はペリー来航を朝廷に報告し，諸大名や幕臣の意見を広く求めた。しかし，この異例の措置は朝廷の権威を高め，諸大名に幕政関与の機会を与えることとなった。

幕府は，越前藩主松平慶永・薩摩藩主(2　　　　)ら開明的な大名の協力を得ながら，前水戸藩主(3　　　　)を幕政に参与させたほか，有能な幕臣の登用も行った。国防強化のために**品川沖**に台場を設け，武家諸法度で定めた大船建造の禁を解除した。また，**長崎**には(4　　　　)，江戸には講武所をおくなどして洋式軍備の導入につとめた。

02 幕府独裁から公武合体へ

13代将軍徳川家定の継嗣をめぐり，**一橋家**の(5　　　　)を推す**一橋派**と紀伊藩主徳川慶福を推す**南紀派**が対立した。**大老**に就任した(6　　　　)は条約の無勅許調印を行うとともに徳川慶福を将軍継嗣に決定し，これらを非難した公家や大名を処罰した。この(7　　　　)では，越前藩士橋本左内や長州藩士(8　　　　)らが死罪となったが，憤慨(ふんがい)した水戸藩の浪士らにより1860年，(6　)は江戸城の(9　　)門外で暗殺された。

その後，幕政の中心となった老中(10　　　　)は，朝廷と幕府の融和をはかる公武合体の方針をとり，孝明天皇の妹(11　　)を(12　　　　)と名を改めた14代将軍の妻とすることに成功したが，尊王攘夷派から批判され，(13　　)門外で襲われて失脚した。

一方，朝廷・幕府双方とつながりの深い薩摩藩では，藩主の父(14　　　　)が孝明天皇の勅使とともに江戸へ向かい，幕政改革を要求した。この独自の公武合体に基づく文久の改革では，越前藩主松平慶永が(15　　　　)職，(5　)が将軍後見職，**会津**藩主(16　　　　)が(17　　　　)職に任命され，参勤交代も3年に1度とするなど緩和された。しかし，薩摩への帰途，(14　)の行列を横切ったイギリス人が殺傷される(18　　)事件が起こった。

03 尊王攘夷運動の高揚

京都では，尊王攘夷論を唱える長州藩が急進派の公家と組んで主導権を握り，攘夷決行をせまられた幕府は1863年5月10日を期に攘夷を決行するよう諸藩に命じ，長州藩では下関を通る外国船を砲撃した。一方，前年の(18　)事件の報復である薩英戦争を経て，攘夷が不可能であることを痛感した薩摩藩は，**会津藩**とともに長州藩勢力と三条実美(さねとみ)ら急進派の公家を京都から追放し，朝廷での実権を取り戻した。(19　　　　)の政変である。

勢力回復をめざす長州藩は，翌1864年の池田屋事件を機に京都へ攻め上ったが敗れた。この(20　　)の変[蛤御門の変]の後，幕府は朝廷からの勅書に基づき長州藩を攻撃した。同じ頃，前年の砲撃の報復として，英・仏・米・蘭の4カ国が下関の砲台を攻撃した。第1次長州征討と四国艦隊下関砲撃事件により長州藩は幕府に恭順し，攘夷の不可能を悟った。

入試問題にチャレンジ

①島津久光が江戸から帰る途中，その従士が起こした外国人殺傷事件は何か。(青山学院大)

②正誤判別：長州藩は，八月十八日の政変後の状況を巻き返すべく京都に攻めのぼったが，会津藩など諸藩の兵に敗れた。(関西学院大)

史料問題を読んでみよう①

実際に未見史料を読んでみましょう。筑波大学で出題された入試問題です。論述形式であることは気にせず，史料の読み取りに集中してみてください。

例題　次の史料は『経済録拾遺』の一節である。史料中の下線部分①，②を具体的に説明しながら，当時の政治と社会について論述せよ。

近来諸侯大小ト無ク，①国用不足シテ貧困スルコト甚シ。家臣ノ禄俸ヲ借ルコト，少キハ十分ノ一，多キハ十分ノ五六ナリ。ソレニテ足ラザレバ，②国民ヨリ金ヲ出サシメテ急ヲ救フ。猶足ラザレバ，江戸・京・大坂ノ富商大賈(たいこ)ノ金ヲ借ルコト，年年ニ已(やま)ズ。借ルノミニテ還スコト罕(まれ)ナレバ，子又子ヲ生(ウミ)テ，㊟宿債(シュクサイ)<フクキオヒモノ>増多スルコト幾倍トイフコトヲ知ラズ。昔熊沢了介(れうかい)ガ，海内ノ諸侯ノ借金ノ数ハ，日本ニアラユル金ノ数ニ百倍ナルベシトイヘルハ，寛文・延宝ノ年ノ事ナリ。ソレヨリ七十年ヲ経タレバ，今ハ千倍ナルベシ。今諸侯ノ借金ヲ数ノ如ク償(ツグノハ)ントセバ，有名無実ノ金何レノ処ヨリ出ンヤ。然レバ只如何(イカ)ニモシテ，当前ノ急ヲ救テ，其日其時ヲ過スヨリ外ノ計ナシ。

㊟宿債というのは，年を越した借金のことである

脚注も少ないし，どう見ても難しそうです。「当時の政治と社会」といわれても，当時っていつのこと？それでは，一緒に考えていきましょう。

(1)　出典の『経済録拾遺』を知らなくても，『経済録』には見覚えがありますね。江戸時代に発達した儒学の一派，古学の中でも古文辞学派の学者荻生徂徠の弟子，太宰春台の著作です(☞124ページ)。“拾遺”とは，遺(のこ)されたものを拾う，という意味。『経済録』に入れられなかった内容を集録したもの，と考えればよいでしょう。

(2)　「諸侯」の「侯」とは，一定の地域を支配する領主のこと。したがって，この「諸侯」とは諸大名を指します。覚えておくとよい言葉です(☞154ページ)。前近代で「国」といったら，国家ではなく，五畿七道の国を示します。これも忘れないように。そうすると下線部分①は，藩の経費が足りなくて財政難に陥っていることを指していると考えられます。「家臣ノ禄俸ヲ借ルコト」とは？藩主である大名が家臣へ与えるべき俸禄の一部を与えず，藩財源として使うこと。借り上げ(☞106ページ)のことです。特に，半分だけ与えることを半知といいます。

(3)　下線部分②の「国民」とは，大名が統治している国内(ここでは藩と考えればよい)に居住する人々，つまり領民全体を指します。でも，下線部分②とその後ろの「それでも足りなければ三都の豪商から借金をする」という内容をふまえると，ここでは藩に御用金(財政不足を補うため臨時に徴収される金銭)を徴収されている人々，すなわち城下町に居住している商人たちを指していることになるでしょう。

☞続きはP.162

第14章

近代 I

大きな時代の変わり目です。江戸時代からどう変わったのかを意識して。また，国立銀行条例なら松方財政へ，岩倉使節団なら条約改正交渉へ，樺太・千島交換条約なら日露戦争へ，とその後の流れの土台となる内容も重要。

64 65 66 67 明治維新

01 江戸幕府の終焉

①長州藩の転向：奇兵隊(身分や家柄に関わらない志願兵)～藩兵とは別の軍事力編成
↓高杉晋作らの挙兵・主導権掌握～恭順から倒幕へ方針転換
幕府による第２次長州征討の宣言(薩摩藩は参加せず→戦いは幕府に不利)

②薩長同盟の密約：薩摩藩～西郷隆盛／長州藩～木戸孝允[桂小五郎]
(1866年)
↓仲介～坂本龍馬・中岡慎太郎(土佐)
第２次長州征討停止(14代将軍徳川家茂の急死が理由)
＊世直し一揆の頻発～長州征討にともなう米の買占めなど→物価高騰

③改税約書の調印：**兵庫**開港延期の代償／**貿易章程**(通商条約の別冊)に代わる規定
(1866年)
→貿易収支～**輸出超過**から**輸入超過**へ転換

④15代将軍徳川慶喜←援助：**フランス**～公使ロッシュ
山内豊信(前土佐藩主)の建議←後藤象二郎←坂本龍馬(『船中八策』)
＊土佐藩～雄藩連合政権を構想→**公議政体論**(将軍を議長とする諸侯会議)
＊倒幕派の機先を制する(＝相手より先に行動して，相手の計画をくじく)
↓
大政奉還(**1867年10/14**)⇔ 同日討幕の密勅(薩長←援助：**イギリス**～公使パークス)
＊社会の混乱～御蔭参り(**伊勢神宮**への参拝)の流行／「ええじゃないか」の乱舞

02 新政府の成立

①王政復古の大号令：摂政・関白の廃止／三職の設置(総裁・議定・参与)
(**1867年12/9**)
→同日夜の小御所会議～徳川慶喜の辞官納地を決定
→内大臣の辞任と領地の一部返上

②戊辰戦争(1868年1月～1869年5月)
鳥羽・伏見の戦い→江戸城の**無血開城**(旧幕府の勝海舟と東征軍の西郷隆盛が会談)
→奥羽越列藩同盟の抵抗→五稜郭の戦い(箱館／榎本武揚らが降伏)
＊**相楽総三**らの**赤報隊**～東征軍[官軍・新政府軍]の先頭に立った草莽隊
幕領で**年貢半減令**掲げ支持獲得→新政府の方針転換で“偽官軍”として処刑
＊草莽(＝民間)の志士(＝献身的に国家・社会のために尽力する人)～豪農層など

③五箇条の誓文(1868年3月14日に誓約)：天皇が神々に誓約する形式
〈起草〉**由利公正**(越前)→**福岡孝弟**(土佐)→木戸孝允(長州)　＊侯＝大名
福岡の「列侯会議ヲ興シ」の部分を木戸が「広ク会議ヲ興シ」と変更
→土佐藩の**公議政体論**を否定(新政権から徳川氏や諸大名を排除する意図)
〈内容〉公議世論の尊重・**開国和親**(「旧来ノ陋習(＝攘夷)ヲ破リ」)など⇒開明的

④五榜の掲示(1868年3月15日に掲示命令)：政府が庶民に高札で掲示する形式
〈内容〉儒教道徳(「五倫の道」)の重視，**徒党**(＝一揆)・**強訴**・**逃散**の禁止，
キリスト教の禁止(→1873年に解禁)など⇒江戸幕府の方針を継承

問題文を読んで，文章中の空欄に当てはまる語句を記入しなさい。

01 江戸幕府の終焉

長州藩では，身分や家柄に関わらない志願による（[1]　　　）をはじめとして，町人や百姓を含む**諸隊**が編成されていた。1864 年，高杉晋作らは（[1]　）などを率いて挙兵し，藩の主導権を握った。幕府は再び長州征討を宣言したが，薩摩藩はひそかに長州藩を支援し，1866 年に入ると土佐出身の（[2]　　　）と中岡慎太郎の仲介で薩長同盟の密約を結んだ。そのため第２次長州征討は幕府に不利となり，14 代将軍（[3]　　　）の急死を理由に戦闘は停止された。一方，軍事的圧力により条約勅許を獲得した諸外国は同年，**兵庫**開港延期の代償として（[4]　　　）の調印を幕府に強要し，貿易上いっそう有利になった。

天皇を頂点とする新政権樹立のため武力倒幕をめざすようになった薩長は，**オールコック**に代わって公使となった（[5]　　　）を中心とする**イギリス**の支援を得たが，15 代将軍となった（[6]　　　）のもとで幕府はフランス公使（[7]　　　）の協力を得て改革を進めた。そして，平和的な新政権樹立をめざす土佐藩士後藤象二郎は，前土佐藩主（[8]　　　）を通して（[6]　）に自主的に政権を朝廷に返還することを勧め，（[6]　）は **1867 年 10 月 14 日**に（[9]　　　）を朝廷に申し入れた。

これに対して，公武合体派の孝明天皇が急死した後の朝廷では，岩倉具視ら倒幕派の公家が台頭し，同じ日に薩長へ討幕の密勅が下されたが，武力倒幕は実行できなかった。

02 新政府の成立

（[6]　）は将軍辞任後も（[10]　　　）の地位に就いていたため，引き続き新政権で主導権を握る可能性があった。そこで武力倒幕派は **1867 年 12 月 9 日**に（[11]　　　）の大号令を発し，天皇のもとに総裁・（[12]　　　）・参与の三職を設置することとした。さらにその夜の（[13]　　　）会議で（[6]　）に対し，（[10]　）の辞任と朝廷への領地の一部返上である（[14]　　　）を決定し，これに反発した（[6]　）は新政府と対決することとなった。

新政府と旧幕府軍との戦いである（[15]　　　）戦争は，1868 年 1 月の（[16]　　　）の戦いに始まった。その後，新政府側の西郷隆盛と旧幕府側の勝海舟の会見などによる江戸城の**無血開城**，（[17]　　　）同盟の抵抗などを経て，箱館の（[18]　　　）の戦いで榎本武揚らが降伏するまでの 1 年半近くにわたった。戦いと並行して新政府は 1 月，諸外国に新たな政権の樹立や**開国和親**の方針を伝え，3 月には五箇条の誓文で天皇親政のもとで（[19]　　　）の尊重や**開国和親**などをめざすことを示した。さらにその翌日には民衆に対して（[20]　　　）の掲示を示すように命じたが，それは儒教道徳の重視や**徒党・強訴・逃散**の禁止，**キリスト教の禁止**など江戸幕府の民衆支配を引き継ぐような内容であった。

入試問題にチャレンジ

①薩長の武力倒幕に対し，主に土佐藩が唱えた「徳川家も加えた衆議による政治を構築するという構想」を何と呼ぶか。（同志社大）

②正誤判別：王政復古の大号令が発せられた翌年，五箇条の誓文が公布された。（中央大）

明治初期の諸改革・1

01 中央集権化の実現

①新政府の成立：江戸開城(1868年4月)→江戸を東京と改称(7月)

・明治天皇：東京へ(9月)→京都へ(12月)→再び東京へ(1869年3月太政官も東京へ)

・一世一元の制採用：天皇一代に対して元号は一つ

②政体書(1868年閏4月)：起草～**福岡孝弟**・副島種臣ら

(1)太政官への権力集中　(2)**三権分立**(アメリカ合衆国憲法を模倣→建前のみ)

(3)**官吏の公選**(4年ごと・互選→一度だけ実施)　(4)地方は**府藩県三治制**

③版籍奉還(1869年)：薩摩・長州・土佐・肥前の4藩主が奉還→全藩主に奉還命令

藩主⇒知藩事[○○藩知事]に任命／藩の年貢収入の1/10を**家禄**として支給

＊版＝版図＝土地／籍＝戸籍＝人民／奉還＝還し奉る＝返上する

④廃藩置県(1871年)：薩摩・長州・土佐の3藩から(御)親兵を組織

知藩事⇒罷免・東京居住(藩の負債は政府が肩代わり)　＊3府～東京・京都・大阪

藩を全廃⇒府・県を新設⇒中央から府知事・県令を派遣　＊302県→72県→43県

02 中央官制の変遷

太政官制(1885年に内閣制度の創設により廃止)

七官制	1868年 政体書による	太政官の下に議政官(立法／上局と下局で構成) ・行政官(神祇官などを統轄)・刑法官(司法)をおく
二官六省制	1869年 版籍奉還後	太政官・神祇官を併置　＊神祇官が太政官より上位 太政官の下に外務省など6省をおく
三院八省制	1871年 廃藩置県後	正院(政治の最高機関／太政大臣・参議などで構成) ・左院(立法機関)・**右院**(各省の連絡機関)をおく ＊神祇官は神祇省に格下げ(7省とともに正院の下へ)

03 新政府の軍制改革

①四民平等：華族(藩主・公家)／士族(藩士・旧幕臣)／平民(商工業者・農民など)

＊戸籍法(1871年)→壬申戸籍(1872年＝壬申年)～最初の近代的戸籍

＊身分解放令[賤称廃止令]～**えた・非人**の呼称廃止／戸籍では新平民(差別残存)

②軍事制度：(御)親兵～**近衛兵**と改称(天皇の警護)　＊鎮台～明治前期の常設陸軍(のち師団に)

↓〈構想〉大村益次郎(のち暗殺)　〈実現〉山県有朋

徴兵告諭(1872年／**国民皆兵**／"血税"の語)　＊軍人勅諭→(1882年／起草～西周)

徴兵令(1873年)～満20歳に達した男性から選抜して3年間の兵役を義務化

＊免除規定～官吏・学生，戸主・嗣子，**代人料**270円納入者など(→のち一部は廃止)

③警察制度：内務省(全国の警察を統轄)・警視庁(東京の警察を統轄／邏卒→巡査)

問題文を読んで，文章中の空欄に当てはまる語句を記入しなさい。

01 中央集権化の実現

1868 年 7 月，政府は江戸を東京と改めた。さらに 8 月に明治天皇が即位式を行い，9 月には天皇一代に対して元号を一つとする（1　　　　）の制が採用され，慶応 4 年は明治元年となった。これに先立つ閏 4 月，政府は（2　　　　）を定め，太政官に権力を集中させる官制，アメリカ合衆国憲法を模倣した**三権分立制**や**官吏公選制**の採用などを示した。

政府が没収した旧幕領は府・県とされていたが，諸藩では旧大名の統治が継続していた。そこで 1869 年，薩摩・長州・土佐・（3　　　）の 4 藩主に（4　　　）奉還を行わせ，他の藩主がこれに続くと，政府は全藩主に（4　　）奉還を命じ，各藩の（5　　　　）に任命した。

その後も徴税と軍事の権限は藩に属していたため，政府は（6　　　　）年に薩摩・長州・土佐の 3 藩から（御）親兵を集め，（7　　　　　）を断行した。これにより藩を廃して府・県をおき，（5　　）を罷めさせて東京居住を命じ，新たに中央から府知事・（8　　　）を派遣した。

02 中央官制の変遷

（2　　）により中央では太政官制が採用され，王政復古の大号令でおかれた三職は廃された。太政官の下に行政官など**七官**をおいたが，（4　　）奉還の際に太政官と（9　　　）官を併置し，太政官の下に外務省など 6 省をおく**二官六省制**となった。（7　　）後，太政官を最高機関の（10　　　）・立法機関の（11　　　）・各省の連絡機関である**右院**の**三院制**とし，（10　　）の下に各省をおくこととなった。この時，（9　　）官は（9　　）省に格下げされた。

03 新政府の軍制改革

（4　　）奉還の直後，藩主・公家は（12　　　），藩士・旧幕臣は（13　　　）とされ，「農工商」に属していた人々は平民として苗字を名乗ることが許され，（12　　）・（13　　）との結婚や移住・職業選択の自由などが認められた。また，**えた・非人**の呼称が廃止され，制度上は平民と同じになった。政府は，いわゆる（14　　　　　　）の政策を進めて身分制を解体し，1871 年に定めた戸籍法に基づく最初の戸籍である（15　　　）戸籍を翌年作成した。

（7　　）の断行に際して編成された（御）親兵は，天皇を護衛する**近衛兵**に改められた。（7　　）とともに解散させられた藩兵の一部は政府に吸収され，兵部省の下で各地の（16　　　）に配置された。新たな常備軍の創設は長州藩出身の（17　　　　　）が構想し，その暗殺後は（18　　　）が引き継ぎ実現した。1872 年，**国民皆兵**をめざす（19　　　　　）が出され，翌年の徴兵令で満 20 歳に達した男性に兵役の義務を課した。当初は官吏や戸主とその跡継ぎ，**代人料** 270 円の納入者など免除規定があり，実際に兵役についたのは農村の次男以下であった。なお，徴兵令に対する一揆を（20　　　）一揆というが，これは（19　　）に用いられた語である。

入試問題にチャレンジ

①正誤判別：廃藩置県に先立って，薩長土肥の 4 藩主が版籍の奉還を願い出て，諸藩もそれに続き，藩主は知事に任命された。（早稲田大）

②国民皆兵制に基づく軍隊創設を構想したが，のち暗殺された長州藩士は誰か。（立教大）

64 65 **66** 67

明治初期の諸改革・2

01 新政府の殖産興業政策

【特徴】 政府主導による知識や技術の移植(お雇い外国人の招聘など)

外国資本の参入を可能な限り拒絶(経済的に欧米諸国に従属しないため)

＊封建的諸制度の撤廃　例：関所・宿駅の撤廃，株仲間の廃止

工部省 (1870年)　旧幕営・藩営の鉱山・炭鉱・造船所などの継承(官営事業化)

鉄道の敷設(1872年／新橋・横浜間／イギリス人モレルの指導)

内務省 (1873年)　殖産興業(→のち農商務省へ)・地方行政・警察・土木など

例：富岡製糸場(群馬)～官営模範工場の一つ　＊内国勧業博覧会の開催

・フランスより機械輸入→国内技術を改良した器械製糸が各地に普及

・工女は士族の子女→のち技術指導者として各地の製糸工場で指導

※郵便：前島密の建議で発足(1871年)　電話：発明の翌年には輸入(1877年)

02 新政府による貨幣・金融制度

【背景】 太政官札・民部省札の発行→交換のため発行した新紙幣もともに**不換紙幣**

＊**不換紙幣**～金・銀との交換(＝兌換)が保証されず(交換できれば信用度が高まる)

新貨条例 (1871年)　〈目的〉幣制の混乱を解消するため

〈内容〉円・銭・厘の新単位／**十進法**の採用／金本位制(貨幣の価値を金で保証)

〈結果〉貿易では銀貨使用(アジアは銀貨中心)／国内では紙幣使用(金が不足)

国立銀行条例 (1872年)　〈中心〉渋沢栄一(アメリカの制度に倣う)

〈内容〉**兌換紙幣**発行のための民間銀行の設立　＊国立～「国法に基づき設立」の意味

〈結果〉発行する紙幣の**正貨**(＝金本位制の場合は金)との交換(＝**兌換**)を義務化

→4行のみ設立→**正貨**との**兌換**義務を廃止(1876年)→153行も設立→設立中止

03 財政

地租改正 〈背景〉歳入の中心は年貢(各地で異なる税率／豊凶あり不安定)

〈準備〉田畑勝手作りの禁の解除(1871年)　＊**壬申地券**(1872年＝壬申年)

田畑永代売買禁止令の解除(1872年)→地価決定／地主・自作農に地券交付

〈実施〉地租改正条例(1873年)～地価の3%を地租として地券所有者が金納

＊従来の年貢～収穫高[石高]を基準に各地で定められた税率で耕作者が現物納

〈意義〉近代的土地所有制度・租税制度が確立／政府は財源確保　＊入会地→官有地へ

〈結果〉地租改正反対一揆(1876年／茨城・三重など)→翌年地租軽減(2.5%)

秩禄処分 〈背景〉歳出の約30%が華族・士族へ支給する秩禄(**家禄**＋**賞典禄**)

〈実施〉金禄公債証書発行条例(1876年)～秩禄全廃の代わりに公債を発行

〈結果〉華族・上級士族～高額の公債支給→投資家・実業家に転身　＊「士族の商法」(不慣れ→失敗)

中・下級士族～官吏・巡査・教員などに転身／没落する者も

問題文を読んで，文章中の空欄に当てはまる語句を記入しなさい。

01 新政府の殖産興業政策

1870 年に設立された(1　　)省は，旧幕営・藩営鉱山などを官営事業として引き継ぎ，1872 年には(2　　)・横浜間に初めて鉄道を敷設した。(1　)省が欧米技術を直輸入したのに対し，1873 年に設立された(3　　)省は国内産業の改良による産業の育成をめざした。例えば，官営模範工場として群馬県に設けられた(4　　)場では(5　　)から機械類が輸入されたが，それに学んだ技術による器械製糸が長野県などで発達していくこととなる。1877 年から開催された(6　　)も技術の普及に寄与した。

通信制度も整えられた。電信は 1869 年に東京・横浜間，数年後には全国さらに欧米とも開通した。飛脚に代わる官営の郵便制度は，1871 年に(7　　)の建議で発足した。

02 新政府による貨幣・金融制度

戊辰戦争の戦費などのため，政府は(8　　)や民部省札という紙幣を発行したが，**不換紙幣**で信用が得られなかった。**藩札**も流通していたため，1871 年に(9　　)条例を定め，円・銭・厘を単位とする**十進法**の貨幣を発行した。しかし，アジアでの取引は銀貨で行われていたので貿易では銀，国内では金が不足していたこともあり主に紙幣が使われた。

さらに政府では(10　　)が中心となり，1872 年に(11　　)条例を制定した。金と交換できる**兌換紙幣**を発行させるため民間銀行の設立をめざすものだったが，設立は 4 行にとどまった。そこで 1876 年に条例を改正し，金との交換ができない**不換紙幣**の発行を認めると(12　　)行も設立された。通貨の兌換制度の確立は容易ではなかった。

03 財政

政府の歳入は，当初江戸時代と同様に年貢を中心としていた。そこで 1871 年に田畑勝手作りの禁を解いて農地の作付制限を撤廃し，翌年(13　　)禁止令を解除して従来の年貢負担者である地主・自作農に地価を記した(14　　)を発行した。1873 年には(15　　)条例を公布し，地価の(16　)%を地租として地券所有者が金納することとした。しかし，政府が従来の歳入を減らさないように地価を決定したため農民の負担は変わらず，肥料などを得るための(17　　)が官有地に編入されたこともあり，1876 年に(15　)反対一揆が起こった。そのため翌年，税率は(18　)%に軽減された。

一方，華族・士族への**家禄**と維新の功労者への**賞典禄**をあわせて(19　　)というが，これが歳出の約 30%を占めていた。政府は 1876 年に(19　)を全廃し，代わりに(20　　)証書を与えたが，その額面には華族・上級士族と中・下級士族で大きな差があり，後者の多くが生活に行き詰まった。融資など政府の救済策である士族授産も効果は少なかった。

入試問題にチャレンジ

① 1870 年に設置されて鉄道や電信を所管した省の名を答えよ。（京都大）

②正誤判別：新貨条例では金貨を本位貨幣としていたが，実際には銀貨も使われていた。（中央大）

64 65 66 **67**

明治初期の対外関係

01 条約改正交渉の挫折

①岩倉使節団(1871 ～ 1873 年) 〈大使〉岩倉具視 〈副使〉木戸孝允・大久保利通ら

〈目的〉条約改正予備交渉／欧米の制度・文物の視察

〈経過〉最初のアメリカで交渉挫折→ヨーロッパ諸国の視察後に帰国

＊『**(特命全権大使)米欧回覧実記**』～久米邦武(書記官)が編纂

＊５人の女子留学生～当時８歳の津田梅子(のち**女子英学塾**を設立)ら

②外務卿寺島宗則の交渉 〈目的〉関税自主権の回復

〈経過〉**アメリカ**は承認／**イギリス・ドイツ**などの反対で無効

02 朝鮮との関係

①明治六年の政変(1873 年)：征韓論をめぐる政府の分裂 ＊下野～政権から離れる

留守政府(西郷隆盛・板垣退助・江藤新平ら)～征韓派(開国要求・武力行使も)

↕ 西郷隆盛の朝鮮派遣中止／征韓派下野／大久保利通は初代内務卿就任

岩倉使節団(大久保利通・木戸孝允ら)～内治派(国内政治優先・出兵反対)

②日朝修好条規(1876 年)～不平等条約 〈全権〉黒田清隆(**井上馨**も派遣)

〈契機〉江華島事件(1875 年)～漢江河口で日本の軍艦が挑発→砲撃され報復

〈内容〉(1)朝鮮を「自主の国」として承認(→清を宗主国とする関係を否定)

(2)**釜山**・**仁川**・**元山**の開港 (3)日本の領事裁判権・無関税特権の承認

03 清との関係

①日清修好条規(1871 年)～最初の対等条約 例：相互に領事裁判権承認

②琉球帰属問題：琉球王国～日中両属から日本領編入へ ＊琉球処分(一連の政策)

1871 年 琉球漂流民殺害事件(漂着した台湾で現地住民により殺害)

↓ 台湾には清国人も移住／清は現地住民の行動の責任は負わず

1872 年 琉球王国→琉球藩(政府直属に) ＊廃藩置県～ 1871 年

↓ 尚泰：国王→**藩王**(天皇直属に／華族として待遇)

1874 年 台湾出兵(指揮～**西郷従道**)：木戸孝允は出兵に反対・下野

↓ **イギリス**の調停～日本は清から事実上の賠償金を獲得

1879 年 沖縄県設置の強行～軍隊派遣／尚泰には東京居住を命令 ＊分島案～失敗

※征韓論・台湾出兵・江華島事件～政府への士族の不満を軍事力行使でなだめる目的も

04 ロシアとの関係

樺太・千島交換条約(1875 年) 〈全権〉**榎本武揚** ＊小笠原諸島の領有も英米に通告

〈背景〉日露和親条約：得撫島以北～ロシア領／択捉島以南～日本領

樺太～両国民雑居の地(境界定めず)

〈内容〉樺太～ロシア領／千島全島～日本領

問題文を読んで，文章中の空欄に当てはまる語句を記入しなさい。

01 条約改正交渉の挫折

1871年の廃藩置県後，政府は（[1]　　　）を大使，木戸孝允・大久保利通らを副使とする使節団を欧米に派遣した。1872年から改正交渉が可能だったため，使節団はその予備交渉と欧米視察を目的としたが，交渉は最初のアメリカで早くも挫折し，その後ヨーロッパ諸国を視察して（[2]　　）年に帰国した。その動向は（[3]　　　）の『**(特命全権大使)米欧回覧実記**』に詳しい。のち**女子英学塾**を開く（[4]　　　）は留学生の一人だった。

次いで，外務卿（[5]　　　）が交渉にあたり，**アメリカ**に関税自主権の回復を認められたが，**イギリス・ドイツ**などの反対で無効となった。

02 朝鮮との関係

政府は成立直後，朝鮮と国交を樹立しようとしたが，朝鮮は応じなかった。岩倉使節団が帰国した（[2]　）［明治（[6]　）］年は，（[7]　　　）・板垣退助ら**留守政府**を中心に（[8]　　）論が高まっていた。しかし，大久保利通らは内治を優先すべきとして反対し，（[7]　）の朝鮮派遣は中止された。そのため（[7]　）・板垣退助・江藤新平らは**参議**を辞め下野した。一方，大久保利通は（[9]　　）省を新設して自ら長官となり，政権の中心に立った。

その後，1875年に日本の軍艦が朝鮮の首都**漢城**近くの（[10]　　　）で朝鮮側を挑発し，交戦する事件が起きた。日本は黒田清隆らを派遣し，翌年（[11]　　　　）を締結した。これは日本の領事裁判権や無関税特権を認めさせる不平等な内容をもつものであった。

03 清との関係

1871年に清と締結した（[12]　　　　）は，相互に領事裁判権を認めるなど最初の対等条約であったが，政府はこれを不服としたため，批准(ひじゅん)されたのは2年後のことであった。

一方，1871年には（[13]　　）に漂着した琉球人が殺害される事件が起こった。琉球王国は島津氏の支配をうけつつ清に朝貢する日中両属の状態であった。政府は1872年に琉球王国を（[14]　　　），国王の（[15]　　）を**藩王**として華族扱いとし，1874年には**西郷従道**の指揮で（[13]　）出兵を行った。これは**イギリス**の調停で，日本による自国民保護の正当な行動と清に認めさせた。その後，政府は琉球に清への朝貢を禁じ，**1879年**に軍隊を派遣して（[14]　）を廃し（[16]　　）県設置を強行した。これら一連の政策を（[17]　　　）という。

04 ロシアとの関係

（[18]　　　　）条約では，（[19]　　）を日露両国民雑居の地として国境を定めなかった。しかし，政府に（[19]　）開発の余裕はなく，ロシアとの紛争も頻発したため，1875年に（[20]　　　）条約を締結した。これにより（[19]　）はロシア領，千島全島が日本領となった。

入試問題にチャレンジ

①日朝修好条規が結ばれる前年に，日本と朝鮮との間で生じた軍事衝突を何というか。（北海道大）

②正誤判別：琉球王国は，廃藩置県により1872年に沖縄県になった。（青山学院大）

史料問題を読んでみよう②

ここでは，152ページに掲載した未見史料の読み取りの続きを見ていきましょう。少しページが離れていますが，照らし合わせてみてください。

(4) 「子又子ヲ生テ」の「子」とは？少し前の部分に「お金を借りても返すことがまれである（＝ほとんど返さない）」とあるので「利子」の「子」，つまり借金返済時に借りたお金と合わせて払わなければならない利息分がたくさんあるということになります。

(5) 「熊沢了介」とは？この苗字から推測されるのは，陽明学者の熊沢蕃山（☞124ページ）。「海内」とは海に囲まれた内側，国内のこと。よく使われる表現です。諸大名の借金が膨大な額になっていると彼が考えたのは「寛文・延宝」の頃とされています。「寛文」は４代将軍徳川家綱の時代ですね（☞118ページ）。「寛文・延宝」期とは17世紀半ばから後半にかけての時期。熊沢蕃山は，この時期の岡山藩の藩政改革でも出てきます（☞140ページ）。これらから「熊沢了介」は「熊沢蕃山」だと考えてよいでしょう。

(6) それから「七十年」を経たのが，この史料の書かれた「今」なのだから，「今」とは18世紀前半。太宰春台の師にあたる荻生徂徠は，８代将軍徳川吉宗に政治意見書『政談』を献上した人物。でも，５代将軍徳川綱吉の側用人柳沢吉保にも仕えていますね（☞124ページ）。そこから，弟子の太宰春台の活動した時期を推測するなら，18世紀前半から半ばあたりではないか…史料の内容ともほぼ合いますね。太宰春台の生没年を知らなくても，『経済録拾遺』が著された年代を知らなくても，問われている「当時の政治と社会」の「当時」が18世紀前半，享保の改革の頃ではないか，と絞れます。

(7) ちなみに，史料の終わりの方にある「当前」とは，いま目の前の，現在という意味。史料でよく見かける「当時」も現在をあらわします。覚えておくと使えますよ。

これらをもとに史料を考えてみると，「近年の諸大名は藩財政が苦しく，家臣に対する借り上げで不足が補えない場合は藩内の商人に御用金を出させ，それでも足りなければ三都の豪商からの借金をくり返す。しかし，返済できないため利息がどんどん増えてしまっている。熊沢蕃山が，諸大名の借金は日本の国内にある金の百倍であると試算したのは寛文・延宝の頃。それから70年ほど経った現在では千倍にもなっているだろう。これらの借金を返済しようとしたら，どこからその金を捻出すればよいのか。結局（借金は返済できず），藩財政の不足という目の前の問題を解決するため，その場しのぎのこと（＝借り上げ，御用金，豪商からの借金）しかできないのである。」といったかんじになります。

未見史料をよく出題する大学の過去問は，史料中のキーワードを見つけるための問題集代わりになります。いつもの復習に史料集を取り入れ，頻出史料には目を通すようにして，古めかしい文体に読み慣れたり，よく使われる言葉の意味をおさえたりしておくと，未見史料に入りやすくなりますよ。

第15章

近代Ⅱ

自由民権運動が高まると，政府は弾圧と懐柔に乗り出します。それらをセットにして年代順におさえましょう。松方財政が政治史の途中に出てくるのは，民権運動との関連に注意してほしいから。条約改正はテーマ史の典型。

68 69 70 71 自由民権運動の始まり

01 自由民権運動のスタート

①民撰議院設立の建白書の提出(1874 年)

・愛国公党の結成～板垣退助・後藤象二郎(土佐)，江藤新平・**副島種臣**(肥前)ら

・左院に提出～「有司専制」政府反対・「民撰議院」設立要求／『日新真事誌』に掲載

②立志社の設立(1874 年)：板垣退助・片岡健吉らが郷里の土佐で設立

＊**政社**～政治的な活動を目的とした団体　例：石陽社(福島・**河野広中**ら)

＊佐賀の乱(1874 年)～郷里佐賀に戻った江藤新平(元司法卿)を擁した士族反乱

③愛国社の設立(**1875 年**)：全国の政社の連絡機関(大阪で設立)

④政府の対応：中心～初代内務卿大久保利通“大久保政権”　＊内務省～ 1873 年設立

〈懐柔〉大阪会議(**1875 年**)～大久保利通が板垣退助・木戸孝允と会談

・板垣・木戸の参議復帰　＊木戸孝允～前年の台湾出兵に反対・下野

・漸次立憲政体樹立の詔：元老院(立法機関)・大審院(最高裁判所)

＊漸次＝徐々に　地方官会議(府知事・県令／地方三新法制定)

＊地方三新法(1878 年)～**郡区町村編制法・府県会規則・地方税規則**

〈弾圧〉讒謗律・新聞紙条例(**1875 年**)　＊讒＝讒毀／謗＝誹謗(人の悪口を言う)

02 国会開設請願運動の高まり

①反政府運動の高揚：1876 年　士族～神風連の乱(熊本)　秋月の乱(福岡)

(廃刀令・秩禄処分)　萩の乱(山口／前参議**前原一誠**ら)

農民～地租改正反対一揆(茨城・三重など)

1877 年　西南戦争(私学校の生徒らが西郷隆盛を擁立)

②立志社建白の提出(1877 年)：片岡健吉ら／**地租軽減**など→豪農らも運動参加

③国会期成同盟の結成(**1880 年**)：**国会開設請願書**の提出(2 府 22 県で 8 万人以上署名)

＊天賦人権思想(人間は生まれながらに自由かつ平等であるとする思想)

中江兆民(『民約訳解』)・植木枝盛(私擬憲法の「東洋大日本国国憲按」)ら

④政府の対応　〈弾圧〉集会条例(**1880 年**)～集会の届出・許可制，警察の解散権

03 明治十四年の政変

①契機：開拓使官有物払下げ事件(1881 年)～官有物の不当な低価格での払下げ発覚

開拓長官黒田清隆(薩摩)から五代友厚(薩摩／**関西貿易社**)へ→政府批判激化

②背景：国会開設をめぐる政府内の対立　＊木戸孝允病没(1877 年／西南戦争の最中)

・伊藤博文ら漸進派　＊大久保利通暗殺(1878 年／紀尾井坂の変)

・大隈重信ら急進派～イギリス流の議院内閣制の採用・議会の早期開設を主張

③結果：払下げ中止／大隈重信の参議罷免／大隈派の官僚排除

国会開設の勅諭(明治 23 年の国会開設を公約・漸進的立憲国家建設の方針)

問題文を読んで，文章中の空欄に当てはまる語句を記入しなさい。

01 自由民権運動のスタート

明治六年の政変で下野した土佐出身の(1　　　　)・後藤象二郎，肥前出身の(2　　　　)・**副島種臣**らは愛国公党を結成し，(3　　　)年に(4　　　　)設立の建白書を立法機関の左院に提出した。これは官僚主導の政治を「有司専制」と批判し，議会の開設を求めるもので，『(5　　　　)』に掲載されたこともあって拡散した。しかし，政府はこれを却下し，土佐に戻った(1　)らは(6　　　)を設立した。各地に同様の**政社**が多数設立され，翌年全国組織として(7　　　)が発足した。一方，佐賀に戻った(2　)は不平士族に迎えられて反乱を起こしたが鎮圧され，処刑された。佐賀の乱である。

政府では，(8　　　)省の初代長官(9　　　　)が主導権を握っていた。**1875年**，(9　)は(1　)と台湾出兵に反対して下野していた(10　　　　)の二名と大阪で会談した。この大阪会議での決定に基づき漸次立憲政体樹立の詔が出され，(11　　　)・大審院・地方官会議が設けられることとなった。両者は参議に復帰したが，(1　)はまもなく民権運動に戻った。さらに同年，讒謗律と(12　　　)条例が定められ，運動は取り締まられた。

02 国会開設請願運動の高まり

1876年は(13　　　)令と秩禄処分により士族の特権が奪われた年だった。そのため神風連の乱・秋月の乱・萩の乱と士族反乱が相次いだ。地租改正反対一揆も頻発し，翌1877年に政府が地租を軽減したのは士族と農民の結びつきを避けようとする意図もあった。この年の(14　　　　)は最後で最大の士族反乱だが，(6　)でも西郷隆盛らに加担しようとする者がいて，片岡健吉らは国会開設・**地租軽減**などを求める(6　)建白を天皇に提出しようとした。

民権運動は低迷していたが，解散同然だった(7　)が1878年に再興された頃から地主や商工業者なども加わるようになった。背景には，中江兆民や植木枝盛らにより天賦人権思想が流布されたこともあった。**1880年**，(15　　　　)同盟が発足し，**国会開設請願書**を提出するに至ったが政府は受理せず，(16　　　)条例を定めて(16　)を届出・許可制とした。

03 明治十四年の政変

(17　　　)年，薩摩出身の開拓長官(18　　　　)が同藩出身の五代友厚が関わる**関西貿易社**に，開拓使所属の**官有物**を不当な低価格で払い下げようとしていることが報道されると，民権派の政府批判は高まった。1878年の(9　)暗殺後，政府では長州出身の(19　　　　)や肥前出身の(20　　　　)らが中心になっていたが，漸進主義をとる(19　)に対し，(20　)はイギリス流の議院内閣制の採用や議会の早期開設を主張して対立した。

報道に(20　)が関係するとみた(19　)は払下げを中止し，(20　)の参議罷免・派閥の排除を行い，国会開設の勅諭で明治23年の国会開設を公約して収束をはかった。

入試問題にチャレンジ

①板垣退助と由利公正らによって，1874年に東京で設立された組織の名称を答えよ。（同志社大）

②年代整序：(i)集会条例の制定　(ii)国会開設の勅諭　(iii)国会期成同盟の結成（早稲田大）

松方財政と民権運動の変質

01 松方財政

①**大隈財政**(1870年代)：大蔵卿～大隈重信(肥前出身)

〈背景〉西南戦争の戦費＋国立銀行条例の改正→**不換紙幣・不換銀行券**の増発

→インフレーション進行→歳入の実質的減少(地租は定額金納)

＊インフレーション～通貨量が増える→通貨価値が下がる→物価は上がる

〈政策〉(1)増税　(2)官営工場の払下げ(**工場払下げ概則**の制定→払下げ進まず)

②**松方財政**(1880年代前半)：大蔵卿～松方正義(薩摩出身／のち初代大蔵大臣)

〈政策〉(1)増税(酒造税など)＋徹底的な緊縮(軍事費以外)

(2)官営工場の払下げ推進(**工場払下げ概則**の廃止→払下げ進行)

(3)不換紙幣の整理：国立銀行条例再改正(国立銀行から銀行券発行権奪取)

→日本銀行の設立～銀と兌換できる銀行券の発行開始→銀本位制の確立

③**松方デフレ**

(1)不換紙幣の整理：デフレーション深刻化→米価・繭価の下落で農村に打撃

・地主：貸金業を兼ねて土地を集積 ――――→寄生地主制の広まり

・自作農：土地の質入れ・売却で小作農に転落→都市の工場労働者になる者も

＊デフレーション～通貨量が減る→通貨価値が上がる→物価は下がる

(2)官営工場の払下げ：軍事工場以外の払下げが本格化(政府と癒着する政商も)

＊地主～経営へ専念／農民～経済的な余裕喪失→いずれも民権運動から離脱

02 自由民権運動の変質

①政党の結成：自由党(1881年・板垣退助ら)フランス流／主権在民／一院制／農村部

立憲改進党(1882年・大隈重信ら)イギリス流／君民共治／二院制／都市部

立憲帝政党(1882年・福地源一郎ら)政府系／民権派に対抗できず翌年解党

②私擬憲法の作成：自由党系～「**日本憲法見込案**」(立志社)「東洋大日本国国憲按」

立憲改進党系～「**私擬憲法案**」(交詢社)　(植木枝盛／**抵抗権・革命権**)

＊「五日市憲法草案」(東京近郊の農村で地域住民が作成／国民の権利が充実)

③激化事件の頻発：福島事件(1882年／県令三島通庸⇔県会議長河野広中)

高田事件(1883年／新潟)　**群馬事件**(1884年)　加波山事件(1884年／三島通庸暗殺計画)

秩父事件(1884年／埼玉)～加波山事件後に自由党解党→**松方デフレ**で養蚕農家困窮

→**困民党**を結成・警察署など襲撃→軍隊により鎮圧

④大同団結運動の展開～星亨・後藤象二郎(旧自由党員)ら

〈展開〉三大事件建白運動(1887年)～**地租の軽減・言論集会の自由・外交失策の挽回**

└►**井上外交**批判

〈弾圧〉保安条例(1887年)～内務大臣山県有朋・警視総監三島通庸

民権派を皇居から3里以上離れた地に3年間追放“退去令”

＊大同団結～意見の違いを乗り越え，同一目的達成のため協力すること

問題文を読んで，文章中の空欄に当てはまる語句を記入しなさい。

01 松方財政

1877 年の西南戦争での戦費の必要から，政府は紙幣を増発した。また，1876 年に国立銀行条例が改正され，153 行の国立銀行により不換銀行券が大量に発行されたこともあり，インフレーションが進行した。財源の中心だった地租は毎年ほぼ定額で金納されていたが，1877 年の**地租軽減**も加わり，歳入は実質的に減少した。1880 年，大蔵卿(1　　　　)は増税による歳入増加と官営工場の払下げによる財政負担の軽減をはかろうとした。

明治十四年の政変後，大蔵卿となった(2　　　　)は，酒造税などの増税で歳入の増加をはかるとともに，軍事費以外の歳出を大幅に削減した。さらに**1882 年**に中央銀行として(3　　　　)を設立し，1885 年から(4　　)と兌換できる銀行券の発行を始め，翌年には政府が発行した紙幣の(4　　)との兌換も開始したことで(4　　)本位制が確立した。

しかし，今度は深刻なデフレーションに陥り，米価や最大の輸出品生糸の原料である(5　　)の価格が下落し，定額金納の地租は実質的に増税となった。地租が納められず土地を手放す農民が増える一方で，貸金業を営み土地を集積した地主は，小作化した農民から高額の小作料を現物で徴収するが自らは農業にたずさわらない(6　　　)地主となる者も増えていった。

02 自由民権運動の変質

1881 年，国会期成同盟は板垣退助率いる(7　　　)党に発展し，(1　　)は翌年(8　　　　)党を結成した。独自の憲法草案である(9　　　　)も多数作成された。立志社の案や**抵抗権・革命権**まで規定した(10　　　　)の「東洋大日本国国憲按」，(8　　)党系の(11　　　)社の案が知られる。政府は弾圧の強化や板垣らの渡欧費援助などの懐柔策をとった。費用の援助については党内でも批判され，直接行動で政権打倒をめざそうという急進論も生じた。

1882 年，農民に労役を課して道路工事を強行しようとした県令(12　　　　)に数千の農民が抵抗し，県会議長(13　　　　)ら多数の自由党員が検挙される(14　　　)事件が起こった。1883 年には**高田事件**, 1884 年には(12　　)暗殺を企てた(15　　　　)事件が起きた。(7　　)党はすべてを指導したわけではなかったが，(15　　)事件の直後に解党し，その数日後に(16　　)事件が起こった。負債の軽減を求める農民の動きが党の指導を越えて 1 万人規模に拡大し，政府は軍隊まで派遣して鎮圧した。(8　　)党でも(1　　)が離党していた。

国会開設が近づくと運動の再結集がめざされ，(17　　　)・後藤象二郎らは党の違いを越えて結束する(18　　　　)を唱えた。1887 年，井上馨(かおる)外相の条約改正交渉批判から**地租の軽減・言論集会の自由・外交失策の挽回**を求める(19　　　　　)運動が起きると，政府は(20　　　)条例で民権派を東京から追放する一方，運動の指導者を政府に取り込み鎮静化をはかった。

入試問題にチャレンジ

①正誤判別：松方財政では増税により歳入を増やす一方で，軍事費を中心に財政支出を削減した。(早稲田大)

② 1884 年に埼玉県の農村で起きた[　　　　]では多数の農民が蜂起した。(明治大)

68 69 **70** 71

憲法の制定と初期議会

01 立憲国家の建設

①伊藤博文の渡欧：シュタイン（ウィーン大学／憲法・行政法）→ドイツ流
（1882～83年）　グナイスト（ベルリン大学／憲法政治の利害）　憲法理論の習得

②華族令（1884年）：旧大名・公家に加えて維新の功労者も華族とする→**五爵**の創設
（公・侯・伯・子・男爵）

③内閣制度（1885年／太政官制廃止）：伊藤博文内閣発足

・**総理大臣**～政府の最高責任者としての位置づけ（←従来は最高責任者があいまい）

・各省の長官　⑴**国務大臣**として自省の任務に関して天皇に直接責任を負う
⑵閣僚として**総理大臣**の下で閣議に参加して国政にも直接関与する

・**宮中**（宮廷事務）と**府中**（国政事務＝内閣）の区別～**宮内大臣**・**内大臣**は閣外

＊伊藤博文～当初は**総理大臣**と**宮内大臣**を兼任

④地方制度（中心～山県有朋・ドイツ人顧問モッセ）：市制・町村制（→1888年）／府県制・郡制（→1890年）

02 大日本帝国憲法の発布

〈起草〉伊藤博文・井上毅・伊東巳代治・金子堅太郎ら＋ドイツ人顧問ロエスレル

〈発布〉枢密院で審議→1889年2/11（紀元節～記紀で神武天皇即位の日とされる日）

〈内容〉天皇～万世一系・**神聖不可侵**・統治権の総攬者　＊欽定憲法（君主が制定）

天皇大権（官僚の任免，条約の締結，軍の指揮権＝統帥権など）

帝国議会～貴族院／衆議院（予算先議権をもつ以外は貴族院と対等の権限）

「臣民」～「法律ノ範囲内」で信教や言論・出版・集会・結社の自由などを承認

※諸法典の編纂　＊**皇室典範**（皇位継承などの規定）→制定されたが公布されず

・民法：フランス人顧問ボアソナードが起草・公布（個人主義的）

→**民法典論争**～穂積八束が論文「民法出デヽ忠孝亡ブ」で批判→大幅修正・公布

・刑法：ボアソナードが起草・公布（罪刑法定主義～法の規定がなければ罰しない）

03 初期議会

①超然主義演説（黒田清隆首相）：政府の政策は政党の意向に左右されないとする

②衆議院議員選挙法（憲法と同日に公布）　＊直接国税～地租・所得税など

選挙人＝満25歳以上の男性で直接国税15円以上の納入者（被選挙人は満30歳以上）

③**第1次**山県有朋内閣：第1回総選挙（1890年）～有権者は全人口の**1.1%**→民党が過半数獲得

＊民党（旧民権派／**立憲自由党**［→自由党］・立憲改進党など）⇔吏党（政府系）

第一議会～首相の「主権線・利益線」演説⇔民党は「政費節減・民力休養」主張（地租軽減・地価修正）

→**立憲自由党**土佐派を買収・軍拡予算成立

④**第1次**松方正義内閣：第二議会～**樺山資紀**海相の**蛮勇演説**で混乱→解散・第2回総選挙

→**選挙干渉**（品川弥二郎内相ら）をうけるも民党優勢→第三議会終了後に内閣総辞職

⑤**第2次**伊藤博文内閣**"元勲内閣"**：第四議会～和衷協同の詔書［建艦詔勅］で自由党懐柔

問題文を読んで，文章中の空欄に当てはまる語句を記入しなさい。

01 立憲国家の建設

1882年，伊藤博文は渡欧し，ウィーン大学の(1　　　　　　)やベルリン大学の(2　　　　　　)らに**ドイツ憲法**を通じて君主・議会・行政のあり方などを学び，翌年帰国した。

1884年の(3　　　)令では，将来の貴族院の基盤として旧大名・公家に加えて維新の功労者も(3　)とされた。1885年には太政官制が廃されて内閣制度が発足し，伊藤博文が初代**総理大臣**となった。地方制度の改革は，(4　　　　)を中心にドイツ人顧問(5　　　　)の助言を得て進められ，1888年に市制・町村制，1890年に府県制・郡制が公布された。

02 大日本帝国憲法の発布

憲法はドイツ人顧問(6　　　　　　)の助言も得て，伊藤博文・(7　　　　)〈漢字3字〉・伊東巳代治・(8　　　　　　)〈漢字5字〉らにより起草された。草案審議のため1888年に(9　　　)が設立されると，伊藤博文は**総理大臣**を(10　　　　　)に譲り(9　)議長となった。そして1889年2月11日，君主が定める(11　　　)憲法として大日本帝国憲法が発布された。

憲法では，**神聖不可侵**とされた天皇が統治権の総攬者とされ，議会も関与できない天皇大権と称される大きな権限をもった。なかでも軍の(12　　　)権は内閣からも独立していた。**帝国議会**は貴族院と衆議院で構成され，法律や予算の成立には議会の**協賛**が必要とされた。衆議院は予算先議権をもつ以外は貴族院と対等の権限しか持たなかったが，「臣民」とされた国民は，法律の範囲内とはいえ信教や言論・集会の自由などを認められ，議会を通じ国政参加の道も開かれた。その他の法典も編纂されたが，フランス人顧問(13　　　　　　　)が起草した民法は，一度公布されたものの(14　　　　　)らから日本の伝統的な家族制度を破壊するとの批判を受け，強大な戸主権を認める内容に大幅修正され，改めて公布された。

03 初期議会

憲法発布の翌日(10　)首相は，政府の政策は政党の意向に左右されないという(15　　)主義を表明した。衆議院議員選挙法では，満(16　)歳以上の男性で直接国税(17　)円以上の納入者に選挙権を認めたため，有権者は全人口の**1.1%**だったが，(4　)内閣の下で1890年に行われた第1回総選挙では**立憲自由党**や立憲改進党などの民党が吏党を抑えた。

第一議会では国境を示す「主権線」と朝鮮半島を想定した「(18　　　　)」防衛のため軍備拡張予算をめざす(4　)内閣と，「政費節減・(19　　　　)」を主張する民党が対立したが，政府が**立憲自由党**の一部を切り崩して予算を成立させた。対立が続く第二議会を解散して第2回総選挙にのぞんだ(20　　　　)内閣は**選挙干渉**を行ったが，民党の優勢を崩せず，第三議会終了後に総辞職した。しかし，維新の功労者を多数入閣させて「**元勲内閣**」とよばれた**第2次**伊藤博文内閣は，第四議会で天皇の詔書により海軍の軍拡予算を実現した。

入試問題にチャレンジ

①地方制度は，山県有朋内相を中心に[　　　　]の助言を得つつ改革が進められた。(明治大)

②正誤判別：憲法発布時の首相である黒田清隆は，第1回総選挙で民党が過半数を占めたことを受けて「超然主義」で議会に臨む方針を表明した。(慶應大)

㊳㊴㊵ **71**

条約改正の実現

01 相次ぐ交渉挫折

不平等条約の改正	領事裁判権［治外法権］の承認 ⟶撤廃めざす
	関税自主権の喪失（協定関税制）→回復めざす
	＊片務的な最恵国待遇 ⟶対等化めざす

①井上馨の交渉：税権回復優先から法権撤廃優先に変更／予備会議を経て正式会議開催

〈内容〉領事裁判権の撤廃／内地雑居の承認・**外国人判事**の任用・欧米同様の法典編纂

〈批判〉政府内：国家主権の侵害として閣僚からも批判 ⟶交渉中止

政府外：極端な欧化政策への反発／内地雑居への不安（⟶交渉中止）

ノルマントン号事件（イギリス船）→三大事件建白運動→会議中止

＊鹿鳴館（東京日比谷／イギリス人コンドル設計）　（三大事件建白運動 ←）保安条例（山県有朋内相）

＊従来は外国人の行動を居留地に限定→外国人に国内での居住・旅行・営業の自由を与える内地雑居後の外国資本の流入や外国人の土地所有などを危惧

②大隈重信の交渉：国別交渉に変更→アメリカ・ドイツ・ロシアと改正条約調印（メキシコとは対等条約）

〈内容〉井上案の修正～大審院では**外国人判事**を任用

→『ロンドン＝タイムズ』が内容公表（翻訳は陸羯南の新聞『日本』に掲載）

〈批判〉**玄洋社**（国家主義団体）の社員が爆弾を投げつけて大隈重信外相負傷

③青木周蔵の交渉：大隈案の修正～**外国人判事**の任用を削除

〈経過〉イギリスが好意的（シベリア鉄道の建設でアジア進出をめざすロシアを警戒）

→大津事件で引責辞任
- ロシア皇太子**ニコライ**を津田三蔵巡査が切りつける
- 政府～**大逆罪**の適用による死刑を要求
- 大審院～児島惟謙院長は無期徒刑の判決を指示
- **司法権の独立**／法治国家を立証（日露関係悪化せず）

02 条約改正の達成

①陸奥宗光の交渉（**第２次**伊藤博文内閣）：日英通商航海条約（1894年／他国とも調印）

〈内容〉⑴領事裁判権の撤廃　⑵関税自主権の一部回復　⑶相互平等の最恵国待遇　⑷内地雑居の承認

＊『**蹇蹇録**』（陸奥宗光の回顧録）

＊発効～5年後（1899年）／有効期限～12年（1911年）

＊青木周蔵～イギリスで交渉した駐英公使／条約発効時の外相

〈状況〉国内：第五・第六議会～内閣が自由党に接近→反発した吏党と民党が提携

（**対外硬派連合**が陸奥外交を軟弱として「**対外硬**」論を主張→内閣は議会を解散）

国外：日清開戦直前　＊背景～アジア最初の立憲国家＋アジア最強の軍事力

②小村寿太郎の交渉（**第２次**桂太郎内閣）：日米通商航海条約改正（1911年／他国とも改正）

〈内容〉関税自主権の完全回復⇒条約上は列強と完全対等の地位獲得

問題文を読んで，文章中の空欄に当てはまる語句を記入しなさい。

01 相次ぐ交渉挫折

寺島宗則のあとをうけて交渉にあたったのは外務卿(のち初代外務大臣)(1　　　　)である。(1　)は各国の代表を集めた会議を開き，1887年に領事裁判権を撤廃する案が認められた。しかし，代わりに日本国内を外国人に開放する(2　　　　　)の承認，**外国人判事**の任用などが義務付けられていた。そのため，東京日比谷の(3　　　　)の建設など交渉を有利に進めるために行った(4　　　)政策への反発と相まって政府内外から批判が起き，(1　)は交渉を中止し外相を辞任した。前年の(5　　　　　　　)事件の影響もあり(6　　　　　　)運動が高まったが，政府は(7　　　)条例を出して鎮静化をはかった。

つづく(8　　　　)外務大臣は，井上案をもとに国別交渉を行い，数カ国と改正条約を締結した。しかし，イギリスの新聞で交渉内容が掲載され，(9　　　　)での**外国人判事**の任用を認めていることがわかると，再び政府内外に反対論が高まり，1889年に(8　)は国家主義団体の青年に負傷させられ，**黒田清隆**内閣も総辞職して交渉は中止された。

山県有朋内閣の外相(10　　　　　)は，大隈案から**外国人判事**の任用を除いた内容で交渉を行った。当時イギリスは(11　　　　)鉄道の建設によりアジア進出をはかるロシアを警戒し，日本に対して好意的だったため，(10　)はイギリスとの交渉に取り組んだ。交渉は好調だったが，1891年に来日したロシアの皇太子**ニコライ**が警備の巡査に切りつけられる(12　　　)事件が起き，(10　)は責任をとって外相を辞任して交渉も中止となった。

この事件では，成立直後の**松方正義**内閣が日露関係の悪化を恐れ，(13　　　　　)巡査に皇族への罪である**大逆罪**を適用して死刑とするように圧力をかけたが，(9　)の院長(14　　　)は一般人への謀殺未遂罪を適用して無期徒刑とさせ，**司法権の独立**を守った。

02 条約改正の達成

第２次伊藤博文内閣の(15　　　　　)外相は，青木案をやや改良してイギリスと交渉し，(16　　　)年に(1)領事裁判権の撤廃，(2)関税自主権の一部回復，(3)相互平等の最恵国待遇，(4)(2　)の承認を内容とする(17　　　　　　)条約の調印に成功した。

当時議会では，民党の立憲改進党などと吏党の**国民協会**が提携して，対等条約締結のため列強に強硬な姿勢で交渉する「**対外硬**」論を主張し，第五・第六議会で政府と対立していた。また，調印は日清開戦直前で，イギリスが日本の朝鮮政策を支持したことも意味した。

関税自主権の完全回復は日露戦争後の(18　　　)年で，**第２次**桂太郎内閣の外相(19　　　)が(20　　　　　)と条約満期にともない新条約を調印したことで実現した。こうして半世紀を経て，日本は条約上列強と対等の地位を得ることとなった。

入試問題にチャレンジ

①使節団の帰国後，1876年からのアメリカとの関税自主権回復の交渉はほぼ成功したが，イギリス・ドイツなどの反対で無効となった。その当時の外務卿は誰か。(早稲田大)

②外国人の日本国内における旅行・居住を自由化する制度は何と呼ばれたか。(明治大)

論述問題の考え方

字数や行数を指定して，解答を文章で説明させるのが論述問題です。字数は10～20字程度のものから400字ぐらいまで，歴史事項の説明を求めるタイプや語句を指定して説明させるタイプ，文章から読み取ったことをもとに説明させるタイプや史料・資料を提示して考えさせるタイプなど，形式もさまざまです。内容的にも，特徴を問うもの，背景・原因や結果・影響・歴史的意義を説明させるもの，推移・展開をまとめるもの，比較して相違点・類似点を問うものなど，これまたいろいろあります。志望校の問題が，何字以内でどのタイプで何を求める形式なのか，早めに確認しておくことは大切です。

勉強法もいろいろあります。以下は，自分が行っていた方法に，教える立場になってからより効果的と思われた方法を組み合わせたものです。一例として紹介しましょう。

何を書くように求められているのか，を正しく読み取ろう

字数・形式・内容がどのようなものであっても，次の３点を心に留めておきましょう。

① 問題の要求を的確につかむこと　⇒的外れな答案では得点できません
② 簡潔な文章を心がけること　⇒自分の考えが正確に伝わるように
③ 文法的な誤りをしないこと　⇒正しく理解・採点してもらうため

②は「一つの文が長すぎたら二つの文に分ける」「適切な接続詞を使う」などを示します。③は「主語と述語の対応を間違えないこと」のような，日本語の文章を書くうえで当然のことです。もちろん，誤字や脱字にも注意して書かなければなりません。

教科書は論述のお手本

上記の３点を意識しながら，次の３点の順に書いてみましょう。

❶ 問題の要求を的確につかむ　⇒条件がある場合は注意(例：～をふまえて)
❷ 書くべき内容を箇条書きにする　⇒まず自力で／そのあと調べて修正・追加を
❸ 取捨選択して文章化する　⇒教科書を見ながらでOK
書けたら必ず読み直す

❶は①と同じです。これができていないと，どれだけ書いても得点できません。次に，思い出せることをなるべくたくさん書き並べてみてください。何も見ずに書いてみた後，教科書やこの問題集で確認しましょう。間違っていたら修正し，足りないことは追加します。“確認しなくても大丈夫”というところまで知識が固まったら，この修正・追加は省いて時間の短縮をはかります。

仕上げが❸の文章化。ここで❶に戻って要求と条件をもう一度確認し，❷の箇条書きの中から“本当に必要な内容”を選んで文章にまとめます。慣れるまでは教科書を見ながら書いていいですよ。書けたら必ず読み直して，誤字・脱字がないかを確認すること。

答案は，先生に添削をお願いできるとなおよいですね。友達同士でお互いの答案を添削するのもいいですね。条件を満たしつつ要求に応える文章になっているか，自分の考えが正しく伝わる文章になっているか，判断を委ねるのです。解答例を見ながら自分で添削するのであれば，客観的に読むことができるように１日空けてから添削するとよいでしょう。

第16章

近代Ⅲ

ちょっと長いです。日清戦争と日露戦争を境に政治がどう変わったのか，に注目してほしいからです。もう一つ，この時期に産業革命が進み，社会運動が高まります。これらは同じ時期のことだ，と意識してほしいからです😊

72 73 74 75 76 77 78

日清戦争とその背景

01 朝鮮をめぐる対立

①壬午軍乱(1882年)：閔妃(国王**高宗**の王妃)の一族が改革推進～日本が支持

〈経過〉軍隊が蜂起／大院君(高宗の実父・保守派)が政権掌握

〈結果〉清の介入で鎮圧／**閔氏**政権復活→政権の親清化が進行／清の影響力拡大

日本は朝鮮と**済物浦条約**締結(謝罪／公使館守備兵の駐留権)

②甲申事変(1884年)：金玉均ら(**独立党**を称す)がクーデタ～日本公使館が援助

〈経過〉**清仏戦争**での清の敗北→クーデタ実行　＊金玉均～壬午軍乱の謝罪で来日(日本を模範とした改革めざす)

〈結果〉再び清が介入／日本は朝鮮と漢城条約締結

③天津条約(1885年)　〈全権〉日本～伊藤博文／清～李鴻章

〈内容〉(1)日清両国は朝鮮から撤兵する　(2)今後出兵する際には事前通告する

④影響　・脱亜論(1885年／福沢諭吉が『時事新報』に掲載)：「**脱亜入欧**」の強硬論

・大阪事件(1885年)：大井憲太郎(旧自由党左派＝急進派)・景山英子らの渡鮮計画

～朝鮮政府打倒・内政改革推進を企てたが，渡航前に大阪で検挙・失敗

・防穀令事件：日本は朝鮮へ経済的に進出(大豆・米などの穀物を日本へ輸出)

→朝鮮での価格高騰／地方官が凶作を理由に穀物輸出を禁止(1889年)

→日本は損害賠償を要求(清の斡旋により1893年に賠償金獲得)

02 日清戦争

①日清戦争(1894～1895年)

〈契機〉甲午農民戦争：東学(⇔西学～キリスト教)の信徒を中心とした蜂起

→朝鮮は清に出兵要請／清は日本に通告後出兵／日本も出兵→朝鮮で日清両軍対立

＊国内情勢～第五・第六議会(陸奥外交批判→**第２次**伊藤博文内閣は議会解散)

〈経過〉日英通商航海条約調印(7/16)→豊島沖海戦(7/25)→宣戦布告(8/1)

→黄海海戦(9月・**北洋艦隊**を撃破)→清の威海衛占領(1895年2月)

＊国内情勢～第七・第八議会(政府批判なく，臨時軍事費を全会一致で可決)

②下関条約(1895年4月)　〈全権〉日本～伊藤博文首相・陸奥宗光外相／清～李鴻章

〈内容〉(1)清が朝鮮の独立を承認　(2)遼東半島・台湾・澎湖諸島の日本への割譲

(3)賠償金**2億両**[約3億1000万円]　(4)沙市・重慶・蘇州・杭州の開港

＊戦費は2億円(当時の国家歳出の2倍以上)／賠償金の約60％は軍備拡張費

③三国干渉(1895年)：ロシア～フランス・ドイツとともに遼東半島の清への返還要求

→日本は返還を了承／賠償金追加⇒「臥薪嘗胆」を標語にロシアへの敵対心高揚

＊臥薪嘗胆～復讐を遂げるため苦労を重ねる(＝目的達成のため努力する)

④戦後経営：台湾～台湾総督府の設置　・初代総督～**樺山資紀**(海軍軍人)

・のち民政局長**後藤新平**が植民地行政確立

・抗日運動は弾圧をうけながらも継続

問題文を読んで，文章中の空欄に当てはまる語句を記入しなさい。

01 朝鮮をめぐる対立

日本は日朝修好条規で開国させた朝鮮への勢力拡大をはかり，内政改革をめざす王妃の(1　　)一族を支持した。1882年，改革に反発する軍隊が蜂起して国王の実父で保守派の大院君が政権を握ったが，清が介入してこれを倒し，(1　)らの政権が復活した。民衆に公使館を包囲された日本は朝鮮政府と**済物浦条約**を結び，首都**漢城**での軍の駐留権などを得たものの，この(2　　　)軍乱ののち(1　)らは清への依存度を強めた。日本に倣(なら)った近代化をめざす(3　　　)らは1884年に**清仏戦争**で清が不利になったのを好機とし，日本公使館の援助を得てクーデタを起こしたが，清国軍の介入で失敗した。(4　　)事変である。

二度の事件を経て悪化した日清関係を調停するため，1885年に(5　　　　)が(6　　)に向かい，清の(7　　　　)との間に(6　)条約を締結した。これにより，(1)日清両国の朝鮮からの撤兵，(2)出兵時の事前通告などが取り決められ，直接衝突は回避された。

国内では，(8　　　　)が「日本はアジアとの連帯をめざすのではなく，欧米列強の一員として清・朝鮮に対するべき」との(9　　)論を『時事新報』に掲載するなど強硬論が高まった。当時は民権運動の停滞期であり，旧自由党の(10　　　　　)らが朝鮮に渡って政府を倒し，内政改革を行おうとして渡航前に検挙された(11　　)事件も起こった。また，朝鮮から大豆などの穀物が日本へ輸出された結果，価格が高騰し，1889年に朝鮮の地方官が(12　　)令を出して輸出を禁じたが，日本はこれを廃止させ賠償金を要求した。

02 日清戦争

(13　　)年，朝鮮で東学の信徒を中心に減税や日本・西欧の排除を掲げた(14　　)農民戦争が起こった。朝鮮政府は清に出兵を要請し，清が日本への通告後出兵すると，公使館守備を名目に日本も出兵した。農民は政府と和解したが日清間の対立は深まり，(15　　)条約調印でイギリスの同意を得たとみた日本は朝鮮王宮を占領し，清の海軍への奇襲攻撃後に宣戦布告した。日本は**北洋艦隊**を撃破し，清の領土にまで進軍し勝利した。

1895年4月，山口県の(16　　)で講和会議が開かれた。(5　)首相・(17　　　　)外相と清の(7　)との間で調印された(16　)条約は，(1)清が朝鮮の独立を認め，(2)(18　　)半島・台湾・澎湖諸島を日本に譲り，(3)賠償金**2億両**を支払い，(4)新たに4港を開くことなどが決められた。しかし，締結直後にロシアは(19　　　　)・ドイツによびかけ，日本に(18　)半島の清への返還を要求した。日本は清に賠償金を追加させる代わりに，この三国干渉の要求を受け入れたが，国内では「(20　　　　)」をスローガンにロシアへの敵対心が高まった。一方，台湾では初代総督**樺山資紀**の下で植民地支配が始められた。

入試問題にチャレンジ

①正誤判別：日清戦争での日本の勝利を受けてイギリスが条約改正に応じ，日英通商航海条約が調印された。(早稲田大)

②日本は遼東半島を得たが，[　　　　]・ドイツ・ロシアの勧告を受け返還した。(関西大)

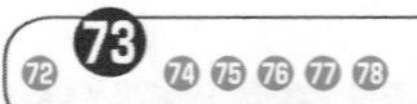

政党勢力の進出

01 政党内閣の登場

政府と政党との関係　初期議会（第一～第四議会）海軍の予算をめぐり対立
→自由党が政府支持・予算成立
（第五・第六議会）陸奥外交をめぐり対立
日清戦争中（第七・第八議会）巨額軍事費を即決・対立解消

①**第２次**伊藤博文内閣：自由党と提携　〈内相〉板垣退助

②**第２次**松方正義内閣：進歩党[←立憲改進党など]と提携　〈外相〉大隈重信

・金本位制の成立（1897 年）：**貨幣法**の制定による／日清戦争での賠償金を活用

③**第３次**伊藤博文内閣：政党との提携に失敗

・**地租増徴案**の否決（1898 年）：自由党＋進歩党→合同して憲政党を結成

④**第１次**大隈重信内閣：最初の政党内閣"隈板内閣"（大隈重信首相＋板垣退助内相）

・政党内閣～議会内で多数を占める政党（ここでは憲政党）により組織された内閣

・共和演説事件：尾崎行雄文部大臣による金権政治批判の演説～日本で共和政治が行われたらと仮定したことが問題化→文相辞任→後任めぐり対立

↓

4 カ月で分裂～憲政党（旧自由党系による）⇔憲政本党（旧進歩党系による）

02 立憲政友会の成立

①**第２次**山県有朋内閣：藩閥復活／政党と提携しつつも政党勢力の拡大には反対

・**地租増徴**の実現（1898 年）：憲政党の支持により 2.5%から 3.3%へ増徴

・文官任用令の改正（1899 年）：政党勢力が官界におよぶのを阻止
～高級官僚[勅任官]に資格規定を新設→政党関係者の就任が困難に

・軍部大臣現役武官制の制定（**1900 年**）：政党勢力が軍部におよぶのを阻止
～軍部大臣[陸軍大臣・海軍大臣]は現役の大将・中将のみ就任可能

・治安警察法の制定（**1900 年**）：高揚する労働運動を規制
～第 5 条で女性の政治結社・政治集会参加禁止／第 17 条で労働運動規制

・選挙法改正（1900 年）：納税資格を直接国税 15 円以上から 10 円以上へ引下げ
→有権者は全人口の 1.1%から 2.2%へ増加

＊北海道旧土人保護法の制定（1899 年）：アイヌに農業奨励／従来の生活破壊

・憲政党の離反→伊藤派官僚とともに立憲政友会結成（**1900 年**）

②**第４次**伊藤博文内閣：立憲政友会初代総裁として組閣

・社会民主党の即日禁止（1901 年／治安警察法を適用）：最初の社会主義政党

・閣内での伊藤派官僚と旧憲政党員の対立／貴族院の反発により予算案認められず

③**第１次**桂太郎内閣：山県有朋の後継（⇔伊藤博文の後継は西園寺公望→桂園時代へ）

＊元老～憲法の規定外／後継首相の推薦権掌握"政界の黒幕"／非公式に天皇補佐
9 人＝伊藤・山県・黒田・松方・井上馨・西郷従道・大山巌・桂・西園寺

問題文を読んで，文章中の空欄に当てはまる語句を記入しなさい。

01 政党内閣の登場

日清戦争後，軍拡予算を成立させるためには議会の支持が必要であることから，政府は政党と妥協するようになり，政党も地租の軽減などを求めなくなった。**第２次**(1　　　　)内閣は衆議院の最大勢力だった(2　　　　)の党首板垣退助を内務大臣として入閣させ，つづく**第２次**(3　　　　)内閣も(4　　　　)の党首大隈重信を外務大臣とした。なお，(4　)は立憲改進党を中心に結成された政党である。

農村の地主層を支持基盤とするものもあったため，政党は軍拡の財源となる地租の増徴には反対で，**第３次**(1　)内閣が提出した**地租増徴案**を(2　)・(4　)は否決し，その後合同して(5　　　　)を結成した。絶対多数を占める政党の出現により，(1　)内閣は議会運営の見通しを失って総辞職し，代わって最初の政党内閣である**第１次**大隈重信内閣が成立した。これは(5　)党首の大隈重信を首相，板垣退助を内相としたことから(6　　　　)内閣とよばれ，陸軍大臣・海軍大臣以外のすべての閣僚を(5　)の党員が占めた。しかし，組閣直後から旧(2　)と旧(4　)が対立し，(7　　　　)事件で(8　　　　)が文部大臣を辞任すると，その後任をめぐって対立は激化した。その結果，(5　)は旧(2　)系の(5　)と旧(4　)系の(9　　　　)に分裂し，内閣はわずか4カ月で退陣した。

02 立憲政友会の成立

新たに成立したのは，藩閥官僚を基盤とする**第２次**(10　　　　)内閣であった。(5　)の支持を得た内閣は，1898年に**地租増徴案**を成立させ，地租は(11　　)%から(12　　)%となった。選挙法の改正にも応じ，1900年に選挙人の納税資格を直接国税(13　　)円以上から(14　　)円以上に引下げ，有権者は全人口の2.2%となった。

しかし，1899年に官僚の人事に関する(15　　　　)令を改正して，政党関係者が高級官僚になれないようにし，**1900年**には(16　　　　)制を定め，現役の大将・中将以外は陸軍大臣・海軍大臣になれないとして政党勢力を抑えた。また，産業革命の進展にともない高まる労働運動を抑えるため，同年(17　　　　)法を制定した。アイヌに対する北海道旧土人保護法が制定されたのも，この内閣の時である。

同じ頃(1　)は，自ら政党を結成する構想をもつようになっていた。内閣の政策に批判的になってきた(5　)はこれに近づき，**1900年**(18　　　　)が結成された。(18　)を率いて**第４次**(1　)内閣が発足したが，藩閥勢力の抵抗や貴族院の反対により総辞職した。代わって(10　)の後継者である(19　　　　)が組閣し，(1　)・(10　)らは一線を退いたが，後継首相の推薦権を握る(20　　　　)として影響力を持ち続けた。

入試問題にチャレンジ

①第２次[ア]内閣と[イ]党が接近し，内務大臣として板垣退助が入閣したのに続き，第２次[ウ]内閣と[エ]党が提携し，大隈重信が外務大臣として入閣した。(慶應大)

②第２次山県内閣は1900年に[　　　　]を公布し，労働運動などの取締強化を図った。(学習院大)

72 73 **74** 75 76 77 78

日露戦争とその背景

01 中国分割の進行

①列強による**中国分割**：租借～他国の領土の一部を一定期間借りること
（租借地では立法・行政・司法権を掌握できる）

・ロシア～旅順・大連（遼東半島）　・ドイツ～**膠州湾**（山東半島）

・イギリス～九龍半島・**威海衛**　・フランス～**広州湾**　・日本～福建省

＊アメリカ～**フィリピン**領有／相互不干渉から門戸開放・機会均等へ方針転換

＊門戸開放～商業・工業活動の機会はすべての国に等しく与えられるべき

②北清事変（1900年）：義和団事件～「扶清滅洋」を掲げる宗教結社が勢力拡大

→同調した清国政府が列国に宣戦布告（1900年）　＊日本～「**極東の憲兵**」

→北京議定書（1901年）～列国は賠償金や北京での軍の駐留権などを獲得

③大韓帝国の成立（1897年）：閔妃殺害事件（1895年）～公使の三浦梧楼らの指示

→国王**高宗**による親露政権の樹立→国号の変更（1897年／朝鮮から大韓帝国へ）

④日露協商論と日英同盟論

伊藤博文・井上馨ら～「満韓交換」によりロシアと協調する方針

└→ロシアの満州経営承認／日本の韓国での優越権獲得

山県有朋・桂太郎・小村寿太郎ら～イギリスと提携し韓国での利益を確保する方針

→日英同盟協約締結（1902年／桂太郎内閣）

(1)清におけるイギリスの利益と清・韓国における日本の利益を相互に承認

(2)日英の一方が他国と交戦した場合，他方は中立を守る（「厳正中立」）

(3)さらに第三国が介入した場合，同盟国のため参戦する（「協同戦闘」）

⑤国内世論の動向：主戦論・開戦論～**対露同志会**／七博士意見書（戸水寛人ら）

非戦論・反戦論～内村鑑三（キリスト教徒）

幸徳秋水・堺利彦（社会主義者／**『万朝報』**のち平民社）
（『万朝報』→開戦論に転向すると退社）

＊「君死にたまふこと勿れ」（開戦後に与謝野晶子が『明星』に発表）

02 日露戦争

①日露戦争（1904～1905年）：陸軍（**乃木希典**ら／旅順・奉天の占領）

海軍（**東郷平八郎**ら／**日本海海戦**で**バルチック艦隊**撃破）

→日本は軍事的・財政的限界（戦費約17億円）／ロシアでも革命運動勃発

→アメリカ大統領セオドア＝ローズヴェルトの斡旋（ポーツマス～アメリカの港町）

②ポーツマス条約（1905年9月）〈全権〉日本～小村寿太郎外相／ロシア～ウィッテ

〈内容〉(1)韓国に対する日本の指導権の承認

(2)旅順・大連の租借権と**長春**以南の鉄道の権利の日本への譲渡

(3)北緯50度以南の樺太の譲渡　(4)沿海州とカムチャツカの漁業権の承認

③日比谷焼打ち事件：賠償金得られず→講和反対国民大会が暴動化→戒厳令で軍隊出動

問題文を読んで，文章中の空欄に当てはまる語句を記入しなさい。

01 中国分割の進行

「眠れる獅子」と恐れられていた清の弱体化が明らかになると，西欧諸国は都市や港湾を租借し，鉄道の敷設などを通じて勢力範囲を広げていった。アメリカはこれに加わっていなかったが，国務長官**ジョン＝ヘイ**が**門戸開放宣言**を出して従来の不干渉方針を転換した。

こうした動きに対して，清の国内では「扶清滅洋」を唱える（1　　　）が勢力を伸ばし，北京の各国の公使館を包囲した。1900 年，清の政府はこれに乗じて列国に宣戦布告したが，この（2　　　）事変は 8 カ国からなる連合国により鎮圧され，翌年の（3　　　）で日本を含む列国は賠償金や北京での公使館守備隊の駐留権を獲得した。

一方，朝鮮では，日清戦争後に（4　　　）らが親露的な政策をとったため，日本公使（5　　　）らは（4　）らを殺害させた。国王の**高宗**はロシア公使館に逃げ込んで親露政権を成立させ，さらに 1897 年には国号を朝鮮から（6　　　）と改め，**高宗**は皇帝を称して独立国であることを表明した。日本はロシアと数度協定を結び，韓国における相互の対等を確認してきたが，（3　）締結後も満州とよばれた中国東北部の占領を続けるロシアを警戒し，伊藤博文らがとっていた日露協商締結の方針を改め，1902 年に（7　　　）内閣のもとで山県有朋らが主張していた（8　　　）協約を締結した。

国内では，キリスト教徒の（9　　　）や社会主義者の幸徳秋水・堺利彦らの（10　　　）が非戦論・反戦論を唱え，開戦後も（11　　　）が非戦の歌を発表したが，**対露同志会**や東京帝大などの七博士の意見書をはじめ世論は主戦論・開戦論に傾いていった。

02 日露戦争

（12　　　）年 2 月，宣戦布告して戦争が始まった。翌年日本は遼東半島の旅順陥落や**日本海海戦**での**バルチック艦隊**撃破などの勝利を得たが，軍事的・財政的に限界であり，ロシアでも革命運動が高まるなど，両国とも戦争継続は困難であった。そこで，アメリカ大統領（13　　　）が講和を斡旋し，アメリカの（14　　　）で講和会議が開かれ，日本全権で外相の（15　　　）とロシア全権（16　　　）の間で（14　）条約が締結された。この条約では，⑴韓国に対する日本の指導権を認め，⑵旅順・（17　　　）の租借権と**長春**以南の鉄道の権利を日本に譲渡することのほか，⑶北緯 50 度以南の（18　　　）の譲渡，⑷沿海州とカムチャツカの漁業権の承認などが定められた。

しかし，多くの犠牲と増税に耐えてきた国民は賠償金もとれない内容に不満を高め，条約調印日に開かれた講和反対国民大会は暴動に発展した。この（19　　　）事件に対し，政府は（20　　　）令を出して軍を出動させ鎮静化をはかった。その後，（7　）内閣は退陣した。

入試問題にチャレンジ

①正誤判別：北清事変で連合国軍に参加した日本の軍事力が評価された。（早稲田大）

②対外強硬論の高まりは，幸徳秋水らが非戦の論陣を張っていた新聞が開戦論に転じるきっかけとなった。1892 年に創刊したこの新聞の名称を記せ。（同志社大）

日露戦後の国際関係

01 韓国の併合

韓国併合の過程

1904年　日露戦争勃発

↓ 日韓議定書(1904年)：日本による韓国の軍事的利用を可能とする

1904年　第1次日韓協約：日本政府が推薦する財政・外交顧問の採用を強要

↓ アメリカ～桂・タフト協定(1905年)

日本＝韓国の保護国化／アメリカ＝フィリピンの統治⇒相互承認

イギリス～第2次日英同盟協約(1905年)

日本＝韓国の保護国化／イギリス＝インドの支配⇒相互承認

＊保護国～主権は確保・独立国としての体裁は維持／外交権は他国が奪取

ロシア～ポーツマス条約(1905年)

1905年　第2次日韓協約：韓国の外交権を奪取／統監府設置(初代統監～伊藤博文)

↓ ハーグ密使事件(1907年)：高宗が万国平和会議に密使→日本は高宗の退位強要

1907年　第3次日韓協約：韓国の内政権も掌握／軍隊解散も規定→義兵運動激化

↓ 伊藤博文暗殺(1909年)：対露交渉終了直後／ハルビン駅で安重根(アンジュングン)による

1910年　韓国併合条約：朝鮮総督府設置(初代総督～寺内正毅)

(第2次桂太郎内閣)　＊総督～天皇に直属／陸海軍の大将より任命

植民地統治

・武断政治～軍事力を背景に高圧的に行われる政治

＊憲兵警察制度～憲兵(軍隊内の法秩序維持を担当)が軍事警察業務も担う制度

・土地調査事業～所有権が不明確な土地や村の共有地などの接収・官有地化

→東洋拓殖会社(日韓両国政府による国策会社)や日本人地主などに払下げ

＊国策会社～国家の政策を遂行するため，政府の指導・援助により設立された会社

02 満州進出と対欧米関係

満州経営	関東都督府(旅順)～1919年に関東軍(軍事)と関東庁(民政)に分離 南満州鉄道株式会社(大連／初代総裁～後藤新平)～半官半民の国策会社 ＊半官半民～政府と民間が共同で出資し，事業を経営すること
対米関係	満州問題～アメリカは満鉄の日米共同経営化や中立化を提案→日本は拒否 ↕関係悪化　　黄禍論の影響(黄色人種は白色人種に禍をもたらす) 移民問題～日本人学童入学拒否事件(サンフランシスコ)＊移民自粛→効果×
対英関係	日英同盟協約の改定(1911年に第3次)
対露関係	日露協約の締結(第1～4次)～日露で共同してアメリカの満州進出を阻止

問題文を読んで，文章中の空欄に当てはまる語句を記入しなさい。

01 韓国の併合

1904年に日露戦争が始まると，日本は**日韓議定書**で韓国を軍事的に利用することを承認させ，第１次(1　　　)で日本が推薦する財政・外交**顧問**を韓国政府に採用させた。翌年，アメリカには(2　　　)協定，イギリスには第２次(3　　　)協約で日本による韓国の保護国化を認めさせると，同年第２次(1　)で韓国の**外交権**を奪い，韓国の外交を管轄する(4　　)府を**漢城**におき，(5　　　)を初代(4　)とした。

これに対して韓国の皇帝**高宗**は，1907年に**オランダ**の(6　　　)で開かれた第2回**万国平和会議**に密使を送り，韓国の独立を擁護するように訴えたが受け入れられなかった。日本は，この(6　)密使事件を機に**高宗**を退位させたうえで，第３次(1　)で韓国の**内政権**も掌握し，さらに軍隊も解散させた。(7　　)運動とよばれる反日武装闘争は，元軍人も参加して激化していった。

1909年，(5　)が(8　　　)駅で韓国の民族主義者(9　　　)に暗殺された。その後，日本は軍事力を強化しつつ，**第２次**(10　　　)内閣が(11　　)年に韓国併合条約を強要して韓国を植民地化した。**漢城**は**京城**と改められ，統治のため朝鮮(12　　)府がおかれた。初代(12　)には，当時の(4　)で陸相だった(13　　　)が就いた。

植民地統治は，武官である(12　)の下で全土に**憲兵**を主とする警察を配置した**武断政治**であった。また，土地税賦課のため大規模な(14　　　)事業が実施されたが，所有権が不明確な土地や村の共有地などは取り上げられ，(15　　　)会社や日本人地主などに払い下げられた。そのため，朝鮮の農民の中には職を求めて日本に移住する者もあった。

02 満州進出と対欧米関係

関東州とは，旅順・大連を含む遼東半島南部の租借地をさす。日本は1906年，旅順に関東(16　　)府をおいて関東州の行政にあたらせた。同年，大連に設立された(17　　　)株式会社は**半官半民**の国策会社で，ロシアから譲渡された**長春**・旅順間の東清鉄道のほか沿線にある炭鉱などの経営も行い，満州への経済的進出の基盤となった。

日本の満州権益独占に対し，門戸開放を唱えるアメリカは反対した。はじめアメリカは満鉄の日米共同経営化を計画したが，日本はこれを拒否し，次いで提案された満鉄の中立化も拒否した。そのアメリカでは日本人(18　　)が問題化しており，ヨーロッパから波及した黄色人種に対する差別である**黄禍論**も相まって，(19　　　　)で日本人学童が入学を拒否されるなど(18　)排斥運動が高まった。一方，満州での利害を同じくするロシアとは4次にわたる(20　　　)が締結され，南満州での権益維持がはかられた。

入試問題にチャレンジ

① 1905年の[　　　　　]により日本はアメリカから韓国への保護権に対する承認を得た。(立教大)

②正誤判別：第二次日韓協約により韓国政府の内政は統監の指導と承認を必要とすることとなった。(関西学院大)

桂園時代と大正政変

01 桂園時代

桂園時代　日露戦後経営の課題　・財政～日露戦争の外債返還＋植民地経営

相反する２つの勢力が対抗・協力しつつ政治運営　・軍事～ロシア・アメリカを仮想敵国とする軍拡

例：帝国国防方針（陸25個師団　海八・八艦隊）

桂太郎（陸軍・山県系藩閥官僚など）⇄西園寺公望（立憲政友会・財閥など）

①西園寺公望内閣：与党～立憲政友会

・鉄道国有法の制定（1906年）：民鉄17社を買収→国有鉄道（9割）＞民営鉄道
　目的～軍事輸送の便宜・軍事機密の保持／財政負担の軽減・財源の強化

・日本社会党の結成承認（1906年）：合法的社会主義政党→内部対立→翌年禁止

②第２次桂太郎内閣

・戊申詔書の発布（1908年）→地方改良運動の推進：主導～内務省
　江戸時代以来の旧町村を市制・町村制（1888年制定）に基づく新町村に再編
　→新町村を単位とする神社・青年会・在郷軍人会・産業組合などの設置
　＊在郷軍人会～兵役を終えた予備役・後備役・退役軍人の団体
　＊地方制度の変遷～廃藩置県後に画一的な大区・小区設置→郡区町村編制法により廃止／旧来の町村［旧町村］を復活→市制・町村制で旧町村を大幅合併

・内政：大逆事件（1910年）　工場法の公布（1911年）

・対外：韓国併合条約の締結（1910年）　条約改正の達成（1911年／小村寿太郎外相）

＊石川啄木～『時代閉塞の現状』で大逆事件を批判／韓国併合にも否定的な短歌

02 大正政変

①陸軍２個師団増設問題（1912年＝明治45年＝大正元年）：背景～辛亥革命（1911年）
　陸軍は朝鮮配備の２個師団増設を要求→第２次西園寺公望内閣は拒否
　→上原勇作陸相は帷幄上奏・単独辞職／陸軍は後任の陸相を推薦せず⇒内閣総辞職
　＊帷幄上奏権～陸相・海相・陸軍参謀総長・海軍軍令部長がもつ，軍の統帥に関して天皇に直接意見を述べる権利

②第一次護憲運動の高揚（1912～13年）：元老は内大臣兼侍従長の桂太郎を首相に推薦
　→立憲政友会の尾崎行雄・立憲国民党の犬養毅らが「閥族打破・憲政擁護」を掲げ批判
　→政党勢力・ジャーナリスト・商工業者・都市民衆も参加して運動高揚
　→首相は新党［＝立憲同志会～桂の没後発足／立憲国民党の離党者など］結成で対抗
　→尾崎行雄による内閣弾劾演説→民衆が議会包囲⇒第３次桂太郎内閣総辞職

③護憲運動の成果：山本権兵衛（海軍大将・薩摩出身）が組閣／与党～立憲政友会

・軍部大臣現役武官制の改正：就任資格を現役だけでなく予備役・後備役にも拡大

・文官任用令の再改正：政党員が高級官僚に就任できる枠を拡大

・シーメンス事件：ドイツのシーメンス社と海軍高官の贈収賄事件⇒内閣総辞職

問題文を読んで，文章中の空欄に当てはまる語句を記入しなさい。

01 桂園時代

日露戦争の戦費**約17億円**は，**外債**約7億円，**内債**約6億円，残りが増税などによるものであった。しかし，賠償金は得られず，利子の負担もあって戦後経営は困難をきわめた。

(1　　　　)内閣の退陣後，立憲政友会の2代総裁(2　　　　　　　)が組閣した。(2　　)内閣は，**1906年**に軍事上・経済上の目的から(3　　　　　)法を制定し，一方で幸徳秋水らによる(4　　　　)党の結成を承認した。翌年の**帝国国防方針**では軍拡も認めたが，この年に生じた恐慌で行き詰まり，社会主義への対応も批判され総辞職した。

日露戦争の勝利は**富国強兵**の達成とされ，従来の国家第一という考えに対する疑問など思想の多様化が進んでいた。そこで**第2次**(1　　)内閣は**1908年**に(5　　　　　)を発し，国力増強のため国民に勤労と倹約を説いた。さらに(6　　　)省主導の(7　　　　　)運動を推進し，江戸時代以来の**旧町村**から(8　　　)・町村制に基づく**新町村**を中心とする地方制度を確立し，租税負担能力を強化して税の滞納を防ごうとした。また，地域の人々を結びつける神社を一町村に一社とするため神社の統廃合が進められ，**青年会**や**在郷軍人会**なども**新町村**単位でつくられた。(9　　　)年の大逆事件の検挙と韓国併合条約の締結，1911年の(10　　)外相による**条約改正**の達成と工場法の公布もこの内閣の時である。

02 大正政変

1912年7月，明治天皇が亡くなり，大正天皇が即位した。その前年，中国では(11　　　)革命が起こり，同年清が倒され中華民国が成立した。陸軍は朝鮮に配備するための2個師団の増設を政府に求めたが，**第2次**(2　　)内閣は財政難を理由に拒否した。そのため，陸相(12　　　　)は天皇に単独で辞表を提出し，陸軍はその後任を推薦しなかったことから内閣は総辞職に追い込まれた。(13　　　　　　　)制が倒閣に利用されたのである。

元老は**内大臣**就任直後だった(1　　)を首相に推薦し，**第3次**(1　　)内閣が成立した。しかし，**内大臣**兼侍従長が首相に就任するのは“宮中と府中の別”を乱すとの批判があがった。立憲政友会の(14　　　　　)と(15　　　　　　)の犬養毅らは，「(16　　　　　　)・憲政擁護」を掲げて倒閣運動を始めた。この第一次(17　　　　)運動に対して(1　　)は新党を結成して対抗しようとし，(14　　)らが提出した内閣不信任案も詔勅で撤回させようとしたため批判はいっそう高まり，民衆が議会を包囲して組閣後53日で退陣した。

その後，(18　　　　　　)が立憲政友会を与党として組閣した。(18　　)内閣は，(13　　)制の改正や(19　　　　　)令の再改正により軍部や官僚に対する政党勢力の拡大につとめた。しかし，海軍高官の汚職である(20　　　　　)事件がおこり，総辞職した。

入試問題にチャレンジ

①日露戦争後には，外国製軍艦の代わりに国産の軍艦が建造されるようになり，特に1907年[　　　　　　]に示された八・八艦隊は，当時の海軍の懸案となった。(北海道大)

②陸相が首相を経由せずに単独で天皇に政務を報告できる権限を何というか。(学習院大)

産業革命の進展

01 軽工業の発達

《産業革命》 まず軽工業～大きさの割には重さが軽い物品を生産(繊維・雑貨など)
次に重工業～大規模設備で容量・重量が大きな財貨を製造(鉄鋼・造船など)

紡績業 **綿花**→綿糸(幕末以来安価な輸入綿糸が国産綿糸を圧迫)
〈基盤〉 従来の**手紡**→ガラ紡(臥雲辰致発明／1877年の第1回内国勧業博覧会で最高賞)
〈発達〉 大阪紡績会社(1883年開業)～渋沢栄一らによる／大規模経営に成功
イギリスから紡績機械輸入／動力は蒸気機関／**電灯**の使用で**昼夜2交代制**
輸入**綿花**使用(インド・**中国**・**アメリカ**など)／**工女**は零細農の子女中心
↓ 企業勃興(**1886～89年**)～**会社設立ブーム**(紡績・鉄道中心)
1890年 綿糸：国内生産量＞輸入量
日清・日露間 ↓ 綿糸輸出関税撤廃(1894年)＋**綿花**輸入関税撤廃(1896年)
└▶ 1897年 綿糸：輸出量＞輸入量⇒**輸入超過**(紡績機械・原料**綿花**は輸入に依存)

綿織物業 綿糸→**綿布**(幕末以来安価な輸入綿布が国産綿布を圧迫)
〈基盤〉 **手織機**に**飛び杼**(イギリスで発明)を取り入れ，輸入綿糸を使用して生産回復
〈発達〉 紡績会社が大型の**輸入力織機**(動力は蒸気機関)により**綿布**も生産
日露戦後 ↓ 国産力織機の発明～豊田佐吉による(木製・小型・安価)→農村に普及
└▶ 1909年 **綿布**：輸出量＞輸入量 ＊紡績業＋綿織物業＝綿業[綿工業]
＊織機～布を織る機械／**手織機**～人力による／力[自動]織機～蒸気力などによる

製糸業 **繭**→生糸(幕末以来最大の輸出品) ＊機械←→器械(手作業あり)
〈基盤〉 座繰製糸(幕末より普及)→器械製糸(輸入機械を参考に国内技術を改良)
〈発達〉 主に欧米向け(アメリカへの輸出伸長)／国内需要は少数(**養蚕業**は発達)
1894年 生糸：器械製糸の生産量＞座繰製糸の生産量
1909年 生糸の輸出量：日本(第1位)＞中国⇒**輸出超過**(重要な**外貨獲得産業**)

02 重工業の形成

鉄鋼業 製鉄業：官営八幡製鉄所(福岡県／1901年操業)～下関条約の賠償金による
筑豊炭田の**石炭**＋中国大冶鉄山(**漢冶萍公司**が経営)の**鉄鉱石**
製鋼業：日本製鋼所(北海道／1907年設立)～三井とイギリスが共同出資

工作機械工業 池貝鉄工所(東京)～旋盤の製作(1905年) ＊機械を製作する機械を製造
※官営事業払下げ～軍事・鉄道部門は払下げ行わず 例：東京・大阪砲兵工廠，海軍工廠

03 金融・運輸部門の整備

金融業 金本位制の採用(1897年／**貨幣法**)～1880年代に確立した銀本位制より移行
特殊銀行の設立 例：**横浜正金銀行**，日本勧業銀行，日本興業銀行

運輸業 陸運：日本鉄道会社(1881年)～華族の金禄公債による／東北本線など開設
↓ 企業勃興(**1886～89年**)～**会社設立ブーム**(鉄道・紡績中心)
1889年 営業キロ数：民営鉄道＞官営鉄道(同年東海道線が全通)
海運：日本郵船会社(1885年)～**三菱会社**と半官半民の**共同運輸会社**が合併
ボンベイ(インド～**綿花**輸入)航路などを開拓
＊**造船奨励法**・**航海奨励法**(1896年)

問題文を読んで，文章中の空欄に当てはまる語句を記入しなさい。

01 軽工業の発達

1880年代に始まる日本の産業革命の中心は，**綿花**から綿糸を生産する紡績業であった。(1　　　　)らが1883年に開業した(2　　　　)会社は，(3　　　　)から(4　　　　)機関を使用する紡績機械を輸入し，**電灯**を取り入れて**昼夜2交代制**をとり，農村の子女を低賃金で雇用して大規模経営に成功した。原料には(5　　　　)や**中国・アメリカ**からの輸入**綿花**を用いたため，国内の綿作（わたさく）は衰えた。**1886〜89年**の(6　　　　)期には会社設立が相次ぎ，従来の**手紡**や臥雲辰致が発明した(7　　　　)は衰退した。1890年には綿糸の国内生産量が輸入量を上回り，中国・朝鮮への輸出伸長を背景に(8　　　　)年には輸出量が輸入量を上回ったが，機械や原料は輸入に依存していたため**輸入超過**であった。

綿糸から**綿布**を生産する綿織物業では，大会社における大型の**輸入力織機**による生産に対し，農村では従来の**手織機**に**飛び杼**を取り入れて改良した道具で家内生産が行われていた。1890年代後半に(9　　　　)が小型で安価な国産力織機を考案すると，これを導入した小工場が農村に増加し，日露戦後の1909年には**綿布**の輸出量が輸入量を上回った。

一方，繭から生糸を生産する製糸業は，幕末に普及した(10　　　　)製糸に対して，輸入機械を参考に国内技術を改良した(11　　　　)製糸が普及し，長野県や山梨県などに小工場が設立された。幕末以来最大の輸出品だった生糸は原料や道具が国産できたこともあり，**輸出超過**の重要な**外貨獲得産業**であった。主な輸出先は欧米で，1894年に(11　　　　)製糸の生産量が(10　　　　)製糸の生産量を上回り，1909年には中国を抜き最大の生糸輸出国となった。

02 重工業の形成

鉄鋼の国産化をめざす政府は，(12　　　　)条約で得た賠償金の一部で福岡県に官営(13　　　　)所を設立した。ドイツの技術を導入して1901年に操業が開始され，背後の(14　　　　)炭田の**石炭**と中国の(15　　　　)鉄山から輸入した**鉄鉱石**を使用した。日露戦争後には北海道室蘭（むろらん）の(16　　　　)所など民間でも会社設立が進んだほか，工作機械工業では東京の池貝鉄工所が欧米並みの旋盤の製作に成功したが，機械の国産化にはほど遠かった。

03 金融・運輸部門の整備

金融業では，(8　　　　)年の貨幣法により(17　　　　)本位制から(18　　　　)本位制への移行がはかられた。また，**横浜正金銀行**のような産業や貿易に融資を行う特殊銀行も設立された。

運輸業では，1881年に華族の金禄公債を資金として(19　　　　)会社が設立された。その成功をうけて**1886〜89年**に民営の鉄道会社の設立が相次ぎ，官営鉄道が東京・神戸間の東海道線を全通させた1889年に営業キロ数では民鉄が官鉄を上回った。一方，1885年に設立された(20　　　　)会社は，**三菱会社**と**共同運輸会社**が合併したものである。

入試問題にチャレンジ

①綿糸は生産量・輸出量が増え，[　　　]年には輸出量が輸入量を上回った。(同志社大)

②正誤判別：官営八幡製鉄所はイギリスの技術，清の鞍山鉄山の鉄鉱石，筑豊の石炭(のちには満州の石炭)を使用して，1901年に操業を開始した。(青山学院大)

⑫⑬⑭⑮⑯⑰ **78**

社会運動の発生

01 社会運動の始まり

①産業革命期の労働者：長時間・昼夜2交代・低賃金

　＊飯場[納屋]制度～飯場頭の監視下で飯場(宿舎)に収容した労働者を酷使

〈明治〉『日本之下層社会』(横山源之助)『職工事情』(**農商務省**)

〈大正〉『女工哀史』(細井和喜蔵)　〈戦後〉『あゝ野麦峠』(元女工からの聞き書き)

②社会問題の発生　例1：高島炭鉱(長崎／官営→**後藤象二郎**→岩崎弥太郎＝三菱)

　虐待と暴動のくり返し→政教社の雑誌『日本人』が公表

例2：足尾銅山(栃木／官営→**古河市兵衛**)：渡良瀬川流域で鉱毒被害・住民が陳情

　衆議院議員田中正造が第二議会で問題提起(農商務相は陸奥宗光)

　→議員を辞職し天皇に直訴・失敗(1901年)→**谷中村**の廃村・遊水地化

③労働運動の開始：中心～高野房太郎・片山潜ら(アメリカから帰国)

労働組合期成会の結成(**1897年**)～**職工義友会**が改組／労働組合の結成を促進

→治安警察法の公布(**1900年**)～政府による弾圧強化・運動は衰退

02 社会主義思想の流入

①社会主義思想：生産手段を社会全体の共有とし，貧富や階級対立のない社会をめざす

②社会主義政党の結成：中心～幸徳秋水・片山潜・安部磯雄ら　　←治安警察法

1901年　社会民主党(最初の社会主義政党)～**第4次**伊藤博文内閣が結社禁止

↓平民社～幸徳秋水・堺利彦らが週刊『平民新聞』で日露反戦論

1906年　日本社会党(最初の**合法的**社会主義政党)～西園寺公望内閣が公認

↓**議会政策派**(片山潜ら)と**直接行動派**(幸徳秋水ら)が対立→解散命令(1907年)

③大逆事件(1910年／**第2次**桂太郎内閣)：幸徳秋水・管野スガら26名検挙(12名死刑)

→警視庁に特別高等課[特高]設置～運動は"冬の時代"に

03 政府の対応と財閥の成長

①社会運動への対応　〈懐柔〉工場法(**1911年**公布／**第2次**桂太郎内閣)

・**12歳未満**の就業禁止／女性・15歳未満の年少者の12時間労働・深夜業禁止

・**15人**以上の工場のみ適用／監督制度なし／**施行**5年後⇒初の労働者保護法だが不備

　└→製糸業と紡績業には例外規定

〈弾圧〉治安警察法(1900年公布／**第2次**山県有朋内閣)

・第5条～女性の政治結社・政治集会への参加禁止　・第17条～労働運動の制限

②資本主義：生産手段(工場・機械・土地など)を所有する資本家が，利益の獲得を目的として，賃金を支払って労働者を雇い，商品生産を行わせる経済体制

③財閥の形成：持株会社(特定の一族が出資／多くの企業の株式を所有する財閥本社)を中心にコンツェルン形態で産業界を独占的に支配　＊カルテル(企業連合)

↓

四大財閥～三井(**三井合名会社**)・三菱・住友・安田　＊トラスト(企業合同)

問題文を読んで，文章中の空欄に当てはまる語句を記入しなさい。

01 社会運動の始まり

産業革命期には工場労働者が急増したが，その中心は繊維産業で働く女工[工女]とよばれた女性労働者で，貧農の子女などの出稼ぎであった。製糸業では1日15～18時間の長時間労働，紡績業では昼夜2交代制という劣悪な環境で，低賃金労働を強いられた。鉱山などには男性労働者が従事し，(1　　)制度で酷使された。当時の様子は，(2　　)の『日本之下層社会』や**農商務省**による『(3　　)』に詳しい。

(4　　)に払下げられた高島炭鉱での鉱夫虐待は，政教社の雑誌『(5　　)』に取り上げられ社会問題化した。**古河市兵衛**に払下げられた(6　　)銅山の鉱毒被害は，(7　　)が第二議会で提起したが効果なく，議員辞職後に天皇への直訴が試みられた。

労働運動では，アメリカの労働運動の影響をうけた(8　　)・片山潜らが**1897年**に(9　　)会をつくり，労働組合の結成を促した。そして**鉄工組合**・日本鉄道矯正会などが組織されたが，政府は**1900年**に(10　　)法を公布して運動を弾圧した。

02 社会主義思想の流入

日露戦争前後には社会主義思想が研究された。**社会主義研究会**は実践をめざす**社会主義協会**を経て，1901年に(11　　)・片山潜・安部磯雄らによる最初の社会主義政党(12　　)党となった。しかし，**第4次**伊藤博文内閣は(10　　)法に基づき結成直後に解散させた。その後，(11　　)・堺利彦らは(13　　)社をつくり，日露戦争反対を唱えた。

戦争後の1906年に結成された(14　　)党は西園寺公望内閣に認められ，合法政党となったが，党内で片山潜ら**議会政策派**に対して(11　　)ら直接行動派が優勢になると解散させられた。1910年，**第2次**桂太郎内閣は天皇暗殺を企てたとして(11　　)や管野スガらを検挙し，翌年死刑とした。この(15　　)事件を機に，思想を取り締まる(16　　)課が警視庁に設置され，社会主義運動は「冬の時代」を迎えることとなった。

03 政府の対応と財閥の成長

社会運動に対して政府はアメとムチの両面でのぞんだ。アメは，**第2次**桂太郎内閣による**1911年**公布の(17　　)法である。**12歳未満**の就業禁止，女性・年少者の1日(18　　)時間労働・深夜業禁止などを定めたが，適用は雇用者**15人**以上の工場のみで，**施行**も5年後とされるなど不備が多かった。ムチは，**第2次**山県有朋内閣による1900年公布の(10　　)法である。

産業革命の進行にともない，日本でも資本主義が本格的に成立した。払下げにより鉱工業に基盤を築いた政商たちは，日露戦争後の1907年に始まった恐慌の中で株式の所有を通じてさまざまな分野の企業を支配する(19　　)の形態をとり始めた。中核となったのが(20　　)会社で，三井・(4　　)・住友・安田のいわゆる四大財閥が形成されていった。

入試問題にチャレンジ

①高野房太郎らは，職工義友会を前身とする[　　　　]を結成した。(同志社大)

②年代整序：(i) 幸徳秋水らが社会民主党を結成　(ii) 安部磯雄らが社会主義研究会を結成　(iii) 片山潜らが日本社会党を結成　(iv) 堺利彦らが平民社を結成 (早稲田大)

論述問題を考えてみよう〈1-1〉

実際に論述形式の問題を考えてみましょう。1999年に東京大学で出題された問題です。

例題1　次の文章を読み，下記の設問に答えよ。(1行30字)

「天武天皇が，13年(684年)閏4月の詔で『政ノ要ハ軍事ナリ』とのべたとき，かれは国家について一つの真実を語ったのである。(中略)『政ノ要ハ軍事ナリ』の原則には，天武の個人的経験を越えた古代の国際的経験が集約されているとみるべきであろう。」

これは，古代国家の形成について，ある著名な歴史家が述べたものである。軍事力の建設の視点から見ると，律令国家の支配の仕組みや，正丁3～4人を標準として1戸を編成したことの意味がわかりやすい。

設問　7世紀後半の戸籍作成の進展と，律令国家の軍事体制の特色について，両者の関連，および背景となった「天武の個人的経験」「古代の国際的経験」をふまえて，7行以内で説明せよ。

➡いきなり東大の問題？と思うかもしれません。でも，基本事項がわかっていれば書くべき内容が見えてくる問題です。よい復習になりますので，一緒に考えてみましょう。

(1)　どんな問題でも最初にやるべきことは“問題の要求をつかむ”ことです。この問題では要求が2点あります。「7世紀後半の戸籍作成の進展について説明せよ」が要求①，「律令国家の軍事体制の特色について説明せよ」が要求②です。

(2)　さらに，条件が3点あります。「両者の関連をふまえる」(この両者とは「7世紀後半の戸籍作成の進展」と「律令国家の軍事体制の特色」ですね)が条件①，「背景となった『天武の個人的経験』をふまえる」が条件②，「背景となる『古代の国際的経験』をふまえる」が条件③です。「天武の個人的経験」「古代の国際的経験」に「 」がついているのは，引用した史料中の言葉であることを示しています。

(3)　いくつかヒントを出しましょう。思い出せたことは書き留めてみてください。

- 7世紀後半には，何とよばれる戸籍がありましたか？「作成の進展」について説明が求められているということは，戸籍は一つではないはず…
- 律令制度では，どのような軍事体制が築かれましたか？どのような人々が，どのような形で兵役につけられていましたか？
- 天武天皇が「政治にとって最も重要なのは軍事である」と考える背景となった経験なのだから，「個人的経験」も「国際的経験」も「軍事力を強めないと！」と思わずにはいられなかったような事態なはず。具体的には何のこと？

どうでしょう？では次に，ここで思い出したことを土台にして解答の作成をめざしていきます。

☞続きはP.204

第17章

近代Ⅳ

大正～昭和戦前期をまとめたので長くなりました。でも，護憲三派内閣をはじめ，若槻・田中・浜口と頻出内閣が集中。難しい内容ばかりですが，ぜひ得点源に。文化史では近代全体をまとめたので，どの時代のことなのかに注意して。

79 ⑧⓪⑧①⑧②⑧③⑧④⑧⑤ 第一次世界大戦と日本

01 第一次世界大戦の勃発

①第一次世界大戦(1914 ～ 18 年)：「大正新時代ノ天佑(てんゆう)」～元老井上馨(かおる)の首相への提言

三国協商(イギリス・フランス・ロシア)＝日本(日英同盟協約・日露協約)

三国同盟(ドイツ・オーストリア・イタリア)　＊天佑～天の助け・予期せぬ幸運

②第２次大隈重信内閣：与党～立憲同志会　＊大隈～政界引退→国民に人気・組閣

・対独宣戦布告(1914 年)：占領～中国山東省(さんとう)の青島(チンタオ)・赤道以北のドイツ領南洋諸島

・二十一カ条要求(1915 年)：加藤高明外相→中国・袁世凱(えんせいがい)政府

(1)山東省のドイツ権益の継承　＊軍閥～軍人の(私的な)集団

(2)南満州・東部内蒙古(うちもうこ)の権益強化～旅順・大連の租借(そしゃく)期限の 99 カ年延長など

(3)漢冶萍公司(かんやひょうコンス)の日中合弁事業化　(4)中国沿岸部の他国への不割譲(→福建省(ふっけん))

(5)日本人顧問の採用→受け入れられず／(1)～(4)は 5/9 に受諾(じゅだく)(→国恥(こくち)記念日)

・内政：陸軍２個師団増設実現(1915 年)　工場法施行(1916 年)

③寺内正毅(まさたけ)内閣：陸軍大将“ビリケン(＝非立憲)内閣”　＊ビリケン～三角頭の福の神(→アメリカで創作)

・西原借款(しゃっかん)：段祺瑞(だんきずい)(袁世凱の後継・北方軍閥)政権に西原亀三(かめぞう)を通じて巨額の融資(ゆうし)

＊借款～政府や公的機関が行う国際的・長期的な融資(＝資金の貸し出し)

・石井・ランシング協定(1917 年)：特使石井菊次郎／国務長官ランシング

日本～中国での特殊権益／アメリカ～中国の領土保全・門戸開放⇒相互承認

・ロシア革命(1917 年)→シベリア出兵(1918 年～)→米騒動→内閣総辞職

02 大戦景気

《背景》ヨーロッパ諸国の後退したアジア市場→綿織物などの輸出
ヨーロッパの交戦国(イギリスなど)──→軍需品などの輸出
交戦国からの軍需で好景気のアメリカ──→生糸などの輸出
(以上 急増)

重化学工業 男性労働者が倍増　＊成金(なりきん)～急に金持ちになること(将棋(しょうぎ)に由来)

海運業・造船業：世界的な船舶不足により発達～船成金の登場(例：内田信也(のぶや))

鉄鋼業：官営八幡製鉄所の拡張／満鉄による鞍山(あんざん)製鉄所の設立

化学工業：ドイツから化学製品(薬品・肥料・染料など)の輸入停止→国内生産急増

電力事業：水力発電の進展(例：猪苗代(いなわしろ)・東京間～世界第 3 位の長距離送電)
→工業原動力：電力＞蒸気力

軽工業 女性労働者中心／工業全体では依然軽工業＞重化学工業

製糸業：アメリカ向けの生糸輸出急増　＊中国への資本輸出

綿工業(紡績業など)：在華紡(ざいかぼう)～中国への工場進出　例：在華紡・鞍山製鉄所

《結果》輸入超過から輸出超過へ／債務国から債権国へ／工業生産額＞農業生産額
(しかし工業人口＜農業人口)

＊問題点：都市～人口増加・物価高騰・賃金停滞
農村～人口流出・地主による土地集積進行・都市との格差拡大

問題文を読んで，文章中の空欄に当てはまる語句を記入しなさい。

01 第一次世界大戦の勃発

1914年，サライェヴォ事件に始まる対立から第一次世界大戦が勃発した。ヨーロッパは，**イギリス**などの三国(1　　　)側と**ドイツ**などの三国(2　　　)側に分かれた。立憲同志会を与党とする**第2次**(3　　　)内閣は，大戦を中国での勢力拡大の好機とみて日英同盟協約を理由に参戦した。そして**ドイツ**に宣戦布告し，中国における**ドイツ**の根拠地だった(4　　　)省の中心都市(5　　　)や赤道以北の**ドイツ領南洋諸島**の一部を占領した。

中国では，1911年に孫文らを中心に辛亥革命が起こされ，翌年中華民国が成立した。しかし，孫文に代わって軍閥の(6　　　)が大総統となるなど混乱が続いていた。**1915年**1月，外相(7　　　)は(6　)政府に対して(8　　　)を突き付けた。これは，(1)(4　)省の**ドイツ**権益の継承，(2)旅順・大連の租借期限の99カ年延長，(3)(9　　　)公司の日中合弁事業化，(4)日本人顧問の採用などの承認を求めるものだった。日本は最後通牒を発し，**5月9日**に(4)以外は受け入れさせたが，この日を中国では国恥記念日として排日・抗日意識を高めた。

(3　)内閣に続いて成立した(10　　　)内閣は，(6　)の後継となった北方軍閥の(11　　　)に対して巨額の借款を与えた。この(12　　　)を通じて中国での影響力の拡大をめざしたが，それを快く思わない欧米諸国との関係調整も行い，1917年にアメリカと(13　　　)協定を結び，日本の中国での特殊権益を認めさせた。

02 大戦景気

大戦は日本に好景気をもたらした。ヨーロッパ諸国が撤退したアジア市場には綿織物などの綿製品，イギリスなどの交戦国には軍需品，日本と同様に戦争で好景気だったアメリカには(14　　　)などの輸出が急増して大幅な輸出超過となり，日本は11億円の(15　　　)国から27億円の(16　　　)国に転じた。

世界的な船舶不足により**海運業・造船業**が発達し，船で大金を得た船(17　　　)が続出して日本は世界第3位の海運国となった。鉄鋼業では官営八幡製鉄所が拡張され，満鉄は中国に(18　　　)製鉄所を設立した。また，**ドイツ**からの輸入が途絶えたため，薬品・肥料・染料などを生産する**化学工業**が著しく伸びた。電力事業では福島県の(19　　　)水力発電所から東京への長距離送電に成功するなど水力発電が発達し，工業原動力が蒸気力から電力に移り，都市だけでなく農村にも電灯が普及した。

こうして**重化学工業**が伸長し，**工業生産額**は**農業生産額**を上回った。しかし，工業の中心は依然軽工業であり，紡績業では(20　　　)とよばれる中国での工業経営も拡大した。

入試問題にチャレンジ

①[　　　]は，寺内正毅内閣のもとで中国の段祺瑞政権に与えられたもので，現地交渉者である寺内の私設秘書の名前にもとづくものである。(学習院大)

②重化学工業の発達は目覚ましく，原動力の筆頭は[　　]力から電力へ移った。(明治大)

79 **80** 81 82 83 84 85

本格的政党内閣の成立と協調外交

01 平民宰相の登場

①シベリア出兵(1918年～)

〈背景〉ロシア革命(1917年)～世界初の社会主義政権成立(のちのソヴィエト連邦→略してソ連)

→ドイツ・オーストリアと単独講和・戦争離脱／日露協約も破棄

〈目的〉名目は**チェコスロヴァキア軍**救援／実際は社会主義革命拡大を防ぐための干渉

〈経過〉米・英・仏は1920年に撤兵／日本の撤兵は1922年(勢力拡大めざす→失敗)

②米騒動(1918年)：富山県の漁村から全国に拡大→軍隊も出動→寺内正毅内閣総辞職

〈背景〉大戦景気の好況で物価上昇＋都市人口増加で米の需要拡大＋農業生産は停滞

→シベリア出兵を前にした米の買占めで米価はさらに高騰

③原敬(たかし)内閣：最初の本格的政党内閣(与党～立憲政友会／3代総裁「平民宰相(さいしょう)」)

・四大政綱(4つの積極政策)

(1)教育の奨励：大学令(1918年)～公・私立大学や単科大学の設立承認

(2)交通の整備：地方鉄道の拡充など　(3)産業・貿易の振興

(4)国防の充実：八・八艦隊建造予算の獲得←総選挙で圧勝(1920年)

＊選挙法改正～直接国税10円以上から3円以上へ引下げ(有権者：2.2%→5.5%)
(1919年)　小選挙区制の採用(大政党に有利／大選挙区制は小政党に有利)

＊森戸(もりと)事件(1920年)～東京帝大助教授森戸辰男(たつお)の研究論文を批判・休職処分

・戦後恐慌による積極政策挫折＋立憲政友会関連の汚職続発→東京駅で刺殺(1921年)

02 第一次世界大戦の終結

パリ講和会議(1919年／原敬内閣)　〈全権〉西園寺公望(きんもち)・**牧野伸顕(のぶあき)**

ヴェルサイユ条約　(1)山東省の旧ドイツ権益の継承

(2)赤道以北のドイツ領南洋諸島の委任統治権(→国際連盟に委託され統治する権利)の獲得

＊国際連盟設立も決定～米・ウィルソン大統領提唱(アメリカは参加せず)／日本は**常任理事国**／1920年発足

※**民族自決**の影響～各民族は帰属等を自ら決める権利をもつ→植民地独立の理念

・三・一独立運動(朝鮮)⇒**文化政治**に転換(総督は文官でも可能に)・**憲兵警察**廃止

・五・四運動(中国)～旧ドイツ権益の返還要求→中国は条約調印拒否

03 ワシントン体制の成立

ワシントン会議(1921～22年／高橋是清(これきよ)内閣)　〈提唱〉米・**ハーディング**大統領

〈全権〉加藤友三郎(ともさぶろう)海相・幣原喜重郎(しではらきじゅうろう)駐米大使

〈目的〉財政負担の軽減(戦後恐慌で不況)＋日本の膨張抑制

＊イタリア～大戦には1915年に連合国側で参戦

四カ国条約　(1921年／米英日仏)：太平洋地域の領土保全／日英同盟協約廃棄

九カ国条約　(1922年)：中国問題／石井・ランシング協定廃棄・山東省の権益も返還

ワシントン海軍軍縮条約　主力艦保有比率～英米5：日3：仏伊1.67／10年間建造禁止
(1922年／米英日仏伊)　→八[戦艦＝主力艦8隻]・八[巡洋艦(じゅんようかん)8隻]艦隊の建造は挫折(ざせつ)

問題文を読んで，文章中の空欄に当てはまる語句を記入しなさい。

01 平民宰相の登場

第一次世界大戦中の1917年にロシア革命が起こり，世界初の社会主義政権が誕生した。アメリカの提唱で1918年に(1　　　　　)が行われると日本も参加したが，出兵を前に米の買占めが行われて米価が高騰し，富山県の漁村に始まる(2　　　　　)が全国に拡大した。軍隊まで出動させた責任をとって(3　　　　　)内閣が総辞職すると，(4　　　　　)の3代総裁(5　　　)が組閣した。(5　　)は岩手県出身で藩閥でも華族でもなく，爵位(しゃくい)をもたない最初の首相として「平民宰相」とよばれた。また，自ら衆議院に議席をもつ最初の首相でもあり，外・陸・海相以外の閣僚を(4　　)会員で占める最初の本格的政党内閣であった。

(5　　)内閣は積極政策を掲げた。1918年公布の(6　　　　)令で高等教育を拡充し，鉄道敷設による利益誘導で支持基盤を広げた。一方，普通選挙制には反対で，1919年の選挙法改正では納税資格を10円から(7　　)円に引下げるにとどめ，この時採用した(8　　)選挙区制の効果もあって翌年の総選挙で圧勝した。社会主義思想に対しても否定的で，東京帝大助教授森戸辰男も弾圧された。しかし，大戦が終わり1920年に戦後恐慌が生じると積極政策が行き詰まり，(4　　)の関わる汚職が多発する中で(5　　)は東京駅で刺殺された。

02 第一次世界大戦の終結

1918年，第一次大戦はドイツの降伏で終結し，翌年パリ講和会議が開かれ，(5　　)内閣は元首相(9　　　　　)らを派遣した。(10　　　　　)条約で日本は，(1)(11　　　)省の旧ドイツ権益の継承，(2)赤道以北のドイツ領南洋諸島の(12　　　　)権を認められ，アメリカの(13　　　　)大統領の提唱により(14　　　　)の設立も決定された。

しかし，会議開催中に朝鮮では独立を求める(15　　　　)独立運動がおこり，日本は弾圧しつつ懐柔(かいじゅう)した。中国では旧ドイツ権益の返還を求める(16　　　　)運動が起こった。

03 ワシントン体制の成立

大戦後，国際社会の主導権を握ったアメリカは，建艦競争を終わらせて財政負担を軽減するとともに日本の膨張を抑制する目的から(17　　　　　)会議を開催した。日本は(5　　)を継いだ(4　　)の高橋是清内閣が加藤友三郎海相や駐米大使(18　　　　　)を派遣した。

1921年の(19　　　　)条約では太平洋地域の領土保全を約す一方で，日英同盟協約が廃棄された。翌年の(20　　　　)条約では中国の主権尊重・機会均等などを定めたことから日米間の石井・ランシング協定が廃棄され，(11　　)省の旧ドイツ権益も中国へ返還することとなった。また，同年**米英日仏伊**が締結した(17　　)海軍軍縮条約では，主力艦保有比率が対英米6割とされた。こうして(17　　)体制とよばれる軍縮と国際協調の時代が始まった。

入試問題にチャレンジ

①パリ講和会議の全権で，のち内大臣として昭和天皇の輔導役となったのは誰か。(立教大)

②原敬内閣の四大政綱として誤っているものはどれか。[ア 国防の充実　イ 教育の振興　ウ 普通選挙の早期実現　エ 交通機関の整備　オ 産業の奨励](早稲田大)

79 80 **81** 82 83 84 85

社会運動の高揚

01 大正デモクラシーの支柱

〈社会運動高揚の背景〉国際：世界的な民主化への動き＋ロシア革命(→最初の社会主義政権)

国内：デモクラシー思想の発達＋米騒動(→倒閣)＋賃金停滞＋不況

天皇機関説　美濃部達吉(憲法学者)～『憲法講話』(1912年)など

(1)国家法人説に基づく　＊法人～法律で人間と同じ権利や義務を認められた存在

(2)統治権[＝主権]の主体は法人としての国家に属する

(3)天皇は国家の最高機関として，憲法に従い統治権を行使する　→憲法などの法による制限が可能

(4)統治権の主体は天皇に属し，制限できないとする上杉慎吉らの**天皇主権説**と対立

民本主義　吉野作造(政治学者)～「憲政の本義を説いて其有終の美を済すの途を論ず」(『中央公論』1916年)

(1)デモクラシーの訳語(「民主主義」は国民主権と誤解される)

(2)主権の所在は問わず　(3)政治の目的は民衆の利福(利益と幸福)の向上にある

(4)政策の決定は民衆の意向に従うべき　(5)普通選挙制と政党内閣制の実現が必要

＊黎明会～吉野作造ら・講演など実施／新人会～東京帝大の学生などによる

02 労働者・農民・社会主義者の動向

労働運動　友愛会(1912年)～鈴木文治による／**労資協調主義**(労働者／資本家)

↓大日本労働総同盟友愛会と改称(1919年)～日本初のメーデー実施(1920年)　→5月1日の労働者の祭典

日本労働総同盟(1921年)～**階級闘争主義**に転換

→除名者が日本労働組合評議会結成(1925年)～日本共産党の党員中心

農民運動　日本農民組合結成(1922年)～杉山元治郎・賀川豊彦らによる

社会主義運動　日本社会主義同盟(1920年)⇐大逆事件以来「冬の時代」(1910年～)

翌年解散↓内部では対立

無政府主義(大杉栄ら)～政府・国家などの権力による支配のない社会をめざす

共産主義(堺利彦・山川均ら)～私有財産を否定し，財産を共有することで貧富の差のない社会をめざす→非合法に日本共産党結成(1922年)

03 差別撤廃への動き

女性解放運動　青鞜社(1911年)～平塚らいてう[明・雷鳥]らによる文学結社

↓機関紙『青鞜』創刊号：長沼[高村]智恵子～表紙の絵

与謝野晶子～「山の動く日来る」に始まる詩

新婦人協会～平塚らいてう・市川房枝・**奥むめお**ら／治安警察法第5条の改正要求(1920年)

↓改正実現(1922年)～集会参加◎・政治結社参加×

婦人参政権獲得期成同盟会(1924年／翌年**婦選獲得同盟**と改称)

＊赤瀾会：山川菊栄(山川均の妻)・伊藤野枝(大杉栄の妻)ら社会主義者による

部落解放運動　全国水平社(1922年)～**西光万吉**らによる被差別民の自主的な団体

問題文を読んで，文章中の空欄に当てはまる語句を記入しなさい。

01 大正デモクラシーの支柱

大正時代に高揚した民主主義的な風潮を大正デモクラシーという。それを支えた思想の一つが，明治末期に(1　　　　　)が唱えた(2　　　　　)説である。(1　)は，統治権は国家にあり，天皇を国家の一機関ととらえたうえで，天皇は国家の最高機関として憲法に基づき統治権を行使するとし，天皇の権限も憲法による制約をうけると解釈した。

もう一つが，大戦中に(3　　　　　)が提唱した(4　　　)主義である。総合雑誌『(5　　)』に発表され，主権がどこにあろうと政治の目的は民衆の幸福を追求することにあるので，政策の決定は民衆の意向に従うべきとする説であった。そのためには普通選挙制と政党内閣制の実現が必要であるとして，(3　)は(6　　　　)をつくって啓蒙活動を行い，影響をうけた東京帝大の学生たちは新人会を設立し，さまざまな社会運動に参加した。

02 労働者・農民・社会主義者の動向

1912年，(7　　　　　)は(8　　　　　)を組織し，**労資協調主義**を掲げて労働者の地位向上などをめざした。1919年に大日本労働総同盟友愛会と改称し，翌年日本で最初のメーデーを実施したが，1921年には(9　　　　　　　)と改め，**階級闘争主義**に転換した。

1922年，小作料の引下げを求める**小作争議**の頻発を背景に，杉山元治郎・(10　　　　　)らが(11　　　　　)を結成した。これは日本初の小作農による全国組織である。

明治末期の1910年に起こった大逆事件以来「冬の時代」が続いてきた社会主義者も活動を再開した。1920年，新旧の社会主義者が大同団結して(12　　　　　　　)が結成されたが，翌年解散させられた。その内部では，大杉栄らの無政府主義と堺利彦・山川均らの共産主義が対立していた。後者は，1922年に(13　　　　　)を非合法のうちに結成し，(9　)を除名された人々が結成した(14　　　　　　　)はこれを支持した。

03 差別撤廃への動き

明治末期の1911年，(15　　　　　　　)らは文学結社(16　　　　)を設立し，女性への差別撤廃や地位向上をめざした。1920年には(15　)・(17　　　　　)・**奥むめお**たちにより治安警察法第5条の改正を求める(18　　　　　)が設立された。改正は1922年に実現し，女性は政治集会に参加できるようになったが，政治結社への参加は認められなかった。(18　)は1924年に婦人参政権獲得期成同盟会へ改組された。一方，(19　　　　　)・伊藤野枝らは赤瀾会を結成し，社会主義の立場から活動を行った。

明治初期にえた・非人の呼称は廃止されたが，社会的な差別を受け続けていた人々は自主的に差別撤廃運動をおこし，1922年には**西光万吉**を中心に(20　　　　　)を結成した。

入試問題にチャレンジ

①[　　　　　　　]は，1912年設立の友愛会が1919年さらに1921年に改称したものである。(明治大)

②正誤判別：1920年に設立された新婦人協会は，女性の政治活動を禁止した治安維持法第5条の改正運動に取り組み，1922年に改正が実現した。(中央大)

護憲三派内閣の成立

01 「憲政の常道」始まる

①加藤友三郎内閣：軍縮の推進～山梨半造陸相・加藤友三郎海相(首相と兼任)

②**第２次**山本権兵衛内閣：関東大震災(**1923 年 9 月 1 日**／組閣中)～戒厳令で統制

・多数の虐殺：数千の**朝鮮人**・数百の**中国人**(←流言)　＊**自警団**～住民らにより結成

・社会主義者への弾圧：亀戸事件～亀戸警察署で労働運動家 10 名を殺害

甘粕事件～甘粕正彦憲兵大尉が大杉栄・伊藤野枝らを殺害

↓

虎の門事件～無政府主義者難波大助が裕仁親王(のちの昭和天皇)を狙撃→内閣総辞職

③清浦奎吾内閣：**枢密院**議長より組閣／陸相・海相以外は貴族院議員から選出

↑ 衆議院で第２次護憲運動　→反高橋派が脱党・内閣支持～政友本党(**床次竹二郎**)

護憲三派～憲政会(加藤高明)・立憲政友会(高橋是清)・革新倶楽部(犬養毅)

④加藤高明内閣：3 党連立“護憲三派内閣”

→必ずしも最大多数の第一党とは限らない

＊「憲政の常道」～衆議院で多数を占める政党の総裁が組閣する慣行(～五・一五事件)

02 護憲三派内閣の事績

①日ソ基本条約の締結(1925 年 1 月／幣原喜重郎外相)：ソ連と国交(北樺太からも撤兵)

②治安維持法の公布(1925 年 4 月／ 1928 年・改正／ 1941 年・再改正)

〈内容〉**「国体」の変革・私有財産制度の否認**を目的とする結社の組織者・加入者処罰

〈目的〉日ソ間の国交樹立→共産主義思想の波及防止　＊**「国体」**～天皇制

普通選挙法の施行→労働者・農民の台頭防止　＊**私有財産制度**～資本主義

③選挙法改正(＝普通選挙法／ 1925 年 5 月)～納税資格を撤廃

選挙権：25 歳以上の男性／被選挙権：30 歳以上の男性／有権者：5.5%→ 20.8%

④提携崩壊：立憲政友会(田中義一)による革新倶楽部の吸収　＊ 1926 年＝大正 15 年＝昭和元年

→**第２次**加藤高明内閣(与党～憲政会)→首相の没後若槻礼次郎が組閣

03 金融恐慌

〈背景〉震災恐慌(1923 年／**第２次**山本権兵衛内閣)　＊戦後恐慌(1920 年／原敬内閣)

支払猶予令＋**震災手形割引損失補償令**(日銀からの特別融資で銀行救済)

＊**震災手形**～震災で現金化できなくなった手形(支払いを約束した証書)

〈契機〉片岡直温蔵相の失言(**1927 年**／経営が悪化した銀行に言及)

→取付け騒ぎ(預金者が預金を引き出すため銀行におしかける)・銀行休業相次ぐ

〈経過〉鈴木商店の倒産(台湾銀行からの融資を返済せず)→台湾銀行の経営危機

→若槻礼次郎内閣による台銀救済の緊急勅令を**枢密院**が否決(幣原外交に不満)

＊緊急勅令～議会閉会中「緊急の必要」時に制定された勅令(＝法律に代わる)

〈結果〉田中義一内閣～ 3 週間のモラトリアム[支払猶予令](その間に日銀から融資)

→中小銀行の合併・吸収により預金は大銀行へ集中(五大銀行の金融支配進行)

問題文を読んで，文章中の空欄に当てはまる語句を記入しなさい。

01「憲政の常道」始まる

高橋是清内閣の後，ワシントン会議の全権だった海軍大将(1　　　　)が組閣した。(1　)内閣では海軍のほか陸軍でも軍縮が進み，北樺太を除くシベリア撤兵も行われた。

その没後に(2　　　　　)が組閣中だった**1923年9月1日**，関東大震災がおこった。戒厳令が出された地域は軍に統治が委ねられた。流言により多くの**朝鮮人**や**中国人**が殺され，労働運動家が警察署内で殺害された(3　　　)事件，無政府主義者(4　　　)と妻の伊藤野枝らが甘粕正彦憲兵大尉に殺害された甘粕事件，無政府主義者難波大助が摂政の裕仁親王を狙撃した(5　　　)事件が起こり，**第2次**(2　)内閣は引責辞職した。

1924年，**枢密院**議長の(6　　　　)が貴族院議員を中心に組閣した。(1　)内閣から**超然内閣**が3代続いていたこともあり，(7　　　　)率いる(8　　　)・高橋是清率いる立憲政友会・犬養毅率いる(9　　　　　)は連携して護憲三派をつくり，第2次護憲運動を起こした。(6　)内閣は立憲政友会から分裂した(10　　　　)を味方につけたが総選挙で敗れ，衆議院第一党となった(8　)の総裁(7　)が3党を与党に組閣した。こうして衆議院で多数を占める政党の総裁が組閣する「憲政の常道」が始まった。

02 護憲三派内閣の事績

いわゆる普通選挙法により25歳以上の男性はすべて選挙権を持つこととなり，有権者数は**約4倍**に増えた。(11　　　　　)外相による協調外交の下で締結された(12　　　　)条約では，ソ連との国交が樹立された。一方，(13　　　　)法により**「国体」の変革**や**私有財産制度の否認**を目的とする結社が禁止された。いずれも(14　　　)年のことである。

しかし，陸軍の長老(15　　　　)を総裁に迎えた立憲政友会が(9　)を吸収したことで三派の提携は崩れ，(7　)は(8　)を単独与党とする第2次内閣を組織した。その病死後，総裁を継いだ(16　　　　)が組閣した1926年の年末，昭和が始まった。

03 金融恐慌

1920年の戦後恐慌に続き，1923年には震災恐慌が発生した。**第2次**(2　)内閣は支払猶予令を出し，**震災手形割引損失補償令**で日銀から特別融資を行ったが，不況は慢性化した。

1927年，**震災手形**の処理に関する審議中に(17　　　　)蔵相の失言から一部の銀行の経営悪化が明らかになると，取付け騒ぎが起こって銀行の休業が相次いだ。さらに大戦中に急成長した(18　　　　)の倒産から(19　　　)銀行が経営危機に陥った。(16　)内閣は緊急勅令で(19　)銀行を救済しようとしたが，**枢密院**に否決され総辞職した。

立憲政友会の(15　)内閣は3週間の(20　　　　　)[支払猶予令]などにより金融恐慌を鎮静化した。その後，五大銀行(三井・三菱・住友・安田・第一)へ預金が集中した。

入試問題にチャレンジ

①正誤判別：協調外交のもとで，すでに国交を樹立していたソ連との関係改善にも努め，1925年に日ソ基本条約が締結された。(中央大)

②[　　]銀行は鈴木商店への過剰な融資により金融恐慌時に休業を余儀なくされた。(慶應大)

79 80 81 82 **83** 84 85

二大政党の時代

01 立憲政友会の田中義一内閣

①金融恐慌の収拾(1927年／蔵相～**高橋是清**)：3週間のモラトリアム[支払猶予令]

②社会主義の弾圧：**1928年**2月の総選挙(最初の普通選挙)
↓ 無産政党から8名当選～労働農民党(←日本共産党)の**山本宣治**ら(→のち刺殺)

三・一五事件で弾圧⇒治安維持法改正(**緊急勅令**による)～「国体」変革の最高刑は死刑(協力者も処罰)
(1928年)
労働農民党・日本労働組合評議会などの解散
特別高等警察の全道府県設置⇒四・一六事件で再弾圧(1929年)

＊無産政党～労働者･農民(＝無産階級)の利益を代表する政党
農民労働党は即日禁止(1925年)→労働農民党は分裂(1926年)→**社会民衆党**／→**日本労農党**

③対中国**強硬外交**：山東出兵～北伐阻止のため(名目～在留日本人保護)

・出兵Ⅰ→東方会議→出兵Ⅱ→済南事件→出兵Ⅲ→満州某重大事件(真相知らされず)

・張作霖～**満州軍閥**／北京に進出／北伐に敗北／**奉天**に戻る途中関東軍が爆殺
→子の張学良～満州に青天白日旗(**国民党**の旗)＝**国民政府**と合流・**国権回復運動**へ

＊**中国国民党**(蔣介石)：国共合作→**国民革命軍**北伐開始→**共産党**排除→南京に**国民政府**

＊五・三〇事件(1925年)～上海の在華紡でのストライキから拡大

④対欧米**協調外交**：不戦条約(1928年／**パリ**)～条文に「人民ノ名ニ於テ」の文言
→「国体」に反するとの批判→この部分は日本に適用されずと宣言・批准

02 立憲民政党の浜口雄幸内閣

井上財政 (蔵相～井上準之助)　＊平価～金本位制下では一定量の金と通貨の交換比率を指す

〈背景〉恐慌と融資のくり返し→インフレ／工業の国際競争力不足→輸出不振
金本位制停止→為替相場不安定　＊金本位制の国家間はほぼ固定相場で取引

〈政策〉**緊縮財政**／**産業合理化**／金輸出解禁(＝金本位制への復帰／1930年1月)

＊金本位制の国家間は**正貨**[＝金]での支払いが可能＝金の輸出入が自由に行える

〈経過〉旧平価(金75g ＝ 100円＝約50ドル)で解禁→**円の切上げ**(当時は約46.5ドル)
→**円高**(日本製品は割高に→輸出に不利)＋世界恐慌の拡大(1929年10月～)

〈結果〉昭和恐慌　・都市：企業の操業短縮・倒産→失業者増大／帰農者も増加
・農村：農産物価格暴落(米価など)／対米生糸輸出激減→**繭**価暴落
⇒困窮　例：**欠食児童・子女の身売り**

〈対応〉重要産業統制法：**カルテル**(同種の企業による価格協定など)の奨励(→統制経済の最初)

幣原外交 (外相～幣原喜重郎)：ロンドン海軍軍縮条約　〈全権〉若槻礼次郎ら

〈内容〉補助艦の保有量制限～総トン数は対英米約7割(6.97)　＊主力艦はさらに5年間建造禁止
↓ **大型巡洋艦**は6割(←**海軍軍令部**は7割主張)

〈影響〉統帥権干犯問題：内閣～兵力量決定は**編制大権**→統帥大権とは別で内閣が**輔弼**
軍部･野党など～**編制大権**には統帥大権[統帥権]が影響する
→統帥権の独立(内閣は関与できず／軍部が輔弼)
→軍部の同意がない調印は統帥権を侵害
↓ 憲法解釈をめぐる問題

〈結果〉首相狙撃(東京駅／右翼青年による)　＊輔弼～天皇が権限行使する際の助言

問題文を読んで，文章中の空欄に当てはまる語句を記入しなさい。

01 立憲政友会の田中義一内閣

1928 年 2 月，最初の普通選挙による総選挙が行われた。無産政党から 8 名当選し，非合法の日本共産党が(1　　　　　)党を通じて公然と活動したため，政府は 3 月に共産党員を大量検挙した。この(2　　　　　)事件後の(3　　　　　)法改正で最高刑を死刑とし，協力者の処罰も可能とした。特別高等警察も全国化し，翌年四・一六事件で再度弾圧した。

中国では，孫文が結成した**中国国民党**が**中国共産党**と提携して国共合作が成立した。孫文の後継(4　　　　　)は**国民革命軍**を率い，共産党員を排除したのち南京に**国民政府**を樹立し，親日的な**北方軍閥**を制圧するために北上する(5　　　　　)を進めていた。田中義一内閣は東方会議を開き，幣原外交での**内政不干渉**の姿勢を**強硬外交**に転じて**軍閥**の(6　　　　　)を擁護する方針を決定し，3 次にわたる(7　　　　　)を行った。第 2 次出兵では(5　　)軍と衝突する(8　　)事件が起きた。(6　　)の軍が(5　　)軍に敗れると，関東軍の一部は(6　　)を奉天郊外で爆殺して満州を直接支配しようとしたが，(6　　)を継いだ子の(9　　　　　)が国民政府と提携したため失敗した。これは当時国民に真相が知らされず，(10　　　　　)事件とよばれた。

一方，欧米諸国に対しては**協調外交**の方針を引き継ぎ，1928 年に**パリ**で(11　　　　　)条約に調印した。その際，「人民ノ名ニ於テ」の部分は日本に適用されずと宣言し，批准した。

02 立憲民政党の浜口雄幸内閣

(10　　)事件に関する昭和天皇の不信から田中義一内閣が総辞職すると，憲政会と政友本党が合同して結成された(12　　　　　)党を与党とする(13　　　　　)内閣が成立した。

財政政策では(14　　　　　)蔵相の下，**緊縮財政**と**産業合理化**による物価引下げと輸出増進，さらに 1917 年以来離脱していた金本位制への復帰をめざし，1930 年 1 月に旧平価での(15　　　　　)を断行した。しかし，実質的な**円の切上げ**から**円高**となり，日本製品が割高になったことに加え，前年 10 月のアメリカに始まる(16　　　　　)の拡大で日本は昭和恐慌に陥った。都市では企業の操業短縮・倒産で失業者が増大し，農村も農産物価格の下落や(17　　　　　)の対米輸出激減にともなう繭価の暴落で打撃をうけた。都市の失業者が故郷に戻って帰農したこともあり，**欠食児童**や**子女の身売り**が問題化した。また，1931 年の(18　　　　　)法では**カルテル**結成が奨励されたが，財閥の産業支配はいっそう強まった。

外交政策では幣原外交が復活し，1930 年に元首相若槻礼次郎らを全権として補助艦の保有量を制限する(19　　　　　)海軍軍縮条約に調印した。総トン数では対英米約 7 割の保有が認められたが，**海軍軍令部**が 7 割を要求した**大型巡洋艦**は 6 割となった。しかし，**海軍軍令部**の同意がない調印は(20　　　　　)の干犯であると攻撃され，内閣は反対を押し切って条約を批准したものの，(13　　)首相は東京駅で狙撃され，翌年の内閣総辞職後に亡くなった。

入試問題にチャレンジ

①田中義一内閣時の正文選択：ア モラトリアムで金融恐慌処理　イ 特高を警視庁に設置　ウ 治安維持法を改正して三・一五事件で弾圧　エ 山東出兵で満州軍閥に対抗(早稲田大)

②正誤判別：ロンドン海軍軍縮条約調印を批判された内閣は批准を諦(あきら)めた。(中央大)

近代の文化・1

01 思想界・宗教界の動向

【特徴】・明治初期：政府・民間による啓蒙の推進→欧化が進展　“文明開化”
・明治中期：教育の普及＋交通・通信・出版の発達→**国民文化**の形成
・大正・昭和初期：義務教育の浸透＋マス＝メディアの発達→**大衆文化**の登場

思想 〈1870年代〉西洋思想の流入～福沢諭吉『西洋事情』『学問のすゝめ』
中村正直～『西国立志編』**スマイルズ**(英)の著作を翻訳　＊**啓蒙**～知識を与え，教え導くこと
『自由之理』**ミル**(英)の著作を翻訳
中江兆民～『民約訳解』ルソー(仏)の著書を翻訳　1873(明治六)年結成
＊明六社～森有礼・福沢諭吉・加藤弘之・西周(軍人勅諭起草)・津田真道らによる
〈1880～90年代〉政府の欧化主義批判→**国権論**・**国家主義**の提唱
徳富蘇峰～民友社／雑誌『国民之友』／徳冨蘆花の兄／政府を**貴族的欧化主義**と批判
平民的欧化主義[平民主義]を主張／のち**国家主義**に**転向**
三宅雪嶺・**志賀重昂**ら～政教社／雑誌『日本人』／国粋(保存)主義を主張
陸羯南～新聞『日本』／**国民主義**　**高山樗牛**ら～雑誌『**太陽**』／**日本主義**

宗教 神道～神仏分離令(1868年)　大教宣布の詔(1870年)→神道の国教化推進
国教化政策は挫折／国民教化めざす(紀元節・**天長節**などの**祝祭日**制定)
＊**教派神道**(政府公認／13派)～天理教・金光教など　→天皇誕生日のこと
仏教～廃仏毀釈で大打撃／**島地黙雷**(浄土真宗本願寺派)らが革新運動
キリスト教～五榜の掲示で禁止の高札→浦上事件(長崎)→高札撤廃・黙認(1873年)
＊大日本帝国憲法で信教の自由を規定(1889年)→内村鑑三不敬事件(1891年)

02 近代的教育制度の変遷

教育制度の変遷 **文部省**設置(1871年)　→「被仰出書」学制の序文／学校設立の主旨など
1872年 学制～**フランス**を模範／**国民皆学**の理念／画一的＋費用負担も→反対一揆
1879年 教育令～**アメリカ**を模範／学制廃止／自由主義的→**翌年改正**・統制強化
1886年 学校令(初代文相森有礼)～小学校令・中学校令・師範学校令・帝国大学令の総称
1890年 教育勅語[教育に関する勅語](**第1次**山県有朋内閣)～忠君愛国が基本
＊国定教科書制度(1903年)／**義務教育**～4年から6年へ(1907年)／就学率約98％(1911年)
1918年 大学令(原敬内閣)～公立・私立大学や単科大学も公認　＊**自由教育運動**
1941年 国民学校令(**第2次**近衛文麿内閣)～小学校を国民学校と改称／小国民の育成

高等教育の充実　＊加藤弘之～東京大学初代綜理／天賦人権論→のち国権論へ転向
・官学：蛮書和解御用→**洋学所**→蕃書調所→**洋書調所**→開成所→開成学校……→東京大学
・私学：慶應義塾(1858年／福沢諭吉)　同志社(1875年／新島襄)　東京専門学校(1882年／大隈重信)→早稲田大学　女子英学塾(1900年／津田梅子)→津田塾大学
＊お雇い外国人：**ヘボン**(宣教師)　**フルベッキ**(宣教師)　ベルツ(医師)
キヨソネ(銅版画家／紙幣印刷技術)　モース(動物学者／進化論紹介)
フォンタネージ(画家／工部美術学校で教授)

問題文を読んで，文章中の空欄に当てはまる語句を記入しなさい。

01 思想界・宗教界の動向

明治初期には，政府主導で西欧文化の流入がはかられ，民間でも翻訳書などを通じて**啓蒙**が行われた。時代が進むと，新・旧の文化や東洋・西洋の文化が混在しながらも，国民の手による文化が創出された。大正・昭和初期には，**義務教育**の普及にともなう識字率の向上や高等教育機関の充実，都市化・工業化の進展を背景に**大衆**を担い手とする文化が登場した。

明治初頭には，自由主義・功利主義など西洋の思想が流入した。(1　　　)の『西洋事情』や(2　　　)の『西国立志編』が啓蒙書としてさかんに読まれた。中江兆民がルソーの『社会契約論[民約論]』を翻訳した『(3　　　)』にみられるような天賦人権思想は自由民権運動に影響を与えた。また，森有礼の提唱でつくられた(4　　　)社は自由主義・功利主義を紹介した啓蒙団体であるが，機関紙『(4　)雑誌』は1875年に廃刊となった。

明治中期になると，政府の**欧化主義**への批判が高まった。三宅雪嶺らの(5　　　)社は雑誌『日本人』を通じて国粋(保存)主義を提唱した。民友社をつくった(6　　　)は政府の政策を**貴族的欧化主義**として**平民的欧化主義**を唱えたが，のち**国家主義**に**転向**した。

政府は1868年に(7　　　)令を出し，古代以来の神仏習合を否定した。1870年には大教宣布の詔により神道の国教化を推し進めようとしたが，失敗した。一方，仏教は寺院や仏像などを破壊する(8　　　)で大打撃をうけたが，浄土真宗の**島地黙雷**のように革新をめざす者もあらわれた。キリスト教は1868年の(9　　　)で禁じられ，長崎の(10　　　)や五島列島では信者が迫害をうけたが，列強の抗議により(11　　　)年に禁止の高札が撤廃された。その後，信教の自由は**大日本帝国憲法**で規定されたものの，(12　　　)への拝礼を拒んだキリスト教徒の(13　　　)が教壇を追われる事件がおこっている。

02 近代的教育制度の変遷

1872年，政府は**フランス**の制度に倣(なら)った(14　　　)を公布し，学問を**実学**として位置付けて**国民皆学**をめざしたが，地方の実情を考慮しない画一的な制度で，学校設立費が地方負担だったこともあり反発をうけた。1879年には(14　)に代わり自由主義的な(15　　　)を公布したが，かえって混乱を招き就学率も低下したため，**翌年改正**して統制を強化した。

1886年，初代文部大臣森有礼のもとで(16　　　)が公布された。これは小学校令，中学校令，教員養成のための(17　　　)令，官吏養成のための帝国大学令の総称で，これにより教育体系が確立した。**義務教育**はその後4年とされ，日露戦争後に(18　　　)年となった。

1890年には(12　)が発布され，忠君愛国が教育の基本とされた。その後も国家統制は強められ，1903年に小学校では(19　　　)教科書となり，文部省の著作に限るとされた。日中戦争開始後の1941年には，第2次近衛文麿内閣により小学校は(20　　　)と改称された。

入試問題にチャレンジ

①明六社の創設を発議し，のち第1次伊藤博文内閣の文相となった人物は誰か。(学習院大)

②三宅雪嶺は政教社を結成して雑誌『[　　　]』を発行し，日本的な伝統や美意識を強調する国粋主義を唱えた。(慶應大)

近代の文化・2

01 近代科学の発達

自然科学 〈明治〉医学～北里柴三郎（破傷風血清療法）　物理学～長岡半太郎（原子構造）
薬学～高峰譲吉（タカジアスターゼ創製）　**鈴木梅太郎**（オリザニン抽出）
地震学～**大森房吉**（地震計発明）　天文学～**木村栄**（緯度変化のZ項発見）
〈大正・昭和初期〉医学～野口英世（黄熱病研究）　物理学～本多光太郎（KS磁石鋼発明）

人文科学 〈明治〉歴史学～田口卯吉『日本開化小史』　久米邦武「神道は祭天の古俗」
〈大正・昭和初期〉経済学～河上肇『貧乏物語』　＊**日本資本主義論争**：講座派⇔労農派
哲学～西田幾多郎『善の研究』　歴史学～津田左右吉『神代史の研究』
＊民俗学（民間伝承などの研究により“常民”の生活史を解明）～柳田国男『遠野物語』

ジャーナリズム 本木昌造が**鉛製活字**の量産に成功　＊**大新聞**（政治評論）／**小新聞**（娯楽）
・新聞：『横浜毎日新聞』日本初の日刊紙　『東京日日新聞』福地源一郎（立憲帝政党結成）
『時事新報』福沢諭吉が創刊　『東洋経済新報』石橋湛山が**小日本主義**提唱
・雑誌：総合雑誌～『中央公論』『改造』（→デモクラシー思想）　大衆娯楽雑誌～『キング』
＊ラジオ放送の開始（1925年／満州事変後に契約者は100万人以上に）

02 近代文学・演劇の誕生

文学 〈明治〉戯作文学～仮名垣魯文『安愚楽鍋』　**政治小説**～矢野龍溪『経国美談』
写実主義～坪内逍遙『小説神髄』　二葉亭四迷『浮雲』（言文一致体）　＊**硯友社**（**尾崎紅葉**）
ロマン主義～与謝野晶子『みだれ髪』　樋口一葉『たけくらべ』　＊『文学界』北村透谷
自然主義（仏・露の影響／島崎藤村ら）⇔反自然主義（夏目漱石ら／**高踏派**）
俳句～『**ホトトギス**』正岡子規ら　短歌～『アララギ』伊藤左千夫ら
〈大正・昭和初期〉白樺派（武者小路実篤・志賀直哉・有島武郎ら）　耽美派（谷崎潤一郎ら）
新思潮派（芥川龍之介・**菊池寛**ら）　新感覚派（川端康成・**横光利一**ら）
＊大衆文学（中里介山ら）　＊円本（1冊1円）　＊児童文芸雑誌～鈴木三重吉『赤い鳥』
＊プロレタリア文学（雑誌『**種蒔く人**』）～小林多喜二『蟹工船』　徳永直『太陽のない街』

演劇 〈明治〉歌舞伎～河竹黙阿弥（初期／脚本家／散切物・活歴物）
団菊左時代（中期／9代**市川団十郎**・5代**尾上菊五郎**・初代**市川左団次**）
新派劇～川上音二郎（**オッペケペー節**で政治風刺）の**壮士芝居**より発展
新劇～文芸協会（坪内逍遙）→　自由劇場（小山内薫）→
〈大正・昭和初期〉芸術座（島村抱月・松井須磨子）　築地小劇場（小山内薫・**土方与志**）

音楽 〈明治〉伊沢修二（唱歌）　滝廉太郎（作曲家）　〈大正・昭和初期〉山田耕筰（交響曲）

03 近代芸術の形成

美術 〈明治〉西洋画～高橋由一「鮭」　浅井忠「収穫」（明治美術会）　黒田清輝（白馬会）
日本画～狩野芳崖「悲母観音」　橋本雅邦　＊日本美術院～岡倉・橋本・横山ら
彫刻～高村光雲「老猿」　荻原守衛　＊**竹久夢二**（画家／抒情的な女性像）
〈大正・昭和初期〉西洋画～安井曽太郎　梅原龍三郎　＊二科会　日本画～横山大観
＊工部美術学校（明治初期）→廃止⇒東京美術学校（明治中期／はじめ**日本画科**のみ／背景にフェノロサ・岡倉天心の活動／のち**西洋画科**なども設置）＋東京音楽学校⇒東京芸術大学

建築 辰野金吾（**東京駅**の設計）　**片山東熊**　＊コンドル（**ニコライ堂**の設計）に学ぶ

問題文を読んで，文章中の空欄に当てはまる語句を記入しなさい。

01 近代科学の発達

明治初期には，政府がいわゆるお雇い外国人を招き近代的な学問の導入をはかったが，やがて留学生も増加し，日本人による研究もさかんになった。医学では破傷風血清療法を発見した(1　　　　　)，物理学では原子構造を研究した(2　　　　　)らが有名である。歴史学では，(3　　　　　)が論文「神道は祭天の古俗」を神道家らに非難され，帝国大学の教授職を辞した。また，(4　　　　　)は民間伝承などを研究する民俗学を創始し，大戦景気下で貧困の背景と問題点を論じた(5　　　　　)の『貧乏物語』はベストセラーとなった。

日本初の日刊紙は『(6　　　　　)新聞』である。大正期には『中央公論』『改造』などの総合雑誌がデモクラシー思想を支えた。(7　　　　　)年にはラジオ放送が開始された。

02 近代文学・演劇の誕生

明治初期の文学界では，滑稽本の流れをひく戯作文学や自由民権運動の高揚にともない**政治小説**が流行した。その後，(8　　　　　)が『小説神髄』を発表して写実主義を唱え，二葉亭四迷は文章を話し言葉に一致させる言文一致体で『浮雲』を著した。日清戦争前後には，自我の尊重と解放をうたうロマン主義がさかんになった。雑誌『文学界』には樋口一葉の小説が，雑誌『明星』には『みだれ髪』で知られる(9　　　　　)らが詩歌を寄せた。日露戦争前後になると自然主義が主流となるが，それに対立して夏目漱石ら**高踏派**があらわれた。

明治末期には，人道主義の立場をとる(10　　　　　)派や谷崎潤一郎ら耽美派が自然主義からの脱却をはかった。大正中期には雑誌『新思潮』を中心に芥川龍之介ら新思潮派が，末期になると雑誌**『文芸時代』**を通じて川端康成ら新感覚派が活躍した。新聞の連載小説から(11　　　　　)の『大菩薩峠』のような大衆文学が発達し，1冊1円で文学全集を販売した(12　　　　　)は関東大震災後の出版業界の不況を救った。鈴木三重吉の児童雑誌『(13　　　　　)』には情緒的な童話が掲載され，小林多喜二や徳永直はプロレタリア文学作品を残した。

歌舞伎は文明開化の中で改良を求められたが，明治中期には**団菊左時代**とよばれる黄金時代を迎え，**オッペケペー節**で知られる(14　　　　　)の**壮士芝居**は新派劇に発展した。日露戦争後，(8　　)の文芸協会や小山内薫の自由劇場では翻訳劇を演じ，新劇とよばれた。大正時代に入ると，小山内薫は**土方与志**とともに(15　　　　　)をつくった。

03 近代芸術の形成

当初政府は(16　　　　　)学校を設立し，外国人教師に西洋美術の技法を教授させた。しかし，アメリカ人(17　　　　　)や岡倉天心の働きかけにより日本の伝統美術が再評価され，1887年には西洋美術を除外して(18　　　　　)学校が設立された。明治期の西洋画では，明治美術会を立ち上げた浅井忠，白馬会を創立した(19　　　　　)，大正・昭和初期には浅井忠に学んだ安井曽太郎や梅原龍三郎が二科会などで活躍した。日本画では，「悲母観音」で知られる狩野芳崖，「無我」「生々流転」を描いた(20　　　　　)らがあらわれた。

入試問題にチャレンジ

①演劇で政府を批判する者の中からオッペケペー節の[　　　　　]が現れた。(京都大)

②工部美術学校の卒業生で，明治美術会を結成した人物の作品は[ア「老猿」　イ「収穫」　ウ「無我」　エ「黒船屋」]である。(青山学院大)

論述問題を考えてみよう〈1-2〉

ここでは，188 ページに掲載した論述問題の続きを考えていきましょう。少しページが離れていますが，照らし合わせてみてください。

(4) (3)で問いかけた３点を確認しましょう。

・７世紀後半では，庚午年籍(670 年・天智天皇)と庚寅年籍(690 年・持統天皇)という２つの戸籍を習っていますね。庚午年籍は最初の全国戸籍，庚寅年籍は前年に施行された飛鳥浄御原令に基づいて作成された戸籍です。両者の間の 675 年には，天武天皇の下で豪族領有民の部曲が廃止されています。(☞ 18 ページ)

・律令制度における軍事体制では，正丁の３～４人に１人が徴発され，兵士として諸国の軍団で訓練を受け，国府の警備にあたりました。一部は，都で宮城を警固する衛士，九州北部で沿岸警備にあたる防人となりました。(☞ 24 ページ)

・天武天皇の２つの経験が，国際的⇒白村江の戦いでの大敗(663 年)，個人的⇒壬申の乱での勝利(672 年)，であることは思い出せましたか。(☞ 18 ページ)

(5) ここまでの情報で，解答の流れをイメージしてみましょう。

白村江の戦いでの大敗→国家としての軍事力の必要性を痛感→徴兵のためには国家が人民を掌握する必要あり→初めて戸籍を作成(庚午年籍)→壬申の乱で東国の豪族を動員して勝利(＝豪族が率いる私有民が実質的な軍事力⇒豪族を味方につけないと兵士が集まらない)→乱後，強大な権力を手にした天武天皇は豪族領有民を廃止し，国家が直接人民を掌握できるようにした(⇆豪族を官僚として登用し，給与を与えるための制度も整備⇒律令の作成進行)→施行された飛鳥浄御原令に基づいて戸籍を作成(庚寅年籍)→人民を戸籍に登録する際，１戸に正丁が３～４人含まれるように編成(＝戸籍上の１戸である郷戸には，実際の家族である房戸がいくつか含まれる⇒房戸には正丁が１～２人含まれるのが一般的なので，郷戸には標準的に正丁が３～４人含まれることになる)→戸を単位として徴兵すれば律令の軍事体制が成り立つ(＝正丁の３～４人に１人が徴兵され，軍団で訓練をうける⇒一部が衛士・防人となる)

ここで条件①に相当するのは「戸を単位として徴兵」という部分になりますね。

(6) 要求②では軍事体制の“特色”が問われているので，ただ軍事体制の内容を説明すればよいのではありません。特色とは，同じ角度から他の時代を考えた時，“この時代に特徴的にみられること”なので，例えば平安時代初期に出てくる健児は郡司の子弟，鎌倉時代の御家人は将軍と主従関係にある武士，といった内容を思い出せば，律令国家の軍事体制は“それまで豪族の支配下にあった人民を，国家が戸籍を通じて直接掌握し，戸を通じて徴兵の対象とした”ことが特色といえるのではないでしょうか。

どうでしたか？解答例は示していませんが，書くべき内容が正しければ得点につながるので，(5)のような流れが思い出せれば十分です。東大の問題を考えるには，細かい知識が必要なわけではありませんが，歴史の流れは正しく把握している必要があります。

最後に問題文をもう一度読んでみましょう。たしかに「…の視点から見ると，…や，…の意味」がわかりやすいですね。結果的に，律令国家の頂点に位置する天皇を衛士が，律令国家の形成期に対外侵攻の危機にあった九州北部を防人が，律令国家が中央集権的な地方支配を行うための拠点である国府を軍団が守るという軍事体制が構築されたのでした。

第18章

近代V

戦争の章です。1931～1945年は，ほぼ毎年大きな動きがあるので，対アジア・対欧米(特に米ソ)関係を１年ごとに整理しましょう。そこへ，国内での経済統制や思想弾圧がどのように進められたのかを対応させること。

86 87 88 89 満州事変と軍部の台頭

01 満州事変

①中国情勢：**軍閥**が**国民政府**と合流・**国権回復運動**　例：満鉄包囲線計画（満鉄に打撃）

↓ 日本の軍部～満蒙は「日本の生命線」として「満蒙の危機」を唱える

②柳条湖事件（1931年9月18日）：**奉天**郊外で満鉄爆破／関東軍の参謀石原莞爾ら

↓ 満州事変始まる～不拡大方針（幣原喜重郎外相）／収拾失敗　＊**三月事件**・十月事件

第2次若槻礼次郎内閣（立憲民政党）総辞職／犬養毅内閣（立憲政友会）成立

③「満州国」建国（**1932年**3月）：関東軍が実権掌握～日本の傀儡（＝操り人形）

首都～「新京」（＝長春）／**執政**～溥儀（のち皇帝）　＊第1次上海事変（1月）

└→列強の目をそらす

国内では血盟団事件（2～3月／**井上日召**率いる）

↓ 暗殺～元蔵相井上準之助・**三井合名会社**理事長団琢磨（**ドル買い**で巨利→非難）

五・一五事件：海軍青年将校らが犬養毅首相殺害⇒「憲政の常道」終焉（政党内閣途絶）

④日満議定書（1932年9月／斎藤実内閣～挙国一致内閣）：日本政府は「満州国」承認

↓ リットン報告書～日本の権益は容認しつつも日本の行動は侵略とする

国際連盟臨時総会（1933年2月／**ジュネーブ**）：「満州国」不承認の勧告案採択（42：1）

↓ 全権松岡洋右らは退場⇒国際連盟脱退通告（3月／発効は1935年）

塘沽停戦協定（5月）：国民政府に「満州国」を認めさせる→その後**華北分離工作**へ

02 昭和恐慌からの回復

高橋財政　犬養・斎藤・岡田内閣の蔵相～高橋是清

〈政策〉金輸出再禁止（＝金兌換停止／1931年12月）→管理通貨制度へ移行

膨張財政（軍事費・農村救済費など）→**円安**進行・**低為替**政策→輸出急増

〈結果〉恐慌前の生産水準回復：軽工業～綿織物輸出の拡大（世界第1位）

（1933年）　重化学工業～日本製鉄会社設立（鋼材の自給可能に）

→イギリスはソーシャル＝ダンピング（不当な低賃金による安売り）と非難

新興財閥の躍進：日産コンツェルン（**鮎川義介**・満州へ）日窒コンツェルン（朝鮮へ）

→工業生産額～重化学工業＞軽工業／輸入はアメリカ依存（綿花・石油・屑鉄）

＊農村復興（斎藤実内閣）：**時局匡救事業**（土木事業に農民雇用）・**農山漁村経済更生運動**

03 軍部の台頭

①学問の統制　　法学部教授全員が辞表を出して抵抗したが敗北

滝川事件（1933年／斎藤実内閣の**鳩山一郎**文相）～**『刑法読本』**の滝川幸辰京大教授の休職処分

天皇機関説問題（1935年／岡田啓介内閣）～貴族院で政治問題化

美濃部達吉**『憲法撮要』**など発禁・貴族院議員辞任／内閣は国体明徴声明で説を否定

②二・二六事件（1936年／岡田啓介内閣）　←北一輝『日本改造法案大綱』の影響

皇道派（政党・元老・財閥などを倒し天皇親政をめざす）→クーデタ決行

統制派（政・財界と提携し総力戦に向けた体制をめざす）　斎藤実内大臣　高橋是清蔵相ら殺害

↓ 戒厳令発令／粛軍実施（皇道派排除・統制派台頭）

広田弘毅内閣：軍部大臣現役武官制復活／軍事費拡大／**帝国国防方針**改定（南北併進）

＊**宇垣一成**（陸軍の反対で組閣できず）／**林銑十郎**内閣（軍財抱合に財界反発）

問題文を読んで，文章中の空欄に当てはまる語句を記入しなさい。

01 満州事変

1931年9月18日，関東軍の石原莞爾らは**奉天**郊外の（1　　　）で満鉄の線路を爆破し，これを中国側によるものとして「**満蒙の危機**」打開の軍事行動を始めた。立憲民政党の**第2次**（2　　　）内閣は不拡大方針を出したが戦線は拡大し，幣原外交は挫折した。

代わって立憲政友会の（3　　　）が組閣した。**1932年**3月，関東軍は清の最後の皇帝（4　　　）を**執政**とする「満州国」建国を宣言した。このころ国内では国家改造運動の高揚を背景に，元蔵相井上準之助や**三井合名会社**理事長団琢磨を殺害した（5　　　）事件が起きていた。欧米諸国からの批判に配慮して「満州国」の承認を渋っていた（3　）首相は，海軍青年将校らにより首相官邸で射殺された。この（6　　　）事件後，**元老**西園寺公望は穏健派の海軍大将（7　　　）を首相に推薦したことから，**政党内閣**の慣行は終焉（しゅうえん）した。

（7　）内閣は，日満議定書で「満州国」を承認した。中国の訴えをうけイギリスの（8　　　）を団長とする調査団を派遣していた国際連盟は，**1933年**2月に臨時総会を開いた。「満州国」不承認の勧告案が採択されると全権の（9　　　）らは退場し，日本政府は翌月正式に国際連盟脱退を通告した。一方，同年の（10　　　）協定で満州事変は終息した。

02 昭和恐慌からの回復

（3　）内閣の（11　　　）蔵相は，1931年12月の組閣直後に金輸出再禁止を断行し（12　　　）制度に移行した。**膨張財政**により**円安**が進み，日本製品は割安となって輸出が急増し，1933年にはいち早く恐慌前の生産水準を回復した。特に綿織物の輸出はイギリスを抜いて世界第1位となったが，（13　　　）と非難された。

重化学工業では，官営八幡製鉄所と民間数社の大合同により（14　　　）会社が設立された。また，**鮎川義介**の（15　　　）コンツェルンなど軍部と結んで満州・朝鮮に進出した新興財閥の躍進もあり，1930年代後半には工業生産額で重化学工業が軽工業を上回った。

03 軍部の台頭

自由主義的な思想への弾圧も強まった。1933年，京大の（16　　　）教授の刑法学説が（7　）内閣の**鳩山一郎**文相に弾圧された。1935年には美濃部達吉の天皇機関説が貴族院で政治問題化し，（17　　　）内閣は二度の（18　　　）でこれを否定した。

一方，陸軍では（19　　　）派と統制派の対立が激化し，**1936年**2月26日早朝に（19　）派の青年将校が約1400名の兵を率いて国会などを占拠し，当時内大臣だった（7　）や（11　）蔵相らを殺害した。この二・二六事件では戒厳令が出されたが，その後陸軍は（19　）派の排除を進め，統制派が主導権を握った。事件後に組閣した（20　　　）は文官出身だったが，軍部大臣現役武官制の復活や大軍備拡張予算の作成など国防国家建設の方針を示した。

入試問題にチャレンジ

①年代整序：(i)国際連盟からの脱退通告　(ii)日満議定書調印　(iii)重要産業統制法公布　(iv)金輸出再禁止（同志社大）

②有力な憲法学説を唱えたが国体明徴声明により学説を否定された学者は誰か。（早稲田大）

86 **87** 88 89

日中戦争と戦時統制の強化

01 日中全面戦争

①近衛文麿(このえふみまろ)の組閣(1937年6月)：近衛家～五摂家(ごせっけ)筆頭／文麿は当時貴族院議長

②盧溝橋事件(ろこうきょう)(1937年7月7日)：北京(ペキン)郊外で日中衝突　＊日本側の支那駐屯軍(しなちゅうとん)は北京議定書(ぎていしょ)(1901年)で設置

↓ 政府～当初は不拡大方針／戦線拡大→派兵に転換

＊中国情勢：国共内戦(こっきょう)(国民政府⇔共産党)→西安事件(せいあん/シーアン)(1936年／張学良(ちょうがくりょう)が蔣介石(しょうかいせき)監禁／内戦停止・抗日を要求)→第2次国共合作(がっさく)成立(1937年9月)

南京(ナンキン)占領(12月／国民政府の首都／日本軍による大虐殺)～国民政府は漢口(かんこう)へ

③近衛声明：第一次(1938年1月)～「国民政府を対手(あいて)とせず」　＊張鼓峰事件(ちょうこほう)(ソ連とも衝突)

国民政府は↓漢口から重慶(じゅうけい)へ(米英は援蔣ルート(えんしょう)で援助)

第二次(11月)～戦争の目的は日・満・華3国連携による東亜新秩序建設

第三次(12月)～善隣友好・共同防共・経済提携の近衛三原則の提唱

＊汪兆銘(おうちょうめい)の重慶脱出～のち南京に新国民政府(日本の傀儡(かいらい))／戦争の終結には失敗

02 戦時統制の強化

国民精神総動員運動 (1937年／日中戦争開始後)「挙国一致・尽忠(じんちゅう)報国・堅忍持久(けんにんじきゅう)」

統制法[1937年] 近衛内閣：臨時資金調整法～金融統制／資金を軍需優先に

輸出入品等臨時措置(そち)法～貿易統制／輸入資材を軍需優先に

[1938年] 国家総動員法～企画院(内閣直属)の物資動員計画に基づく

→議会の承認なく勅令による人的・物的資源の統制・運用が可能に

電力国家管理法～民間の電力会社を一つの国策会社に統合

→政府による私企業への介入強化始まる

[1939年] 平沼騏一郎(きいちろう)内閣：国民徴用令～国民の軍需産業への動員が可能に

阿部信行(のぶゆき)内閣：価格等統制令～公定価格制の導入

＊切符制[1940年～]：砂糖・マッチなど(購入には代金と切符が必要)

＊配給制(はいきゅう)[1941年～]：米(農村では米などを強制的に買い上げる供出制(きょうしゅつ)実施)

03 新体制運動の展開

新体制運動 (1940年／近衛文麿が第2次内閣組織前に開始)：一国一党的組織めざす

大政翼賛会(たいせいよくさんかい)(1940年／第2次近衛文麿内閣)：総裁～首相／支部長～道府県知事など

・「上意下達(じょういかたつ)」の官製全国組織～下部組織が部落会・町内会・隣組

・すべての政党は解散／大日本産業報国会・大日本婦人会なども傘下(さんか)に吸収

※学問統制　＊『国体の本義』日中開戦直前に文部省が発行／国民思想の教化

・矢内原忠雄(やないはらただお)(東大／経済学)：論文「国家の理想」が反戦的との批判／教授職辞任

・河合栄治郎(東大／経済学)：『ファシズム批判』など発禁／休職処分

・人民戦線事件(第2次)：大内兵衛(ひょうえ)(東大)ら検挙／第1次では日本無産党を弾圧

・津田左右吉(そうきち)(早大／歴史学)：記紀の神話が史実でないと論証／『神代史(しんだいし)の研究』発禁

問題文を読んで，文章中の空欄に当てはまる語句を記入しなさい。

01 日中全面戦争

1937年2月の広田弘毅(こうき)内閣退陣後，**宇垣一成**(うがきかずしげ)が組閣に失敗し，**林銑十郎**(せんじゅうろう)内閣も短命に終わったが，6月に摂関家の子孫で貴族院議長だった(1　　　　)が各方面の期待をうけて組閣した。7月7日，**北京**郊外の(2　　　　)付近で日中両軍が衝突した。中国では前年の(3　　　　)事件を経て9月に第2次国共合作が成立し，抗日民族統一戦線が結成された。戦争は宣戦布告のないまま始まり，12月に日本は国民政府の首都(4　　　　)を占領した。その際，日本軍は略奪・放火・強盗を行い，一般住民を含むおびただしい数の人々を虐殺した。

泥沼化する戦争に対し，**1938年**1月に日本は「国民政府を対手とせず」と声明して国民政府との和平の機会を自ら断ち切った。(5　　　　)に首都を移した**国民政府**は，いわゆる**援蔣ルート**で米英の援助をうけ抗戦を続けた。11月，日本は(6　　　　)建設を戦争の目的とする声明を出すとともに(5　　)から汪兆銘を脱出させて**国民政府**の分裂をはかり，12月には経済提携などをよびかける声明を出した。しかし分裂工作は失敗し，1940年に発足させた汪兆銘を中心とする(4　　)の新国民政府も中国国内での支持は得られなかった。

02 戦時統制の強化

戦争前から政府は『**国体の本義**』で国民教化をはかっていたが，開戦後(1　　)内閣は国民を戦時体制に協力させるため(7　　　　)運動を始めた。また，(8　　　　)法と輸出入品等臨時措置法を制定して資金と輸入資材を軍需産業へ優先的に投入する体制を整えた。さらに(9　　　　)を設立し，その物資動員計画に基づき翌1938年の(10　　　　)法で議会の承認なしに勅令による人的・物的資源の統制・運用を可能とした。

1939年，(10　　)法に基づき制定された(11　　　　)令により国民を軍需産業に動員できるようになった。(12　　　　)令では公定価格制が導入され，1940年から砂糖・マッチなどの日用品は(13　　　　)制となった。1941年からは米の(14　　　　)制が始まった。

03 新体制運動の展開

1939年1月の(1　　)内閣の退陣後，平沼騏一郎・**阿部信行**・**米内光政**(よないみつまさ)内閣が続いた。その間枢密院議長だった(1　　)は一国一党的な国民組織の結成をめざし(15　　　　)運動を開始した。1940年7月に**第2次**(1　　)内閣が発足すると，それは(16　　　　)として実現した。また，労働組合は(17　　　　)に改組されていたが，同年大日本(17　　)が組織され，(16　　)の傘下に入れられた。翌年には小学校も国民学校と改められた。

学問統制も厳しくなった。東大では植民政策を批判していた(18　　　　)が職を辞し，(19　　　　)は『**ファシズム批判**』を発禁とされ，**大内兵衛**らは人民戦線結成をはかったとして検挙された。早大の(20　　　　)も『**神代史の研究**』を発禁とされた。

入試問題にチャレンジ

①物資動員計画を作成し，「経済の参謀本部」と呼ばれた機関を何というか。(早稲田大)

②正誤判別：1940年にマッチや砂糖などの物資を切符と交換で渡す配給の方法である切符制が導入され，同時に米の配給制もこの年から開始された。(中央大)

86 87 **88** 89

アジア・太平洋戦争

01 日米開戦へ

①**枢軸国**の形成：ドイツ・イタリア・日本⇔アメリカ・イギリスなどの**連合国**

1936年[広田弘毅内閣] 日独防共協定締結　＊防共～反ソ連・反共産主義
反コミンテルン

1937年[近衛文麿内閣] 日独伊三国防共協定締結

1939年[平沼騏一郎内閣] ノモンハン事件～モンゴルと「満州国」の国境で
ソ連・モンゴル軍と衝突(5～9月)

戦闘中に独ソ不可侵条約締結(8月)
(不可侵～互いに攻撃せず)
↓
「欧州情勢は複雑怪奇」として内閣総辞職

②第二次世界大戦：ドイツのポーランド侵入→英仏がドイツに宣戦布告(1939年9月)

阿部信行〈陸軍〉内閣・**米内光政**〈海軍〉内閣～欧州戦争不介入方針

↓ 近衛文麿が新体制運動開始　＊米内内閣時～南京に汪兆銘の政府樹立

第２次近衛文麿内閣～米内内閣の陸相が単独辞職→陸軍が後任を推薦せず倒閣

1940年9月　北部仏印進駐実行
- ・仏印＝フランス領インドシナ
- ・物資確保と援蔣ルート遮断

↓ 英：ビルマルートで援蔣再開

日独伊三国同盟締結
- ・仮想敵国～アメリカ
- ・**枢軸**陣営の形成

↓ 米：**屑鉄**・**鉄鋼**の対日輸出禁止で対抗

1941年4月　**日米交渉**開始：野村吉三郎大使
ハル国務長官

日ソ中立条約締結：松岡洋右外相
↓ 独ソ戦争勃発(6月)

7月　御前会議：南北併進決定
- ・南進～対米英戦覚悟の南部仏印進駐決定
- ・北進～対ソ戦準備のための関東軍特種演習

＊情勢有利(＝ドイツがソ連に勝利)の際は北進⇒南進優先となり関特演中止

第３次近衛文麿内閣～対米強硬派の松岡洋右を除外して組閣

1941年7月　南部仏印進駐実行　＊ＡＢＣＤライン[**包囲陣**]～米英中蘭で封鎖

→アメリカ～在米日本資産の凍結・**石油**の対日輸出禁止で対抗

＊国際条約の失効：**ワシントン・ロンドン両海軍軍縮条約**の失効(1936年)

アメリカが**日米通商航海条約**の破棄通告(1939年／翌年失効)

02 アジア・太平洋戦争

①開戦～交渉継続派の近衛首相と開戦派の東条陸相が対立→**第３次**近衛内閣総辞職

↓ 内大臣木戸幸一の推薦で東条英機が組閣(対米開戦決定の白紙還元が条件)

1941年11月 ハル＝ノート→12月 御前会議で開戦決定→イギリス領マレー半島奇襲上陸
(満州事変以前への復帰要求)　ハワイの真珠湾奇襲攻撃

②戦局の転換

1942年	4月	衆議院議員総選挙[翼賛選挙]～**翼賛議員**／翼賛政治会 (翼賛～天子をたすける)
	6月	ミッドウェー海戦で大敗北
1943年	2月	ガダルカナル島より撤退
	11月	大東亜会議(東京)～大東亜共栄圏の提携強化
1944年	7月	サイパン島陥落～**絶対国防圏**の一部崩壊→内閣総辞職

問題文を読んで，文章中の空欄に当てはまる語句を記入しなさい。

01 日米開戦へ

1936 年，広田弘毅内閣はソ連を中心とする共産主義運動に対抗するため（1 ）協定を締結し，翌年（2 ）内閣の時にイタリアが加わったが，ドイツはこれを軍事同盟に発展させることを提案した。枢密院議長の（3 ）が組閣していた 1939 年，**張鼓峰事件**に続いて再びソ連との衝突が起こった。この（4 ）事件の最中にドイツが独ソ不可侵条約を結んだため，欧州情勢に対応できないとして内閣は総辞職した。

阿部信行内閣時に，ポーランドへ侵入したドイツに英仏が宣戦布告して第二次世界大戦が始まった。阿部内閣も，続く**米内光政**内閣も軍事同盟の締結に消極的で，欧州戦争不介入の方針をとった。このころ（5 ）運動を始めた（2 ）に呼応して陸軍は陸相を単独辞職させ，米内内閣を倒した。1940 年 7 月に成立した**第２次**（2 ）内閣は，9 月に物資確保と援蔣ルート遮断を目的とした（6 ）進駐を行うとともに，アメリカを仮想敵国とする（7 ）を締結した。アメリカは**屑鉄・鉄鋼**の対日輸出禁止で対抗した。

1941 年 4 月以降，駐米大使（8 ）と国務長官（9 ）の間で**日米交渉**が始まった。一方，北守南進を構想する（10 ）外相は（11 ）条約を締結したが，6 月に独ソ戦争が始まったため，7 月の御前会議で南北併進が決定され，北進すなわち対ソ戦準備のため関東軍（12 ）が計画された。交渉継続をのぞむ（2 ）首相は対米強硬論を唱える（10 ）を外（はず）して**第３次**内閣を組織すると，（13 ）進駐を実行した。これに対して，アメリカは在米日本資産凍結や**石油**の対日輸出禁止で対抗した。

02 アジア・太平洋戦争

9 月初旬の御前会議では，日米交渉不調の際の開戦が決定された。しかし，交渉続行をめざす（2 ）首相と打ち切りを主張する（14 ）陸相が対立し，**第３次**（2 ）内閣は総辞職した。会議の決定を白紙に戻すことを条件に（14 ）が組閣したが，11 月末にアメリカが満州事変以前への復帰を要求する（15 ）を提示したため，天皇が臨席する 12 月 1 日の御前会議で開戦が決定され，8 日に陸軍はイギリス領マレー半島へ奇襲上陸し，海軍はハワイの真珠湾を奇襲攻撃した。その後宣戦が布告され，アジア・太平洋戦争が始まった。

日本は広大な地域を占領下におき，1942 年 4 月のいわゆる（16 ）選挙では政府が推薦する候補者が多数当選し，唯一の政治結社として（16 ）政治会が結成された。しかし，6 月の（17 ）海戦で大敗したのち戦局は転換し，翌年 2 月には半年余りの激闘を経て（18 ）島から撤退した。1943 年 11 月，東京で（19 ）会議が開かれ，「（19 ）共栄圏」の提携強化が唱えられたが，これは欧米の植民地支配からの解放を支援する代わりに戦争への協力を強制するものであった。1944 年 7 月，（20 ）島が陥落して**絶対国防圏**の一部が崩れると，責任をとって（14 ）内閣は総辞職した。

入試問題にチャレンジ

①1939年，アメリカの［　　　　］条約廃棄通告を機に物資調達問題が浮上した。(慶應大)

②正誤判別：1941 年 11 月の日米交渉で，アメリカ側は日本軍の中国・仏印からの全面的無条件撤退を提案した。(早稲田大)

戦時下の生活

01 戦時下の国民生活

①**総力戦**：戦争目的に向け，国家がもつすべての能力を最大限に組織・動員する形態
→戦争遂行のため財政・産業・労働力・思想などを総動員(国民全体が戦闘員化)

②国家改造運動：恐慌などの原因は政党や財閥の腐敗→軍部内閣で打開めざす

・**三月事件**
・十月事件
陸軍の秘密結社**桜会**(**橋本欣五郎**ら)と右翼の**大川周明**らによる軍部内閣樹立をめざすクーデタ計画→未遂

③**ファシズム**の台頭：資本主義の危機→反民主主義・反社会主義で打開めざす

・国家社会主義～国家権力への依存により平等な社会の実現めざす／対外膨張は肯定
・**日本共産党**員の**転向**声明(獄中より／佐野学・鍋山貞親ら)
・**コミンテルン**～国際共産主義運動の指導組織(**人民戦線**～反ファシズム統一戦線)
・無産政党～社会大衆党(のち解党→大政翼賛会に参加)・**日本無産党**(結社禁止)
・**斎藤隆夫**の**反軍演説**(議会で日中戦争を批判→立憲民政党は党から除名)

④**満州開拓移民**：1932年の第一次満蒙開拓計画より／敗戦時までに約27万人が入植
1937年より**満蒙開拓青少年義勇軍**(若年層を編成)

⑤文学統制：火野葦平『麦と兵隊』(ベストセラー)　石川達三『生きてゐる兵隊』(発禁)

⑥学生・生徒の動員　＊物資不足→**食糧管理法**(1942年／東条英機内閣)・闇取引

・学徒出陣(1943年より／東条英機内閣)：法文系学生の在学中の徴兵猶予停止
・勤労動員(1943年より／東条英機内閣)：女子挺身隊の独身女性らも動員

⑦学童疎開の開始(1944年より／小磯国昭内閣)：縁故疎開・集団疎開
サイパン島陥落以降本土空襲激化(当初は軍事施設→国民の戦意喪失ねらい都市も爆撃)

02 戦時下の植民地・占領地

①朝鮮・台湾：皇民化政策の推進～徴兵制(朝鮮は1943年より／台湾は1944年より)
神社参拝　日本語常用　日本式氏名採用(朝鮮の創氏改名／台湾の**改姓名**)
強権的な動員・徴用(鉱山などでの労働・戦場での慰安婦)

②占領地：植民地支配からの解放支援／戦争協力強制　＊**華僑**殺害(シンガポールなど)
＊大東亜会議～満州国，南京政府，タイ，フィリピン，ビルマ，自由インド仮政府が参加

03 ポツダム会談

①小磯国昭内閣：アメリカ軍の沖縄本島上陸直後に総辞職(1945年4月)　＊イタリア降伏(1943年9月)

②鈴木貫太郎内閣：ソ連に米英との和平仲介を依頼→失敗

③**連合国**の動向：フランクリン＝ローズヴェルト(米)・チャーチル(英)らによる会談

・カイロ宣言(1943年11月／米＋英＋中：蔣介石)～朝鮮の独立・台湾の返還など
・ヤルタ協定(1945年2月／米＋英＋ソ：スターリン)～秘密協定でドイツ降伏後の(→5月)ソ連の対日参戦と千島列島・南樺太の領有を米英が了承
・ポツダム宣言(1945年7月／米：トルーマン＋英＋ソ)～宣言は**米英中**の名で発表
(英→**チャーチルのちアトリー**)

問題文を読んで，文章中の空欄に当てはまる語句を記入しなさい。

01 戦時下の国民生活

満州事変の時期には，恐慌などの原因を政党や財閥の腐敗に求める(1)運動が高まり政府や財界の要人が暗殺され，未遂とはいえ**三月事件**・(2)事件も起こった。一方で，国家権力に依存することで平等な社会を実現しようとする(3)主義への**転向**を獄中から発表する**日本共産党**員が相次いだ。当時の無産政党には，のち大政翼賛会に参加するため解党した(4)党や，結社禁止となった**日本無産党**などがある。

日中戦争が始まると，それ以前から始まっていた中国東北部への農業移民政策は，国内での労働力不足から若年層を送り込むこととなり，**満蒙開拓青少年義勇軍**が編成された。議会で日中戦争を批判する**反軍演説**を行った**斎藤隆夫**は立憲(5)を除名され，従軍して日本軍の実態を描写した(6)の『生きてゐる兵隊』は発禁となった。

アジア太平洋戦争での戦力不足にともない，(7)内閣は1943年から法文系学生の在学中の徴兵猶予を停止し(8)を開始した。中学校以上の学生や(9)に編成された独身女性らは軍需工場での勤労動員にあてられた。占領地からの撤退が進み制海権・制空権を失うと，物資供給地だった南方からの物資輸送が難しくなり，軍需産業にも支障があらわれた。生活物資は衣類に至るまでほとんどが切符制となり，人々は代用食や代用品で不足を補った。正規の販売経路を通さない(10)取引も横行した。

1944年の(11)島の陥落以後本土空襲が激化し，(12)内閣時には学童(13)が始められた。翌年3月10日の東京大空襲では10万人以上が焼死した。

02 戦時下の植民地・占領地

植民地では皇民化政策が行われた。神社参拝や日本語常用の強制，朝鮮での(14)や台湾での**改姓名**のような日本式氏名採用のほか，朝鮮では1943年，台湾では1944年に志願兵制度が(15)制に移行された。日本国内での労働力不足を補うため強権的に動員・徴用された人々は鉱山などでの労働に従事させられ，多くの女性が戦場に慰安婦として集められた。

占領地でも植民地同様の政策がとられたが，イギリスの植民地だった(16)では，反日活動の疑いをかけられた中国系住民の**華僑**が日本軍に殺害される事件が起きた。

03 ポツダム会談

(7)内閣総辞職後，陸軍大将(12)首相に海軍大将(17)が協力する連立内閣が発足した。しかし，1945年4月にアメリカ軍が沖縄本島に上陸した直後に退陣し，長く侍従長をつとめた(18)が組閣した。内閣はソ連に米英との和平仲介を依頼しようとしたが，ソ連は2月の(19)会談で**連合国**側に立っていたため叶(かな)わなかった。イタリアに続きドイツも5月に降伏し，7月に**米英ソ**はベルリン郊外の(20)で会談を行い，日本への無条件降伏勧告などからなる(20)宣言を**米英中**の名で発表した。

入試問題にチャレンジ

①正誤判別：アメリカ軍は空襲の目的を軍事施設や工業施設の破壊に限定していた。(早稲田大)

②カイロ宣言が出された会談に参加していない人物名を選べ。

［ア チャーチル　イ スターリン　ウ ローズベルト　エ 蔣介石］(同志社大)

論述問題を考えてみよう〈2-1〉

論述形式でも表や史料が用いられることがあります。今度は2010年に東京大学で出題された問題です。これまでの総復習として考えてみましょう。

例題2　次の(1)〜(3)の文章を読んで，下記の設問A〜Cに答えなさい。（1行30字）

(1)　次の表は，平安末〜鎌倉時代における荘園・公領の年貢がどのような物品で納められていたかを，畿内・関東・九州地方について集計したものである。

畿内

国名	米	油	絹	麻	綿
山城	17	6		1	
大和	27	7	2		
河内	8	1			
和泉	2	1	1		1
摂津	13	2		1	

九州地方

国名	米	油	絹	麻	綿
筑前	13				
筑後	6		3		1
豊前	1				
豊後	3				
肥前	4				
肥後	7		4		
日向	1				
大隅	1				
薩摩	3				

関東地方

国名	米	油	絹	麻	綿
相模				3	
武蔵			2	2	
上総	1	1		4	3
下総			1	1	1
常陸		1	5	1	2
上野				1	
下野			3	2	

数字は年貢品目の判明した荘園・公領数。主要な5品目のみを掲げ，件数の少ないその他の品目は省略した。網野善彦『日本中世の百姓と職能民』より作成。

(2)　次の史料は，1290年に若狭国太良荘から荘園領主である京都の東寺に納められた年貢の送り状である。

進上する太良御荘御年貢代銭の送文の事

合わせて十五貫文てへり。(注)　但し百文別に一斗一升の定め。

右，運上するところ件の如し。

正応三年九月二十五日　　　　公文(花押)

御使(花押)　　(注)合計15貫文の意。

(3)　摂津国兵庫北関の関銭台帳である『兵庫北関入船納帳』には，1445年の約1年間に同関を通過した，塩10万600余石，材木3万7000余石，米2万4000余石をはじめとする莫大な物資が記録されているが，そのほとんどは商品として運ばれたものであった。

設問　A　畿内・関東・九州地方の年貢品目には，それぞれどのような地域的特色が認められるか。(1)の表から読みとれるところを2行以内で述べなさい。

B　(1)の年貢品目は，鎌倉時代後期に大きく変化したが，その変化とはどのようなものであったか。(2)の史料を参考にして1行以内で説明しなさい。

C　室町時代に(3)のような大量の商品が発生した理由を，(1)(2)の内容をふまえて2行以内で説明しなさい。

➡また東大の問題？と思うかもしれません。でも，これも基本事項がわかっていれば，ちゃんと答えられる問題です。今度はノーヒントです。条件に注意して問題の要求をつかんだら，書くべき内容を箇条書きにしてみましょう。

☞続きはP.226

第19章

現代 I

前半は，民主化・非軍事化が進められた占領期。「戦前の○○は○○により○○に改められた」が答えられるように。後半は，主権を回復して再軍備が進む時期。条約が多いので，背景・内容・影響を区別しておさえましょう😊

90 ⑨①⑨②⑨③⑨④ 敗戦と占領の開始

01 無条件降伏から占領へ

①ポツダム宣言：会談～トルーマン(米)・チャーチルのちアトリー(英)・スターリン(ソ)
(1945年)　宣言～アメリカ・イギリス・中国(蔣介石)の名で発表

7月26日　ポツダム宣言発表→鈴木貫太郎内閣「黙殺」
8月 6日　アメリカが**広島**に**原子爆弾**投下
8日　ソ連が対日宣戦布告(日ソ中立条約破棄)→翌日満州・朝鮮・樺太に侵入
9日　アメリカが**長崎**に**原子爆弾**投下　(**中国残留孤児**／**シベリア抑留**)
14日　天皇の裁断(「聖断」)によりポツダム宣言受諾決定
15日　天皇による戦争終結(「終戦」)を伝えるラジオ放送
9月 2日　降伏文書調印(アメリカ軍艦ミズーリ号上)～**重光葵**外相，参謀総長ら

②間接統治：極東委員会(ワシントン／最高決定機関)～**11カ国**のち**13カ国**で構成
アメリカ政府↓(緊急時には極東委員会の決定を待たずに**中間指令**の発令が可能)
連合国軍最高司令官総司令部[GHQ]　〈総司令官〉マッカーサー
指令↓勧告　└→対日理事会(東京／諮問機関)～**米**・**英**・**ソ**・**中**で構成
日本政府～GHQの要求は法律の制定を待つことなく
↓　**ポツダム勅令**(日本国憲法制定後は**ポツダム政令**)として実行
日本国民　└→憲法を超える拘束力をもつ

＊占領～アメリカ軍を中心とする連合国軍(＝アメリカ軍による事実上の単独占領)
＊南西諸島・小笠原諸島～アメリカ軍が占領・**直接軍政**を実施

③改革指令：10月4日　人権指令～**天皇制批判の自由**，治安維持法の廃止など
5日　東久邇宮稔彦内閣～実行不可能として総辞職
9日　幣原喜重郎内閣成立～マッカーサーより五大改革指令(11日)

02 日本国憲法の制定

①制定過程：1945年10月　**憲法問題調査委員会**設置(委員長：**松本烝治**)
1946年 2月　「憲法改正要綱」～依然天皇の統治権を承認する内容
→GHQ～拒否・改正案[**マッカーサー草案**・**GHQ草案**]提示
→政府～政府原案(改正案を修正)を衆議院・貴族院で修正可決
＊「**憲法草案要綱**」～**高野岩三郎**・**森戸辰男**らの**憲法研究会**(→**GHQ草案**に影響)

②日本国憲法：公布(1946年11月3日)・施行(1947年5月3日)～吉田茂内閣
3原則～主権在民・平和主義・基本的人権の尊重　＊象徴天皇制
＊天皇の人間宣言～「現御神」としての神格を天皇自らが否定した詔書
＊**神道指令**～政府による神社・神道への支援・監督を禁止→国家と神道の分離

③諸法令の改正：民法(**戸主制度**廃止／**男女同権**)　刑法(**大逆罪**・**不敬罪**など廃止)
公布：地方自治法　警察法(警察を国家地方警察と自治体警察に分割)

問題文を読んで，文章中の空欄に当てはまる語句を記入しなさい。

01 無条件降伏から占領へ

1945年7月26日，日本政府は(1　　　)宣言を「黙殺」した。これをうけてアメリカは，**8月6日**に**広島**，**8月9日**に**長崎**に**原子爆弾**を投下した。8日にはソ連が(2　　　)条約を破棄して日本に宣戦布告した。陸軍の一部は依然本土決戦を主張していたが，日本は14日に天皇のいわゆる「聖断」により宣言受諾を決定し，翌日天皇のラジオ放送で戦争終結が伝えられた。降伏文書の調印は，9月2日にアメリカ軍艦(3　　　)号上で行われた。

日本の占領は，(4　　　)を総司令官とする連合国軍最高司令官総司令部[GHQ]の指令・勧告に基づき日本政府が行う(5　　　)統治の形式で行われた。その基本方針はワシントンにおかれた(6　　　)で決定され，アメリカ政府を通じてGHQに伝えられた。東京には，最高司令官の諮問機関として(7　　　)がおかれた。なお，南西諸島と(8　　　)諸島ではアメリカ軍が**直接軍政**をしいた。

日本では，無条件降伏を受け入れた(9　　　)内閣の総辞職後，皇族の(10　　　)内閣が「**国体護持**(ごじ)」「**一億総懺悔**(ざんげ)」を唱えて戦後処理にあたっていた。しかし，10月4日に(11　　　)指令とよばれる覚書により**天皇制批判の自由**や治安(12　　　)法・治安警察法の廃止，特高の廃止，政治犯の釈放などを命じられると実行不可能として総辞職し，協調外交で知られた(13　　　)が組閣した。(4　)は憲法改正をうながすとともに日本の非軍事化・民主化推進のための(14　　　)指令を口頭で指示した。

02 日本国憲法の制定

1945年10月に(13　)内閣は，**松本烝治**を委員長とする**憲法問題調査委員会**を設置したが，翌年2月に提出された改正案は天皇の統治権を認めるなど大日本帝国憲法の部分的な修正に過ぎなかった。(4　)は天皇制の廃止による混乱を避け，むしろこれを占領政策に利用しようとした。天皇も，同年元日に自ら神格を否定する詔書を出していた。しかし，連合国の中には天皇の戦争責任を問う国もあり，GHQは(6　)の活動が始まる前に，天皇制の存続や戦争放棄などを含む改正案を作成して日本政府に示し，(13　)内閣はこれを修正したものを政府原案として発表した。原案は帝国議会で修正可決され，(15　　　)として1946年11月3日に公布，1947年5月3日に施行された。そして天皇は，政治に関与できない「日本国民統合の(16　　　)」と位置付けられることとなった。

このほか，(17　　　)は**戸主制度**を廃して**男女同権**を定め，刑法は**大逆罪**などを廃止する形で，いずれも改正された。また，知事の公選制などを規定した(18　　　)法，国家地方警察と(19　　　)警察の発足を定めた(20　　　)法が新たに成立した。

入試問題にチャレンジ

①正誤判別：ソ連はポツダムでの会談に参加していたが，日ソ中立条約が有効であったため，日本が宣言を受諾するまで宣言に加わらなかった。(中央大)

②マッカーサーは[　　　　]首相にいわゆる五大改革の指令を指示した。(明治大)

90 **91** 92 93 94

五大改革の推進

01 女性の解放

1945年12月　**衆議院議員選挙法**改正～満20歳以上の男女に選挙権(有権者：50.4%)

1946年 4月　戦後初の総選挙～39名の女性議員が当選

02 労働組合の奨励

1945年12月　労働組合法～労働者の**団結権**・**団体交渉権**・**争議権**(そうぎ)を保障

1946年 9月　労働関係調整法～**労働委員会**による**斡旋**(あっせん)・**調停**・**仲裁**などを規定

1947年 4月　労働基準法～8時間労働制・**男女同一労働同一賃金**などを規定

9月　労働省設立　＊労働組合員～約30万人(1945年)→**約660万人**(1948年)

＊全国組織：日本労働組合総同盟(右派)／全日本産業別労働組合会議(左派)

03 教育の自由主義化

1945年12月　修身(しゅうしん)・**日本歴史**・**地理**の授業停止　＊**墨塗り教科書**(すみぬ)～戦争に関する記述などを墨で塗って使用

1946年 3月　アメリカ教育使節団来日

1947年 3月　教育基本法～教育の機会均等・男女共学など規定(→翌年教育勅語失効)

学校教育法～**六・三・三・四制**(4月より開始／義務教育は9年に)

1948年 7月　教育委員会法～都道府県・市町村の教育委員の**公選制**を規定

04 圧政的諸制度の撤廃

①政党の復活：日本共産党(合法的に活動)　日本社会党(旧**無産政党**系／片山哲(てつ)書記長)

日本自由党(旧**立憲政友会**系／鳩山一郎総裁)　日本進歩党(旧**立憲民政党**系)

＊プレス＝コード[新聞発行綱領(こうりょう)]～占領軍批判は禁止　＊公職追放(約21万人)

②極東国際軍事裁判(きょくとう)［東京裁判］：**A級戦犯**(せんぱん)(平和に対する罪)～28人起訴(きそ)・全員有罪判決

7人死刑(東条英機・広田弘毅ら)

＊**B・C級戦犯**(人道に対する罪→捕虜(ほりょ)の虐待(ぎゃくたい)など)～アジア各地で裁判／約5700人起訴・984人死刑

05 経済の民主化

財閥解体

1945年11月　**15財閥**の資産凍結(とうけつ)・解体(四大財閥・新興財閥など)

1946年 8月　持株会社整理委員会(もちかぶ)発足　＊**銀行**は対象外

1947年 4月　独占禁止法～持株会社・**カルテル**・**トラスト**禁止

12月　過度経済力集中排除法～巨大企業の分割(**325社→11社**)

農地改革

第一次改革　〈対象〉**不在地主**の全貸付(かしつけ)地＋**在村地主**の5町歩(ちょうぶ)を超える貸付地

↓ GHQ～不徹底と勧告(←対日理事会の諮問(しもん))

第二次改革～自作農創設特別措置(そち)法制定(1947～50年に実施)

〈対象〉**不在地主**の全貸付地＋**在村地主**の1町歩(北海道では**4町歩**)を超える貸付地

〈方法〉国が買収・小作農に売却～**農地委員会**が担当(地主3：自作農2：小作農5)

〈結果〉全小作地の約8割が自作地に→全農地の**約9割**が自作地に

＊5反以下の零細農(れいさいのう)増加／小作料は金納化・低額化／山林は対象外

問題文を読んで，文章中の空欄に当てはまる語句を記入しなさい。

01 女性の解放

1945年12月の選挙法改正で，満(1　　)歳以上の男女に選挙権が与えられた。女性は初めて参政権を認められ，翌年4月の戦後初の総選挙では(2　　)名の女性議員が誕生した。

02 労働組合の奨励

1945年12月の(3　　　　　　)法により労働者の**団結権・団体交渉権・争議権**が保障された。翌年には(4　　　　　　　　)法が制定された。1947年制定の(5　　　　　　)法では，8時間労働制・**男女同一労働同一賃金**などが規定された。全国組織としては，1946年に右派の(6　　　　　　)と左派の(7　　　　　　　　　　　)が結成された。

03 教育の自由主義化

1945年12月，軍国主義的な教員が追放され，(8　　　)・**日本歴史・地理**の授業が停止された。翌年(9　　　　　　)教育使節団が来日し，その勧告に基づいて1947年3月に教育の機会均等・男女共学などを定めた(10　　　　　　)法が制定され，教育勅語は翌年失効した。(10　　)法と同時に制定された(11　　　　　　)法に基づき，4月から**六・三・三・四の新学制**が発足した。また，教育行政にあたる教育委員は**公選制**とされた。

04 圧政的諸制度の撤廃

1945年10月，日本共産党が合法政党として活動を開始し，11月には旧**無産政党**系の日本社会党が結成された。旧**立憲政友会**系で翼賛選挙時の非推薦議員を中心とした(12　　　　　)党，旧**立憲民政党**系で翼賛選挙時の推薦議員を中心とした(13　　　　　)党も結成されたが，翌年1月に(14　　　　　　)令が出され，推薦議員はその対象とされた。

05 経済の民主化

財閥解体では，1945年11月に**15財閥**の資産凍結・解体が命じられ，翌年発足した(15　　　　)整理委員会が実施にあたった。1947年の(16　　　　　　)法では(15　　)や**カルテル・トラスト**が禁じられ，(17　　　　　　　　　　　)法では**325社**の巨大企業が指定されたが，実際に分割されたのは**11社**のみであった。また，財閥系の**銀行**は分割を免れた。

寄生地主制解体のための農地改革では，**在村地主**が所有する貸付地[小作地]の限度を(18　　)町歩とする**第一次改革**案をGHQが不徹底とした。そこで政府はこれを修正し，新たに(19　　　　　　　　　)法を制定して**第二次改革**を実施した。**不在地主**の全貸付地と**在村地主**の(20　　)町歩(北海道では**4町歩**)を超える貸付地は，国が買い上げて小作農に安く売り渡され，それは小作農に有利な割合で構成された農地委員会が担当した。こうして全農地の**約9割**が自作地となり，小作地は残ったが小作料は金納化・低額化された。

入試問題にチャレンジ

①正誤判別：1945年12月に改正された選挙法のもとで，有権者数はそれまでの3倍近くに拡大した。(中央大)

②第二次農地改革で農地調整法の再改正と並行して制定された法は何か。(慶應大)

90 91 **92** 93 94

占領政策の転換

01 経済の復興

①戦時インフレ：軍需産業への補償金・占領軍の費用→紙幣増発　＊買出し

↓　復員・引揚げ→人口増加／凶作・貿易停止→物資不足　＊闇市

金融緊急措置令(1946年2月／幣原喜重郎内閣)～預金封鎖・新円切換→効果は一時的

＊アメリカからの援助：**ガリオア資金**(食糧・医薬品など)・**エロア資金**(綿花など)

②傾斜生産方式の採用決定(1946年12月／吉田茂内閣)　＊鳩山一郎～公職追放・組閣できず

石炭・鉄鋼などに資金・資材集中／復興金融金庫から融資→**"復金インフレ"**進行

③二・一ゼネスト計画：官公庁労働者中心・1947年2月1日に全国規模のストライキ計画

↓　前日にGHQが中止命令　＊メーデー復活(1946年5月／**食糧メーデー**)

片山哲内閣の成立(5月／日本社会党)～**民主党・国民協同党**と連立

↓　初の社会主義政党首班内閣→**炭鉱国家管理問題**めぐり与党内で対立・総辞職

芦田均内閣の成立(1948年3月／**民主党**)～3党連立は変わらず

↓　政令201号(官公庁労働者＝公務員の争議権奪取→国家公務員法改正・法制化)

昭和電工事件で総辞職(10月／芦田元首相も逮捕・のち無罪)→第2次吉田茂内閣へ

02 経済の自立

①冷戦の開始〈イギリス〉チャーチル首相～「**鉄のカーテン**」演説

〈アメリカ〉トルーマン大統領～ソ連「封じ込め」政策[トルーマン＝ドクトリン]

↕　マーシャル国務長官～ヨーロッパ経済復興援助計画[マーシャル＝プラン]

＊共同防衛組織～北大西洋条約機構[NATO](1949年)

〈ソ連〉　コミンフォルム結成(情報交換組織)

＊共同防衛組織～ワルシャワ条約機構(1955年)

↓

西側陣営(資本主義・自由主義) ⇔ **東側陣営**(社会主義・共産主義)

＊アジアへの影響〈朝鮮半島〉 東 朝鮮民主主義人民共和国(金日成) 西 大韓民国(李承晩)

〈中国〉 東 共産党～中華人民共和国建国(**1949年**／毛沢東) 西 国民党(蔣介石)～台湾へ

②経済の自立　・方針：**ロイヤル**陸軍長官の演説(1948年1月)「日本を反共の防壁に」

・指令：経済安定九原則(12月)～予算均衡・徴税強化・物価統制など

・実行：(1)ドッジ来日→ドッジ＝ライン(1949年)　→1ドル＝360円

超均衡予算の作成・**復金**の停止・単一為替レートの設定

(2)シャウプ来日→シャウプ勧告(1949年)

税制改革～直接税中心主義など

③不況の深刻化：**インフレ**収束＋人員整理進行→失業者増加・労働運動高揚

↓　**国鉄**[日本国有鉄道]でも人員整理発表→直後より事件相次ぐ

下山事件(東京／国鉄総裁下山定則怪死)・三鷹事件(東京)・松川事件(福島)

労働組合員が逮捕・起訴(のち無罪確定)→労働組合に打撃(事件の真相は不明)

問題文を読んで，文章中の空欄に当てはまる語句を記入しなさい。

01 経済の復興

敗戦後，軍人の復員や植民地・占領地からの(1　　　)で人口は回復したが，大凶作の影響で食糧不足が深刻であった。人々は農村への買出しや政府の規制を無視した(2　　)市などで生活を支えた。物資不足と通貨増発によるインフレに対して(3　　　　)内閣は1946年2月，(4　　　　)令で通貨量の縮小をはかったが，効果は一時的であった。

4月に行われた戦後初の総選挙では**日本自由党**が第1党となったが，総裁の(5　　　)が公職追放となり(6　　　)が組閣した。12月には石炭・鉄鋼などの基幹産業に資金・資材を集中させる(7　　　　)の採用が決定された。しかし，(8　　　　)からの融資で**インフレ**はいっそう進行し，そのような中で官公庁労働者を中心に計画された翌1947年の(9　　　　)は，前日にGHQの指令で中止された。4月の総選挙で大躍進した日本社会党は**民主党・国民協同党**と連立し，(10　　　)内閣が発足した。(10　　)内閣は初の社会主義政党首班内閣として期待されたが，社会主義的な政策は実行できず翌年3月に退陣した。代わって**民主党**の(11　　　)が同じ3党の連立内閣を組織し，政令(12　　)号で国家公務員法を改正して官公庁労働者の争議権を奪取したが，(13　　　)事件で総辞職した。

02 経済の自立

アメリカは(14　　　　)=ドクトリンやマーシャル=プランを発表して共産主義との対決姿勢を明らかにし，**西欧**諸国と北大西洋条約機構[NATO]を結成する一方，ソ連は占領した**東欧**諸国に社会主義体制を築き，のちワルシャワ条約機構を結成した。こうして資本主義・自由主義諸国からなる**西側陣営**と社会主義諸国からなる**東側陣営**の間で冷戦とよばれる対立が始まった。ドイツは東西，朝鮮半島は南北に分断され，**国共内戦**で共産党が優勢となった中国では**1949年**に毛沢東主席により中華人民共和国の建国が宣言されて**東側陣営**に加わった。蔣介石総統率いる**国民党**は台湾に逃れ，アメリカの支援のもと中華民国を存続させた。

1948年1月，アメリカの**ロイヤル**陸軍長官は日本を**西側陣営**に組み込む方針を表明し，経済復興を求めた。第2次(6　)内閣は1948年12月に予算均衡・徴税強化・物価統制などの(15　　　　)の実行を指令され，翌年の(16　　　)=ラインにより超均衡予算の作成，1ドル＝(17　　)円の単一為替レートの設定による輸出の振興がはかられた。また，(18　　　)勧告で直接税中心主義などの税制改革が実施された。

その結果，**インフレ**は収束したが不況が深刻化し，人員整理と相まって失業者が増大して労働運動が高揚した。しかし，国鉄総裁が怪死した(19　　)事件や三鷹事件・(20　　)事件などが起こった**国鉄**では，労働組合が事件との関連を疑われて打撃をうけた。

入試問題にチャレンジ

①政府は[　　　　　　　]で預金の封鎖や旧円の禁止などを命じた。(北海道大)

②経済安定九原則の項目として誤っているものを選べ。[ア 資金貸出制限　　イ 賃金安定　ウ 物価統制　　エ 食糧集荷改善　　オ 国債発行](早稲田大)

講和の実現と安保条約

01 朝鮮戦争と日本

①朝鮮戦争：1950年6月　勃発(ぼっぱつ)～北朝鮮が韓国に侵攻

1953年7月　**休戦協定**～板門店(はんもんてん/パンムンジョム)にて(北緯38度線)

②日本への影響：警察予備隊の創設／公職追放の解除・戦争犯罪人の釈放(しゃくほう)

レッド＝パージ(共産主義者の追放)の進行

＊共産党系の全日本産業別労働組合会議[産別会議]に打撃

→非共産党系の日本労働組合総評議会[総評]結成～GHQ支援

02 講和条約の締結

講和の推進　ダレス(国務長官顧問)の来日

・条件：ソ連などを除外した講和／講和後の米軍駐留継続／沖縄・小笠原占領継続など

・社会の動向：全面講和論(**日本社会党・日本共産党・南原繁**(なんばらしげる)ら知識人など)

～ソ連・中国などを含むすべての交戦国との講和

・政府の対応：単独講和(第3次吉田茂内閣)～西側諸国のみとの講和による主権回復

＊米軍駐留継続→安全保障をアメリカに依存→再軍備の負担軽減→経済復興優先

会議の開催　1951年9月／アメリカ・サンフランシスコ　　＊**日本社会党**分裂

・招請せず：**中華人民共和国・中華民国**(→日華平和条約)／**韓国・北朝鮮**

・出席せず：**インド・ビルマ・ユーゴスラヴィア**(→のち平和条約調印)

条約の締結　サンフランシスコ平和条約(1951年9月調印／**1952年**4月発効)

・調印せず：ソ連・**ポーランド・チェコスロヴァキア**／調印：**48カ国**と日本

・領土：朝鮮の独立／台湾・南樺太・千島列島などの放棄／**南西諸島・小笠原諸島**は

アメリカの施政権(しせいけん)継続(→**信託統治**(しんたく)とする予定→アメリカは国連に提案せず)

・賠償：多くの国が賠償(ばいしょう)請求権放棄("寛大(かんだい)な講和")　　＊**奄美諸島**(あまみ)(1953年返還)

→**フィリピン・インドネシア・ビルマ・南ベトナム**～賠償協定(→1976年完了)

03 安保体制の構築

1951年9月　日米安全保障条約[安保条約]調印(平和条約の調印と同日)

↓　～アメリカ軍は駐留継続／日本防衛義務明記されず／期限不明瞭(ふめいりょう)

1952年2月　日米行政協定締結～駐留軍への基地提供／駐留費用分担

平和条約・安保条約同日発効→**血のメーデー事件**→破壊活動防止法制定

＊米軍基地反対闘争～石川県内灘(うちなだ)・東京都砂川(すながわ)など

↓　＊保安隊発足(←警察予備隊)・保安庁設立

1954年3月　MSA協定(**日米相互防衛援助協定**など4協定で構成)

～日本にアメリカから経済・軍事援助／日本は防衛力増強の義務

＊自衛隊発足(←保安隊)・防衛庁設立

問題文を読んで，文章中の空欄に当てはまる語句を記入しなさい。

01 朝鮮戦争と日本

(1　　　)年6月，北朝鮮が北緯38度線を越えて韓国に侵攻し，朝鮮戦争が勃発した。韓国はアメリカ軍を中心とする国連軍，北朝鮮はソ連と中国の支援を受け，戦線は膠着(こうちゃく)したが，**1953年**7月に(2　　　)で**休戦協定**が締結された。日本では，在日アメリカ軍が国連軍の主力として出動している間の治安維持にあてるため(3　　　)隊が創設されるとともに，政治家・旧軍人などの(4　　　)の解除や戦争犯罪人の釈放が進められた。一方で，(5　　　)とよばれる共産主義者の追放が行われ，共産党系の(6　　　)は打撃をうけ，GHQの支援で反共の(7　　　)が結成された。

02 講和条約の締結

日本を**西側陣営**に組み込もうとして対日講和を急ぐアメリカは，(8　　　)を日本に派遣し，講和からソ連などを除外することや，講和後もアメリカ軍が日本に駐留することなどを条件として交渉を進めた。これに対して国内では，ソ連・中国などを含むすべての交戦国との講和を求める(9　　　)講和運動が高まった。しかし，第3次(10　　　)内閣は，西側諸国のみとの講和によって独立を回復する(11　　　)講和を選んだ。

(12　　　)年9月，(13　　　)で**講和会議**が開かれ，日本は**48カ国**と(13　　　)平和条約に調印した。しかし，**インド・ビルマ**などは出席せず，ソ連・**ポーランド**などは出席したが調印しなかった。**中華人民共和国・中華民国**および**韓国・北朝鮮**は招請されなかったが，のち**中華民国**と(14　　　)条約，**インド・ビルマ**などとも平和条約が締結された。

条約は翌年4月に発効し，日本は主権を回復した。多くの国が賠償請求権を放棄し，日本の賠償責任は大幅に軽減したものの，**南西諸島**と**小笠原諸島**はアメリカの施政権下におかれた。**奄美諸島**は1953年に返還されたが，**小笠原**返還は60年代，**沖縄**返還は70年代となった。

03 安保体制の構築

(13　　　)平和条約の調印と同じ日，日本は(15　　　)条約に調印した。これによりアメリカ軍は引き続き日本に駐留することとなったが，アメリカの日本防衛義務は明記されず，期限も不明瞭であった。さらに翌1952年2月に締結された(16　　　)協定では，日本がアメリカ軍に基地を提供し，駐留費用を分担することなどが規定された。

1952年4月末，(13　　　)平和条約と(15　　　)条約が同日発効すると，直後の**メーデー**でデモ隊と警官隊が衝突して流血の混乱が生じ，(10　　　)内閣は(17　　　)法を制定して取締りを強化した。また，同年(3　　　)隊は(18　　　)隊に改組された。1954年の(19　　　)協定では，日本はアメリカから経済・軍事援助をうける代わりに防衛力増強の義務を負うこととなり，同年陸海空からなる(20　　　)隊が発足し，防衛庁が設置された。

入試問題にチャレンジ

①全面講和を主張し，吉田首相に「曲学阿世(きょくがくあせい)の徒」と批判された東大総長は誰か。(明治大)

②正誤判別：1951年調印の安保条約において，アメリカは日本の防衛義務の明示には同意しなかった。(明治大)

国際社会への復帰

01 55年体制の成立

①「**逆コース**」の進行：第２～５次吉田茂内閣による統制強化（＝戦前・戦中への逆戻り）
　独占禁止法の改正／**教育二法**の制定（教員の政治活動禁止）／破壊活動防止法の制定
　警察法の改正（**都道府県警察**に統一・警察庁の下に中央集権化）

②鳩山一郎内閣の成立：鳩山一郎～滝川事件時の文相・公職追放→解除・政治活動再開
　反吉田派が**自由党**離党・**日本民主党**結成→造船疑獄事件により吉田茂内閣総辞職
　→鳩山一郎内閣（第１～３次）発足
　　＊教育委員を**公選制**から**任命制**へ変更（1956年）／小選挙区制の導入断念

③55年体制の成立（1955年）：第３次鳩山一郎内閣～憲法改正・再軍備の提唱
　２月　総選挙：日本社会党が左派・右派あわせて**３分の１**の議席確保
　　　＊日本社会党～**平和条約**の批准めぐり分裂　［賛成］右派　［反対］左派
　10月　日本社会党統一　　　　　　　　（**安保条約**にはともに反対）
　11月　自由民主党結成（初代総裁鳩山一郎）～保守合同（**日本民主党**＋**自由党**）
　　　＊革新勢力～憲法擁護・非武装中立を主張（日本社会党・**日本共産党**など）
　　　＊保守勢力～憲法改正・対米依存の安全保障を主張（→再軍備の必要）
　　　＊財界～社会党の政権獲得に危機感→保守合同による政権安定を期待

④自主外交の成果（1956年）
　日ソ共同宣言の調印：ソ連との国交回復
　↓　平和条約締結後の歯舞群島・色丹島引き渡しを明記→**北方領土問題**へ
　↓　　　＊**北方四島**～国後島・択捉島・歯舞群島・色丹島
　国際連合加盟：日本の加盟を拒否していたソ連が加盟を支持⇒その後，内閣総辞職

02 新安保条約と安保闘争

①岸信介内閣の成立：岸信介～**東条英機**内閣の閣僚・**A級戦犯**→不起訴・釈放
　鳩山一郎内閣退陣→石橋湛山内閣発足／首相病気のため総辞職→岸信介内閣発足
　＊**勤務評定**実施（日本教職員組合の抵抗～**勤評闘争**）／**警察官職務執行法**改正断念

②**新安保条約**の締結（1960年）：「**日米新時代**」のための対等な日米関係の構築めざす
　日米相互協力及び安全保障条約の調印：アメリカの日本防衛義務を明文化
　↓　事前協議制／期限10年／国内の内乱鎮圧に出動できる条項（旧条約で規定）は削除
　↓　衆議院で批准を強行採決→安保闘争激化～指導部：安保改定阻止国民会議
　↓　　日本社会党・**日本共産党**・**総評**・全学連［全日本学生自治会総連合］・一般市民
　自然成立（参議院の議決経ず／アイゼンハワー大統領来日中止）⇒その後，内閣総辞職

03 1950年代の動向

〈国際情勢〉「雪どけ」の進行（東西対立が緩和／日ソ関係の変化にも影響）
　　　　　　第三勢力の台頭（1955年にインドネシアのバンドンでアジア=アフリカ会議）
〈国内情勢〉米軍基地反対闘争（石川県内灘・東京都砂川など）
　　　　　　原水爆禁止運動（1954年に**第五福竜丸被爆**→1955年に原水爆禁止世界大会（→広島で開催））

問題文を読んで，文章中の空欄に当てはまる語句を記入しなさい。

01 55年体制の成立

第2～5次の長期にわたる(1　　　)内閣は，独占禁止法の改正や警察法の改正，教員への統制を強化した**教育二法**の制定，破壊活動防止法の制定などを行った。これらを「**逆コース**」として批判された(1　)内閣は(2　　　)事件により総辞職し，代わって公職追放が解除され政界に復帰していた(3　　　)が組閣した。

(3　)内閣が打ち出した憲法改正・再軍備の方針に対して革新勢力では，**平和条約**の批准をめぐり左派と右派に分裂していた(4　　　)党が憲法擁護・非武装中立の立場から1955年10月に両派の統一を実現し，衆議院で改憲阻止に必要な**3分の1**の議席を確保した。一方，財界の後押しもあって，保守勢力では11月に**日本民主党**と**自由党**が合流して(5　　　)党が成立し，第3次(3　)内閣が発足した。この保守合同により(5　)党は改憲に必要な**3分の2**以上の議席は確保できないものの過半数はおさえて政権を掌握し，(4　)党は改憲を阻止しつつも野党からは脱却できないという55年体制の時代となった。

また，自主外交の方針から(6　　　)年10月に首相自らモスクワを訪問し，(7　　　)に調印してソ連との国交を正常化した。そこでは平和条約締結後に(8　　　)群島・(9　　　)島を日本に引き渡すこととされた。ソ連の支持が得られたことから，同年12月に日本の(10　　　)への加盟が実現し，その後まもなく(3　)内閣は退陣した。

02 新安保条約と安保闘争

(3　)内閣を継いだ(11　　　)内閣は首相の病気療養のため2カ月で退陣し，(12　　　)が組閣した。**東条英機**内閣の閣僚で**A級戦犯**だった首相への反発もあり，「**日米新時代**」をめざした(13　　　)及び安全保障条約[**新安保条約**]の締結に対して反対運動が高まった。(14　　　)年1月に条約が調印され，5月に衆議院で批准が強行採決されると，(15　　　)会議を指導部とする(4　)党・**日本共産党**や**総評**，全学連[全日本学生自治会総連合]や一般市民による大規模なデモが連日国会を取り巻いた。批准案は参議院の議決を経ないまま6月に自然成立したのち内閣は総辞職し，(16　　　)大統領の来日は中止された。また，日米行政協定は日米地位協定に引継がれた。

03 1950年代の動向

この時期には「雪どけ」と称された東西対立の緊張緩和が進んだ。その背景には，**朝鮮戦争**やインドシナ戦争での休戦協定，核兵器の普及，(17　　　)勢力の台頭などがあった。

国内では，石川県の(18　　　)や東京都の(19　　　)などで米軍基地反対闘争が起こり，1954年にアメリカの水爆実験で**第五福竜丸**が被爆したことを機に翌年第1回原水爆禁止世界大会が(20　　　)で開かれるなど原水爆禁止運動が高まった時代であった。

入試問題にチャレンジ

①保守合同により結成された自由民主党の二代目の総裁となったのは誰か。(慶應大)

②正誤判別：新日米安全保障条約の批准案は，1960年5月に衆議院で強行採決された後，参議院でも採択され，同条約は成立した。(明治大)

論述問題を考えてみよう〈2-2〉

ここでは，214 ページに掲載した論述問題の続きを考えていきましょう。少しページが離れていますが，照らし合わせてみてください。波線部が解答となる部分です。

A　畿内・関東・九州地方それぞれの年貢品目の地域的特色について(＝要求)，(1)の表から読みとれるところ(＝条件)を述べる問題です。(1)は平安末～鎌倉時代のものであることはわかりますが，これらの物品はどこへ運ばれたものですか？荘園の年貢は荘園領主へ→京都・奈良など，公領の年貢は国衙を通じて中央政府へ→京都，と考えられるでしょう。そうすると，(1)の特色がわかりやすくなるのでは？

九州⇒圧倒的に米。量が多く重くても，瀬戸内海の水運を利用すればよい。

関東⇒陸路での運搬が中心なので，軽量な繊維類が多くなる。

畿内⇒京都・奈良に近いので，重量のある米や油でも運搬可能。また，荘園領主の公家や寺社の生活には，灯油としての油(←荏胡麻)が必要だった。

B　(1)の品目は鎌倉時代後期にどのように大きく変化したか(＝要求)，(2)の史料を参考にして(＝条件)説明する問題です。(2)の 1290 年は鎌倉時代後期です。史料の１行目に「御年貢代銭」，２行目に「十五貫文」とあることから，それまで年貢は(1)のように地域の特色に応じてさまざまな物品が現物で納められていましたが，この時期になると宋銭などの銭貨で納められるようになっていることが読み取れます(☞ 64 ページ)。

C　室町時代に(3)のような大量の商品が発生した理由(＝要求)を，(1)(2)の内容をふまえて(＝条件)説明する問題です。(3)にあげられている塩や材木，米は摂津国の兵庫に運ばれてきたものです。兵庫は，もと大輪田泊(☞ 54・96 ページ)。京都や奈良に近接する港ですね。瀬戸内海沿岸を中心とする西日本各地から京都へもたらされる物資が多く運ばれてきたことでしょう。中国・朝鮮から運ばれた品々もあったかもしれません。

Bでみたように，この頃の年貢は荘園領主のところに米のような現物ではなく銭貨で納められています。米はどこで換金されたのでしょうか？農民から年貢として米を集めた荘官が，荘内や近隣の定期市で売却し換金したのでしょう。(☞ 65 ページ)

では，換金された米はどこにあるのでしょうか？各地の市にありますね。この時期の京都には幕府もおかれ，武士人口も増えて多くの物資が必要とされていたはずです。そこで京都での大量の需要をみたすため，地方の市で換金された米を商品として京都に輸送する必要があったのです。「京都に運ばれてから商品として流通した」のではなく，「兵庫を通過する時点ですでに商品として扱われていた」点も手がかりです。

どうでしたか？解答例は示していませんが，書くべき内容が正しければ得点につながるので，波線部が思い出せれば十分。この問題集で勉強した内容で対応できますね。

Aで「畿内や九州は米作が中心で米の生産量が多かったから」とする解答は？まちがいではないと思いますが，東大の問題は“AをふまえてB→A・BをふまえてC”という考え方が求められることが多いのです（東大対策が必要な場合は特に忘れないように)。波線部のように「重いものでも近いから or 水運があるから運べる」ととらえれば，Bの「重くてかさばる現物の代わりに銭貨で立て替え」につながります。また，Cを「京都には公家や僧侶，武士などの消費者が多く，大量の商品が必要だったから」としては，(1)(2)をふまえた解答とはいえません。“条件をふまえて要求に応える”のは論述対策の基本です。

第20章

現代Ⅱ

現代史はどこまでやっておけばよいのか迷うし，国際情勢や経済の話が多くて難しいかも。でも，“ここまでは”“これだけは”という内容にしぼってまとめました。最後はテーマ史。☞のページもあわせて確認してみてくださいね😊

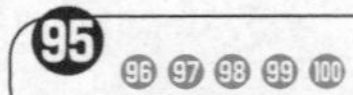

高度経済成長の時代

01 朝鮮戦争と特需景気

①安定恐慌(1949年)：背景～ドッジ＝ラインによる**緊縮財政**

→**デフレ**進行により貨幣価値・物価は安定／失業者は増加・急激に不況深刻化＝恐慌

②特需景気(1950～53年)：背景～朝鮮戦争での在日米軍による特需[特殊需要]

・物資(武器・弾薬の製造など)のちサービス(自動車・機械の修理など)増加

・**繊維**や**金属**の輸出伸長→鉱工業生産は戦前の水準回復(1951年)

＊外貨収入の増加→必要物資の輸入が容易に

02 高度成長の始まり

①神武景気(1955～57年)：背景～朝鮮戦争後の復興資材の輸出

MSA協定でのアメリカからの経済援助

→「もはや戦後ではない」(『経済白書』1956年)　＊なべ底不況(1958年)

②岩戸景気(1958～61年)：背景～大型の設備投資と技術革新

・設備投資～生産や開発などに必要な設備を整えるため資金を投じること

・技術革新の成果を取り入れるために設備投資を行う→「**投資**が**投資**を呼ぶ」

03 開放経済体制への移行

①池田勇人内閣の成立(1960年)：**新安保条約**成立→岸信介内閣総辞職後に発足

・政治姿勢の是正：「寛容と忍耐」「**低姿勢**」

・経済成長の重視：国民所得倍増計画～10年後の1970年までに**国民総生産**[GNP]と一人当たりの国民所得を2倍にする計画

〈目標〉10年間で平均7.2%の経済成長率(最初の3年間は9%)

＊国民の関心を経済へ：「政治の季節から経済の季節へ」「チェンジ・オブ・ペース」

②開放経済体制への移行　＊「○条国」～規約のうち第○条を守る義務がある国

(1) GATT11条国への移行(1963年／加盟は1955年)

・GATT＝関税及び貿易に関する一般協定

・11条国とは「国際収支上の理由で輸入制限ができない国」→貿易の自由化（従来は「制限できる」12条国）

(2) IMF8条国への移行(1964年／加盟は1952年)

・IMF＝国際通貨基金

・8条国とは「国際収支上の理由で為替管理ができない国」→為替の自由化（従来は「管理できる」14条国）

(3) OECD[経済協力開発機構]加盟(1964年)：発展途上国への援助→資本の自由化

③オリンピック景気(1963～1964年)：第18回オリンピック競技大会にともなう好景気

1964年10月1日　東海道新幹線開通(東京・新大阪間)

10月10～24日　東京オリンピック開催～アジアで最初の大会

＊**高速道路**～首都高速道路(同年開通)／名神高速道路(同年一部開通／翌年全面開通)

問題文を読んで，文章中の空欄に当てはまる語句を記入しなさい。

01 朝鮮戦争と特需景気

占領政策の転換にともなう経済的自立のため**緊縮財政**を推進した(1　　　　　　)などにより，不況が深刻化した。しかし，1950 年に(2　　　　　)が始まると，在日アメリカ軍は日本で軍需品の調達や自動車・機械の修理などを行った。この大量の(3　　　)により**繊維・金属**を中心に輸出が伸び，鉱工業生産は 1951 年に戦前の水準に回復した。

02 高度成長の始まり

1955 ～ 57 年の好景気を(4　　　)景気という。(2　)後の復興資材の輸出や(5　　　)協定でのアメリカからの経済援助などを背景に経済は急成長し，1956 年の『(6　　　　　)』には「もはや戦後ではない」と記された。この頃には食料不足もほぼ解消された。

1958 ～ 61 年の好景気が(7　　　)景気である。これらは，アメリカからの技術移植などを背景に進められた(8　　　　　　)，その成果を取り入れるために行われた膨大(ぼうだい)な(9　　　　　　)により支えられた。政府・民間からの融資(ゆうし)が豊富だったこと，石油などの資源を安価に輸入できたこと，1 ドル＝ 360 円の安い円相場が輸出に適していたことも有利に働いた。

03 開放経済体制への移行

1960 年 7 月，(10　　　　　)内閣に代わって発足した(11　　　　　　)内閣は，「(12　　　)と忍耐」「**低姿勢**」をスローガンとして(10　)内閣の高圧的な姿勢を改め，革新勢力との政治的対立を避けた。そして経済重視の姿勢を強調し，高度成長をさらに推し進めるための政策として(13　　　　　　)計画を打ち出した。これは 10 年後の 1970 年までに**国民総生産**[GNP]と一人当たりの**国民所得**を 2 倍にすることをめざすものであったが，実際には 10 年を待たずに目標を達成した。

すでに日本は，1952 年に(14　　　)[国際通貨基金]，1955 年に(15　　　　)[関税及び貿易に関する一般協定]に加盟していたが，1963 年に「国際収支上の理由で輸入制限ができない国」である(15　) 11 条国へ移行して“貿易の自由化”を実施した。また，(16　　　)年には「国際収支上の理由で(17　　　)管理ができない国」である(14　) 8 条国へ移行して“(17　)の自由化”を行い，同年(18　　　　　)[経済協力開発機構]にも加盟して“資本の自由化”が義務付けられた。こうして開放経済体制への移行が進み，自由貿易に本格的に参入していくこととなった。

(16　)年 10 月 10 日，アジア初の開催となる(19　　　　　　　)東京大会の開会式が行われた。これに先立つ 10 月 1 日には，東京・新大阪間で(20　　　　　　)が開通した。(11　)内閣は首相の病気のため，これらを見届けて総辞職した。

入試問題にチャレンジ

①神武・岩戸・いざなぎ景気のような名称がつけられた意味を答えよ。(北海道大)

②正誤判別：自由貿易の拡大と関税引き下げを目的に発足した OECD に，日本は 1952 年に加盟した。(早稲田大)

95 **96** 97 98 99 100

社会の変容とひずみ

01 大型景気の到来

いざなぎ景気(1966 ～ 70 年)

・背景～技術革新による国際競争力の強化(**鉄鋼**・**船舶**(せんぱく)・**自動車**など重化学工業製品)
　　ベトナム戦争での在日アメリカ軍による軍需

・40 年不況(1965[昭和 40]年)→戦後初の**赤字公債**(こうさい)発行(1966 年／均衡(きんこう)予算崩れる)

・実質年平均経済成長率 10.5%(1965 ～ 70 年)　＊企業集団(**銀行**を中心に形成)

・国民総生産[GNP]**世界第 2 位**(1968 年／第 1 位 アメリカ・第 3 位 西ドイツ)

02 高度成長の基盤

◦設備投資と技術革新(→良質な製品の大量生産が可能)／豊富な融資(ゆうし)(政府・民間)

◦有利な為替相場：1 ドル＝ 360 円の安い円相場→輸出に有利／原油も安価に輸入

◦国内市場の広がり：個人消費の拡大

〈労働者〉賃金の上昇～春闘(しゅんとう)による**賃上げ**(ちんあ)交渉の定着(1950 年代半ば以降／総評中心)
　　＊日本的経営～終身雇用制(しゅうしんこよう)・年功序列賃金制(ねんこうじょれつ)など

〈農　家〉収入の安定～**自作農**の増加(←農地改革)・生産性の向上(←化学肥料・農業機械の普及)・**兼業化**による農業外収入の増加(←農業基本法)

◦質の高い労働力の確保：教育の普及(←教育の機会均等・高等教育の大衆化)

03 産業構造の変化とひずみ

比重が低下　第一次産業(農業)　＊高齢化も進行

・農業基本法(1961 年)：農業と他産業の所得格差の是正→**兼業農家**増加(→三ちゃん農業)

・減反(げんたん)政策(1970 年代～)：米の作付(さくつけ)面積制限(←食生活の変化・米の需要減少)

・農村の過疎(かそ)化進行(←都市への人口流出)　＊**食料自給率**低下(←農作物輸入増加)

比重が上昇　第二次産業(工業)・第三次産業(商業・サービス業など)

・太平洋ベルト地帯の形成(**石油化学コンビナート**などの建設進行)

・エネルギー革命：**石炭**から**石油**へのエネルギー転換　＊**原子力発電**開始(1963 年)
　　→三井三池炭鉱(みいけたんこう)争議(1959 ～ 60 年／ 282 日間／労働者側の敗北)

・公害の深刻化：四大公害訴訟～新潟水俣病(みなまた)[阿賀野川(あがの)水銀中毒]・四日市(よっかいち)ぜんそく(三重)
　　富山イタイイタイ病(神通川(じんづう))・熊本水俣病
　↓
政府の対応：公害対策基本法(1967 年)　環境庁(1971 年)

※生活様式の変化　＊**金の卵**(きん)～当時の若年労働者(貴重で獲得困難であることの例え)

・都市の過密(かみつ)化進行～郊外の**ニュータウン**建設／核(かく)家族の増加／地方からの集団就職

・**流通革命**～**スーパーマーケット**(1960年代～)・**コンビニエンスストア**(1970年代～)

・**消費革命**～**耐久消費財**(たいきゅう)(電化製品・自動車など)の普及　＊中流意識の広まり
〈1950 年代後半～ 60 年代〉三種の神器(じんぎ)＝電気洗濯機(せんたく)・電気冷蔵庫・白黒テレビ
〈1960 年代後半～ 70 年代〉3 C＝カー[自家用車]・クーラー・カラーテレビ

問題文を読んで，文章中の空欄に当てはまる語句を記入しなさい。

01 大型景気の到来

東京オリンピックの翌年にあたる1965年は景気が落ち込み，戦後初の赤字公債発行が決定され，ドッジ＝ライン以来の(1　　　)予算が崩れた。しかし，1966～70年には(2　　　)景気とよばれる大型景気を迎えた。1965～70年の実質年平均経済成長率は10%を超え，(3　　　)年には(4　　　　　　　)[GNP]が資本主義諸国の中でアメリカに次いで**第2位**となった。その背景には大幅な**貿易黒字**や(5　　　　　　)戦争での在日アメリカ軍による軍需もあった。産業界では財閥解体を免れた**銀行**を中心に(6　　　　　　)が形成され，国際競争に対応した。

02 高度成長の基盤

技術革新と設備投資，豊富な融資，石油の輸入や日本製品の輸出に有利な為替相場以外にも，高度経済成長は多くの基盤に支えられた。(7　　　　　　　　　　　　　)を指導部として各部門の労働組合が一斉に**賃上げ**を要求する(8　　　　)が1950年代半ばに始まって以来定着し，労働者の賃金が大幅に上昇したこと，農地改革による**自作農**の増加・化学肥料や機械の普及による生産性の向上・**兼業化**の進行による農業外収入の増加などによって農家の収入が安定したことは，国内市場の広がりや個人消費の拡大を促した。教育の普及にともない，質の高い労働力の確保も容易になった。一方，企業では終身雇用制・年功序列賃金制などを特徴とする日本的経営とよばれる独自の経営方式が定着した。

03 産業構造の変化とひずみ

高度経済成長により(9　　　　　)産業や第三次産業の比重は高まったが，(10　　　　　)産業の比重は下がった。1961年の(11　　　　　　)法により**兼業農家**が増加し，都市への人口流出にともなう農村の(12　　　　)化が進行した。食生活の変化も影響し，1970年代に入ると農村では米の作付面積を制限する(13　　　)政策が始まり，**食料自給率**も低下した。

石炭から**石油**へのエネルギー転換が進んだことから石炭産業は斜陽(しゃよう)化し，1959～60年の282日にわたる三井(14　　　　)炭鉱争議は労働者側の敗北に終わった。一方，太平洋沿岸に**石油化学コンビナート**が建設され，重化学工業はこの太平洋ベルト地帯を中心に発展した。しかし，深刻化する公害問題への政府の対応は遅れ，公害対策基本法の制定は(15　　　)年のことであった。熊本県の(16　　　　)病など四大公害訴訟はいずれも被害者側が勝訴した。

生活様式も大きく変化した。電化製品では，1950年代後半から60年代にかけて(17　　　　)とよばれた(18　　　　　　　)・電気冷蔵庫・白黒テレビが普及し，家庭における家事の時間は大きく削減された。1960年代後半から70年代にかけては，3Cとよばれたカー・クーラー・(19　　　　　　　)が(17　)に比べると緩やかながらも普及していった。こうして国民の多くが“人並”であるという(20　　　)意識をもつようになった。

入試問題にチャレンジ

①正誤判別：水俣病は工場廃液のカドミウムが原因である。(立教大)

② 1955～65年に[ア 電気冷蔵庫·自家用車　イ 電気洗濯機·自家用車　ウ カラーテレビ·電気洗濯機　エ 電気洗濯機·白黒テレビ]は普及率が6割を超えた。(青山学院大)

95 96 **97** 98 99 100

高度成長期の外交と社会

01 沖縄返還の実現

①佐藤栄作内閣の成立：佐藤栄作〜岸信介の実弟・のちノーベル平和賞受賞

・経済成長の持続：いざなぎ景気(1965年11月〜1970年7月)

・非核三原則の提唱：核兵器を「もたず・つくらず・もち込ませず」

・対米外交：小笠原返還協定の締結(1968年)　日米安保条約の**自動延長**(1970年)

②日韓基本条約の締結(1965年)　〈韓国〉朴正熙大統領　＊竹島問題

・**1910年**の**韓国併合**以前に締結された条約及び協定は「**もはや無効**」

→日本は「戦後に無効となった」／韓国は「当初から無効とみなす」

・日本は韓国政府を「**朝鮮にある唯一の合法的な政府**」と認める

→日本と北朝鮮との国交樹立交渉は見送り　＊日韓両国で反対運動

＊付属協定〜日本政府から韓国政府への経済援助／請求権の相互放棄など

③沖縄返還協定の締結(1971年)　〈アメリカ〉ニクソン大統領

サンフランシスコ平和条約締結後もアメリカの施政権継続(統治下に琉球政府設置)

↓アメリカによる土地の接収進行・事故や犯罪も多発　＊**奄美諸島**〜1953年返還

沖縄県祖国復帰協議会結成(1960年)

↓アメリカがベトナム戦争へ本格介入(**1965年**より**北爆**開始)→沖縄が前線基地化（北爆→北ベトナムへの爆撃）

祖国復帰運動高揚〜初の琉球政府主席公選で**屋良朝苗**(革新系・協議会会長)が当選

↓日米共同声明〜「核抜き・本土並み」の返還に合意　＊基地の約7割が沖縄に集中

沖縄返還協定調印(1971年／1972年復帰実現)　＊普天間飛行場の辺野古移設問題

02 日中国交正常化の達成

①田中角栄内閣の成立：田中角栄〜“今太閤”“コンピューター付きブルドーザー”

・日本列島改造論：新幹線＋高速道路→地方を大都市と結びつけ振興めざす／地価高騰

・第1次石油危機→高度成長終焉／**金脈問題**で総辞職→のちロッキード事件で逮捕

②日中共同声明の発表(1972年)　〈中華人民共和国〉周恩来首相

池田勇人内閣：LT貿易(廖承志／高碕達之助)〜政経分離の方針で準政府間貿易

佐藤栄作内閣：ニクソン大統領の訪中→**米中接近**(国交正常化は1979年)

田中角栄内閣：日中共同声明〜日本が戦争責任を認め反省／中国は賠償請求を放棄

中華人民共和国を「**中国で唯一の合法政府**」と認める／台湾の国民政府と断交

福田赳夫内閣：日中平和友好条約(1978年)　＊尖閣諸島〜領土の交渉はなし

03 1960年代の動向

〈国際情勢〉ベトナム戦争の激化(→1973年 **ベトナム和平協定**)

〈国内情勢〉政治〜与党は派閥間抗争／野党は**多党化**(民主社会党・**公明党**など)

革新首長の誕生　例：東京都知事〜美濃部亮吉(達吉の子)

社会〜**ベトナム反戦運動**(**ベ平連**)／**大学紛争**(東京大学・日本大学など)

問題文を読んで，文章中の空欄に当てはまる語句を記入しなさい。

01 沖縄返還の実現

1964 年の東京オリンピックを見届けて総辞職した池田勇人内閣に続き成立した（[1]　　）内閣は，（[2]　　）景気にも支えられて 7 年半以上にわたる長期政権となった。

難航していた日韓交渉では，1965 年に韓国の朴正煕政権と（[3]　　）条約を締結し，国交を樹立した。この条約では，**1910 年**の**韓国併合**以前に締結された条約は「**もはや無効**」とされ，日本は韓国政府を「**朝鮮にある唯一の合法的な政府**」と認めた。

さらに，核兵器を「もたず・つくらず・（[4]　　）」という（[5]　　）を唱える（[1]　）首相は沖縄返還交渉に取り組んだ。ベトナム戦争に介入したアメリカ軍の基地化が進む沖縄では（[6]　　）運動が高揚していた。反米感情の高まりが基地使用に影響することをおそれたアメリカは，1968 年にまず（[7]　　）返還協定に調印し，翌年（[8]　　）大統領が「（[9]　　）・本土並み」の沖縄返還に合意した。1971 年に沖縄返還協定が締結され，翌年沖縄県の日本復帰が実現したが，普天間飛行場の（[10]　　）移設や日本にある米軍基地の約 7 割が沖縄県に集中していることなど問題は山積している。

02 日中国交正常化の達成

沖縄県の日本復帰後まもなく（[11]　　）内閣が成立した。（[11]　）は（[12]　　）論を唱え，列島内を高速交通網で結び，地方の工業化を推進して過疎・過密の問題を解消しようとしたが，結果的にこれは地価を暴騰させることとなった。

外交では，日中国交正常化をめざした。すでに日中間では，政経分離の方針から池田勇人内閣が（[13]　）貿易を行っていた。（[1]　）内閣の時期になると，ソ連と対立していた（[14]　　）との関係を改善し，泥沼化していたベトナム戦争を（[14]　）に仲介させて和平交渉を有利に進めようとした（[8]　）大統領が訪中するなど，**米中接近**が進んだ。1972 年，（[11]　）首相は訪中して日中（[15]　　）を発表し，日中間の戦争状態を終わらせた。日本は（[14]　）を「**中国で唯一の合法政府**」と認め，台湾の国民政府と断交することとなった。1978 年には，（[16]　　）内閣のもとで日中（[17]　　）が締結された。

03 1960 年代の動向

ベトナム戦争は（[18]　　）年に終結したが，国内では**ベ平連**などを中心として**反戦運動**が高まった。政界では総裁をめぐる派閥間抗争に明け暮れる与党自民党に対し，野党側では**日本社会党**から（[19]　　）党が分立し，また**公明党**が結成されるなど**多党化**が進んだ。一方，東京・京都・大阪などでは社会党や共産党など革新勢力が支持する知事が当選した。（[20]　　）東京都知事がその例である。公害・環境問題に対する住民運動も広まった。

入試問題にチャレンジ

①佐藤栄作首相について誤っているものを選べ。［ア 現職首相初の沖縄訪問　イ 日韓基本条約締結　ウ 非核三原則の宣言　エ 奄美・小笠原諸島返還］(青山学院大)

②正誤判別：日本の首相に続き米国大統領も中華人民共和国を訪問した。(早稲田大)

安定成長の時代

01 高度成長から低成長へ

①ドル危機[ドル＝ショック](1971年)：背景～ベトナム戦争の戦費による財政悪化など

ニクソン大統領が**新経済政策**発表(金・ドル交換停止／10%の輸入課徴金)

↓**ブレトン＝ウッズ体制**崩壊→**スミソニアン協定**(1ドルは308円に切上げ)

変動相場(そうば)制へ移行(1973年)～円高進行

②第1次石油危機(きき)(1973年)：背景～第4次中東戦争にともなう原油価格の高騰

アラブ石油輸出国機構[OAPEC]が原油の輸出制限→石油輸出国機構[OPEC]も原油価格を4倍に引上げ

↓石油関連製品など物価が高騰"狂乱物価(きょうらんぶっか)"

戦後初のマイナス成長(1974年)→翌年初の先進国首脳会議(フランスの**ランブイエ**)

③貿易摩擦(まさつ)の激化：背景～不況打開のため企業の**減量経営**化・国際競争力強化　＊省(しょう)エネ

貿易黒字の拡大～アメリカは自動車などの**輸出自主規制**・**農産物の輸入自由化**要求

↓プラザ合意(1985年)→円高不況・輸出不振　＊**日米構造協議**～**非関税障壁(しょうへき)**撤廃めざす

牛肉・オレンジ**輸入自由化**(1988年決定) 米の**輸入一部自由化**(1993年)　└→制度や慣習など

④バブル経済の進行と崩壊　＊円高～輸出製品が高くなる⇒輸出に不利

内需の拡大で景気回復(**超低金利政策**など)　＊低金利～資金調達がしやすい

↓バブル経済(1986～91年／52カ月間)～地価・株価の暴騰

バブル崩壊・平成不況進行(1991年～)～地価・株価の暴落　＊複合不況

＊**産業の空洞(くうどう)化**～生産拠点の海外移転→雇用(こよう)機会の減少(失業者増大)・技術力低下

02 1970～90年代の動向

①1970年代：佐藤栄作内閣→田中角栄内閣→三木内閣→福田内閣→大平(おおひら)内閣

三木武夫(たけお)内閣：「クリーン政治」　初の先進国首脳会議[サミット]開催(1975年)

ロッキード事件で田中角栄逮捕⇒「三木おろし」高まり総辞職

福田赳夫(たけお)内閣：日中平和友好条約締結(1978年)

大平正芳(まさよし)内閣：イラン革命→**第2次石油危機**(1979年)　東京で初のサミット(1979年)

②1980年代：鈴木善幸(ぜんこう)内閣→中曽根(なかそね)内閣→竹下内閣→宇野宗佑(うのそうすけ)内閣

中曽根康弘(やすひろ)内閣：「戦後政治の総決算」行財政改革～**日本国有鉄道分割民営化**(1987年)など

プラザ合意(1985年)　男女雇用機会均等法公布(1985年)　**靖国神社**公式参拝(戦後首相として初)

防衛費GNP1%枠(わく)(三木武夫内閣が閣議決定)→突破

竹下登(のぼる)内閣：3%の**消費税**導入(1989年)　リクルート事件⇒総辞職(1989年)

③1990年代(～55年体制崩壊)：海部(かいふ)内閣→宮沢内閣　＊昭和から平成へ(1989年)

海部俊樹(としき)内閣：イラクのクウェート侵攻→湾岸(わんがん)戦争→自衛隊の**ペルシア湾**派遣(1991年)

宮沢喜一(きいち)内閣：PKO[国際平和維持活動]協力法成立→自衛隊の**カンボジア**派遣(1992年)

佐川急便事件などによる政治不信の高まり→衆議院議員総選挙で大敗北(1993年)

＊**冷戦終結**(1989年／マルタ島での米ソ首脳会談)　＊**天安門事件**(1989年)

ベルリンの壁(かべ)崩壊(1989年) 東西ドイツ統一(1990年) ソ連邦解体(1991年)

問題文を読んで，文章中の空欄に当てはまる語句を記入しなさい。

01 高度成長から低成長へ

戦後，ドルを金と交換できる唯一の貨幣とし，各国の通貨はドルとの交換比率を固定する**固定相場制**をとることでその価値を安定させてきた。しかし1971年，(1　　　　　)大統領が金・ドル交換停止などを発表した。このドル危機に対し，日本は1ドルを(2　　　)円に切上げることで対応したが，1973年には(3　　　　　)制へ移行した。その結果，円高が進むこととなった。また同年，第4次(4　　　　　)にともなう原油価格の高騰などから第1次(5　　　　　)が起こった。石油関連製品を中心とする物価高騰は(6　　　)物価と表現された。当時は(7　　　　　)内閣の日本列島改造論の影響で地価も暴騰しており，(8　　　)年には戦後初のマイナス成長を記録し，翌年初めて開かれた(9　　　　　)会議[サミット]では(5　)後の世界経済が話し合われた。その後，経済成長率は5％前後を維持した。

企業では人員整理などの**減量経営**化が進められ，**オートメーション**化の促進などでハイテク産業の輸出伸長もあって貿易黒字が拡大し，貿易摩擦が著しくなった。特に日米間では，アメリカが日本からの(10　　　　)の**輸出自主規制**を求める一方，**農産物の輸入自由化**を要求した。1985年にドル高の是正が合意されたが，この(11　　　　)合意の結果，日本は円高不況に見舞われ，輸出が打撃をうけた。輸入面では，1988年に(12　　　　)・オレンジの**輸入自由化**，1993年には(13　　)の**輸入一部自由化**も決定された。

1980年代後半，景気回復のため**内需**の拡大がはかられた。**超低金利政策**がとられ，余った資金で土地や株式を投機的に購入する傾向がみられた結果，地価や株価が暴騰した。その一方で，円高による輸出不振のため，工場を海外に移す企業が増加したことから，国内では製造業などが衰退する**産業の空洞化**が進んだ。しかし，この異常な好景気は実体とかけ離れた泡(あわ)のような(14　　　　)経済であった。1991年には景気の後退が始まり，地価も株価も暴落した。経済成長率は第1次(5　)後よりも長期にわたるマイナスを記録した。

02 1970～90年代の動向

(7　)内閣が金脈問題で総辞職した後，「クリーン政治」を標榜(ひょうぼう)した(15　　　　　)が組閣したが，ロッキード事件後の総選挙で敗北した責任をとり退陣した。1980年代には，(16　　　　)内閣が行財政改革を掲げて**日本国有鉄道**の**分割民営化**などを実施し，また男女(17　　　　)法も公布された。つづく竹下登内閣は**消費税**の導入に踏み切ったが，(18　　　　)事件がおこり総辞職した。1991年，イラクのクウェート侵攻から(19　　　　)戦争が勃発し，海部俊樹内閣は自衛隊を**ペルシア湾**へ派遣した。翌年宮沢喜一内閣は(20　　　　)協力法を成立させ，自衛隊の**カンボジア**派遣を行ったが，佐川急便事件などによる政治不信の高まりから総選挙で大敗北を喫し，1993年に55年体制は終焉した。

入試問題にチャレンジ

①第1次石油危機と同じ年に発生した出来事を選べ。[ア 変動相場制への移行　イ 環境庁発足　ウ 日中共同声明の発表　エ 第1回サミット開催](青山学院大)

②正誤判別：政府はPKO協力法により自衛隊をペルシア湾に派遣した。(早稲田大)

現代の日本社会

01 1990～2020年代の動向

① 1990年代(55体制崩壊～)：細川内閣→羽田孜内閣→村山内閣→橋本内閣→小渕内閣

細川護熙内閣(日本新党)：**非自民8党派**[7党1会派]による連立内閣

米の**輸入一部自由化**(1993年)　衆議院に小選挙区比例代表並立制導入(1994年)

村山富市内閣(日本社会党)：自由民主党・**新党さきがけ**との連立内閣

社会党が日米安保・自衛隊・消費税を容認(1994年)　**阪神・淡路大震災**(1995年)

地下鉄サリン事件(1995年)　村山談話(1995年／戦後50年に際して反省を公式表明)

橋本龍太郎内閣(自由民主党)：**社会民主党・新党さきがけ**と連立のち自民党単独内閣

日米間で新ガイドライン(1997年／米・クリントン大統領)　京都議定書採択(1997年)

小渕恵三内閣：新ガイドライン関連法(1999年／周辺事態安全確保法など)

男女共同参画社会基本法(1999年)　国旗・国歌法(1999年)

② 2000年代以降：森喜朗内閣→小泉内閣→安倍Ⅰ内閣→福田康夫内閣→麻生太郎内閣→鳩山内閣→菅内閣→野田佳彦内閣→安倍Ⅱ～Ⅳ内閣→菅内閣→岸田文雄内閣

小泉純一郎内閣：世界同時多発テロ(2001年)日朝平壌宣言(2002年)**郵政民営化**(2005年)

安倍晋三Ⅰ内閣：教育基本法改正(2006年)防衛庁→**防衛省**(2007年)国民投票法(2007年)

鳩山由紀夫内閣(民主党)：再び非自民連立政権～民主党・社会民主党・国民新党

菅直人内閣(民主党)：**東日本大震災**(2011年)

安倍晋三Ⅱ～Ⅳ内閣(自由民主党)：公明党との連立政権

公職選挙法改正～**18歳**以上に選挙権(2015年)　＊平成から令和へ(2019年)

菅義偉内閣：**核兵器禁止条約**発効(2021年1月／日本は署名・批准せず)

第32回オリンピック競技大会(東京／2020年→実施は2021年)

02 近代・現代の社会と文化

①明治時代〈初期〉太陽暦の採用(←太陰太陽暦)　1日24時間制の導入／牛鍋の流行

ざんぎり[散切]頭　洋服の採用／煉瓦造　ガス灯／人力車　鉄道馬車

〈中期〉電灯(都市部)／デパート[**百貨店**]／**無声映画**[活動写真](1896年に初輸入)

②大正・昭和初期：俸給生活者[サラリーマン]・職業婦人の登場　**新中間層**の形成

洋服の普及　**モガ**[モダンガール]・**モボ**[モダンボーイ]／文化住宅　電灯の普及

鉄筋コンクリート造　卓袱台／和製洋食(カレーライス・トンカツ・コロッケなど)

地下鉄の開通　ターミナルデパートの建設／宝塚少女歌劇団(阪急電鉄**小林一三**社長)

ラジオ放送開始(1925年／**テレビ放送**は1953年)　**有声映画**[トーキー]開始(1931年)

③戦後　・学問：丸山真男(政治学)　大塚久雄(経済史学)　湯川秀樹(物理学者)
└▶1949年にノーベル物理学賞

＊日本学術会議の発足(1949年)～学会の代表機関

＊文化財保護法(1950年／前年に法隆寺金堂壁画焼損)

・文学：**太宰治**　大岡昇平　**三島由紀夫**　大江健三郎／手塚治虫　長谷川町子

・芸術：**岡本太郎**(**1970年**の日本万国博覧会での「太陽の塔」)

・芸能：歌謡～並木路子(『リンゴの唄』)　美空ひばり　映画～溝口健二　黒澤明

問題文を読んで，文章中の空欄に当てはまる語句を記入しなさい。

01 1990～2020年代の動向

1993年の衆議院議員総選挙で自由民主党が大敗し，非自民8党派による連立内閣が成立した。首相となったのは日本新党の(1　　　　　)である。この内閣では，**ウルグアイ＝ラウンド**の交渉により(2　　)の**輸入一部自由化**に踏み切り，また衆議院に小選挙区(3　　　　　　　)制を導入した。その後成立した(4　　　　　　　)内閣は片山哲（てつ）内閣以来の日本社会党首班内閣であったが，自民党・**新党さきがけ**との連立であったことから日本社会党はこれまで違憲としてきた自衛隊を容認することとなった。しかし，戦後50年の節目に植民地支配や戦争に対する反省を公式に表明する談話を発表した。日本社会党は**社会民主党**と党名を改め，つづく自民党の**橋本龍太郎**内閣の連立に**新党さきがけ**とともに参加したが，総選挙後は自民党の単独内閣となった。1997年には，地球温暖化防止を目的とした温室効果ガスの排出削減目標を示すことを定めた(5　　　　　　　)が採択された。

2000年代に入ると，(6　　　　　　　)内閣が「聖域なき構造改革」を掲げ，**郵政民営化**などを実現した。第1次(7　　　　　　)内閣では，教育基本法が改正され愛国心教育が重んじられたほか，**防衛庁**が**防衛省**に昇格された。しかし，2009年に総選挙で自民党が大敗して麻生太郎内閣が総辞職すると，再び非自民連立政権が成立し，民主党の鳩山由紀夫が組閣した。菅直人内閣時の2011年には**東日本大震災**が起こった。民主党は2012年の総選挙で敗北し，野田佳彦内閣が退陣したのち再び自民党の(7　　)が組閣した。2020年春から新型コロナウイルスが蔓延（まんえん）するなかで菅義偉内閣が成立したが，2021年1月に**核兵器禁止条約**が発効した段階では，唯一の被爆（ひばく）国である日本は署名・批准（ひじゅん）をしていない。

02 近代・現代の社会と文化

明治時代初期のいわゆる文明開化の時期には，明治5年12月3日を明治6年1月1日とすることで(8　　　　　)が採用され，断髪（だんぱつ）に由来する名である(9　　　　　　　)頭や洋服などの洋装化が男性から広まっていった。**銀座通り**をあらわした**錦絵**（にしきえ）には，(10　　　　)造の建物や歩道沿いの(11　　　　)灯，交通手段としては人力車のほかレール上を走る**鉄道馬車**が描かれている。**鉄道馬車**は，その後**路面電車**（ろめん）に取って代わられていった。(12　　　　)写真とよばれた**映画**は当初無音声だったが，明治時代中期に初めて輸入され，国産映画の制作も始まった。

大正・昭和時代初期には，(13　　　　　　　)＝サラリーマンや(14　　　　　　　)＝仕事をもつ女性がみられるようになった。このような**新中間層**とよばれた都市の中流階級を形成した人々は，郊外につくられた和洋折衷（せっちゅう）でガス・水道が完備した(15　　　　　　)に居住し，都心部の職場に鉄道で出勤した。その発着駅にはターミナル(16　　　　　　)も設けられた。**映画**では，(17　　　　　　)と称された**有声映画**（ゆうせい）が1931年から始まった。

戦後になると，占領期の1949年に物理学者の(18　　　　　　　)が日本人として初のノーベル賞を受賞した。同年の法隆寺金堂壁画の焼損（しょうそん）をうけ，翌1950年には(19　　　　　　　)法が制定された。また，高度成長期末期の**1970年**に大阪で開かれた(20　　　　　　　　)会は日本初・アジア初の開催となる国際博覧会であった。

入試問題にチャレンジ

①日本社会党は方針を転換し，[　　　　　]首相が自衛隊合憲を表明した。(慶應大)

②第一次大戦後から1930年代までの出来事として誤っているものを選べ。[ア サラリーマンの増加　イ 職業婦人の増加　ウ 太陽暦の採用　エ 電灯の普及](法政大)

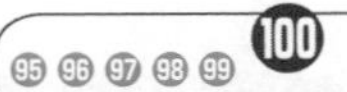

北海道と沖縄の歴史

01 北海道の歴史

①原始・古代〈旧石器〉石器の出土：白滝遺跡など　〈縄文〉黒曜石の産地：十勝岳・白滝

↓ 弥生文化伝わらず／続縄文文化：狩猟・漁労・採取中心(鉄器は使用)

7世紀頃より擦文文化：擦文土器(櫛の歯のような文様をもつ)

＊擦文文化＋オホーツク文化→アイヌ文化(13世紀頃より)　＊コタン(集落)

②中世〈鎌倉〉安藤[安東]氏の進出：本拠～十三湊(陸奥)／和人～館構築 ☞ P.80

昆布・鮭を琵琶湖経由で京都へ ←　例：道南十二館

〈室町〉コシャマインの蜂起(1457年)：蠣崎氏が鎮圧

③近世：松前氏によるアイヌとの交易独占権を将軍徳川家康が承認(1604年) ☞ P.112

・交易：商場知行制から場所請負制へ→アイヌの隷属化進行　＊ユーカラ(口承文芸)

・抵抗：シャクシャインの戦い(1669年)　クナシリ・メナシの蜂起(1789年)

④近代〈幕末期〉日露和親条約(1854年)：国境～得撫島・択捉島間／樺太～日露雑居地

→樺太・千島交換条約(1875年)：樺太～ロシア領／千島全島～日本領 ☞ P.160

〈明治初期〉北海道の名称開始(1869年)：開拓使～屯田兵制度(開拓と防備／士族授産)

札幌農学校(初代教頭クラーク)～農業指導者育成／内村鑑三・新渡戸稲造ら輩出

〈明治中期〉開拓使廃止→函館・札幌・根室の3県設置→3県廃止・北海道庁へ(1886年)

北海道旧土人保護法(1899年)→アイヌ文化振興法(1997年)　＊参政権獲得は1900年

02 沖縄の歴史

①原始・古代〈旧石器〉人骨の出土：港川人・山下町洞人・白保竿根田原洞穴人など

↓ 弥生文化伝わらず／貝塚文化：漁労・採取中心　(いずれも新人)

7世紀の天武朝以降中央政府と交流／遣唐使が南西諸島を経由(南島路)

②中世〈平安末期〉グスク[城]時代：豪族～按司／グスク～祭祀・軍事施設／農耕始まる

〈室町〉三山時代：山北[北山]・中山・山南[南山]の3王国が対立(14世紀) ☞ P.80

→琉球王国の成立(1429年)：中山王尚巴志～三山統一／王府～首里／外港～那覇

中継貿易～東アジアと東南アジアを結ぶ交易　＊『おもろさうし』歌謡集

③近世：薩摩の島津家久による武力制圧(1609年)～与論島以北を薩摩藩領に編入

・江戸へ：慶賀使(将軍の代替わり)・謝恩使(琉球国王の代替わり) ☞ P.112

・中国へ：朝貢は継続→中国の産物や琉球産の黒砂糖は薩摩藩へ上納

④近代〈明治初期〉台湾での琉球漂流民殺害→琉球王国を琉球藩に(1872年／藩王尚泰)

→台湾出兵後，中国への朝貢禁止→沖縄県設置強行(1879年／琉球処分) ☞ P.160

〈明治中期〉旧慣温存策(旧来の制度継続／人頭税存続)→近代化に遅れ

謝花昇らによる自由民権運動(⇔奈良原繁知事)→参政権獲得は1912年

〈昭和前期〉沖縄戦(1945年4～6月／3カ月)　＊捨て石作戦～本土決戦準備のため

・中等学校生など：男子～鉄血勤皇隊／女子～女子学徒隊(ひめゆり隊など)

・日本軍による集団自決の強要／一般住民の犠牲者は10万人以上 ☞ 戦後は P.232

問題文を読んで，文章中の空欄に当てはまる語句を記入しなさい。

01 北海道の歴史

更新世末期の北海道は樺太と陸続きであった。縄文時代になると，十勝岳や**白滝**で産出された(1　　　　)が広範囲で石鏃などに用いられた。弥生文化は伝わらず，7世紀頃まで(2　　　　)文化が続いた。その後，櫛の歯のような文様をもつ土器で知られる(3　　　　)文化が発達し，やがて**オホーツク文化**と融合(ゆうごう)して13世紀頃にアイヌ文化へと発展した。

鎌倉時代，得宗家の支配下にあった(4　　　　)氏が**蝦夷ヶ島**(えぞがしま)とよばれた北海道の南部に進出した。その本拠は日本海に面した陸奥国の(5　　　　)で，**昆布**や**鮭**などが交易された。室町時代には，**和人**とよばれた本州出身の人々に圧迫されたアイヌが(6　　　　)を中心に蜂起したが，蠣崎氏により鎮圧された。蠣崎氏はその後，松前氏と姓を改めた。

江戸時代初頭，松前氏は初代将軍**徳川家康**からアイヌとの交易独占権を認められた。松前藩では当初(7　　　　)制がとられたが，17世紀後期の(8　　　　)の蜂起を経て(9　　　　)制へと転換され，アイヌの隷属化が進むこととなった。

明治時代に入り，蝦夷地は**北海道**と改称され，新設された(10　　　　)を中心にアメリカ式大農場経営の移植がはかられた。各地から集められた(11　　　　)は開拓と防備にあたり，初代教頭として(12　　　　)を招いた札幌農学校では指導者の育成をめざした。一方，土地の所有や伝統的な狩猟法を禁じて同化政策が進められたアイヌの人々は，1899年に制定された(13　　　　)法で農地が与えられたものの，農業を強制されることとなった。

02 沖縄の歴史

更新世末期，すでに台湾などとの間に海を隔(へだ)てていた南西諸島では，港川人など旧石器時代の人骨が出土している。弥生文化は伝わらず，農耕をともなわない(14　　　　)文化が12世紀頃まで続き，在地豪族である(15　　　　)がグスクを拠点に割拠(かっきょ)する時代となった。

室町時代になると，**中山王**(16　　　　)が対立の続いていた**三山**を統一し，(17　　　　)を王府とする琉球王国が成立した。外港の那覇は，アジア各地を結ぶ中継貿易で賑わった。

江戸時代初頭，大御所**徳川家康**に琉球制圧を認められた島津家久の侵攻により，琉球王国は中国への朝貢を続けつつ江戸へ慶賀使・(18　　　　)使を派遣する日中両属となった。

明治時代に入り，宮古島(みやこじま)の漂流民(ひょうりゅうみん)が台湾で殺害された事件ののち琉球王国は琉球藩と改められ，最後の国王(19　　　　)は藩王とされた。台湾出兵後は中国への朝貢も禁じられ，1879年に沖縄県の設置が強行された。しかし，**旧慣温存策**がとられたため近代化が遅れ，(20　　　　)らによる参政権獲得運動が行われたものの，最初の衆議院議員選挙の実施は1912年のことであった。アジア・太平洋戦争末期には米軍が上陸し，一般住民を巻き込んだ戦闘が3カ月余りにわたって行われたうえ，戦後も米軍の直接軍政が長く続いた。

入試問題にチャレンジ

①北海道では，7世紀頃から［ア　　］土器を伴う文化に移行し，9～13世紀頃みられた［イ　　　　］文化の要素を取り入れアイヌ文化が形成された。(北海道大)

②正誤判別：沖縄戦は本土決戦の時間稼ぎとされ，甚大な犠牲を出した。(早稲田大)

この先もがんばっていくために

章始めのポイント，重要事項のまとめと空欄補充問題(付：入試問題)，章末のアドバイスを１セットとして20章分進めてきました。章末のアドバイスも，このページが最後です。

多くの人は，大学入試で高得点をとり，志望校に合格するために日本史を勉強しているのだと思います。この問題集も，そのような勉強で使えるようにつくりました。

でも，日本史を学習して得た知識は，入試を乗り越えるための知識にとどまらず，大学生や社会人になってからも“使える”知識ばかりです。例えば，現代史(戦後史)は，現在国内外で起こっている出来事をより深く知るための土台です。また，文化史も，観光地でお寺を訪ねたり，美術館で絵画を見たりする時，詳しい知識があるとより深く楽しむことができるでしょう。戦争についても知ることも，とても大切。日本を二度と戦争に向かわせてはいけないという動きが積み重ねられた結果，現在の平和があるからです。

日本史は現代社会を考えるうえでの基礎知識。勉強してきたことは，けっして無駄にはなりません。入試が終わり，くり返し学習しなくなっても，これだけがんばって学んできたのですから，きっと多くの知識が記憶にとどまることと思います。

それでは，最後にもう一度確認しておきましょう。

☆　**今日習ったことは１週間の間に３回くり返そう**
☆　**教科書をおろそかにせず，しっかり読み込もう**
☆　**この問題集→入試問題，の順で応用力の強化を**
☆　**過去問には基本事項が固まってから取り組もう**
☆　**模試は復習の機会ととらえ，積極的に受けよう**
☆　**問題文は最後までしっかりと，選択肢も丁寧に**
☆　**年代暗記は最小限でも，流れは正確につかもう**
☆　**未見史料でもヒントは必ずあるから落ち着いて**
☆　**論述では，まず問題の要求を的確につかむこと**

この問題集が皆さんの実力向上に役立ちますように祈っています。

これだけはおさえよう！
日本史100テーマ書き込み問題集

著　　者	今西晶子
発行者	山﨑良子
印刷・製本	日経印刷株式会社

発行所	駿台文庫株式会社

〒101－0062　東京都千代田区神田駿河台1－7－4
小畑ビル内
TEL. 編集 03(5259)3302
販売 03(5259)3301
《①-304pp.》

落丁・乱丁がございましたら，送料小社負担にてお取替えいたします。

ISBN978－4－7961－1833－0　Printed in Japan

駿台文庫 Web サイト
https://www.sundaibunko.jp

これだけはおさえよう!

日本史

100テーマ書き込み問題集

解答・解説

駿台文庫

第1章 原始・古代Ⅰ

❶ 旧石器文化と縄文文化

1	更新	2	ナウマン	3	港川	4	尖頭器
5	打製	6	細石器	7	岩宿	8	相沢忠洋
9	完新	10	石鏃	11	磨製	12	石錘
13	貝塚	14	竪穴	15	黒曜	16	和田峠
17	アニミズム	18	土偶	19	屈葬	20	抜歯

正しい漢字で書こう！

［ 相沢忠洋 ］［ 磨製石器 ］［ 竪穴住居 ］
［ 土偶 ］

＜入試問題の解答＞

①	ア	野尻	イ	ナウマン	②	×

①ナウマンゾウの名は，明治時代初期のお雇い外国人であったドイツ人地質学者ナウマンに由来する。②縄文海進によって日本列島には入江が増え，漁労が発達したのである。貝塚は東京湾の東海岸に多くみられるが，福井県の鳥浜貝塚のように日本海側にも存在する。

★旧石器・縄文時代の代表的遺跡★

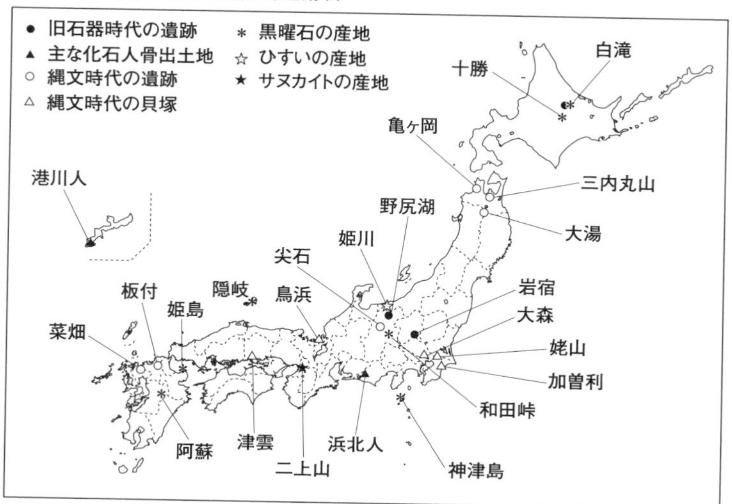

❷ 弥生文化

1	板付	2	菜畑	3	続縄文	4	貝塚
5	湿	6	田下駄	7	石包丁	8	穂首
9	竪杵	10	甕	11	高杯	12	高床
13	乾	14	銅鐸	15	銅剣	16	銅戈
17	環濠	18	高地性	19	支石	20	伸展

正しい漢字で書こう！

［ 田下駄 ］［ 穂首刈り ］［ 竪杵 ］［ 甕 ］
［ 銅戈 ］［ 環濠 ］

<入試問題の解答>

①	×	②	環濠

✎ ①湿田と乾田が逆。このような対になる言葉(用語だけでなく，増加と減少・膨張と緊縮なども含めて)には要注意。②環濠集落を記述する時には，「環」を「還」，「濠」を「壕」と書き誤らないようにすること。

★弥生時代の代表的遺跡★

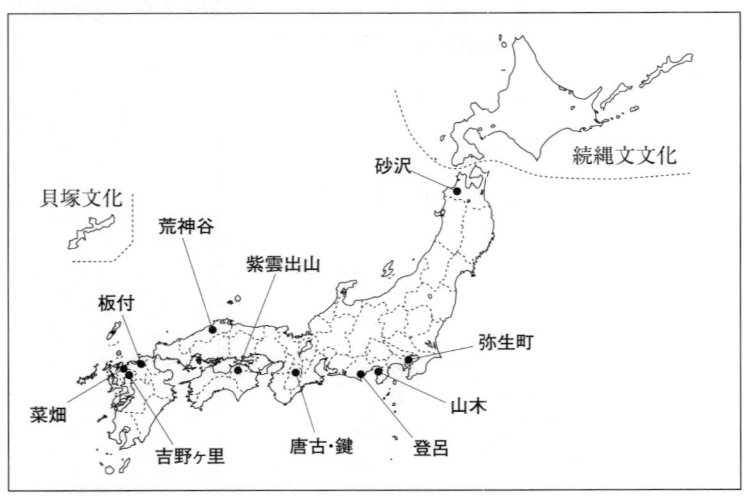

❸ 中国史書にみえる日本列島

1	『漢書』地理志	2	楽浪	3	『後漢書』東夷伝	4	奴
5	光武	6	志賀島	7	漢委奴国王	8	帥升
9	生口	10	「魏志」倭人伝	11	邪馬台	12	卑弥呼
13	帯方	14	親魏倭王	15	鬼道	16	大人
17	一大率	18	下戸	19	狗奴	20	壱与［壹与］

正しい漢字で書こう！

［『漢書』地理志］［漢委奴国王］［帥升］
［親魏倭王］［狗奴国］

<入試問題の解答>

①	ア	光武	イ	帥升	②	×

①中国の「こうぶてい」には光武帝と洪武帝(14 世紀後半に建国された明の初代皇帝)がいるので取り違えないように。なお，帥升は思いのほか頻出である。②狗奴国は伊都国の誤り。いずれもよく出題される国名。

❹ ヤマト政権と古墳文化

1	前方後円墳	2	箸墓	3	竪穴	4	粘土槨
5	埴輪	6	大仙陵	7	仁徳	8	高句麗
9	百済	10	新羅	11	加耶［伽耶・加羅］	12	石上
13	好太王［広開土王］	14	辛卯	15	『宋書』倭国伝	16	武
17	安東	18	雄略	19	稲荷山	20	江田船山

正しい漢字で書こう！

［箸墓古墳］［竪穴式石室］［粘土槨］

<入試問題の解答>

①	○	②	安東大将軍

①纒向遺跡は奈良県桜井市の三輪山(→大神神社)の北西にあり，邪馬台国の所在地とする説もある。「箸」の漢字に注意。②史料問題でも「安東大将軍」の空欄補充は頻出。「中国南朝の宋」は「南宋」ではないので注意。

★竪穴式石室の構造★

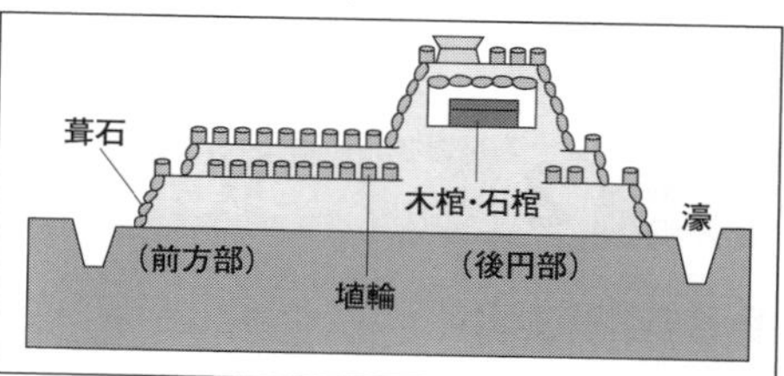

❺ 古墳時代の社会

1	群集	2	竪穴	3	横穴	4	羨道
5	玄室	6	土師器	7	須恵器	8	装飾
9	高松塚	10	掘立柱	11	祈年	12	新嘗
13	大嘗	14	みそぎ	15	はらえ	16	太占
17	盟神探湯	18	沖ノ島	19	大神	20	伊勢神宮

正しい漢字で書こう！

［竪穴式石室］［羨道］［新嘗］

＜入試問題の解答＞

①	羨道	②	×

① 「羨」の漢字は正しく書けただろうか(左下は“にすい”ではなく“さんずい”)。羨道はこの世(＝墳丘外部)とあの世(＝玄室)をつなぐ通路である。②典型的な誤文。土師器を須恵器とすれば正文となる。

★横穴式石室の構造★

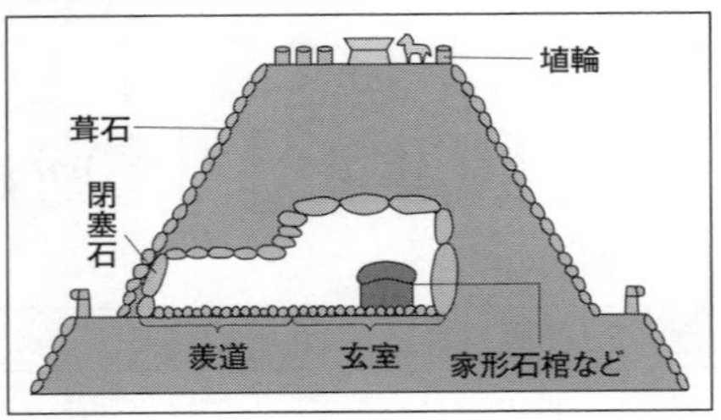

❻ ヤマト政権の支配体制

1	韓鍛冶	2	須恵器	3	錦織	4	伴造
5	阿知使主	6	王仁	7	史部	8	弓月君
9	百済	10	五経	11	欽明	12	538
13	臣	14	連	15	君	16	国造
17	屯倉	18	田荘	19	部曲	20	田部

正しい漢字で書こう！

［ 韓鍛冶部 ］［ 錦織部 ］［ 屯倉 ］

＜入試問題の解答＞

①	ア	上宮聖徳法王帝説	イ	五経	②	エ

①仏教公伝の年代と出典は，538年・552年ともに頻出。五経博士は段楊爾(だんようじ)を最初として，百済から交代制で派遣された。②ヤマト政権は，地方豪族がそれぞれ本拠とする地で持っていた支配権を利用して地方支配を行った。

第2章 古代Ⅱ

❼ 推古天皇の時代

1	新羅	2	継体	3	大伴金村	4	筑紫磐井
5	欽明	6	蘇我稲目	7	物部尾輿	8	蘇我馬子
9	物部守屋	10	崇峻	11	推古	12	冠位
13	天皇記	14	隋	15	日本書紀	16	小野妹子
17	煬帝	18	裴世清	19	高向玄理	20	旻

正しい漢字で書こう！

［ 物部尾輿 ］［ 崇峻天皇 ］［ 冠位 ］
［ 日本書紀 ］［ 煬帝 ］［ 裴世清 ］

<入試問題の解答>

①	ア	筑紫磐井	イ	岩戸山	②	煬帝

①磐井の乱は，『日本書紀』に掲載されている史料もよく引用される。「新羅」「屯倉」が空欄補充となることが多い。②煬帝は，国内では大運河建設，対外的には高句麗遠征に国力を費やし，隋の衰退を速めた。

★天皇家と蘇我氏の関係系図★

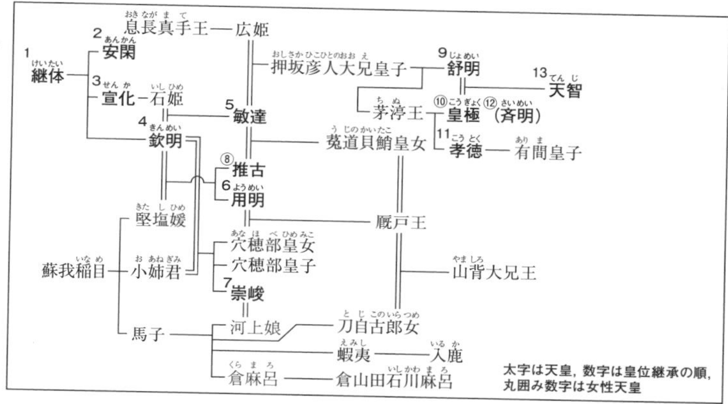

❽ 律令国家の形成

1	皇極	2	蘇我入鹿	3	山背大兄王	4	乙巳
5	孝徳	6	国博士	7	百済	8	斉明
9	白村江	10	水城	11	庚午年籍	12	壬申
13	大海人	14	大友	15	飛鳥浄御原	16	八色の姓
17	藤原京	18	持統	19	庚寅年籍	20	文武

正しい漢字で書こう！

［乙巳の変］［庚午年籍］［庚寅年籍］

<入試問題の解答>

①	(i)→(v)→(iv)→(ii)→(iii)	②	藤原京

①これは「(i)→白村江→(v)→天智朝→(iv)→大海人皇子即位(＝天武天皇)→(ii)→天武死去・皇后即位(＝持統天皇)→(iii)」のように考えればよい。年代の暗記ではない。②藤原京と平城京の構造の違いにも注意しよう。

★藤原京★

❾ 飛鳥文化と白鳳文化

1	百済	2	蘇我	3	飛鳥［法興］	4	広隆
5	氏寺	6	斑鳩	7	日本書紀	8	若草伽藍
9	鞍作鳥	10	玉虫厨子	11	三経義疏	12	観勒
13	曇徴	14	天武	15	白鳳	16	大官大
17	興福	18	高松塚	19	大友	20	柿本人麻呂

正しい漢字で書こう！

［斑鳩］［若草伽藍］［玉虫厨子］
［三経義疏］［曇徴］［白鳳文化］

＜入試問題の解答＞

①	エ	②	○

①飛鳥寺で覚えているかもしれないが，法興寺で出題されても答えられるようにしよう。②山田寺の発願者である蘇我（倉山田）石川麻呂は改新政府で右大臣となった人物でもある。娘は中大兄皇子の妃（持統天皇の母）。

★伽藍配置の変遷★

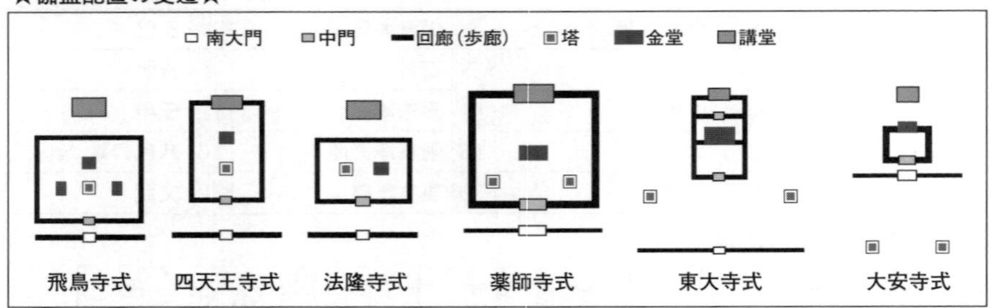

❿ 律令制度・1

1	701	2	大宝	3	神祇	4	式部
5	治部	6	弾正台	7	大和	8	東山
9	南海	10	西海	11	国司	12	国府
13	郡司	14	評	15	藤原	16	50
17	大宰府	18	位階	19	官位相当	20	蔭位

正しい漢字で書こう！

［神祇官］［大宰府］［蔭位の制］

＜入試問題の解答＞

①	治部	②	×

①少々難しい表現だが，前半から仏事，後半から外交が想起できれば治部省とわかるだろう。②誤文として頻出。九州は「西海道」なので「南海道」が誤り。「大宰府」を記述する際は「太」と書かないように。

⓫ 律令制度・2

1	五刑	2	八虐	3	品部	4	五色の賤
5	租	6	戸籍	7	50	8	6
9	班田収授	10	2	11	条里	12	正丁
13	計帳	14	庸	15	調	16	運脚
17	雑徭	18	衛士	19	防人	20	出挙

正しい漢字で書こう！

［八虐］［五色の賤］［戸籍］［計帳］
［庸］［雑徭］［衛士］

＜入試問題の解答＞

①	ア	6	イ	1	②	○

①計帳は毎年作成，と覚えていると逆に迷うかもしれないが基本事項。②軍団の兵士から選ばれた衛士は１年，防人は３年の任期とされたが延長も多く，『万葉集』には兵士や家族の詠んだ歌が100首以上収められている。

第３章 古代Ⅲ

⓬ 平城京への遷都

1	元明	2	大極殿	3	朱雀	4	羅城
5	右京	6	左京	7	和同開珎	8	蓄銭叙位
9	駅家	10	渟足柵	11	阿倍比羅夫	12	出羽
13	多賀城	14	鎮守	15	大隅	16	北
17	南	18	菅原道真	19	渤海	20	松原

正しい漢字で書こう！

［和同開珎］［蓄銭叙位令］［渟足柵］
［阿倍比羅夫］［大隅国］［菅原道真］
［渤海］

＜入試問題の解答＞

①	×	②	越前

✎ ①平城京の地図から得られる情報を問う出題は多いが，ここでは「右京→朱雀大路の西側→東大寺は“東”だから誤りでは？」と考えれば誤文とわかる。②遣唐使の航路変更が思い出される。渤海は「渤」の漢字に注意。

★平城京★

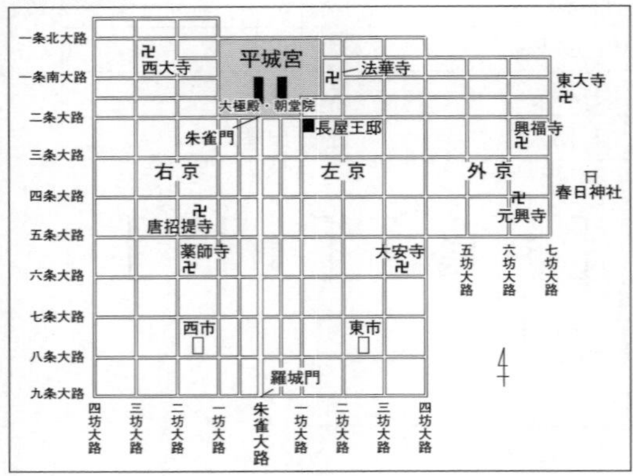

★８世紀の東アジア★

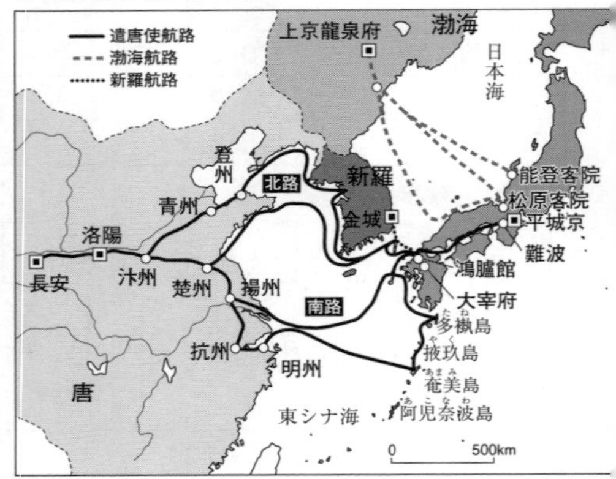

⑬ 奈良時代の動向

1	藤原不比等	2	元正	3	養老	4	長屋王
5	聖武	6	橘諸兄	7	吉備真備	8	玄昉
9	藤原広嗣	10	恭仁	11	紫香楽	12	孝謙
13	藤原仲麻呂	14	橘奈良麻呂	15	淳仁	16	道鏡
17	称徳	18	法王	19	宇佐	20	光仁

正しい漢字で書こう！

［ 橘諸兄 ］［ 藤原広嗣 ］［ 橘奈良麻呂 ］

＜入試問題の解答＞

①	ア	②	藤原仲麻呂

✎ ①イ→孝謙天皇，ウ→奈良時代初期（712年という年代ではなく，平城京遷都の２年後ととらえる），エで元正天皇と長屋王というキーワードが思い出せれば，正解はアとわかるはず。②藤原仲麻呂関連は頻出なので要注意。

★宮都の変遷★

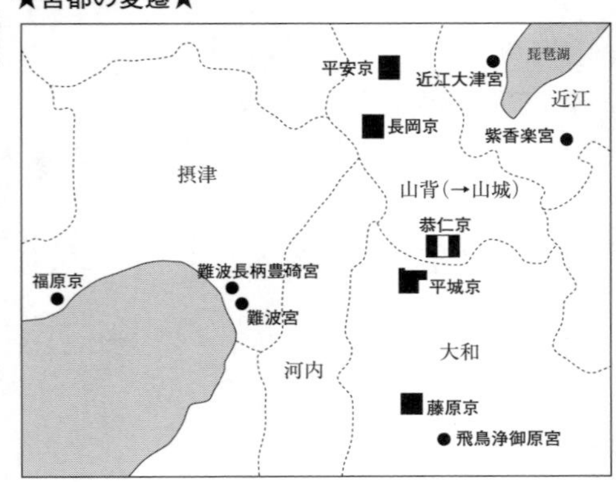

⑭ 天平文化

1	鎮護国家	2	六宗	3	治部	4	戒律
5	鑑真	6	恭仁京	7	法華	8	孝謙
9	行基	10	乾漆	11	塑	12	興福
13	校倉	14	古事記	15	日本書紀	16	太安万侶
17	舎人	18	風土記	19	懐風藻	20	万葉集

正しい漢字で書こう！

[鑑真] [乾漆像] [塑像] [懐風藻]

＜入試問題の解答＞

①	(iii)→(i)→(ii)	②	エ

①(i)は孝謙天皇の時代，(ii)は称徳天皇(孝謙天皇が重祚)の時代，(iii)は遷都時に藤原京より移転，という考え方をしよう。②ア・イ・ウが乾漆像，エが塑像，は基本事項。アは細かいが，釈迦の高弟10人を表した乾漆像。

第4章 古代Ⅳ

⑮ 平安初期の動向

1	桓武	2	長岡	3	藤原種継	4	794
5	平安	6	伊治呰麻呂	7	坂上田村麻呂	8	胆沢
9	志波	10	鎮守府	11	嵯峨	12	文室綿麻呂
13	勘解由使	14	健児	15	12	16	蔵人頭
17	藤原冬嗣	18	検非違使	19	弘仁格式	20	令義解

正しい漢字で書こう！

[伊治呰麻呂] [文室綿麻呂] [藤原冬嗣]

＜入試問題の解答＞

①	×	②	検非違使

①胆沢城に移されたのは，陸奥国府ではなく鎮守府。「国府→多賀城のまま／鎮守府→胆沢城に移転」はとにかく頻出。②検非違使は勘解由使と間違えやすい。令外官は，まずこの2つと蔵人頭からおさえよう。

★平安京★

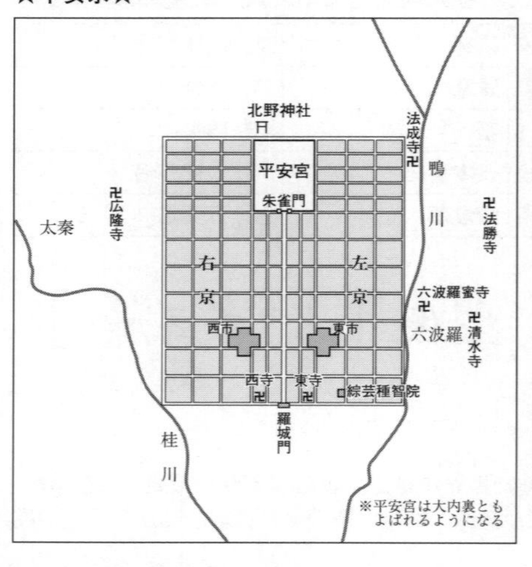

★東北の城柵★

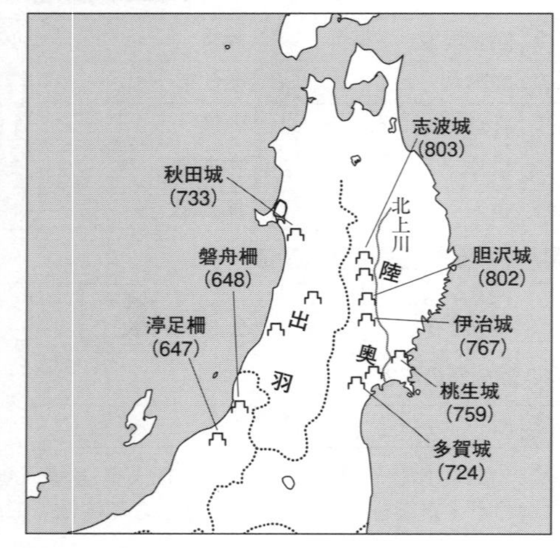

⑯ 弘仁・貞観文化

1	文章経国	2	最澄	3	延暦	4	台密
5	金剛峰	6	東	7	加持祈禱	8	神宮寺
9	修験道	10	室生	11	一木	12	僧形八幡神
13	曼荼羅	14	続日本紀	15	凌雲集	16	橘逸勢
17	式部	18	紀伝道	19	大学別曹	20	綜芸種智院

正しい漢字で書こう！

[加持祈禱] [曼荼羅] [凌雲集]
[綜芸種智院]

＜入試問題の解答＞

①	○	②	凌雲集

①真言宗は伝来当初から密教，天台宗はのちに密教化。「東寺→東密」「天台宗→台密」とおさえよう。②３つの勅撰漢詩文集の中では『凌雲集』が最も出題頻度が高い。「凌」は漢字にも注意。“さんずい”でなく“にすい”。

⑰ 摂関政治の展開

1	嵯峨	2	藤原冬嗣	3	承和	4	藤原良房
5	橘逸勢	6	清和	7	伴善男	8	応天門
9	摂政	10	藤原基経	11	宇多	12	関白
13	菅原道真	14	醍醐	15	藤原時平	16	乾元大宝
17	源高明	18	安和	19	小右記	20	藤原頼通

正しい漢字で書こう！

［ 藤原冬嗣 ］［ 菅原道真 ］

＜入試問題の解答＞

①	ア	清和	イ	摂政	②	○

①良房は「清和天皇即位→事実上の摂政→応天門の変→正式に摂政」，基経は「光孝天皇即位→事実上の関白→宇多天皇即位・阿衡の紛議→正式に関白」である。②自筆本はユネスコの世界記憶遺産に登録されている。

⑱ 国風文化

1	末法	2	阿弥陀	3	空也	4	源信
5	往生要集	6	慶滋保胤	7	法成	8	平等院鳳凰堂
9	寄木	10	本地垂迹	11	古今和歌集	12	藤原公任
13	蜻蛉	14	伊勢	15	更級	16	清少納言
17	三跡［蹟］	18	束帯	19	衣冠	20	陰陽

正しい漢字で書こう！

［ 慶滋保胤 ］［ 平等院鳳凰堂 ］

［ 本地垂迹説 ］［ 蜻蛉日記 ］

＜入試問題の解答＞

①	ア	浄土	イ	往生要集	②	土佐日記

①浄土思想自体は７世紀前半に伝わっていたが，貴族や庶民の間に広めたのは10世紀半ばの空也である。市聖の「市」とは，人がたくさんいる場所という意味。②紀貫之が土佐守の任を終えて都に帰るまでの紀行文である。

第５章 古代から中世へ

⑲ 荘園と公領・1

1	賃租	2	運脚	3	長屋王	4	百万町歩開墾
5	三世一身	6	743	7	聖武	8	橘諸兄
9	墾田永年私財	10	道鏡	11	偽籍	12	桓武
13	12	14	公営田	15	官田	16	勅旨田
17	院宮王臣	18	醍醐	19	延喜	20	三善清行

正しい漢字で書こう！

［ 百万町歩開墾計画 ］［ 墾田永年私財法 ］

［ 偽籍 ］

<入試問題の解答>

①	ウ	②	×

①「三世一身を論ずること無く……永年取るなかれ。」の部分から，墾田永年私財法とわかるだろう。②名主は初期荘園には存在しない。「みょうしゅ」なら平安末期以降の田堵の呼び名，「なぬし」なら近世の村役人である。

⑳ 荘園と公領・2

1	受領	2	名	3	官物	4	田堵
5	藤原元命	6	成功	7	重任	8	在庁官人
9	目代	10	遙任	11	留守	12	開発領主
13	領家	14	本家	15	不輸	16	民部省
17	国免荘	18	検田使	19	不入	20	名主

正しい漢字で書こう！

［田堵］［遙任］

<入試問題の解答>

①	×					
②	ア 太政官	イ	民部省	ウ	国免荘	

①国司の四等官は守・介・掾・目。受領は最上席者なので通例は守。②アとイの区別がやや難。太政官が不輸を決定すると，太政官符が出されるとともに民部省も符を出した。符とは，上の役所から下の役所に下される文書。

㉑ 武士の台頭

1	家子	2	天慶	3	追捕	4	滝口
5	平将門	6	新皇	7	藤原秀郷	8	藤原純友
9	源経基	10	刀伊	11	藤原隆家	12	平忠常
13	源頼信	14	安倍頼時	15	源頼義	16	源義家
17	前九年	18	後三年	19	清衡	20	平泉

正しい漢字で書こう！

［藤原清衡］

<入試問題の解答>

①	イ	②	藤原隆家

①源平の紛らわしい人名を問う問題。イの平正盛は白河院政期の人物。平貞盛とすれば正文となる。②刀伊の入寇は意外に高頻度。隆家は道長との対立に敗れた伊周の弟なので，当時は道長・頼通の時代だったことがわかる。

㉒ 院政の始まり

1	後三条	2	匡房	3	延久	4	券契
5	記録荘園券契	6	白河	7	院近臣	8	院司
9	院宣	10	鳥羽	11	後白河	12	治天
13	知行	14	熊野	15	六勝寺	16	北嶺
17	延暦寺	18	僧兵	19	強訴	20	北面

＜入試問題の解答＞

①	記録荘園券契所	②	×

①「券契」を「契券」と書いてしまう誤字が多い。この荘園整理令とは，もちろん延久の荘園整理令のこと。②白河上皇を後鳥羽上皇とすれば正文になる。西面の武士が置かれるのは，鎌倉時代の承久の乱前である。

㉓ 平氏の台頭と保元・平治の乱

1	桓武	2	平正盛	3	平忠盛	4	保元
5	崇徳	6	藤原頼長	7	後白河	8	源義朝
9	平清盛	10	信西	11	藤原信頼	12	源頼朝
13	伊豆	14	平治	15	地頭	16	平徳子
17	宋	18	大輪田泊	19	金	20	宋銭

正しい漢字で書こう！

［ 崇徳 ］

＜入試問題の解答＞

①	×	②	大輪田泊

①藤原信頼を信西［藤原通憲］とすれば正文となる。保元の乱と平治の乱は登場人物が多いので，敵か味方かを考えながら整理すること。②事例が多くなくても大輪田泊は頻出。平氏関連の地名は六波羅・福原と大輪田泊。

㉔ 院政期の文化

1	聖	2	平泉	3	藤原清衡	4	中尊
5	白水［願成寺］	6	富貴	7	後白河	8	今様
9	梁塵秘抄	10	田楽	11	猿楽	12	今昔物語集
13	陸奥話記	14	大鏡	15	過去現在絵因果	16	源氏物語
17	伴大納言	18	鳥獣戯画	19	扇面古写経	20	厳島

正しい漢字で書こう！

［ 藤原清衡 ］ ［ 梁塵秘抄 ］ ［ 鳥獣戯画 ］

＜入試問題の解答＞

①	ア	②	梁塵秘抄

①イは堀河天皇，ウは鳥羽天皇，エは崇徳天皇の発願により建立された。この四寺と円勝寺・延勝寺をあわせて六勝寺となる。②漢字を間違わずに書けただろうか。『梁塵秘抄』は「後白河上皇」「今様」も頻出。

第6章 中世Ⅰ

㉕ 鎌倉幕府の成立

1	鹿ケ谷	2	安徳	3	以仁王	4	源頼政
5	源義仲	6	福原	7	壇の浦	8	地頭
9	藤原泰衡	10	征夷大将軍	11	侍所	12	和田義盛
13	大江広元	14	問注所	15	三善康信	16	大犯三カ条
17	京都大番役	18	本領安堵	19	奉公	20	関東御領

正しい漢字で書こう！

［ 壇の浦 ］［ 藤原泰衡 ］［ 本領安堵 ］

＜入試問題の解答＞

①	(iii)→(i)→(ii)	②	大番催促

①(iii)は1180年，(i)は1185年，(ii)は1192年の出来事。このタイプは頻出である。②大番催促とは，国内の御家人に京都大番役を割り当て，それを行うため京都に向かうよう催促すること。守護に課せられた職務の一つである。

㉖ 執権政治の展開

1	源頼家	2	北条政子	3	比企能員	4	源実朝
5	北条義時	6	後鳥羽	7	西面	8	北条泰時
9	北条時房	10	隠岐	11	順徳	12	六波羅探題
13	新補率	14	連署	15	評定	16	御成敗[貞永]式目
17	道理	18	宝治	19	引付	20	宗尊親王

＜入試問題の解答＞

①	六波羅探題	②	どうり[道理]

①六波羅探題が担当したのは当初尾張国より西の地域であったが，のち三河国より西に改められた。②六波羅探題だった弟の北条重時に御成敗式目を制定した趣旨を伝えた北条泰時の書状である。この空欄補充は頻出。

㉗ 鎌倉時代の社会と経済

1	館	2	騎射	3	流鏑馬	4	惣領
5	庶子	6	分割	7	引付	8	地頭請
9	下地中分	10	二毛作	11	大唐米	12	刈敷
13	草木灰	14	三斎市	15	銭納	16	問丸
17	見世棚	18	宋銭	19	為替	20	借上

正しい漢字で書こう！

[流鏑馬]

＜入試問題の解答＞

①	ア	館	イ	犬追物	②	為替

①教科書や図説集などを利用して，館がどのような設備から成り立っていたのかを図で確認しておこう。②貨幣を割符とよばれた手形に「替(か)え為(し)む」のである。用語は意味をちゃんと考えて覚えよう。

㉘ 鎌倉幕府の衰退

1	チンギス＝ハン	2	高麗	3	フビライ＝ハン	4	北条時宗
5	三別抄	6	文永	7	異国警固	8	石築地[石塁]
9	南宋	10	弘安	11	東路	12	鎮西探題
13	得宗	14	御内人	15	北条貞時	16	安達泰盛
17	霜月	18	平頼綱	19	分割	20	永仁

正しい漢字で書こう！

[高麗]

＜入試問題の解答＞

①	ア	竹崎季長	イ	安達泰盛	②	永仁

①この直訴の場面は，『蒙古襲来絵巻』に描かれている。図説集などで確認しておこう。②永仁の徳政令は史料も頻出。所領を預けて金銭を借りたり，所領を売買したりすることが「侘傺(たてい)」＝困窮のもとであるとしている。

㉙ 鎌倉文化・1

1	法然	2	専修	3	選択本願念仏	4	親鸞
5	悪人正機	6	本願	7	一遍	8	踊念仏
9	日蓮	10	臨済宗	11	公案	12	興禅護国
13	蘭溪道隆	14	無学祖元	15	道元	16	只管打坐
17	貞慶[解脱]	18	明恵[高弁]	19	叡尊	20	忍性

正しい漢字で書こう！

[親鸞]　[蘭溪道隆]　[叡尊]

＜入試問題の解答＞

①	親鸞	②	○

①唯円による『歎異抄』の有名な部分。新仏教諸派はキーワード(専修念仏，悪人正機，踊念仏，題目，公案，只管打坐など)をしっかりおさえよう。②旧仏教側も思いのほか頻出。まずは「宗派－人物名－事績」をつなげること。

㉚ 鎌倉文化・2

1	重源	2	陳和卿	3	禅宗	4	円覚
5	運慶	6	竹崎季長	7	藤原隆信	8	頂相
9	後鳥羽	10	山家	11	金槐和歌	12	慈円
13	愚管抄	14	虎関師錬	15	琵琶	16	沙石
17	十六夜	18	禁秘抄	19	北条実時	20	度会家行

正しい漢字で書こう！

［ 陳和卿 ］［ 金槐和歌集 ］

＜入試問題の解答＞

①	ウ	②	阿仏尼

①ウは院政期の作品。絵巻物は院政期と鎌倉時代で出題されることがほとんどなので，制作時期に注意しておさえること。②阿仏尼は，播磨国細川荘などの相続争いの裁判のため鎌倉に下った。紀行文の中では『十六夜日記』が書名・著者名ともに頻出。

第7章 中世Ⅱ

㉛ 建武の新政から南北朝の動乱へ

1	持明院	2	大覚寺	3	迭立	4	後醍醐
5	北条高時	6	正中	7	元弘	8	隠岐
9	光厳	10	護良	11	記録	12	雑訴決断
13	綸旨	14	足利直義	15	中先代	16	光明
17	建武式目	18	高師直	19	観応の擾乱	20	北畠親房

正しい漢字で書こう！

［ 綸旨 ］［ 観応の擾乱 ］［ 北畠親房 ］

＜入試問題の解答＞

①	雑訴決断所	②	高師直

①建武政権では，恩賞方の「賞」を「償」と書かないように注意すること。②観応の擾乱は，どのような背景・原因で事件がおこったのかを正しく理解したうえで，「擾乱」の漢字ミスにも気をつけよう。

㉜ 室町幕府の成立

1	刈田狼藉	2	使節遵行	3	半済	4	国人
5	懐良	6	今川了俊［貞世］	7	後亀山	8	後小松
9	明徳	10	山名氏清	11	応永	12	大内義弘
13	畠山	14	赤松	15	足利基氏	16	関東管領
17	奉公衆	18	棟別銭	19	土倉役［倉役］	20	関銭

正しい漢字で書こう！

［ 刈田狼藉 ］［ 畠山氏 ］

＜入試問題の解答＞

①	×	②	エ

①最初に出された半済令は，国内の荘園・公領から荘園領主・国衙に納める“年貢の半分”を，守護が徴収する権限を認めたもの。②三管領と四職は，管領なのか所司なのかを区別したうえで，すべて答えられるように。

㉝ 室町幕府の動揺

1	足利義持	2	上杉禅秀	3	足利義教	4	足利持氏
5	上杉憲実	6	永享	7	結城	8	赤松満祐
9	嘉吉	10	足利義政	11	足利義視	12	足利義尚
13	山名持豊［宗全］	14	細川勝元	15	足軽	16	下剋上
17	足利成氏	18	古河	19	足利政知	20	堀越

正しい漢字で書こう！

［ 赤松満祐 ］［ 嘉吉 ］

＜入試問題の解答＞

①	赤松満祐	②	×

①室町時代は事件・反乱が多い。名称－時期（○代将軍時代）－人名－結果・影響を地道におさえるのが一番の近道。「祐」は誤字に注意。②「畠山氏と斯波氏の対立が原因」という誤文も多いのでひっかからないように。

㉞ 室町時代の東アジア

1	建長	2	天龍	3	倭寇	4	朱元璋
5	日本国王	6	勘合	7	寧波	8	足利義持
9	足利義教	10	大内	11	李成桂	12	宗
13	応永の外寇	14	木綿	15	三浦	16	按司
17	尚巴志	18	十三湊	19	コシャマイン	20	蠣崎

正しい漢字で書こう！

［ 倭寇 ］［ 朱元璋 ］［ 李成桂 ］
［ 応永の外寇 ］［ 十三湊 ］［ 蠣崎氏 ］

<入試問題の解答>

①	○	②	ア	首里	イ	那覇

①勘合は明の皇帝の代替わりごとに新しく発給されるのが原則で，その際古い勘合は明に回収された。②琉球・沖縄史は頻出テーマの一つ。現在の県庁所在地でもある「那覇」の漢字は正確に書けただろうか。

★15世紀頃の東アジア★

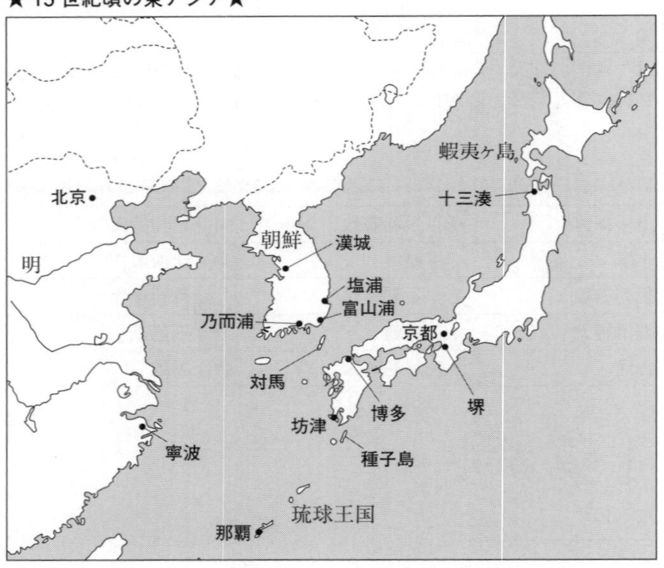

第8章 中世Ⅲ

㉟ 惣村の形成と一揆

1	惣村［惣］	2	おとな［乙名・長］	3	寄合	4	惣掟［村掟・地下掟］
5	地下検断［自検断］	6	入会地	7	地下請［百姓請］	8	宮座
9	一味神水	10	強訴	11	逃散	12	足利義教
13	馬借	14	正長	15	尋尊	16	柳生
17	播磨	18	赤松満祐	19	嘉吉	20	分一

正しい漢字で書こう！

［尋尊］［柳生］［播磨］
［赤松満祐］［嘉吉］

＜入試問題の解答＞

①	一味神水	②	嘉吉の徳政一揆

①“一味神水”を行うと“一味同心”になる。これが“一揆”の状態。②正長と嘉吉の違いは？(→徳政令の有無)，正長・嘉吉と播磨の違いは？(→目的が経済的か政治的か)，のように考えてみるのもよい復習になる。

㊱ 室町時代の社会と経済

1	二毛作	2	下肥	3	晩稲	4	桑
5	楮	6	荏胡麻	7	六斎市	8	見世棚
9	連雀	10	大原女	11	桂女	12	刀剣
13	瀬戸	14	石清水八幡宮	15	永楽通宝	16	銭納
17	問屋	18	馬借	19	為替	20	撰銭

正しい漢字で書こう！

［晩稲］［撰銭］

＜入試問題の解答＞

①	i	オ	ii	ウ	iii	エ
②	撰銭					

①特産物と産地の組合せは，中世・近世の社会経済史では必須。地図も活用しよう。②撰銭のほか為替・割符・銭納など貨幣・流通史で登場する用語はそれぞれ説明できるようにしておくこと。「撰」を「選」と書かないように。

㊲ 室町文化・1

1	北畠親房	2	神皇正統記	3	梅松	4	太平記
5	菟玖波	6	夢窓疎石	7	天龍	8	金閣
9	五山	10	建長	11	南禅	12	義堂周信
13	如拙	14	観阿弥	15	風姿花伝	16	狂言
17	闘茶	18	村田珠光	19	御伽草子	20	風流

正しい漢字で書こう！

［北畠親房］［菟玖波集］

＜入試問題の解答＞

①	南禅寺	②	村田珠光

①南禅寺が五山の上とされた経緯については，この設問文の通りにおさえておくとよい。関連して相国寺の出題も多い。②村田珠光は一休宗純から禅を学んだという。侘茶は「村田珠光→武野紹鷗→千利休」のセットで。

㊳ 室町文化・2

1	大徳	2	日親	3	天文法華	4	蓮如
5	御文[御文章]	6	同仁斎	7	書院造	8	善阿弥
9	枯山水	10	雪舟	11	狩野	12	閑吟
13	宗祇	14	宗鑑	15	一条兼良	16	上杉憲実
17	庭訓往来	18	節用	19	桂庵玄樹	20	唯一

＜入試問題の解答＞

①	×	②	一条兼良

①誤文の典型。法華一揆は，(1)一向一揆に対抗して結成されたが，(2)延暦寺の僧兵に襲撃され解体した。②摂関家は鎌倉時代初期に近衛家・九条家に分かれ，近衛家から鷹司家，九条家から二条家・一条家が分立した。

第 9 章　中世から近世へ

㊴ 下剋上の時代

1	畠山	2	8	3	国一揆	4	加賀
5	本願	6	富樫政親	7	松永久秀	8	古河
9	堀越	10	小田原	11	早雲[宗瑞]	12	氏康
13	上杉謙信	14	武田信玄[晴信]	15	大内義隆	16	陶晴賢
17	毛利元就	18	長宗我部	19	大友	20	島津

正しい漢字で書こう！

［ 富樫政親 ］

＜入試問題の解答＞

①	×	②	陶晴賢

①山城の国一揆(＝「山城国……求めた。」)と加賀の一向一揆(＝「浄土真宗……一向一揆」)は始まった時期も近く混同しやすい。②戦国時代でよく使われる群雄割拠とは，実力ある者が各地に本拠を構え，互いに対立する状況のこと。

★戦国大名の勢力範囲★
（16 世紀半ば頃）

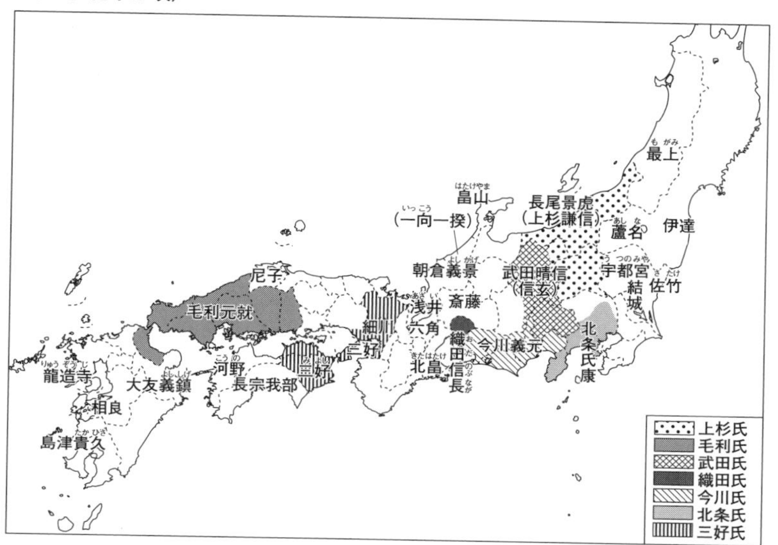

㊵ 戦国大名の支配と都市の発達

1	指出	2	貫高	3	地侍	4	楽市
5	分国法［家法］	6	喧嘩両成敗	7	小田原	8	一乗谷
9	山田	10	坂本	11	寺内町	12	富田林
13	兵庫	14	十三湊	15	堺	16	博多
17	会合衆	18	年行司	19	町衆	20	祇園

正しい漢字で書こう！

［ 十三湊 ］

＜入試問題の解答＞

①	ア	②	×

①イは北条氏，ウは今川氏，エは長尾［上杉］氏の城下町。すべて地図上でも選べるようにしておくこと。②『耶蘇会士日本通信』に掲載されているヴィレラの堺に関する書簡は史料問題でも頻出。会合衆を「執政官」と記している。

★都市の発達★

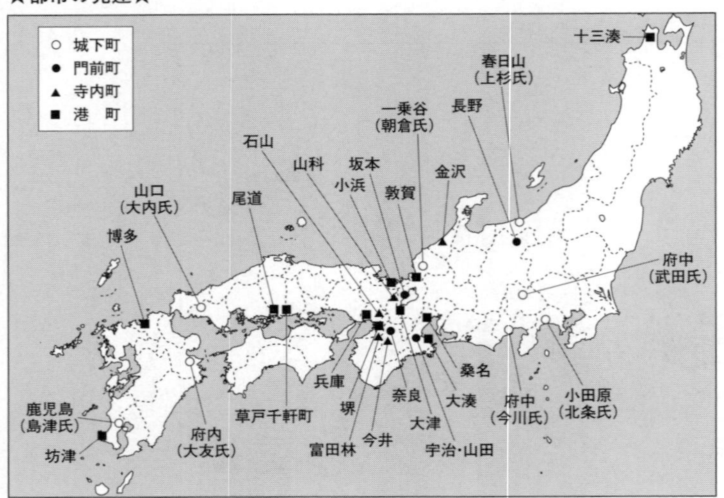

㊶ ヨーロッパ人の来航

1	カトリック	2	ゴア	3	海禁	4	種子島
5	種子島時堯	6	堺	7	根来	8	山城
9	平城	10	ザビエル	11	大友義鎮	12	ガスパル＝ヴィレラ
13	ルイス＝フロイス	14	ヴァリニャーニ	15	コレジオ	16	セミナリオ
17	南蛮	18	生糸	19	銀	20	中継

正しい漢字で書こう！

［ 種子島時堯 ］

＜入試問題の解答＞

①	国友	②	ヴァリニャーニ

①国友では，将軍の命により鉄砲の製造が始まったとする記録がある。根来は，根来寺の僧兵が鉄砲で武装した。「鍛冶」の漢字にも注意。②宣教師では，ヴィレラの書簡とルイス＝フロイスの『日本史』が史料問題で引用されることもある。

第10章 近世Ⅰ

㊷ 信長・秀吉の時代

1	桶狭間	2	天下布武	3	足利義昭	4	浅井
5	朝倉	6	石山	7	長篠	8	安土
9	本能	10	堺	11	楽市	12	賤ヶ岳
13	柴田勝家	14	長宗我部元親	15	関白	16	惣無事
17	島津義久	18	聚楽第	19	後陽成	20	伊達政宗

正しい漢字で書こう！

［ 聚楽第 ］

＜入試問題の解答＞

①	×	②	ア

①石山戦争終結と延暦寺焼打ちの時期が逆。「……をうけ……」の意味を考えること。②これも時期判断。オ→(後継者としての地位確立→四国平定→)ウ→(バテレン追放令→)イ→ア(と東北平定が1590年)→エという順が思い出せただろうか。

㊸ 豊臣秀吉の統一事業

1	五奉行	2	五大老	3	蔵入地	4	博多
5	千利休	6	太閤	7	300	8	京枡
9	石盛	10	一地一作人	11	刀狩	12	方広
13	人掃	14	大村純忠	15	バテレン追放	16	サン＝フェリペ
17	名護屋	18	李舜臣	19	文禄	20	壬辰

正しい漢字で書こう！

［ 太閤 ］［ 李舜臣 ］

＜入試問題の解答＞

①	一地一作人	②	×

①「重層的土地所有関係」すなわち「重なり合った土地の権利関係」を難しく言うと「職の体系」。②サン＝フェリペ号事件とバテレン追放令の時期が逆。実は時期の前後関係が問われているのだということに気が付けるように。

㊹ 江戸幕府の成立と幕藩体制

1	大老	2	奉行	3	関ヶ原	4	改易
5	大御所	6	方広	7	夏	8	旗本
9	大目付	10	勘定奉行	11	若年寄	12	京都所司代
13	大老	14	一国一城	15	武家諸法度	16	以心[金地院]崇伝
17	徳川家光	18	参勤交代	19	500	20	地方知行

＜入試問題の解答＞

①	イ	②	以心［金地院］崇伝

①江戸幕府の職制図は，⑴将軍直属，⑵老中の支配下，⑶若年寄の支配下，のどれであるかに注意しておさえよう。②以心崇伝は南禅寺の金地院に住していたことから金地院崇伝ともいう。「崇伝」だけで出てくることもある。

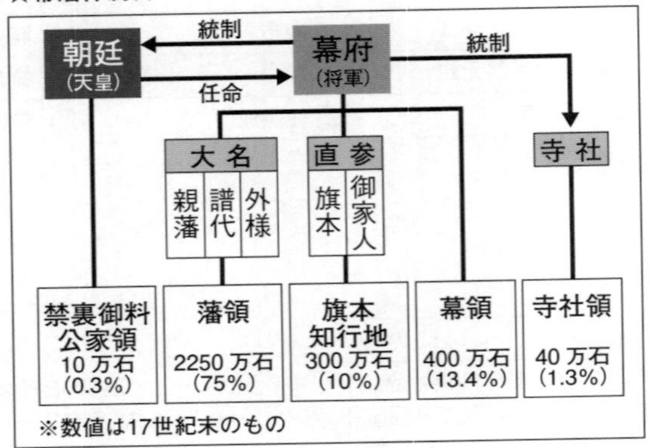

㊺ 幕藩体制下の支配

1	禁中並公家諸法度	2	京都所司代	3	武家伝奏	4	禁裏御料
5	紫衣	6	後水尾	7	沢庵（宗彭）	8	明正
9	寺院法度	10	寺請	11	宗門改（め）	12	本百姓
13	名主	14	村八分	15	入会地	16	結
17	村請	18	本途物成［本年貢］	19	助郷	20	地子（銭）

＜入試問題の解答＞

①	後水尾天皇	②	ウ

①紫衣事件は論述問題でも頻出。前提・経過・結果・意義に分けて整理しておこう。②オは百姓から徴収された村の運営費用。町なら，町人から徴収された町入用が運営費用。エは文中の本年貢とほぼ同じ意味。

㊻ 江戸幕府の貿易・宗教政策

1	リーフデ	2	ヤン＝ヨーステン	3	ウィリアム＝アダムズ	4	平戸
5	ドン＝ロドリゴ	6	田中勝介	7	支倉常長	8	長崎
9	糸割符	10	紅毛	11	日本町	12	アユタヤ
13	角倉了以	14	末次平蔵	15	高山右近	16	スペイン
17	奉書	18	1635	19	ポルトガル	20	1641

＜入試問題の解答＞

①	エ	②	松平信綱

①(1616 年→)1623 年のエ(→ 1624 年)→ 1635 年のイ(→ 1637 〜 38 年)→ 1639 年のア → 1641 年のウという順。イは細かいが，日本船の海外渡航・帰国の全面禁止と同年。②伊豆守だった松平信綱は知恵伊豆とも。４代家綱時代の老中としても頻出。

★東南アジアにおける日本町★

㊼ 江戸時代の対外関係

1	通信使	2	対馬	3	宗	4	己酉
5	倭館	6	出会	7	清	8	徳川綱吉
9	唐人屋敷	10	島津家久	11	謝恩使	12	慶賀使
13	蠣崎	14	松前	15	商場	16	場所
17	シャクシャイン	18	ケンペル	19	日本誌	20	志筑忠雄

正しい漢字で書こう！

［ 己酉 ］［ 蠣崎氏 ］

＜入試問題の解答＞

①	家名：宗　施設名：倭館	②	志筑忠雄

①宗氏は室町時代でも頻出。その本拠「対馬」を「対島」と書かないように。②志筑忠雄は『暦象新書』だけでなく“鎖国”という言葉を作った人物としての出題も増えている。なお，『日本史』でなく『日本誌』であることにも注意。

㊽ 桃山文化と寛永文化

1	姫路	2	伏見	3	濃絵	4	狩野永徳
5	長谷川等伯	6	侘茶	7	千利休	8	出雲阿国
9	ヴァリニャーニ	10	日光東照宮	11	権現	12	狩野探幽
13	藤原惺窩	14	林羅山	15	数寄屋	16	俵屋宗達
17	本阿弥光悦	18	酒井田柿右衛門	19	仮名	20	黄檗宗

正しい漢字で書こう！

［ 藤原惺窩 ］［ 黄檗宗 ］

＜入試問題の解答＞

①	○	②	イ

①やや細かいが，都久夫須麻神社本殿の写真は教科書にも掲載されていることが多い。伏見城も意外に頻出。②イは俵屋宗達の作品。寛永期の宗達と本阿弥光悦，二人の流れを汲む元禄期の尾形光琳は区別できるように。

第11章 近世Ⅱ

㊾ 文治政治の展開

1	徳川家綱	2	保科正之	3	かぶき	4	由井正雪
5	末期養子	6	殉死	7	分地制限	8	明暦
9	側用人	10	忠孝	11	林鳳岡[信篤]	12	生類憐み
13	荻原重秀	14	徳川家宣	15	徳川家継	16	新井白石
17	閑院宮	18	大君	19	王	20	海舶互市新例

正しい漢字で書こう！

［ 林鳳岡 ］［ 生類憐みの令 ］［ 荻原重秀 ］

＜入試問題の解答＞

①	忠孝	②	ア	日本国大君	イ	日本国王

①５代綱吉時代に第一条の「文武弓馬」が「文武忠孝」と改められた点は記述形式でも選択形式でも頻出。②新井白石は，朝鮮では「大君」が「国王」よりも低い地位を示すとして改めさせたが，８代吉宗は「大君」に戻した。

★金貨成分比の推移★

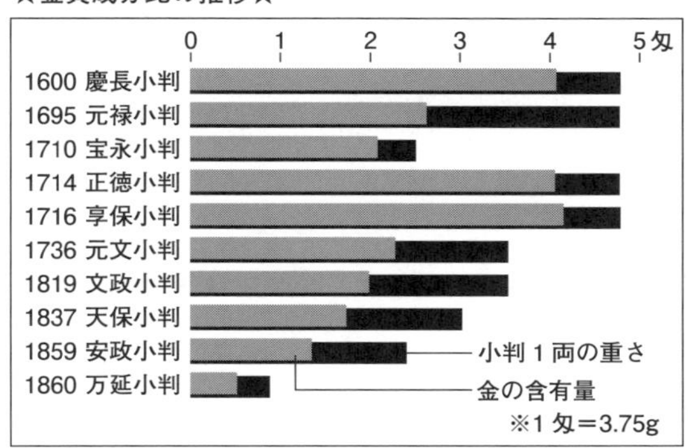

（『日本通貨変遷図鑑』より）

⑸⓪ 江戸時代の社会と経済・1

1	備中鍬	2	唐箕	3	千石簁	4	踏車
5	千歯扱	6	干鰯	7	油粕	8	金肥
9	宮崎安貞	10	大蔵永常	11	広益国産考	12	二宮尊徳
13	楮	14	紅花	15	木綿	16	入浜
17	石見	18	別子	19	灰吹	20	たたら

正しい漢字で書こう！

［ 千石簁 ］［ 干鰯 ］［ 楮 ］

<入試問題の解答>

①	藍	②	×

①正確に書けただろうか。なお，同じ「あわ」でも「阿波」は徳島県だが，「安房」は千葉県の一部。②高機は近世中期以降桐生などにも広まるが，それまでは西陣で独占していた。また，分業で生産されたので「一人で」も誤り。

⑸① 江戸時代の社会と経済・2

1	日本橋	2	中山道	3	問屋場	4	伝馬
5	継飛脚	6	角倉了以	7	菱垣	8	河村瑞賢
9	樽	10	蔵元	11	掛屋	12	納屋物
13	仲買	14	堂島	15	二十四	16	十
17	札差	18	秤量	19	金	20	銀

正しい漢字で書こう！

［ 樽廻船 ］［ 秤量貨幣 ］

＜入試問題の解答＞

①	十組問屋	②	ア	蔵物	イ	納屋物

①近世の社会経済史では「二十四組／十組」「荷積／荷受」のように対になる用語が多いので区別しておくこと。②これもセットでおさえたい用語。「蔵物／蔵元／蔵宿」のように似ている用語も多いので，こちらも注意が必要。

★江戸時代の陸上・水上交通★

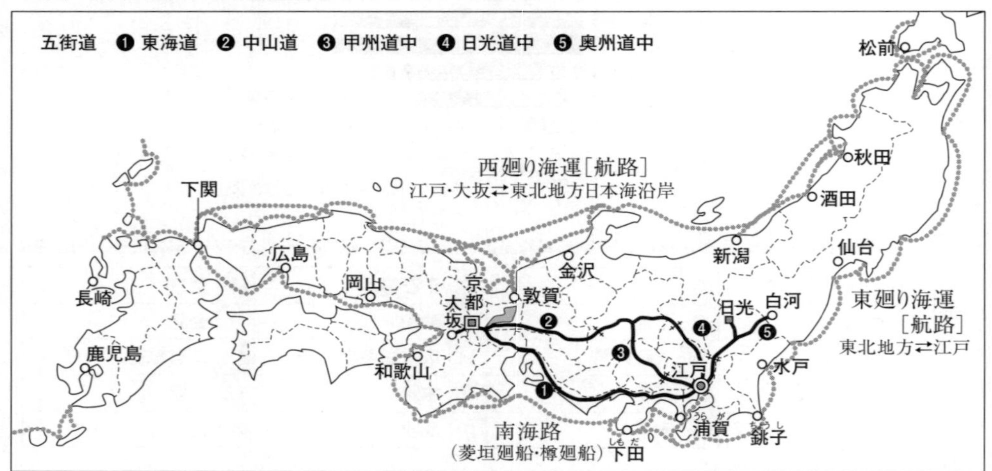

㊾ 元禄期の文化・1

1	大義名分	2	木下順庵	3	湯島	4	林鳳岡［信篤］
5	大学頭	6	新井白石	7	山崎闇斎	8	垂加
9	本朝通鑑	10	読史余論	11	中江藤樹	12	熊沢蕃山
13	大学或問	14	山鹿素行	15	聖教要録	16	伊藤仁斎
17	荻生徂徠	18	政談	19	太宰春台	20	経済録

正しい漢字で書こう！

［ 林鳳岡 ］［ 荻生徂徠 ］［ 太宰春台 ］

＜入試問題の解答＞

①	林鳳岡［信篤］	②	○

①鳳岡は学者としての名，信篤は実名。②伊藤仁斎の著書名はとても細かい用語。しかし，本問では“私塾が古義堂だから『○○古義』という名称は正しいのでは？”という推測＝判断が必要。

53 元禄期の文化・2

1	本草	2	貝原益軒	3	稲生若水	4	渋川春海[安井算哲]
5	貞享	6	関孝和	7	契沖	8	北村季吟
9	西川如見	10	西洋紀聞	11	住吉具慶	12	尾形光琳
13	菱川師宣	14	野々村仁清	15	松尾芭蕉	16	井原西鶴
17	浮世草子	18	野郎	19	市川団十郎	20	近松門左衛門

正しい漢字で書こう！

[西洋紀聞]

＜入試問題の解答＞

①	渋川春海[安井算哲]	②	×

①最初の名が安井算哲，のち渋川春海と改めた。貞享暦に関連する宣明暦・授時暦の区別ができるようにしておこう。②菱川師宣は俵屋宗達の誤り。また，『燕子花図屏風』は装飾画であり，蒔絵の作品ではない点でも誤り。

第12章 近世Ⅲ

54 享保の改革と田沼時代

1	徳川吉宗	2	荻生徂徠	3	上げ米	4	定免
5	堂島	6	足高	7	大岡忠相	8	目安箱
9	青木昆陽	10	相対済し	11	公事方御定書	12	徳川家治
13	田沼意次	14	冥加	15	南鐐二朱銀	16	工藤平助
17	最上徳内	18	印旛	19	天明	20	浅間山

正しい漢字で書こう！

[荻生徂徠] [冥加] [南鐐二朱銀]
[印旛沼]

＜入試問題の解答＞

①	大岡忠相	②	南鐐二朱銀

①実は享保の改革では人物名が多く登場する。役人なら役職，学者なら学派とあわせておさえておこう。②南鐐二朱銀は，秤量貨幣である銀貨を計数貨幣として発行したことが近世の貨幣史でとても重要。漢字にも注意すること。

㊺ 宝暦・天明期の文化・1

1	寺子屋	2	杉田玄白	3	解体新書	4	蘭学事始
5	大槻玄沢	6	蘭学階梯	7	平賀源内	8	昌平坂
9	藩校	10	漢意	11	賀茂真淵	12	本居宣長
13	塙保己一	14	群書類従	15	石田梅岩	16	懐徳堂
17	山片蟠桃	18	安藤昌益	19	宝暦	20	明和

正しい漢字で書こう！

[寺子屋] [賀茂真淵] [懐徳堂]
[山片蟠桃]

＜入試問題の解答＞

①	ア	蘭学階梯	イ	芝蘭堂	②	石田梅岩

①師である杉田玄白と前野良沢から一文字ずつもらって「玄沢」。「階梯」とは「上にのぼるために立てかけたはしご［梯子］⇒入り口⇒入門書」。②心学に関する内容は，文化史だけでなく社会経済史でも問われることもある。

㊻ 宝暦・天明期の文化・2

1	山東京伝	2	洒落本	3	恋川春町	4	黄表紙
5	読本	6	雨月物語	7	与謝蕪村	8	川柳
9	狂歌	10	大田南畝	11	鈴木春信	12	錦絵
13	喜多川歌麿	14	東洲斎写楽	15	円山応挙	16	池大雅
17	司馬江漢	18	寄席	19	開帳	20	講

正しい漢字で書こう！

[洒落本] [柄井川柳] [大田南畝]
[錦絵] [喜多川歌麿] [東洲斎写楽]

＜入試問題の解答＞

①	×	②	イ

①寛政の改革で弾圧を受けたのは，人情本でなく洒落本。“寛政→洒落本・黄表紙”“天保→人情本・合巻”は政治史でも頻出。②イは文化・文政期。時期の判断が求められる形式は正答率が低いことが多いので慣れる必要あり。

57 寛政の改革と百姓一揆

1	徳川家斉	2	松平定信	3	天明	4	旧里帰農
5	社倉	6	囲米	7	人足寄場	8	七分積金
9	朱子学	10	棄捐	11	札差	12	洒落
13	恋川春町	14	海国兵談	15	林子平	16	光格
17	越訴	18	惣百姓	19	村方騒動	20	世直し

正しい漢字で書こう！

［ 棄捐令 ］［ 洒落本 ］

＜入試問題の解答＞

①	ア	徳川家斉	イ	光格	②	×

①光格天皇は，父の典仁親王の位が自分より低く，禁中並公家諸法度では親王は摂関家より下とされていたこともあり，上皇の称号を送って自分よりも立場を上にしようとしたのである。②傘連判状は中世の一揆からみられる。

★百姓一揆の推移★

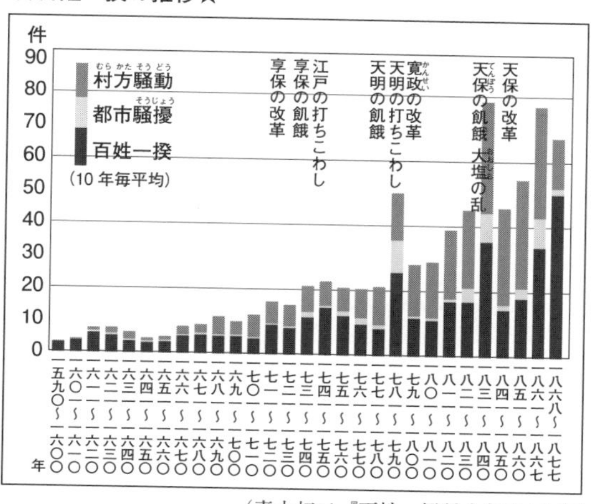

（青木虹二『百姓一揆総合年表』より）

58 大御所時代の政治と社会

1	徳川家斉	2	徳川家慶	3	大御所	4	関東取締出役
5	寄場組合	6	フェートン	7	1825	8	異国船打払
9	モリソン	10	大塩平八郎	11	下り	12	問屋制家内工
13	工場制手工	14	マニュファクチュア	15	在郷［在方］	16	地廻り
17	専売	18	国訴	19	内海	20	北前

＜入試問題の解答＞

①	国訴	②	○

✎ ①郡中議定とは，幕領・私領の区別なく村々の代表が協議して定めた取り決めのこと。細かい内容だが，多くの村が連合した国訴の背景として記憶に留めておこう。②内海船を説明する時は，この設問文をそのまま答えればよい。

㊾ 天保の改革と藩政改革

1	大塩平八郎	2	生田万	3	水野忠邦	4	為永春水
5	人返し	6	株仲間	7	薪水給与	8	印旛沼
9	上知	10	熊沢蕃山	11	閑谷学校	12	前田綱紀
13	徳川光圀	14	細川重賢	15	上杉治憲［鷹山］	16	調所広郷
17	村田清風	18	越荷方	19	鍋島直正	20	反射炉

正しい漢字で書こう！

［ 天保の薪水給与令 ］［ 印旛沼 ］

［ 熊沢蕃山 ］［ 徳川光圀 ］

＜入試問題の解答＞

①	×	②	イ

✎ ①「京都」を江戸，「朝廷や商人」を大名・旗本・領民とすれば正文になる。ペリー来航（1853 年）のちょうど 10 年前（1843 年）の出来事。②ウは天保の改革期だが，それ以外は寛政の改革期という時期の違いにも気をつけよう。

㊿ 文化・文政期の文化

1	海保青陵	2	本多利明	3	経済要録	4	平田篤胤
5	徳川斉昭	6	高橋景保	7	蛮書和解御用	8	シーボルト
9	伊能忠敬	10	志筑忠雄	11	適塾［適々斎塾］	12	松下村塾
13	滑稽	14	十返舎一九	15	為永春水	16	柳亭種彦
17	曲亭馬琴	18	鈴木牧之	19	葛飾北斎	20	歌川広重

正しい漢字で書こう！

［ 平田篤胤 ］［ 滑稽本 ］［ 柳亭種彦 ］

［ 葛飾北斎 ］

＜入試問題の解答＞

①	蛮書和解御用	②	ア	菅江真澄	イ	鈴木牧之

✎ ①これはこのあと洋学所→蕃書調所→洋書調所→開成所→開成学校を経て東京大学に至る。なお，「蛮」と「蕃」は同じような意味をもつ。②この 2 人の活動や著書の出版は，当時の都市と地方との結びつきを示すものとして重要。

第13章 近世から近代へ

61 列強の接近

1	赤蝦夷風説考	2	工藤平助	3	最上徳内	4	ラクスマン
5	大黒屋光太夫	6	近藤重蔵	7	レザノフ	8	間宮林蔵
9	ゴローウニン	10	高田屋嘉兵衛	11	フェートン	12	松平康英
13	異国船[無二念]打払	14	モリソン	15	渡辺崋山	16	戊戌夢物語
17	蛮社	18	アヘン	19	高島秋帆	20	薪水給与

正しい漢字で書こう！

[高田屋嘉兵衛] [渡辺崋山]
[戊戌夢物語] [天保の薪水給与令]

<入試問題の解答>

①	択捉島	②	浦賀

①地図が想起できただろうか。実際の空欄は得撫島だったのだが，漢字で正確に書けてほしいので，ここでは択捉島を空欄にして出題した。②浦賀はモリソン号→ビッドル→ペリーが来航した場所。江戸湾の西端にあたる。

★列強の接近★

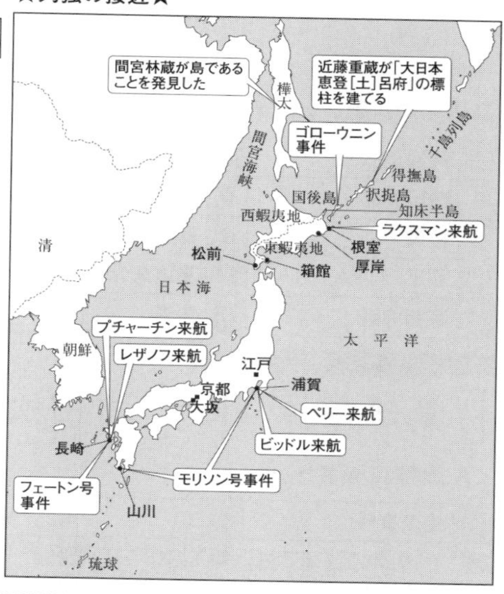

62 開国とその影響

1	ビッドル	2	ペリー	3	阿部正弘	4	フィルモア
5	プチャーチン	6	日米和親	7	最恵国	8	ハリス
9	堀田正睦	10	孝明	11	井伊直弼	12	日米修好通商
13	神奈川	14	居留地	15	横浜	16	イギリス
17	生糸	18	毛織物	19	五品江戸廻送	20	万延

正しい漢字で書こう！

［ 堀田正睦 ］［ 井伊直弼 ］

<入試問題の解答>

①	フィルモア	②	綿織物

①幕末・明治初期のアメリカ大統領ではフィルモアが頻出。琉球帰属問題で分島案を提起したグラントはやや細かい知識。②幕末期の輸出品トップ３と輸入品トップ５は重要。

★ 1865 年の輸出入品の割合★

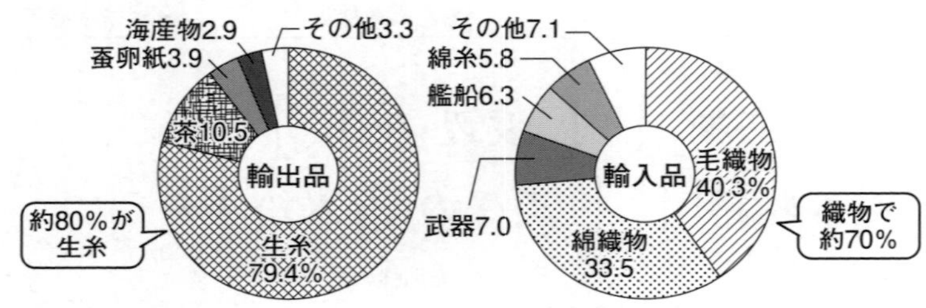

（石井孝『幕末貿易史の研究』より）

㊸ 幕末の政局

1	阿部正弘	2	島津斉彬	3	徳川斉昭	4	海軍伝習所
5	徳川慶喜	6	井伊直弼	7	安政の大獄	8	吉田松陰
9	桜田	10	安藤信正	11	和宮	12	徳川家茂
13	坂下	14	島津久光	15	政事総裁	16	松平容保
17	京都守護	18	生麦	19	八月十八日	20	禁門

正しい漢字で書こう！

［ 島津斉彬 ］［ 吉田松陰 ］［ 政事総裁職 ］

<入試問題の解答>

①	生麦事件	②	○

①文久の改革では，新たな３つの職名と人物名に加え，参勤交代の３年１勤も頻出。②幕末期は年代整序も多いので，幕府・朝廷・薩摩藩・長州藩を軸に流れを整理しておこう。

第14章 近代Ⅰ

64 明治維新

1	奇兵隊	2	坂本龍馬	3	徳川家茂	4	改税約書
5	パークス	6	徳川慶喜	7	ロッシュ	8	山内豊信
9	大政奉還	10	内大臣	11	王政復古	12	議定
13	小御所	14	辞官納地	15	戊辰	16	鳥羽・伏見
17	奥羽越列藩	18	五稜郭	19	公議世論	20	五榜

正しい漢字で書こう！

[五稜郭] [五榜の掲示]

<入試問題の解答>

①	公議政体論	②	○

①難しい用語だが，思いのほか出題は多いので注意。②大政奉還（1867・10）→王政復古の大号令（1867・12）→鳥羽・伏見の戦い（1868・1）→五箇条の誓文（1868・3）の流れは基本。

65 明治初期の諸改革・1

1	一世一元	2	政体書	3	肥前	4	版籍
5	知藩事	6	1871	7	廃藩置県	8	県令
9	神祇	10	正院	11	左院	12	華族
13	士族	14	四民平等	15	壬申	16	鎮台
17	大村益次郎	18	山県有朋	19	徴兵告諭	20	血税

正しい漢字で書こう！

[版籍奉還]

<入試問題の解答>

①	×	②	大村益次郎

①早とちりはしなかっただろうか？正しくは，知事ではなく知藩事である。②徴兵制度は，“構想”ときたら大村益次郎，“実現”ときたら山県有朋，と覚えておこう。

66 明治初期の諸改革・2

1	工部	2	新橋	3	内務	4	富岡製糸
5	フランス	6	内国勧業博覧会	7	前島密	8	太政官札
9	新貨	10	渋沢栄一	11	国立銀行	12	153
13	田畑永代売買	14	地券	15	地租改正	16	3
17	入会地	18	2.5	19	秩禄	20	金禄公債

＜入試問題の解答＞

①	工部省	②	○

①工部省がおかれていたのは 1870 ～ 1885 年と意外と長い。なかでも“1870 年の設立”というフレーズで問われることが多い。②“○本位制”は昭和戦前期に至るまで重要なテーマ。

㊼ 明治初期の対外関係

1	岩倉具視	2	1873	3	久米邦武	4	津田梅子
5	寺島宗則	6	6	7	西郷隆盛	8	征韓
9	内務	10	江華島	11	日朝修好条規	12	日清修好条規
13	台湾	14	琉球藩	15	尚泰	16	沖縄
17	琉球処分	18	日露和親	19	樺太	20	樺太・千島交換

＜入試問題の解答＞

①	江華島事件	②	×

① 1870 年代の日朝関係は，1880 年代の壬午軍乱・甲申事変や 1890 年代の日清戦争につながる内容としても重要である。②沖縄県設置と廃藩置県の時期関係を問うこのタイプは頻出。

★北方の島々と国境の変遷★

第 15 章 近代Ⅱ

㊽ 自由民権運動の始まり

1	板垣退助	2	江藤新平	3	1874	4	民撰議院
5	日新真事誌	6	立志社	7	愛国社	8	内務
9	大久保利通	10	木戸孝允	11	元老院	12	新聞紙
13	廃刀	14	西南戦争	15	国会期成	16	集会
17	1881	18	黒田清隆	19	伊藤博文	20	大隈重信

正しい漢字で書こう！

［ 木戸孝允 ］ ［ 大隈重信 ］

＜入試問題の解答＞

①	愛国公党	②	(iii)→(i)→(ii)

①立志社か愛国社と答えたくなるところだが，「東京で設立」から愛国公党が正解。②年代整序は“用語の知識”と“流れの理解”の双方が試されるタイプ。克服して得点源にしよう。

69 松方財政と民権運動の変質

1	大隈重信	2	松方正義	3	日本銀行	4	銀
5	繭	6	寄生	7	自由	8	立憲改進
9	私擬憲法	10	植木枝盛	11	交詢	12	三島通庸
13	河野広中	14	福島	15	加波山	16	秩父
17	星亨	18	大同団結	19	三大事件建白	20	保安

正しい漢字で書こう！

[大隈重信] [繭] [私擬憲法]
[交詢社] [星亨]

＜入試問題の解答＞

①	×	②	秩父事件

①松方財政では，通貨量は増えたのか減ったのか／物価は上がったのか下がったのか／どの階層に有利・不利だったのか，も頻出。②「加波山→自由党解党→秩父」の流れは基本。

70 憲法の制定と初期議会

1	シュタイン	2	グナイスト	3	華族	4	山県有朋
5	モッセ	6	ロエスレル	7	井上毅	8	金子堅太郎
9	枢密院	10	黒田清隆	11	欽定	12	統帥
13	ボアソナード	14	穂積八束	15	超然	16	25
17	15	18	利益線	19	民力休養	20	松方正義

正しい漢字で書こう！

[井上毅] [金子堅太郎] [統帥権]

＜入試問題の解答＞

①	モッセ	②	×

①「ロエスレル＝憲法作成」「モッセ＝地方制度」でおさえておこう。②まぎらわしいが，第一回総選挙とその後の第一議会は山県内閣時の出来事である。

⑪ 条約改正の実現

1	井上馨	2	内地雑居	3	鹿鳴館	4	欧化
5	ノルマントン号	6	三大事件建白	7	保安	8	大隈重信
9	大審院	10	青木周蔵	11	シベリア	12	大津
13	津田三蔵	14	児島惟謙	15	陸奥宗光	16	1894
17	日英通商航海	18	1911	19	小村寿太郎	20	アメリカ

正しい漢字で書こう！

［ 井上馨 ］［ 大隈重信 ］

＜入試問題の解答＞

①	寺島宗則	②	内地雑居

①交渉内容では井上外交・大隈外交が頻出だが，寺島外交はこのように交渉過程が問われる。②内地雑居の承認はどのような影響を及ぼすのか，ということまで理解しておこう。

第16章 近代Ⅲ

⑫ 日清戦争とその背景

1	閔妃	2	壬午	3	金玉均	4	甲申
5	伊藤博文	6	天津	7	李鴻章	8	福沢諭吉
9	脱亜	10	大井憲太郎	11	大阪	12	防穀
13	1894	14	甲午	15	日英通商航海	16	下関
17	陸奥宗光	18	遼東	19	フランス	20	臥薪嘗胆

正しい漢字で書こう！

［ 福沢諭吉 ］［ 防穀令 ］［ 臥薪嘗胆 ］

＜入試問題の解答＞

①	×	②	フランス

①日英通商航海条約の調印は日清戦争勃発の直前のこと。②このように問われると意外と答えづらいかもしれない。ロシアとフランスは1890年代前半に露仏同盟を締結していた。

★日清戦争要図★

⑦③ 政党勢力の進出

1	伊藤博文	2	自由党	3	松方正義	4	進歩党
5	憲政党	6	隈板	7	共和演説	8	尾崎行雄
9	憲政本党	10	山県有朋	11	2.5	12	3.3
13	15	14	10	15	文官任用	16	軍部大臣現役武官
17	治安警察	18	立憲政友会	19	桂太郎	20	元老

正しい漢字で書こう！

［ 隈板内閣 ］

<入試問題の解答>

①	ア 伊藤博文	イ	自由	ウ	松方正義	エ	進歩
②	治安警察法						

①ややこしいところがすべて空欄。同じように「分裂前の憲政党＝大隈内閣／分裂後の憲政党＝第２次山県内閣」にも注意。②第２次山県内閣の政策はすべて頻出と考えておこう。

⑦④ 日露戦争とその背景

1	義和団	2	北清	3	北京議定書	4	閔妃
5	三浦梧楼	6	大韓帝国	7	桂太郎	8	日英同盟
9	内村鑑三	10	平民社	11	与謝野晶子	12	1904
13	セオドア＝ローズヴェルト	14	ポーツマス	15	小村寿太郎	16	ウィッテ
17	大連	18	樺太	19	日比谷焼打ち	20	戒厳

正しい漢字で書こう！

［ 三浦梧楼 ］

<入試問題の解答>

①	○	②	万朝報

①「評価された→日本は“極東の憲兵”とよばれた」と考えれば正文とわかる。②幸徳秋水・堺利彦と内村鑑三はいずれも『万朝報』の記者であった。

★列強による中国分割★

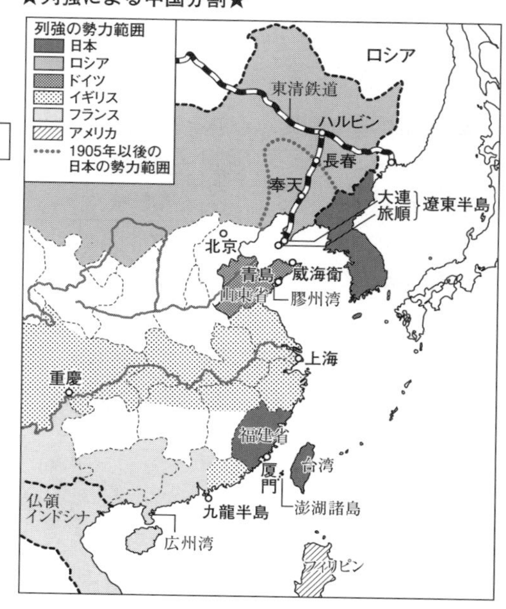

⑮ 日露戦後の国際関係

1	日韓協約	2	桂・タフト	3	日英同盟	4	統監
5	伊藤博文	6	ハーグ	7	義兵	8	ハルビン
9	安重根	10	桂太郎	11	1910	12	総督
13	寺内正毅	14	土地調査	15	東洋拓殖	16	都督
17	南満州鉄道	18	移民	19	サンフランシスコ	20	日露協約

正しい漢字で書こう！

［ 寺内正毅 ］

＜入試問題の解答＞

①	桂・タフト協定	②	×

①「ポーツマス／桂・タフト／第２次日英同盟」はセットで把握を。②日韓協約は第１・２・３次それぞれの内容を区別したうえで，日韓議定書から併合条約までの順を整理しよう。

⑯ 桂園時代と大正政変

1	桂太郎	2	西園寺公望	3	鉄道国有	4	日本社会
5	戊申詔書	6	内務	7	地方改良	8	市制
9	1910	10	小村寿太郎	11	辛亥	12	上原勇作
13	軍部大臣現役武官	14	尾崎行雄	15	立憲国民党	16	閥族打破
17	護憲	18	山本権兵衛	19	文官任用	20	シーメンス

＜入試問題の解答＞

①	帝国国防方針	②	帷幄上奏権

①八・八艦隊はその後の経過も含めておさえておくとよい。②難しい用語だが，思いのほかよく問われている。記述形式でも出題が多いので，漢字で正確に書けるようにしておこう。

⑰ 産業革命の進展

1	渋沢栄一	2	大阪紡績	3	イギリス	4	蒸気
5	インド	6	企業勃興	7	ガラ紡	8	1897
9	豊田佐吉	10	座繰	11	器械	12	下関
13	八幡製鉄	14	筑豊	15	大冶	16	日本製鋼
17	銀	18	金	19	日本鉄道	20	日本郵船

正しい漢字で書こう！

［ 企業勃興 ］ ［ 座繰製糸 ］ ［ 大冶鉄山 ］

＜入試問題の解答＞

①	1897	②	×

①紡績業で最も重要な年代。ちなみに「貨幣法で金本位／八幡製鉄所建造開始／労働組合期成会結成」もこの年。②イギリスをドイツ，鞍山を大冶とすれば正文となる。

★ 1885 年の輸出入品の割合★

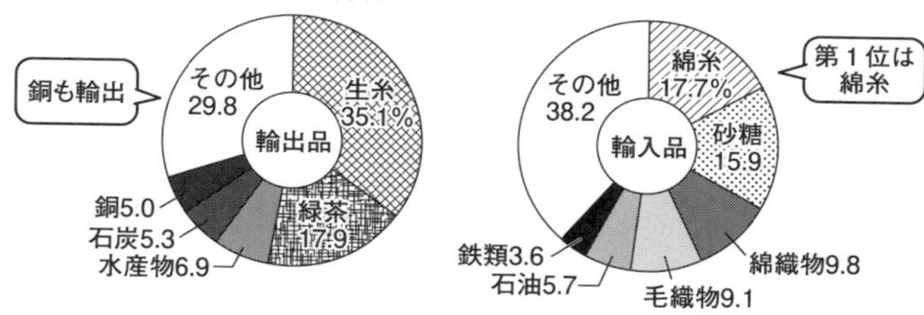

★ 1899 年の輸出入品の割合★

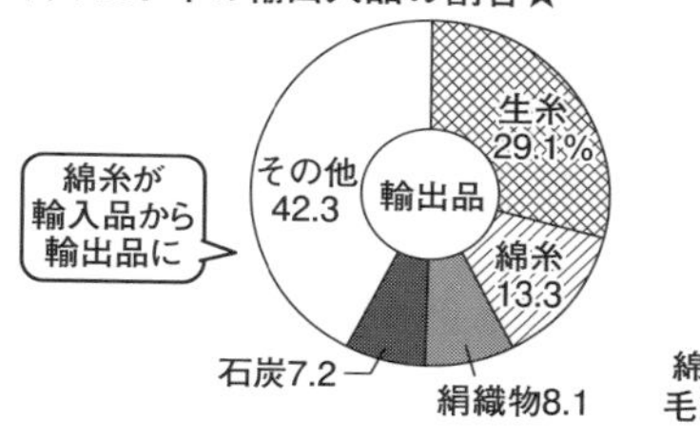

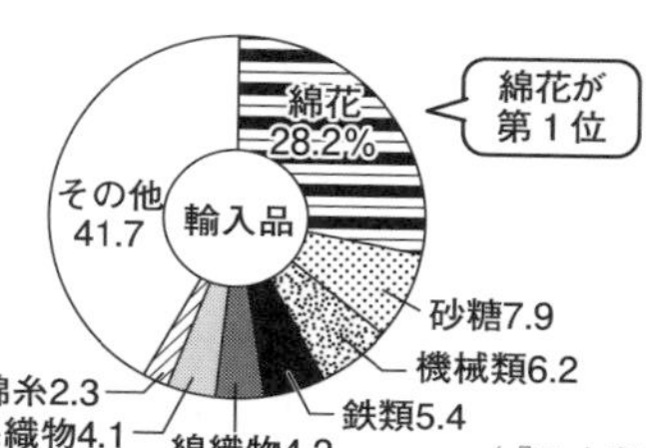

（『日本貿易精覧』より）

⑱ 社会運動の発生

1	飯場［納屋］	2	横山源之助	3	職工事情	4	三菱
5	日本人	6	足尾	7	田中正造	8	高野房太郎
9	労働組合期成	10	治安警察	11	幸徳秋水	12	社会民主
13	平民	14	日本社会	15	大逆	16	特別高等
17	工場	18	12	19	コンツェルン	20	持株

＜入試問題の解答＞

①	労働組合期成会	②	(ii)→(i)→(iv)→(iii)

①労働運動の歴史はテーマ史の定番。戦後史まで含めて整理しておきたい。②(ii)はやや細かいが，それ以外の年代整序は定番。年代の暗記ではなく，あくまでも“流れ”でおさえよう。

★独占の形態★

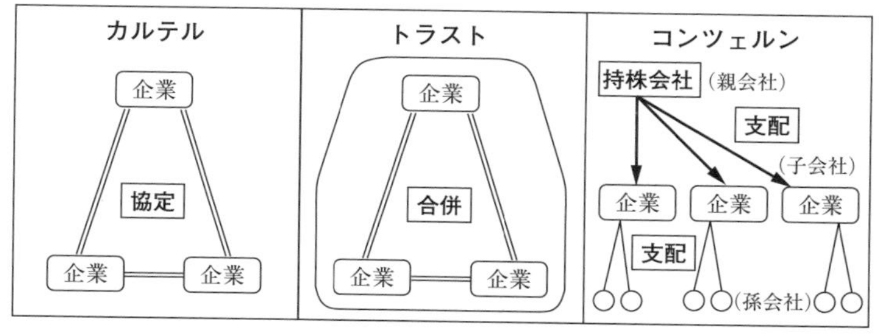

第17章 近代Ⅳ

⑲ 第一次世界大戦と日本

1	協商	2	同盟	3	大隈重信	4	山東
5	青島	6	袁世凱	7	加藤高明	8	二十一カ条要求
9	漢冶萍	10	寺内正毅	11	段祺瑞	12	西原借款
13	石井・ランシング	14	生糸	15	債務	16	債権
17	成金	18	鞍山	19	猪苗代	20	在華紡

正しい漢字で書こう！

[大隈重信] [袁世凱] [漢冶萍公司]
[寺内正毅] [段祺瑞] [西原借款]

<入試問題の解答>

①	西原借款	②	蒸気

①「借款」の漢字に注意して記述すること。②人物名などの歴史用語にばかり気を取られていると，このような問題で迷うことになる。特に「○から○へ」というタイプは頻出。

★第一次世界大戦前後の貿易額★

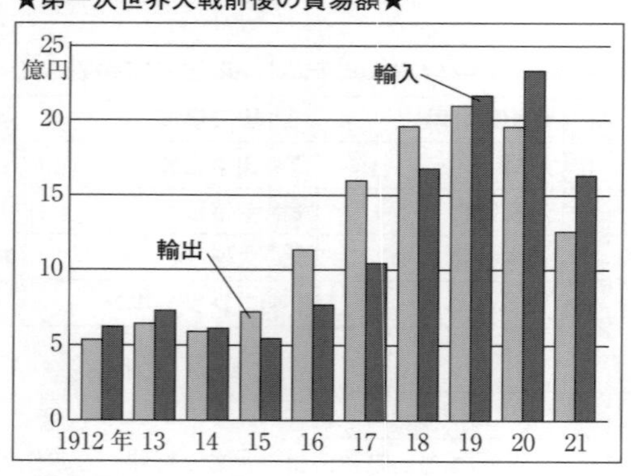

（『日本貿易精覧』より）

⑳ 本格的政党内閣の成立と協調外交

1	シベリア出兵	2	米騒動	3	寺内正毅	4	立憲政友会
5	原敬	6	大学	7	3	8	小
9	西園寺公望	10	ヴェルサイユ	11	山東	12	委任統治
13	ウィルソン	14	国際連盟	15	三・一	16	五・四
17	ワシントン	18	幣原喜重郎	19	四カ国	20	九カ国

正しい漢字で書こう！

[寺内正毅] [幣原喜重郎]

<入試問題の解答>

①	牧野伸顕	②	ウ

①やや難レベル。西園寺公望と答えなかっただろうか。牧野伸顕は大久保利通の次男。「輔導」とは，正しい方向へ教え導くこと。②四大政綱は，それぞれの具体例まで正確に答えられるようにしておくこと。

★ヴェルサイユ体制下の日本の領土★

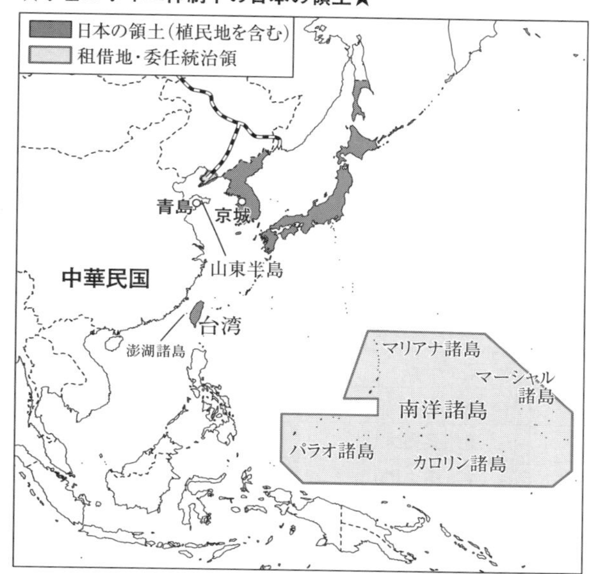

81 社会運動の高揚

1	美濃部達吉	2	天皇機関	3	吉野作造	4	民本
5	中央公論	6	黎明会	7	鈴木文治	8	友愛会
9	日本労働総同盟	10	賀川豊彦	11	日本農民組合	12	日本社会主義同盟
13	日本共産党	14	日本労働組合評議会	15	平塚らいてう	16	青鞜社
17	市川房枝	18	新婦人協会	19	山川菊栄	20	全国水平社

正しい漢字で書こう！

［ 黎明会 ］［ 青鞜社 ］［ 山川菊栄 ］

<入試問題の解答>

①	日本労働総同盟	②	×

①「友愛会→大日本労働総同盟友愛会→日本労働総同盟」という流れはしっかりおさえておこう。②「治安維持法」を「治安警察法」とすれば正文となる。丁寧に読まないと誤りに気がつけない典型的な例。

㉜ 護憲三派内閣の成立

1	加藤友三郎	2	山本権兵衛	3	亀戸	4	大杉栄
5	虎の門	6	清浦奎吾	7	加藤高明	8	憲政会
9	革新倶楽部	10	政友本党	11	幣原喜重郎	12	日ソ基本
13	治安維持	14	1925	15	田中義一	16	若槻礼次郎
17	片岡直温	18	鈴木商店	19	台湾	20	モラトリアム

正しい漢字で書こう！

［ 革新倶楽部 ］［ 幣原喜重郎 ］

＜入試問題の解答＞

①	×	②	台湾

①日ソ基本条約でソ連との国交が樹立されるので誤文。「すでに」のような時期を示す言葉には気をつけること。②金融恐慌に登場する用語はすべて頻出。流れの中でおさえよう。

㉝ 二大政党の時代

1	労働農民	2	三・一五	3	治安維持	4	蔣介石
5	北伐	6	張作霖	7	山東出兵	8	済南
9	張学良	10	満州某重大	11	不戦	12	立憲民政
13	浜口雄幸	14	井上準之助	15	金輸出解禁［金解禁］	16	世界恐慌
17	生糸	18	重要産業統制	19	ロンドン	20	統帥権

正しい漢字で書こう！

［ 蔣介石 ］［ 統帥権 ］

＜入試問題の解答＞

①	ア	②	×

①やや難レベル。イは大逆事件を受けての政策。ウの改正は事件後。エの出兵は北伐から軍閥を擁護するため。②批准に踏み切った背景には西園寺公望や牧野伸顕らの支持があった。

★外国為替相場と商品輸出金額の変動★

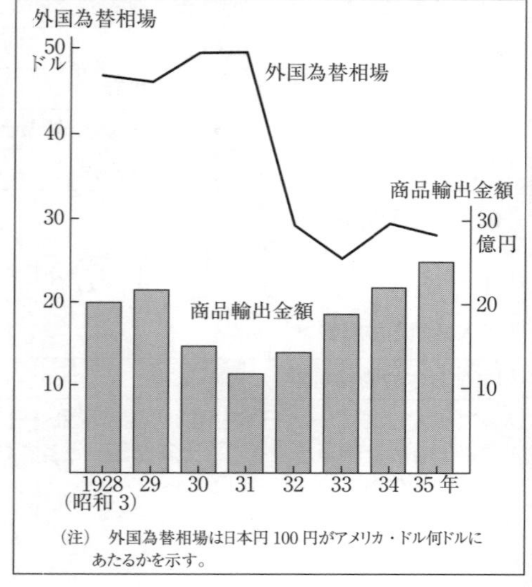

（注） 外国為替相場は日本円100円がアメリカ・ドル何ドルにあたるかを示す。

84 近代の文化・1

1	福沢諭吉	2	中村正直	3	民約訳解	4	明六
5	政教	6	徳富蘇峰	7	神仏分離	8	廃仏毀釈
9	五榜の掲示	10	浦上	11	1873	12	教育勅語
13	内村鑑三	14	学制	15	教育令	16	学校令
17	師範学校	18	6	19	国定	20	国民学校

正しい漢字で書こう！

[福沢諭吉] [廃仏毀釈] [五榜の掲示]

＜入試問題の解答＞

①	森有礼	②	日本人

①明六社関連の人物はいずれも頻出。なお，社員の一人津田真道は幕末にオランダへ留学した開成所の教授。②ここに登場する「○○主義―人物―雑誌・新聞名」の対応は必須である。

85 近代の文化・2

1	北里柴三郎	2	長岡半太郎	3	久米邦武	4	柳田国男
5	河上肇	6	横浜毎日	7	1925	8	坪内逍遙
9	与謝野晶子	10	白樺	11	中里介山	12	円本
13	赤い鳥	14	川上音二郎	15	築地小劇場	16	工部美術
17	フェノロサ	18	東京美術	19	黒田清輝	20	横山大観

正しい漢字で書こう！

[河上肇] [坪内逍遙]

＜入試問題の解答＞

①	川上音二郎	②	イ

①演劇関係の出題は意外に多い。新派劇と新劇のように似ている用語もみられるので注意が必要。②美術は写真を見ながらおさえていくのが◎。なお，「黒船屋」は竹久夢二の作品。

第18章 近代V

86 満州事変と軍部の台頭

1	柳条湖	2	若槻礼次郎	3	犬養毅	4	溥儀
5	血盟団	6	五・一五	7	斎藤実	8	リットン
9	松岡洋右	10	塘沽停戦	11	高橋是清	12	管理通貨
13	ソーシャル＝ダンピング	14	日本製鉄	15	日産	16	滝川幸辰
17	岡田啓介	18	国体明徴声明	19	皇道	20	広田弘毅

正しい漢字で書こう！

［ 柳条湖 ］［ 犬養毅 ］［ 溥儀 ］

［ 広田弘毅 ］

★満州事変要図★

<入試問題の解答>

①	(iii)→(iv)→(ii)→(i)	②	美濃部達吉

①年代整序では，それぞれの選択肢の前後の出来事を思い出してみよう。「(ii)→リットン報告書→(i)」のように選択肢がつながるはず。②天皇機関説も説明できるようにしておこう。

87 日中戦争と戦時統制の強化

1	近衛文麿	2	盧溝橋	3	西安	4	南京
5	重慶	6	東亜新秩序	7	国民精神総動員	8	臨時資金調整
9	企画院	10	国家総動員	11	国民徴用	12	価格等統制
13	切符	14	配給	15	新体制	16	大政翼賛会
17	産業報国会	18	矢内原忠雄	19	河合栄治郎	20	津田左右吉

正しい漢字で書こう！

［ 近衛文麿 ］［ 盧溝橋 ］

<入試問題の解答>

①	企画院	②	×

①戦時統制の法令名は，1937 年制定に“臨時”，1938 年制定に“国家”と付くものが多い。“国家”総動員法以降は“…令”。②やや難レベル。米の配給制は 1941 年からである。

★日中戦争要図★

88 アジア・太平洋戦争

1	日独防共	2	近衛文麿	3	平沼騏一郎	4	ノモンハン
5	新体制	6	北部仏印	7	日独伊三国同盟	8	野村吉三郎
9	ハル	10	松岡洋右	11	日ソ中立	12	特種演習
13	南部仏印	14	東条英機	15	ハル＝ノート	16	翼賛
17	ミッドウェー	18	ガダルカナル	19	大東亜	20	サイパン

★アジア・太平洋戦争要図★

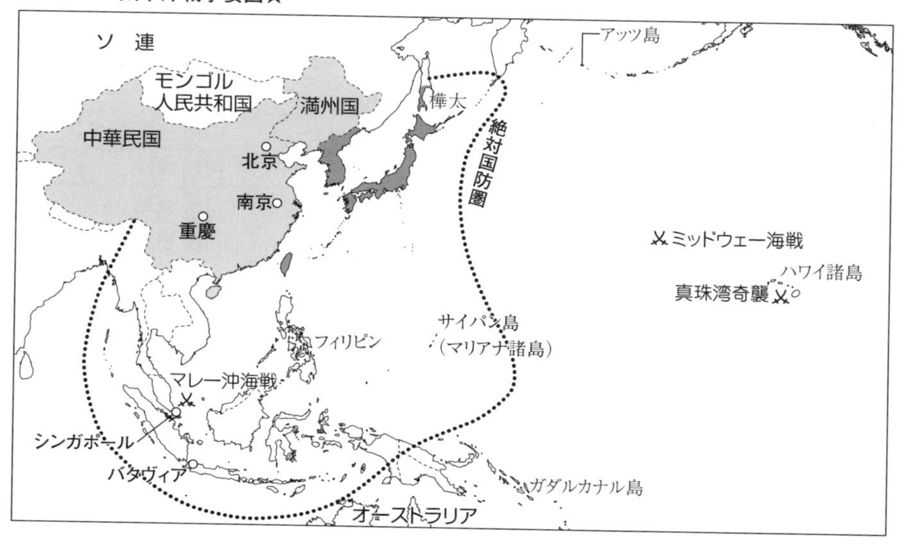

正しい漢字で書こう！

[近衛文麿] [関東軍特種演習]

＜入試問題の解答＞

①	日米通商航海	②	○

①意外に出題頻度が高い条約名。「破棄通告」なら通商航海条約，「失効」なら軍縮条約とおさえておこう。②後半がハル＝ノートの説明→時期も合っている→正文，と考えればよい。

89 戦時下の生活

1	国家改造	2	十月	3	国家社会	4	社会大衆
5	民政党	6	石川達三	7	東条英機	8	学徒出陣
9	女子挺身隊	10	闇	11	サイパン	12	小磯国昭
13	疎開	14	創氏改名	15	徴兵	16	シンガポール
17	米内光政	18	鈴木貫太郎	19	ヤルタ	20	ポツダム

正しい漢字で書こう！

[創氏改名]

＜入試問題の解答＞

①	×	②	イ

①東京大空襲のことを考えれば誤文とわかる。都市では焼夷弾による無差別爆撃が行われた。②ソ連はヤルタ会談から参加。ポツダム会談も，米(大統領が変わる)と中・ソに注意。

第19章 現代I

90 敗戦と占領の開始

1	ポツダム	2	日ソ中立	3	ミズーリ	4	マッカーサー
5	間接	6	極東委員会	7	対日理事会	8	小笠原
9	鈴木貫太郎	10	東久邇宮稔彦	11	人権	12	維持
13	幣原喜重郎	14	五大改革	15	日本国憲法	16	象徴
17	民法	18	地方自治	19	自治体	20	警察

正しい漢字で書こう！

[東久邇宮稔彦] [幣原喜重郎]

＜入試問題の解答＞

①	×	②	幣原喜重郎

①少々細かい内容だが，ソ連が8月8日に対日宣戦布告していることを考えれば誤文ではないかという推測は可能。宣戦布告後，ソ連は宣言への参加を表明している。②幣原内閣は記述形式でも選択形式でも頻出である。

㉛ 五大改革の推進

1	20	2	39	3	労働組合	4	労働関係調整
5	労働基準	6	日本労働組合総同盟	7	全日本産業別労働組合会議	8	修身
9	アメリカ	10	教育基本	11	学校教育	12	日本自由
13	日本進歩	14	公職追放	15	持株会社	16	独占禁止
17	過度経済力集中排除	18	5	19	自作農創設特別措置	20	1

＜入試問題の解答＞

①	○	②	自作農創設特別措置法

①有権者の全人口比は 15 円で 1.1% → 10 円で 2.2% → 3 円で 5.5% と増加し，1925 年の改正で 20.8%，1945 年の改正で 50.4% となる。②農地調整法は 1938 年に制定されたが，第一次改革で改正，第二次改革で再改正されている。

★農地改革★

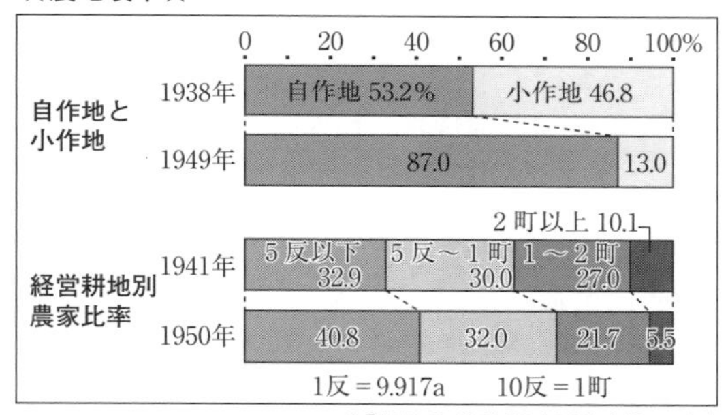

（『農林省統計調査局資料』より）

㉜ 占領政策の転換

1	引揚げ	2	闇	3	幣原喜重郎	4	金融緊急措置
5	鳩山一郎	6	吉田茂	7	傾斜生産方式	8	復興金融金庫
9	二・一ゼネスト	10	片山哲	11	芦田均	12	201
13	昭和電工	14	トルーマン	15	経済安定九原則	16	ドッジ
17	360	18	シャウプ	19	下山	20	松川

正しい漢字で書こう！

［ 幣原喜重郎 ］ ［ 芦田均 ］

＜入試問題の解答＞

①	金融緊急措置令	②	オ

①金融緊急措置令は，1946 年に日銀券発行高が減少している背景としてグラフを用いた出題も多い。②九原則実施のため行われたドッジ＝ラインで均衡予算が作成されたことを考えればわかるだろう。

★戦後の通貨発行高と物価指数★

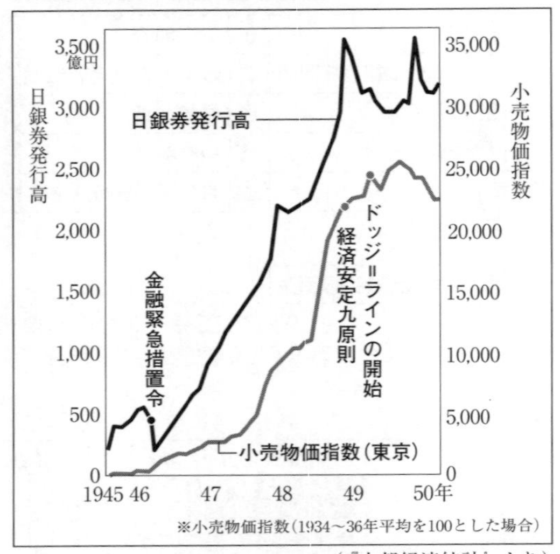

（『本邦経済統計』より）

93 講和の実現と安保条約

1	1950	2	板門店	3	警察予備	4	公職追放
5	レッド＝パージ	6	全日本産業別労働組合会議	7	日本労働組合総評議会	8	ダレス
9	全面	10	吉田茂	11	単独	12	1951
13	サンフランシスコ	14	日華平和	15	日米安全保障	16	日米行政
17	破壊活動防止	18	保安	19	MSA	20	自衛

＜入試問題の解答＞

①	南原繁	②	○

①「曲学阿世」とは，真理を曲げて世の人々が気に入るような説を唱えること。南原繁は東大総長。大内兵衛（人民戦線事件）らも全面講和論を唱えた。②旧安保条約と新安保条約の内容の違いは重要。

94 国際社会への復帰

1	吉田茂	2	造船疑獄	3	鳩山一郎	4	日本社会
5	自由民主	6	1956	7	日ソ共同宣言	8	歯舞
9	色丹	10	国際連合	11	石橋湛山	12	岸信介
13	日米相互協力	14	1960	15	安保改定阻止国民	16	アイゼンハワー
17	第三	18	内灘	19	砂川	20	広島

正しい漢字で書こう！

［ 内灘 ］

<入試問題の解答>

①	石橋湛山	②	×

①鳩山→石橋→岸という組閣順だけでなく，このような問いかけでも答えられるようにしよう。②参議院の議決を経ずに自然成立，発効を見届けて内閣総辞職，は細かいようだが実は頻出である。

★戦後の日本と北方の島々★

第20章 現代Ⅱ

95 高度経済成長の時代

1	ドッジ＝ライン	2	朝鮮戦争	3	特需	4	神武
5	MSA	6	経済白書	7	岩戸	8	技術革新
9	設備投資	10	岸信介	11	池田勇人	12	寛容
13	国民所得倍増	14	IMF	15	GATT	16	1964
17	為替	18	OECD	19	オリンピック	20	東海道新幹線

<入試問題の解答>

①	「有史以来の好況」であるという意味。	②	×

①記紀の建国神話にちなんだネーミングにより，これまでにみられなかったほどの好景気であることを示した。②関税・貿易は GATT。1952 年に加盟したのは IMF。GATT と IMF と OECD の区別は重要。

★戦後の実質経済成長率の推移・1★

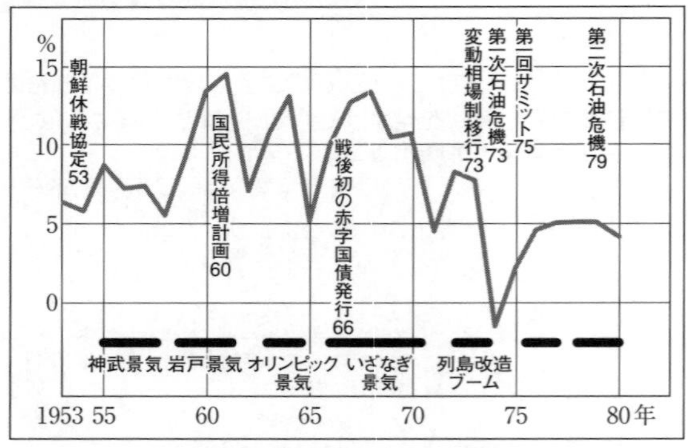

（『国民所得統計年報』『国民経済計算年報』より）

⑯ 社会の変容とひずみ

1	均衡	2	いざなぎ	3	1968	4	国民総生産
5	ベトナム	6	企業集団	7	日本労働組合総評議会	8	春闘
9	第二次	10	第一次	11	農業基本	12	過疎
13	減反	14	三池	15	1967	16	水俣
17	三種の神器	18	電気洗濯機	19	カラーテレビ	20	中流

＜入試問題の解答＞

①	×	②	エ

①やや難だが，「新潟水俣病は阿賀野川水銀中毒ともいう→熊本水俣病も水銀中毒では？」と考えれば誤りとわかる。カドミウムはイタイイタイ病の原因。②三種の神器と３Ｃは普及率のグラフも頻出。

★エネルギー需給の推移★

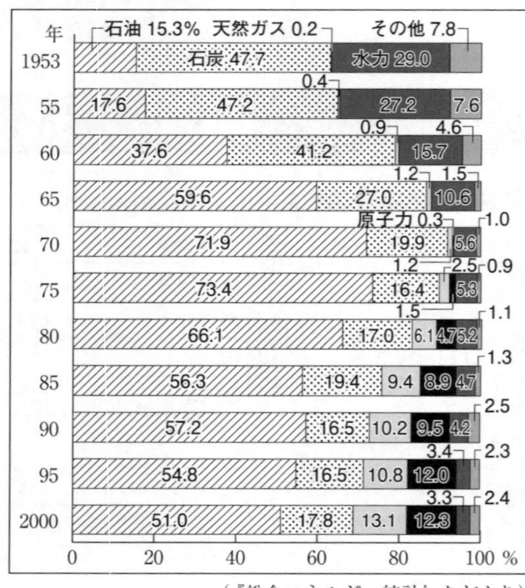

（『総合エネルギー統計』などより）

★耐久消費財普及率の推移★

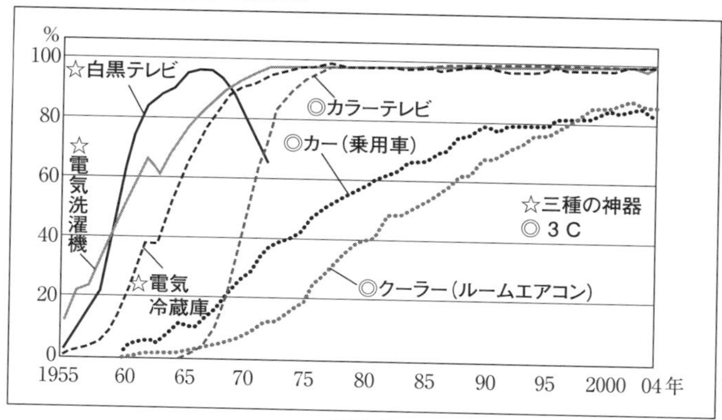

（『統計でみる日本』『消費動向調査』より）

97 高度成長期の外交と社会

1	佐藤栄作	2	いざなぎ	3	日韓基本	4	もち込ませず
5	非核三原則	6	祖国復帰	7	小笠原	8	ニクソン
9	核抜き	10	辺野古	11	田中角栄	12	日本列島改造
13	LT	14	中華人民共和国	15	共同声明	16	福田赳夫
17	平和友好条約	18	1973	19	民主社会	20	美濃部亮吉

正しい漢字で書こう！

［ 福田赳夫 ］［ 美濃部亮吉 ］

＜入試問題の解答＞

①	エ	②	×

①奄美諸島は 1953 年，吉田茂内閣の時に返還されている。アは沖縄返還協定調印時の首相ということから推測すべき。②ニクソン訪中が日本政府に伝えられたのは，訪中発表の直前。その後，日本からも田中首相が訪中した。

98 安定成長の時代

1	ニクソン	2	308	3	変動相場	4	中東戦争
5	石油危機	6	狂乱	7	田中角栄	8	1974
9	先進国首脳	10	自動車	11	プラザ	12	牛肉
13	米	14	バブル	15	三木武夫	16	中曽根康弘
17	雇用機会均等	18	リクルート	19	湾岸	20	PKO

＜入試問題の解答＞

①	ア	②	×

①細かいようだが，これは頻出。流れの把握が第一だが，どの選択肢も年代まで知っておいた方がよい重要事項である。②政府が海上自衛隊の掃海艇部隊をペルシア湾に派遣したのは 1991 年，PKO 協力法の制定は 1992 年。

★戦後の実質経済成長率の推移・2★

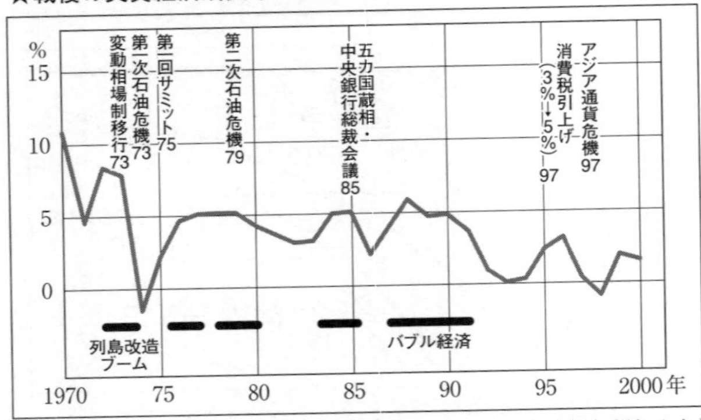

（『国民所得統計年報』『国民経済計算年報』より）

99 現代の日本社会

1	細川護熙	2	米	3	比例代表並立	4	村山富市
5	京都議定書	6	小泉純一郎	7	安倍晋三	8	太陽暦
9	ざんぎり[散切]	10	煉瓦	11	ガス	12	活動
13	俸給生活者	14	職業婦人	15	文化住宅	16	デパート
17	トーキー	18	湯川秀樹	19	文化財保護	20	日本万国博覧

正しい漢字で書こう！

［ 細川護熙 ］［ 煉瓦造 ］

＜入試問題の解答＞

①	村山富市	②	ウ

①村山首相の日米安保体制承認や自衛隊容認の発言は史料としても引用されることがある。②衣食住など生活に関する出題は，前近代・近現代ともに思いのほか多い。現在の生活につながるテーマとして興味をもっておさえよう。

100 北海道と沖縄の歴史

1	黒曜石	2	続縄文	3	擦文	4	安藤[安東]
5	十三湊	6	コシャマイン	7	商場知行	8	シャクシャイン
9	場所請負	10	開拓使	11	屯田兵	12	クラーク
13	北海道旧土人保護	14	貝塚	15	按司	16	尚巴志
17	首里	18	謝恩	19	尚泰	20	謝花昇

＜入試問題の解答＞

①	ア	擦文	イ	オホーツク	②	○

①アは漢字をまちがえずに書けただろうか。北海道史では，近現代の「開拓使→３県→道庁」という流れもしっかりおさえておこう。②現在でも沖縄は多くの問題を抱えている。受験勉強が終わっても，時事問題として目を向けていこう。

★南西諸島★

種子島
屋久島
奄美諸島
鹿児島県
奄美大島
沖縄諸島
沖縄島
宮古島
宮古諸島
八重山諸島
先島諸島
与那国島
石垣島
台湾
沖縄県

★北方の島々★

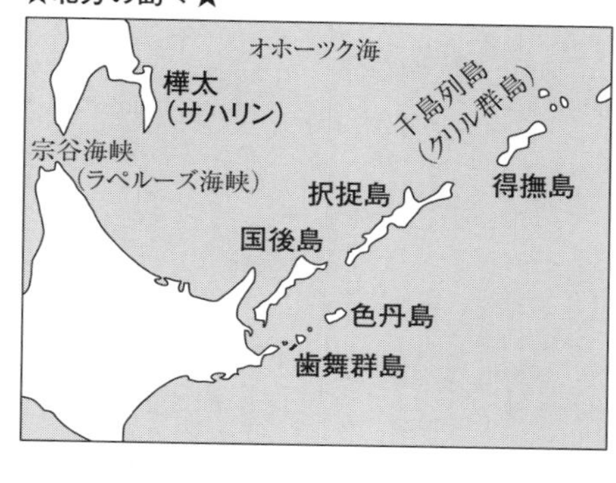
オホーツク海
樺太
（サハリン）
千島列島
（クリル群島）
宗谷海峡
（ラペルーズ海峡）
択捉島
得撫島
国後島
色丹島
歯舞群島